VERİ YÖNETİMİ

AF856720

VERİ YÖNETİMİ
Dr. Ayhan DUYGULU
ISBN: 978-625-6968-24-0

1. Baskı: Kriter Yayınevi 2023 / İstanbul
Yayınevi Sertifika No: 45353
Anahtar Kelimeler: Veri yönetimi, veri yaşam döngüsü, veri madenciliği
Birinci Baskı, 350 s. 16 cm x 23,5 cm
Kaynaklar var, Dizin var.
Kapak Tasarımı: Ahmet Baran
Mizanpaj: Kriter Yayınevi
Baskı: Çözüm Baskı Merkezi Ticaret Limited Şirketi
Emniyetevleri Mahallesi Güvercin Sokak No:7/1 Kağıthane / İstanbul
Matbaa Sertifika No: 49099

© Kriter Yayınevi
Kriter Basım Yayın Dağıtım Film Müzik Reklamcılık Yapım Sanayi ve Tic. ve Ltd. Şti.
Tanıtım için yapılacak kısa alıntılar dışında yayıncının yazılı izni olmaksızın hiçbir yolla çoğaltılamaz.

İletişim:
Kriter Yayınevi
Hobyar Mah. Cağaloğlu Yokuşu Sok. Fevzi Bey Han No: 21 Kat: 2 No: 5
Fatih / İstanbul

Tel: 0 212 527 31 89
info@kriteryayinevi.com
www.kriteryayinevi.com
Kitapta yer alan içerikler ile ilgili her türlü yasal sorumluluk, yazar veya yazarlarına aittir.

VERİ YÖNETİMİ

Dr. Ayhan DUYGULU

Birinci Baskı

2023 – İstanbul

KRİTER

Bu çalışmamı beni tüm lisansüstü süreçlerinde destekleyen eşim Berna Duygulu'ya, zamanlarından çalarak çalışmamı yürüttüğüm çocuklarım Deniz Utku ve Barış Yiğit Duygulu'ya ve bu günlere gelmemde büyük emekleri olan annem Bahriye Duykuluoğlu ve babam Ali Duykuluoğlu'na ithaf ediyorum.

ÖNSÖZ

Verinin örgütsel süreçlerdeki işlevleri ve örgütlerin rekabet gücüne yaptığı katkıya dönük anlayış örgütleri büyük miktarlarda veriyi elde etmeye ve depolamaya sevk etmektedir. Bilgi teknolojilerindeki gelişmeler ise verinin elde edilmesine ve depolanmasına dönük etkili araçların geliştirilmesine zemin hazırlamaktadır. Verinin ekonomik bir değere dönüştürebilmesi ise veri toplama ve işleme araçlarının geliştirilmesine ön ayak olmaktadır. Tüm bu gelişmeler diğer örgütsel kaynaklar gibi verinin de örgütün önemli bir kaynağı konumuna yükselmesinde önemli bir rol oynamıştır. Verinin de örgütsel amaçlara dönük etkin bir işlev görmesi adına yönetimi önemli bir husus haline gelmiştir.

Madde ve insan kaynakları gibi diğer tüm örgütsel varlıklar ve kaynaklarda da olduğu verinin yönetimi verinin örgütsel, yönetsel ve ekonomik bir değere dönüşmesinde etkin bir aracıdır. Verinin elde edilmesi ve işlenmesinde yararlanılan bilgi teknolojilerindeki gelişmeler yalnızca elde edilen verinin hacmine değil aynı zamanda verinin çeşitliliği ve formatı gibi çeşitli etmenlere de doğrudan etki etmiştir. Bu durum elde edilen verinin içeriği ve formatında farklılık arz etmesine neden olmuştur. Bu çeşitlilik ise farklı veri formlarına cevap verebilecek farklı analiz yöntemlerinin geliştirilmesine ve veri yönetimi süreçlerinde yararlanılan yöntem ve teknikleri çeşitlenmesine zemin hazırlamıştır. Buna karşın veri yönetimi örgütsel bir değer olarak verinin yönetiminde başvurulacak belirli ilkeleri temel alan bir disiplin haline gelmiştir.

Veri yönetimi istatistik, araştırma yöntemleri ve bilgi teknolojilerindeki gelişmelere dayalı olarak çok disiplinli bir yaklaşımla yürütülen sistematik ve bilimsel bir süreçtir. Etkili bir veri yönetimi süreci verinin ekonomik bir değere dönüştürülmesine aracılık eder. Verinin ekonomik ve örgütsel bir değere dönüştürülmesi adına örgütlerin veri ve yönetimine dönük yeterliliklerini geliştirmeleri elzemdir. Veri yönetimi örgütlerin artan rekabet ortamında ayakta kalmalarına ve çevrelerine, toplumun, ihtiyaçlarına, beklentilerine, örgütsel kapasiteye, geleceğe dönük öngörülere ışık tutarak sağlıklı bir örgütsel işleyişe katkı sağlayabilir. Bu çalışma veri yönetimine dönük Türkiye'de sınırlı sayıdaki çalışmalara ve literatüre önemli katkılar sunabilir.

Dr. Ayhan DUYGULU

İÇİNDEKİLER

BÖLÜM III

VERİ YÖNETİMİ

ŞEKİLLER LİSTESİ

TABLOLAR LİSTESİ

BÖLÜM I

VERİ ve VERİ İLE İLİŞKİLİ KAVRAMLAR

1. Giriş

Veri kavramının çoğu zaman farklı bireyler için farklı anlamlar taşıdığı ileri sürülebilir. Veri kavramının içeriği ve doğasına ilişkin bu farklı anlayışlar "veri" kavramının "bilgi" ve "istatistik" gibi veri ile ilişkili kavramlarla ayrımının sağlıklı bir biçimde yapılamamasına neden olmaktadır. Günlük yaşantıda "veri", "bilgi (information)" ve "özümsenmiş bilgi" (knowledge)" kavramları ile eş anlamlı kullanılmasına karşın üretilmelerindeki düşünsel süreçlerin içeriği ve doğası dikkate alındığında bu kavramların birbirinden oldukça farklı anlamlar taşıdıkları gözlenmektedir (Sanders, 2016, s. 13). Veri, bilgi ve özümsenmiş bilgi temel olarak ham veri ve özümsenmiş bilgi arasında hiyerarşik bir yapıda yer almaktadırlar (Burgin, 2004, s. 47). Veri, bilgi ve özümsenmiş bilgi kavramlarının her biri farklı düzeylerde zihinsel eylemlerin çıktılarıdırlar.

Veri, bilgi ve özümsenmiş bilgi, bilgi biliminin temelini teşkil eden kavramlardır. Bu yönüyle bu üç kavrama dönük sağlıklı bir anlayışın geliştirilmesi bilgi bilimine ilişkin sistemli bir bakış açısının geliştirilmesinde önemli bir rol oynamaktadır (Zins, 2007, s. 479). Veri, bilgi ve özümsenmiş bilgi, bilgi biliminin temel bileşenleri olarak kabul edilmektedirler. Bu nedenle bu üç kavramın içeriği, doğası, farklılıkları ve birbirleri ile olan ilişkilerine dönük bir kavrayış veri yönetimi süreçlerine dönük sağlıklı bir anlayışın geliştirilmesinde önemli bir öncül niteliği taşıyabilir.

Veri yönetimi süreçlerinin etkili ve verimli bir biçimde yerine getirilebilmesinde "veri" kavramının içeriği ve doğasına ilişkin sağlıklı bir anlayışın geliştirilmesi önemli bir husustur. Verinin sistematik bir yaklaşımla ele alınmasında, verinin etkili bir biçimde yönetilmesinde ve verinin örgütsel süreçlerde etkin bir yapıya kavuşturulmasında örgütsel düzeyde elde edilen ya da üretilen verinin içeriği, formatı ve nitelikleri gibi hususlar merkezi bir noktada yer almaktadır. Verinin bir hammadde olarak karar süreçlerinde bir referans işlevi görebilmesi için farklı değişim ve dönüşümlere tabi tutulması da gerekebilir Bu nedenle bilginin temel kaynağı olarak verinin yapısına, özellikleri ve diğer bileşenlerine ilişkin azami düzeyde bilgiye sahip olunması etkili ve verimli veri yönetimi süreçleri için önemli bir öncül niteliği taşımaktadır. Bu noktada çalışmanın bu bölümünde sırasıyla veri, bilgi, özümsenmiş bilgi ve istatistik kavramları hakkında bilgilere yer verilmiş ve aralarındaki temel farklılıklara değinilmiştir.

1.1. Veri (Data)

Veri gerçek dünyaya ilişkin ham ölçümlerdir (Lobov, 2018, s. 4730). Gerçek dünyaya ilişkin her şey bir veri niteliği taşıyabilir çünkü veri elde edilmiş, kayıt altına alınmış ve depolanmış semboller, işaretler ve iletilerdir. Semboller iletişimin temelini teşkil eden kelimeleri (yazılı ya da sözel), işaretleri, şekilleri, resimleri ya da görüntüleri (hareketsiz ya da video gibi hareketli) ifade etmektedir. İşaretler ve iletiler ise ışık, ses, koku, tat ve dokunma gibi duyularla iletilen mesajlara karşılık gelmektedir (Liew, 2013, s. 49). Veri anlamları yorumlanmamış semboller dizisidir (Jankowski ve Skowron, 2007, s. 96). Verinin kendine has belirli özellikleri söz konusudur. Bu özellikleri veriyi bilgi ve özümsenmiş bilgiden ayıran en önemli etmenlerdir. Bu özellikler şu şekilde sıralanabilir;

- Veri gerçek dünyaya ilişkin ham ölçümlerdir. Bilgi ise bu ham ölçümler arasında bağlantı ve ilişki ortaya koyar (Lobov, 2018, s. 4730).
- Veri ile bilgi farklı kavramlardır (Pohl, 2001; Akt. Sanders, 2016, s. 13). Veri (data) ile bilgi (information) arasındaki temel farklılık verinin bilgi için bir hammadde niteliği taşımasıdır (Zins, 2007, s. 479).
- Aşırı bilgi yüklemesi olarak adlandırılan olgu aslında aşırı veri yüklemesidir (Pohl, 2001; Akt. Sanders, 2016, s. 13).
- Veri gözlem yoluyla elde edilir ve herhangi bir anlam taşımaz (Pohl, 2001; Akt. Sanders, 2016, s. 13).
- Sayılar ve kelimeler gibi sembollerden oluşan veri birimleri arasında bir ilişki yoktur. Bu birimlerin arasında ilişkinin kurulması ile bilgiye ulaşılır (Pohl, 2001; Akt. Sanders, 2016, s. 13).
- Verinin bilgiye dönüştürülebilmesi için bir bağlam gereklidir (Pohl, 2001; Akt. Sanders, 2016, s. 13).
- Veri nesnelerin, olayların ve içinde bulundukları çevrenin mahiyetini ortaya koyan sembollerdir. Veri gözlem süreçlerinin ürünüdür. Gözlem ise duyularla ilişkilidir (Ackof, 1989, s. 3).
- Veri basit işaret ve sembol dizileri ile verilir (Hoppe, Seising, Nurnberger ve Wenzel, 2011, s. 585).

- Bilgisayar sistemlerinde veri kodlanmış değişkenler olarak tanımlanmaktadır (Zins, 2007, s. 480).
- Veri nitel ya da nicel bir olarak ortaya konulabilen bir semboldür (Zins, 2007, s. 480).
- Veri duyu organları ile elde edilen uyarıcıları ifade etmektedir (Zins, 2007, s. 480).
- Veri gözlem yoluyla elde edilir ancak belirli bir bağlamdan bağımsız olarak var olan sayısal ya da sayısal olmayan sembollere karşılık gelmektedir (Zins, 2007, s. 481).
- Veri bir tür soyutlamadır. İnsanlar tarafından yüklenen anlamları ifade etmektedir (Zins, 2007, s. 481).
- Veri yorumlanmamış sembollerden ibarettir (Burgin, 2004, s. 54).

Veri faklı nesneler, fikirler ya da durumlar için bilgiye erişimi sağlayan değerleri ve sembolleri ifade eder. Veri akıl yürütme ve çeşitli hesaplamalar yapmak için temel teşkil eder. Karar süreçlerinde referans alınabilecek bilgiye ulaşmak için verinin uygun araçlarla analiz edilmesi gerekmektedir. Veri gözlem yoluyla elde edilmiş ancak yorumlanmamış sembollerden ibarettir (Dorji ve Kirikova, 2016, s. 2). Veri gözlemci için bir anlam ifade etmez çünkü gözlemcinin bağlama dönük bir farkındalığı yoktur. Gözlemcinin verinin elde edildiği bağlama ilişkin bir farkındalık edinmesi verinin gözlemci için anlam kazanmasına, diğer bir ifade ile verinin bilgiye dönüşmesine neden olur (Ahmed, 1999, s. 6). Veri gözlem yoluyla elde edilen ilişkilendirilmemiş sembollerden ibarettir ve verinin alıcı için anlam kazanabilmesi için alıcı ile ilişkili bir bağlamda bilgiye dönüştürülmesi gerekmektedir (Satija, 2015, s. 70). Birbirinden bağımsız veri birimlerinin anlamlı bir bütün oluşturacak biçimde bir araya getirilmesi ile bilgiye erişim sağlanır (Tuomi, 1999, s. 108).

Sonuç olarak veri gözlem yoluyla nesneler, olaylar ve olgular hakkında elde edilen birbirinden bağımsız ve aralarında ilişki kurulmamış, herhangi bir bağlamda gözlemci için yorumlanıp anlamlandırılmamış sembollerdir. Veriye anlam kazandıran insanî bir beceri olan yorumlama yetisidir. Veri art arda sıralanmış semboller dizisinden ibarettir. Veri nesneler, olaylar, olgular ve fikirlerin sembolik temsilini ifade eder (Sanders, 2016, s. 13). Anlamlandırılmamış ve ilişkileri ortaya konulmamış sembollerden ibaret olan veri, bilgi ve özümsenmiş bilgi için bir hammadde olarak kabul edilebilir. Veri belirli bir nesne, olay, olgu ya da fikir için bir araya getirilmiş ancak belirli bir bağlamda analiz edilerek anlamlandırılmamış semboller bütünüdür. Veri gözlemci için anlamlı bir bütünü ifade etmez. Liew (2007, s. 50) veriyi temel düzeyde yer alan, arıtılmamış ve filtrelenmemiş sembol ya da işaret olarak tanımlamaktadır. Veri anlam taşımayan ve ilişkisi kurulmamış sembollerden oluşmasına rağmen düzenli olarak da tanımlanabilir. Verinin belirli bir sistematiğe göre toplanması verinin düzenli bir veri niteliği taşıması anlamına gelebilir. Bu durum düzenli veriye karşılık gelmektedir. Buna karşın yine de belirli bir bağlamda ilişkilendirilmediği için gözlemci ya diğer araştırmacılar için bir anlam taşımayan semboller dizini olarak kabul edilir.

1.1.1. Veri Bilimi

İnternet üzerinde veriden yararlanan ya da veriye dayalı işlemlere olanak sağlayan çok fazla uygulama vardır. Ancak verinin kullanılması ya da veriden yararlanılması "veri bilimi" kavramını açıklamak için yeterli değildir. Veriye dayalı işleyen bir uygulama değerini ya da faydasını veriden elde eder ve bu şekilde veriye dayalı olarak yeni ürünler ortaya koyar. Diğer bir ifade ile yalnızca veriden yararlanmaz aynı zamanda veriye dayalı eylemler ve işlemler sonucunda ürün olarak yeni verilerin üretilmesine olanak sağlar. "Veri bilimi" veriye dayalı ürünlerin ortaya konulmasına ya da üretilmesine aracılık eden bilim dalı olarak tanımlanabilir (Loukides, 2011, s. 1). En kapsamlı şekilde ile "veri bilimi" veriden bilgiye ya da özümsenmiş bilgiye erişimi sağlayan, bu süreci yöneten ve yönlendiren ilkeler bütünü olarak tanımlanabilir Provost ve Fawcett, 2013, s. 52). Veri bilimi hammadde olarak veriden yararlanılarak ürün olarak yeni bilgilere erişim sağlanmasına olanak sağlayan disiplindir.

Bilim alanı olarak veri bilimi bilgiye erişimi belirli amaçlar ve hedefler doğrultusunda gerçekleştirir. Veri bilimi geleceğe dönük kestirimlerde bulunmak veya mevcut bir sorunun çözümüne katkıda bulunmak amacıyla nitel ve nicel yöntemlerden yararlanarak veriden bilgi üreten bir bilim dalıdır (Waller ve Fawcett, 2013, s. 78). Veri bilimi farklı örgütlerde farklı işlevleri yerine getirerek örgütlerin verimliliğine katkı sağlayabilir. Örgütsel düzeyde elde edilen verinin içeriği ve kapsamı farklı olacağından veri biliminin örgütsel yapı, veriden yararlanılan bağlamlar, örgütlerin veri işleme kapasitesi, örgütsel düzeyde veri kültürü ve verinin değerine dönük kurumsal anlayışın düzeyi gibi etmenlerden doğrudan etkileneceği ileri sürülebilir. Veri biliminin bilimi yararlanılan araçlar ve aracılar ne olursa olsun 21. Yüzyılda örgütler için önemli bir öncelik haline geldiği iddia edilebilir.

1.1.2. Veri Bilimci

Veri bilimci veride keşif yapma hususunda hem mesleki eğitime ve yeterliliğe hem de kişisel meraka sahip kişi olarak tanımlanabilir (Davenport ve

Patil, 2012, s. 72). Ver bilimci istatistik, analiz araçları ve makine öğrenme gibi disiplinlerden yararlanarak veriden anlam, bilgi ya da anlayış ortaya koyan kişidir. Diğer bir ifade ile veriyi bilgiye dönüştüren bir mesleki uzmandır (Ho ve diğerleri, 2019, s.1) "Veri bilimci" kavramı 2008 yılında ortaya çıkan bir kavram olmasına karşın günümüzde binlerce veri bilimci hem küçük ölçekli hem de gelişmiş şirketlerde görev yapmaktadır (Davenport ve Patil, 2012, s. 72). Diğer tüm mesleki uzmanlık alanlarında olduğu gibi veri bilimcilerinde sahip olması gereken belirli nitelikleri söz konusudur. Patil (2011, s. 12) bu nitelikleri şu şekilde sıralamaktadır:

- *Teknik uzmanlık:* Veri bilimciler veri bilimi ile ilgili derin bir uzmanlığa sahip olmalıdırlar.
- *Merak:* Veri bilimciler bir problemi derinlemesine inceleme ve problemin test edilebilir alt hipotezlerine ulaşma konusunda meraklı ve istekli olmalıdırlar.
- *Hikâyeleme:* Veri bilimciler veriden ulaşılan sonuçları hikâyeleştirme ve sonuçları diğerleri için anlaşılabilir bir forma dönüştürme konusunda yetkindirler.
- *Zekâ:* Veri bilimciler bir probleme farklı ve yaratıcı bakış açıları geliştirme konusunda mahirdirler.

eri bilimci veriden kurumsal bir değere ya da ürüne dönüşecek bilgiye erişim sağlama konusundan mesleki bilgi, beceri ve yeterliliğe sahip kişi olarak tanımlanabilir. Verinin kurumsal değerine dönük anlayışla birlikte veri bilimcilere olan ihtiyaçta buna paralel olarak artmaktadır. Hatta büyük teknoloji şirketlerinde veri bilimi takımları oluşturulmakta ve bu takımlar veriden yararlanarak kurumsal düzeyde ekonomik bir değer ortaya koyma adına işbirliği içinde faaliyet göstermektedirler. LinkedIn şirketinde oluşturulan veri bilimi takımı buna önemli bir örnek olarak gösterilebilir. Şirkette oluşturulan beş kişilik veri bilimi takımı en üst yönetim biriminden daha alt düzeyde görev yapan yöneticilere kadar şirketim tüm yönetim birimlerine destek vermekte ve kararlarında rehberlik etmektedir (Patil, 2011, s. 16). Verinin kurumsal ve ekonomik değerine dönük anlayışla birlikte veri bilimcilerine olan ihtiyacın giderek artacağı ileri sürülebilir.

1.1.3. Veri Bilimi Eğitimi

Veri bilimi eğitimi veriden eyleme vuruk bilgiye erişim sağlama, kurumsal ve ekonomik bir değer ortaya koyma hususlarında bireylere sağlanan eğitim olarak tanımlanabilir. Bir veri bilimi eğitimi sürecinin üç önemli bileşeni olduğu ileri sürülebilir: Veri, teknoloji ve bireyler (Song ve Zhu, 2016; Akt. Poole, 2021, s. 526). Veri bilimi eğitimi veri kavramı ve kapsamına dönük bilgi ve donanıma sahip olmayı gerektirmektedir. Veri üreten, işleyen, depolayan ve veriyi insanlar için ulaşılabilir konuma getiren araçların teknolojik gelişmelere dayalı olarak dijital bir yapıya kavuşması teknoloji eğitimini veri bilimi eğitiminin önemli bir bileşeni konumuna getirmiştir. Bireylerin ilgi alanları, yetenekleri, ihtiyaçları, veri bilimi hususundaki hazırbulunuşluk düzeyleri gibi hususlar da veri bilimi eğitiminin içeriğine ışık tutan öğeler olarak kabul edilebilir. Veri bilimi eğitimi temel olarak veri bilimini teşkil eden disiplinlere dönük eğitimdir. Veri bilimine teşkil eden bilimlerin birbiri ile olan ilişkisi ise Şekil 1'de yer aldığı biçimde ortaya konulabilir (Conway, 2010; Akt. Finzer, 2013, s. 2);

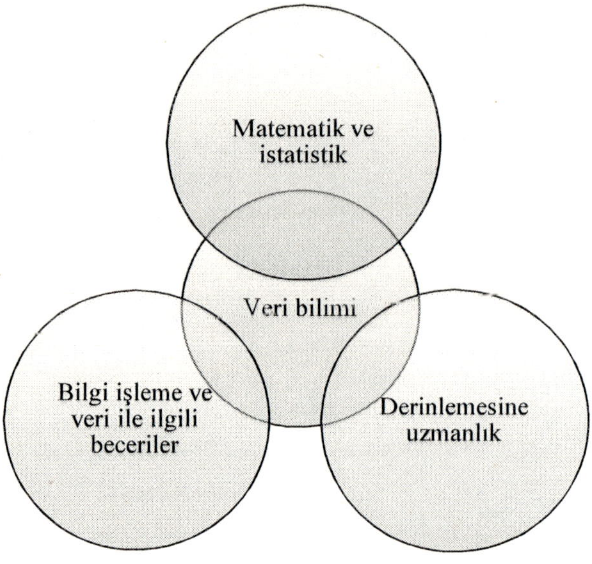

Şekil 1. Veri bilimi Venn diyagramı

Kaynak: Finzer, 2013, s. 2.

Veri bilimi eğitimi verinin toplanması, düzenlenmesi, bütünleştirilmesi, işlenmesi, analiz edilmesi, bilgiye dönüştürülmesi, bilginin son kullanıcılara ulaştırılması gibi çok farklı alanlarda yer alan bilgi ve becerilere dönük eğitimi kapsamaktadır. Teknolojik gelişmelere ve verinin üretim hızındaki artışa dayalı olarak veri bilimi eğitiminin içeriği ve kapsamı da sürekli olarak güncellenmek durumundadır. Veri yönetimi süreçlerinde yararlanılan hızlı teknolojik gelişmeler veri bilimi eğitiminde teknolojik gelişmelerin yakından takip edilmesini ve eğitimlerin buna paralel olarak yeniden yapılandırılmasını önemli bir konuma getirmektedir.

1.2. Bilgi (Information)

Bilgi bütün disiplinlerde var olan bir olgudur ve veriden temel farkı, farklı bir işleme süreci sonucunda elde edilmesidir. Veri gözlem ve ölçme yoluyla elde edilirken bilgi elde edilen verinin bir işleme sürecine tabi tutulması vasıtasıyla elde edilir (Roederer, 2005, s. 2). Bilgi verinin "kim?", "ne?", "nerede?" ve "ne zaman?" gibi sorulara cevap verebilecek biçimde anlamlandırılmasını ifade etmektedir (Hoppe ve diğerleri, 2011, s. 585). Veriyi üreten, depolayan, gerektiğinde geri çağıran ve işleyen sistemlere "bilgi işletim sistemleri" adı verilmektedir (Ackoff, 1999, s. 3). Bilgiye ulaşmak için verinin elde edilmesi ve yorumlanması gerekmektedir (Dorji ve Kirikova, 2016, s. 1). Diğer bir ifade ile veri bilgi için bir hammadde işlevi görür ve verinin anlamlı bütünler haline getirilmesi vasıtası ile bilgiye erişim sağlanır. Bilginin veriden farklı olarak çeşitli nitelikleri söz konusudur. Bu nitelikler şu şekilde sıralanabilir;

- Bilgi bir nesne, birey, olgu ya da olay hakkında verilerin sistematik bir düzene sokulması ile elde edilen detayları ve gerçekleri ifade etmektedir (Dorji ve Kirikova, 2016, s. 2).
- Bilgi sembollerin ve sembol yapılarının yorumlanması sonucu elde edilir (Dorji ve Kirikova, 2016, s. 2).
- Bilgi uygun araçlarla toplanmış verinin analiz edilmesi sonucu elde edilir (Dorji ve Kirikova, 2016, s. 2).
- Bilgi belirli bir konudaki anlayışa katkı sunabilir ve belirli konulardaki belirsizlikleri azaltabilir (Dorji ve Kirikova, 2016, s. 2).
- Bilgi karar süreçlerinde, davranışlarda ya da çıktılarda belirleyici bir role sahiptir (Dorji ve Kirikova, 2016, s. 2).
- Bilgi varlıkların çevreleri ile etkileşimlerinde önemli rol oynar. Bu yönüyle bilgi varlıkların yaşamlarını sürdürebilmelerinde etkin bir konumdadır (Roederer, 2005, s. 1).
- Bilgi verinin belirli bir düzen ya da ilişki sistemi temelinde işlenmesi vasıtası ile elde edilir (Duan, Sun, Che, Cao, Li ve Yang, 2019, s. 99166).
- Bilgi iletişim yoluyla aktarılabilecek bir yapıyı ifade eder (Satija, 2015, s. 66).
- Bilgi verinin belirli bir bağlamda anlamlandırılması ile elde edilir (Tuomi, 1999, s. 107).
- Veri bilginin öncülü niteliği taşır (Tuomi, 1999, s. 107).

- Bilgi verinin bir bağlamla ilişkisinin kurulması ile ortaya çıkar. Bilginin bir bağlamla ilişkisi söz konusu iken veri bu türde bağlamsal bir ilişkiye sahip değildir (Ahmed, 1999, s. 5).
- Bilgi iki yönüyle veriden ayrılmaktadır. İlk olarak bilgi verinin içinde bulunduğu bağlama ilişkin bir farkındalığı gerekli kılar. İkinci olarak bilgiye erişim için mevcut verilerin bağlam çerçevesinde yorumlanması gerekmektedir (Ahmed, 1999, s. 6).
- Bilgiye erişim için verinin toplandığı sembollere ilişkin bir anlayış, bilgi ya da farkındalığa ihtiyaç vardır. Verinin toplanmasında yararlanılan sembollere dönük bilgiye sahip olmadan verinin bilgiye dönüştürülmesi mümkün değildir. Örneğin Japonca ile toplanmış verinin bilgiye dönüştürülmesi için veriyi teşkil eden sembollerin ne anlama geldiğinin bilinmesi gerekmektedir (Ahmed, 1999, s. 7).
- Bilgi veriden istatistik ya da aritmetik yöntemlerle elde edilebileceği gibi çıkarım yoluyla da elde edilebilir (Ackoff, 1989, s. 3).
- Bilgi veri birimlerinin ilişkilendirilmesi yoluyla elde edilir ve bilgi belirli bir duruma ilişkin "kim?", "ne?", "nerede?" ve "ne zaman?" gibi soruların cevaplandırılması işlevi görür (Hoppe ve diğerleri, 2011, s. 585).
- Bilgi bir mesaj ve anlam içeren bir bütündür. Bu noktada belirli bir eyleme dönük karar için girdi niteliği taşıyabilir (Liew, 2013, s. 50).
- Bilgi verinin belirli bir anlam ya da mesaj içerecek biçimde ilişkilendirilerek düzenlenmesini ifade eder (Burgin, 2004, s. 57).

Bilgi bir alıcı ve verici arasında transfer edilebilen bir mesaj barındırır. Bu nedenle bilginin iletişim sürecinin en önemli nesnesi olduğu iddia edilebilir. Buna karşın bilgi bir anlayış değildir. Bir bilgiye ait anlayış bilgiyi hiyerarşik yapıda bir üst düzeye taşıyarak onun özümsenmiş bilgiye dönüşümünü ifade etmektedir. Bilgi verinin alıcı açısından belirli bir bağlamda anlamlı hale getirilmesi ile elde edilir. Bilgi veriye ait bir yorumlamayı ya da değerlendirmeyi içerir. Bilgi, bağlamın veriye yüklediği anlam olarak da tanımlanabilir (Zins, 2007, s. 486). Bilgi veriye dayalı olarak belirli bir bağlamda sembollere bir anlam yüklenmesini ifade eder. Bu yönüyle bilgi alıcı ve verici için anlamlı bir mesaj içerir.

Bilgi düzenli bir biçimde bir araya getirilmiş ve belirli bir anlam içeren veri ve gerçekleri kapsamına alır. Bu bağlamda bilginin veri ve gerçeklerin anlam kazanması ile elde edildiği ileri sürülebilir. Bilgi belirli bir düzene konularak anlamsal bir bütün haline getirilmiş veri birimlerinden oluşur, buna karşın düzenlenmiş her veri bilgi niteliği taşımayabilir. İyi düzenlenmiş veri setleri de mevcuttur. Bu noktada bilgi bir enerjiye benzetilebilir (Burgin, 2004, s. 54). Bilgi eylemlere yön verecek kararlar için bir temel teşkil eder ve gerçek yaşam koşullarına aktarılabilecek bir anlam içerir. Veri alıcıya herhangi bir anlam ifade etmezken bilgi alıcı için bir anlam taşır ve alıcının görüşlerinde bir değişiklik yaratma kapasitesine sahiptir. Bu kapsamda bilginin verinin belirli bir bağlam ya da sorun çerçevesinde anlam taşıyacak biçimde yapılandırılması sonucu elde edilen anlamlı bir bütün olduğu ileri sürülebilir. Birbirleri yerine sıklıkla kullanılmalarına rağmen veri ve bilgi birbirinden tamamen farklı kavramlardır. Veri ve bilgi arasındaki farklılıklara ilişkin şu hususlar sıralanabilir;

- Veri gözlem yoluyla elde edilen nicel ya da nitel bir yapıda olabilecek, birbirinden bağımsız birimlerden meydana gelir ve belirli bir bağlam ya da mesaj içermez. Buna karşın bilgi verinin analiz edilip yorumlanması sonucu ulaşılan, veri kadar verinin toplandığı bağlamı da temel alan bir olguyu ifade etmektedir (Zins, 2007, s. 481).
- Veri bir soyutlamadır. Sembollere yüklenen anlamlardan ibarettir. Bilgi ise bu sembollerin analiz edilip yorumlanması ile ulaşılan anlam bütünlerini ifade eder (Zins, 2007, s. 481).
- Bilgi bir mesaj ve anlam içerdiğinden iletişim için temel teşkil eder. Verinin iletişimsel bir işlevi söz konusu değildir (Zins, 2007, s. 481).
- Veri süreklilik arz eder ve değişmez bir nitelik taşır. Buna karşın bilgi alıcının yorumlamasına ve verinin elde edildiği bağlama göre değişkenlik gösterebilir (Zins, 2007, s. 481).
- Veri belirli bir araştırma için belirlenen algoritmaları temel alarak düzenlenmiş sembollerden ibarettir. Buna karşın bilginin bilişsel bir niteliği vardır ve bu yönüyle hem bir süreçtir hem de bir sonuçtur (Zins, 2007, s. 482).
- Veri ham gerçekliklere dayalı bir algılama iken (Debons, Horne ve Cronenweth, 1988; Akt. Zins, 2007, s. 482) bilgi "kim?", "ne?", "nerede?", "ne zaman?" gibi soruların cevaplandırılması amacıyla verinin düzenlenmesi ve işlenmesini içerir (Zins, 2007, s. 482).
- Veri gözlem yoluyla elde edilen hammadde iken bilgi hammaddenin bir mesaj ya da anlam içerecek biçimde işlenmesini ifade eder (Zins, 2007, s. 482).

Veri bilgi için temel teşkil eden sembollerin bir araya getirilmesi olarak tanımlanabilir. Veri herhangi bir mesaj ya da anlam içermez ve bu nedenle iletişimsel amaçlara da hizmet etmez. Bilgi ise verinin bir anlam içerecek biçimde verinin toplandığı çevresel koşulları da dikkate alacak biçimde analiz edilmesi ve yorumlanması sonucu elde edilen bir anlam bütününü ifade eder. Bilgi iletişimsel amaçlarla oluşturulur ve bu yönüyle iletişimin temel nesnesi konumundadır. Bilgi verinin bir anlam ve mesaj içerecek biçimde düzenlenmesi ve işlenmesi neticesinde elde edilir. Bu noktada verinin uygun araçlarla analiz edilmesi ve verinin toplandığı bağlamsal koşulların da temel alınarak yorumlanması sonucu bilgiye ulaşılır. Bilgi belirli bir bağlamda anlam kazandığından süreklilik arz etmez. Buna karşın veri gerçek yaşama ilişkin sembollerden ibaret olduğundan değişmez bir nitelik taşır.

Aynı veri farklı alıcılar tarafından farklı yorumlanabileceğinden belirli bir veri setinden farklı bilgilere ulaşmak mümkündür. Diğer bir ifadeyle veri nesnel bir nitelik taşır ve sembollerin anlamları herkes için aynıdır. Buna karşın veri setlerinin farklı durumsal ve çevresel bileşenleri temel alarak yorumlanması ile elde edilen bilgi bireysel açıdan farklılıklar arz edebilir. Buna karşın veriden farklı yorumlar çıkartmak mümkün olsa da veriden yararlanarak herkes için geçerli genellemelere de ulaşılabilir. Ancak tek bir veri setinden ortaya çıkan yorumlar belirli bir gerçekliğe ilişkin genellemelere ulaşmada yeterli değildir. Veriden elde edilen bulguların ya da yorumlamalar bilgiye erişimi sağlar. Ulaşılan bilginin tekrarlanabilir bir nitelik taşıması durumunda belirli bir olaya ya da duruma ilişkin öngörülerde bulunulabilir. Bu da özümsenmiş bilgiye karşılık gelmektedir. Özümsenmiş bilginin farklı durumlara dönük genellemelere ulaşılabilecek bir yapıya kavuşturulması ise bilgelik olarak adlandırılmaktadır. Bu türde gerçek yaşama ilişkin genellemeler ise bilgelik ya da kavrayış olarak adlandırılmaktadır. Kavrayışın temelinde özümsenmiş bilgi yatar.

1.2.1. Bilgi Yönetimi

Bilgi yönetimi bilgiye kolay erişilebilir bir nitelik kazandırmak amacıyla verinin elde edilmesi depolanması ve güncellenmesi gibi hususlarda gerçekleştirilen eylemleri ve uygulamaları kapsayan bir kavramdır. (Dictionary of Information & Library Management, 2006, s. 101). Bilgi yönetimi bilginin örgütsel amaçlara hizmet edecek biçimde yapılandırılması ve bu doğrultuda veriden etkin bir biçimde yararlanılması içi gereken eylem adımlarını kapsar (Güçlü ve Sotirofski, 2006, s. 351). Bilginin örgütsel eylemlere ve uygulamalara tatbik edilebilmesi, örgütsel sorunların çözümüne katkı sunması ve yönetsel kararlara rehberlik edebilmesi için etkili bir biçimde yönetilmesi gerekmektedir. Bilgi yönetiminin bu bağlamda elde edilen eyleme vuruk bilgi ile örgütsel ve yönetsel uygulamalar arasında bir köprü işlevi gördüğü ileri sürülebilir.

Bilgi yönetimi örgütün hali hazırda sahip olduğu bilginin yönetsel eylemlere ve uygulamalara yansıtılması için yerine getirilen eylemler olarak betimlemek hatalıdır. Bilgi yönetimi aynı zamanda örgütsel işleyişe katkı sağlayacak, yönetsel açıdan bir değer ortaya koyacak bilginin elde edilmesi süreçlerini de kapsamaktadır. Bilgi yönetimi bu bağlamda örgütün etkin bir biçimde işleyişine katkı sağlayacak bilginin toplanması, düzenlenmesi, işlenmesi, denetimi, yayımlanması ve kullanıcıların hizmetine sunulması gibi hususlara yönetim biliminin ilkelerinin tatbik edilmesi olarak tanımlanabilir (Tonta, 2004, s. 3). Bilginin elde edilmesinden örgütsel ve yönetsel süreçlere tatbik edilmesine kadar bilgi ile ilgili gerçekleştirilen tüm işlemler bilgi yönetiminin aşamaları olarak kabul edilebilir.

1.2.2. Bilgi Yönetimi Sistemleri

Bilgi önemli bir örgütsel değerdir ve örgüt düzeyinde bilgiden yararlanılması örgüt için önemli avantajları beraberinde getirebilir (Hahn ve Subramani, 2000, s. 302). Buna karşın her disiplinde bilginin büyük boyutlarda üretilmesi bilgiden etkin bir biçimde yararlanılmasında farklı araçlardan yararlanılmasını zorunlu hale getirmiştir. Teknolojik gelişmelerle birlikte bilginin elde edilmesi, depolanması, düzenlenmesi, analiz edilmesi, erişime açılması gibi hususlarda yararlanılan araçlarda da hızlı gelişmeler yaşanmıştır. Bahsi geçen gelişmeler bilgi artışı ve bilginin çok hızlı güncelliğini kaybetmesi gibi bilgi yönetiminin çok önemli sorunları ile başa çıkılmasına aracılık etmiştir. Bilgi yönetimi sistemleri bilginin örgütsel bir değere dönüştürülmesi sürecinde bilginin elde edilmesi, depolanması, düzenlenmesi, işlenmesi, erişime açılması gibi hususlarda yararlanılan sitemleri ifade etmektedir.

Bilgi öğrenme süreçlerinin temel bileşeni konumundadır. Bu kapsamda bilgi yönetimi sistemleri örgütsel öğrenme süreçlerinde kolaylaştırıcı rolü üstlenirler (Damodaran ve Olphert, 2000, s. 405). Örgütsel düzeyde bilgiden etkin bir biçimde yararlanılabilmesi için örgütün son teknolojik gelişmelerle uyumlu, çağdaş bilgi yönetim sistemlerine sahip olması önemlidir. Bilgi yönetimi sistemleri bilginin kurumsal değere dönüştürülmesini hızlandırmaktadır. Hız bilginin güncelliğini çok hızlı kaybettiği çağımızda önemli bir konumda yer almaktadır.

1.2.3. Yönetim Bilgi Sistemleri

Örgütler çalışma alanları, ihtiyaçları, hedefleri ve kurumsal yapıları açısından birbirinden farklılıklar göstermektedirler. Bu farklılıklar bilgiden farklı örgütlerde farklı işlevler için yararlanılmasına zemin hazırlamaktadır. Bilgi yönetim sistemleri örgütlerde bilgi ile ilgili farklı işlevleri yerine getirmektedir. Bilgi yönetim sistemleri bilginin basitçe kaydedilip aktarılması gibi insan uzmanlığından daha ekonomik bir şekilde bilgiden yararlanılmasına olanak sağlamaktadır. Buna karşın bilginin kaydedilip farklı birimlere aktarılması örgütlerin karmaşık yapısı nedeniyle günümüzde örgütsel ihtiyaçlara tam olarak cevap verememektedir. Bu kapsamda bilgi yönetimi sistemlerinin bilgiyi örgütün farklı birimleri arasında farklı işlevleri yerine getirecek biçimde birbiri ile bağlantılı bir yapıda işlev görmesi önem arz etmektedir. Bu şekilde bilgi yönetimi sistemlerinin örgütün farklı birimlerinde farklı işlevleri yerine getirecek biçimde uyum ve eşgüdüm halinde çalışabilmesi ise yönetim bilgi sistemleri olarak adlandırılmaktadır (Oz, 2009, s. 18).

Yönetim bilgi sistemleri örgütlerin yönetim kademelerine farklı yönetsel birimler arasında bilgi akışını sağlayacak biçimde yapılandırılmış sistemlere karşılık gelmektedir. Bu yönüyle yönetim bilgi sistemleri hem örgütsel öğrenme hem de örgüt içi iletişim ve eşgüdüm için önemli aracılar olarak kabul edilebilir. Yönetim bilgi sistemleri günümüz örgütlerinin ayrılmaz bir parçasıdır. Örgütlerde farklı birimler arasında hızlı veri akışı örgütsel sorunların kurumsal bir zarara yol açmadan çözülmesinde ya da sorunun ortaya çıkmadan engellenmesinde önemli bir rol oynamaktadır. Yönetim bilgi sistemleri örgütsel kararların hızlı ve etkin bir biçimde alınmasına da aracılık etmektedir.

1.3. Özümsenmiş Bilgi (Knowledge)

Özümsenmiş bilgi bilginin tutarlı bir eylem biçimine dönüştürülmesine aracılık eder (McDowell, 2021, s. 1227). Özümsenmiş bilgi bilginin farklı bağlamlarda gerçekleşen olaylara karşı bireylerin tutarlı eylem biçimleri geliştirmesine katkı sağlar. Özümsenmiş bilgi farklı bilgi birimleri ya da öğeleri arasında bir ilişki ya da bağ kurulması ile elde edilir (Mishra, 2018, s. 286). Bu şekilde eyleme vuruk bilginin farklı bağlamlarla ilişkilendirilmesi mümkün hale gelir.

Özümsenmiş bilgi veriden elde edilen bilginin bireylerde bir anlayış, tecrübe ya da beceri meydana getirecek biçimde yeni bir forma dönüştürülmesi ve bilginin mevcut yeni bir bağlamla ilişkilendirilmesini ifade etmektedir (Allen, 2017, s. 15). Özümsenmiş bilgi, herhangi bir durum, konu, nesne ya da fikirle ilgili tecrübe yoluyla edinilen anlayışa tekabül eder. Özümsenmiş bilgiye belirli bir konu, nesne ya da duruma ilişkin birikimli bilgiden yararlanılarak erişim sağlanır. Bu noktada özümsenmiş bilgi herhangi bir konu ya da hususa ilişkin birikimli bilginin tecrübe ile anlamlandırılmış ve yapılandırılmış biçimi olarak tanımlanabilir (Dorji ve Kirikova, 2016, ss. 2-3). Özümsenmiş bilgi, vericiden mesaj olarak alınan bilginin tecrübe ile anlam kazandırılmış biçimidir. Bilgi "kim?", "ne?", "nerede?" ve "ne zaman?" sorularına cevap ararken özümsenmiş bilgi bu soruların cevaplarına ek olarak "nasıl?" ve "neden?" sorularına da cevap aramaktadır.

Bilgi bireysel ve örgütsel eylemleri yönlendirmekle birlikte eylemin gerektirdiği durumla ilgili bir tecrübe edinilmesine olanak sağlamaz. Bu türde bir tecrübe ancak birikimli bilgi ya da diğer bir ifade ile özümsenmiş bilgiden yararlanılarak elde edilir (Lebinac, 2020, s. 371). Diğer bir ifade ile eylem biçimlerine dönük birikimli bilginin örgütsel durumlara yansıtılması ile özümsenmiş bilgiye ulaşılır. Örgütsel düzeyde özümsenmiş bilgiye sürekli bilgi ya da veri akışı erişim sağlamak mümkün değildir. Özümsenmiş bilgiye elde edilen veri ve bilginin sürekli olarak işlenmesi, analiz edilmesi ve birbirleri ile ilişkilendirilmesi sonucu ulaşılabilir (Dmitriy, 2020, s. 53).

Bilgi verinin anlamlı bir bütün haline getirilmesi yoluyla ulaşılan anlam ya da mesaj iken özümsenmiş bilgi ulaşılan anlamların inançlarla sentezlenerek olay ya da duruma ilişkin bir anlayışa ulaşılmasını ifade eder. Bu noktada gerçekler ve inançlar, mantık ile kanıt niteliği taşıyan gerçeklikler anlayışın ya da özümsenmiş bilginin oluşturulmasında birlikte işlev görürler (Sanders, 2016, s. 13). Diğer bir ifade ile bilginin oluşturulmasında gerçek dünyaya ilişkin elde edilen sembollerin bağlamla ilişkilendirilerek anlamlandırılması esas iken, özümsenmiş bilginin yapılandırılmasında bireyin inançları ve tecrübeleri de etkin rol oynar. Sanders (2016, s. 13) özümsenmiş bilginin gerçekler ve inançlarla ilişkisini Şekil 2'de yer aldığı biçimde ortaya koymaktadır;

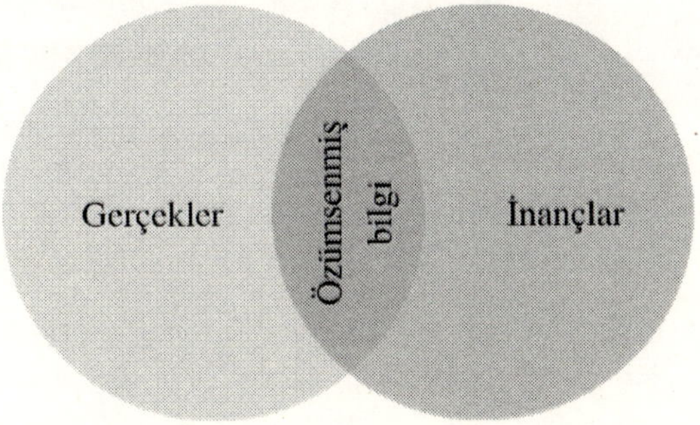

Şekil 2. Özümsenmiş bilgi, gerçekler ve inançlar ilişkisi

Kaynak: . Sanders, 2016, s. 13.

Özümsenmiş bilgiye, bilginin alıcının inançları ve tecrübeleri ile sentezlenmesi sonucu ulaşılır. Bu noktada bilgi belirli bir bağlama özgü bir nitelik taşırken özümsenmiş bilginin yaşantılara dönük genellemelere zemin hazırlayan bir nitelik taşıdığı ileri sürülebilir. Özümsenmiş bilgiye bilginin analiz edilip yorumlanması neticesinde ulaşılabilir. Özümsenmiş bilginin temel bazı nitelikleri söz konusudur. Bu nitelikler şu şekilde sıralanabilir;

- Özümsenmiş bilgi (knowledge) bilme işini gerçekleştiren (knower) bireylere bağımlı bir kavramdır. Bilme işini gerçekleştiren birey olamadan özümsenmiş bilgiden bahsetmek mümkün değildir. Özümsenmiş bilgi insanoğlunun karşılaştığı sorunların çözümü için üretilir. Özümsenmiş bilgi insan yaşantısına değer katmak amacıyla yeni sistemler, eylemler ve hizmetler gerçekleştirmek için üretilir (Satija, 2015, s. 67). Özümsenmiş bilgi insan yaşantısına dönük eylemlere ve uygulamalara yön veren bir nitelik taşır. Özümsenmiş bilgi yeni edinilen bilginin tecrübe ve yaşantılarla sentezlenerek yeni bir anlam kazanması süreci olarak tanımlanabilir.
- Özümsenmiş bilgiye bilginin yeni bir düzene sokulması ve yorumlanması ile ulaşılır (Jankowski ve Skowron, 2007, s. 96).
- Özümsenmiş bilgi, bilginin malumata ya da öğrenmeye dönüştürülmesidir. Bilgi yeni bir düzene konularak sistemlere yön verecek ve sistemlerin işleyişine katkıda bulunacak yönergelere dönüştürülür (Ackoff, 1989, s. 4).
- Özümsenmiş bilgi gerçekliğin ya da gerçek bilginin olumlu ya da olumsuz önermelere dönüştürülmesini ifade eder (Burgin, 2004, s. 49).
- Bilgi verinin anlamlı bir yapıya kavuşturulması ile elde edilir. Özümsenmiş bilgi ise bilgiye yeni bir anlam yükleyerek bilginin geleceğe dönük kestirimlerde işlevsel bir niteliğe kavuşturulmasını ifade eder (Tuomi, 1999, s. 2).
- Özümsenmiş bilgi bilgiye yeni bir anlam kazandırılması süreci olması nedeniyle yeni bilgilerin üretilmesine de kaynaklık eder (Tuomi, 1999, s. 4).
- Bilgi olgu (fact) ve veriden oluşur. Özümsenmiş bilgi ise hakikat (truth) ve inançlardan (belief) meydana gelir (Tuomi, 1999, s. 4).
- Özümsenmiş bilgi bilginin yorumlanması ile elde edilir (Sveiby, 1997; Akt. Tuomi, 1999, s. 4). Bu yönüyle bilginin özümsenmiş bilgi için hammadde niteliği taşıdığı ya da bir kaynak teşkil ettiği ileri sürülebilir.
- Özümsenmiş bilgi, bilgiye anlam, bağlam ve yorum eklenmesi ile elde edilir (Tuomi, 1999, s. 5).

- Özümsenmiş bilgi tecrübelere dayalı olarak geliştirildiğinden bireyler arası etkileşimlere dayalı olarak ortaya çıkan ve sosyal bir nitelik taşıyan bir olgudur (Tuomi, 1999, s. 7).
- Özümsenmiş bilgi insanların tecrübelerine ve çevreleri ile etkileşimlerine dayalı olarak zihinlerinde şekillendirdikleri bir olgudur (Brodie ve Brodie, 2009; Sunasee ve Sewry, 2002; Akt. Liew, 2013, s. 50).
- Bilgi bir nesneye ya da olaya ilişkin tecrübe ile elde edilmiş anlayışı ifade etmektedir (Dorji ve Kirikova, 2016, s. 2).
- Özümsenmiş bilgi belirli bir konuya ilişkin birikimli bilgiden yararlanılarak üretilir (Dorji ve Kirikova, 2016, s. 2).
- Özümsenmiş bilginin üretilebilmesi için konuya ilişkin elde edilen bilgiye dönük tecrübeye ihtiyaç duyulur (Dorji ve Kirikova, 2016, s. 3).
- Özümsenmiş bilgi bireyin beyninde gerçekleştirilen bir sentez süreci sonucunda üretilir (Zins, 2007, s. 479).
- Özümsenmiş bilgi bireyin nesnelere ve olaylara karşı teorik ve pratik bir anlayış geliştirmesi ile elde edilir ve bu şekilde bireylerin olaylara ve nesnelere karşı aşinalığını arttıran bir nitelik taşır (Zins, 2007, s. 480).
- Özümsenmiş bilgi bireyin sahip olduğu bilgiyi yeniden yapılandırarak topluma uyum sağlamasına hizmet edecek bir niteliğe kavuşturur (Zins, 2007, s. 480).
- Özümsenmiş bilgi bireyin sahip olduğu bilgiyi tecrübeleri ile sentezlemesini temel aldığından öznel bir nitelik taşır (Zins, 2007, s. 481).
- Özümsenmiş bilgi olaylara ve olgulara dönük bir anlayışa sunduğu katkı ile "nasıl?" ve "neden?" gibi üst düzey bilişsel soruların cevaplandırılmasını olanaklı kılar (Zins, 2007, s. 481).
- Özümsenmiş bilgi, bilgi ve veriye nazaran daha soyut bir kavramdır. Özümsenmiş bilgi bireyin veriden ve bilgiden ne aldığı ve aldığını inançlarına, değerlerine, iş ve eylemlerine nasıl yansıttığı ile ilişkilidir (Zins, 2007, s. 483).
- Bilgi ve özümsenmiş bilgi farklı olgular olmalarına rağmen birbirlerini destekler ve birbirlerinden beslenirler (Zins, 2007, s. 483).
- Özümsenmiş bilgi bilgiye dayalı olarak kurallar ve düzenleyici ilkelerin ortaya konulmasına katkı sunar. Özümsenmiş bilgi olaylara ve olgulara ilişkin çıkarımlarda bulunulmasında işlevsel bir niteliktedir (Zins, 2007, s. 484).

- Özümsenmiş bilgi, bilginin bağlamlarla, tecrübelerle ve kurallarla karşılaştırılarak birey tarafından özümsenmesini ifade etmektedir (Melkas ve Harmaakorpi, 2008, s. 109).
- Özümsenmiş bilgi bağımsız değildir. Özümsenmiş bilgi üretilmesi ve kullanılması açısından bilene (knower) ve bireye bağımlıdır. Özümsenmiş bilgi bireyin zihninde şekillenen zihinsel ve bilişsel bir sürecin çıktısıdır ve bu yönüyle öznel bir nitelik taşımaktadır (Satija, 2015, s. 67).
- Özümsenmiş bilgi sosyal bir grubun içinde korunan bir olgudur. Bu yönüyle özümsenmiş bilgi doğal olmaktan ziyade sosyal bir niteliğe sahiptir (Satija, 2015, s. 67).
- Teknoloji, toplumsal gelişmeler ve bilgi üretimi karşılıklı birbirini etkileyen unsurlardır (Satija, 2015, s. 67).
- Özümsenmiş bilgi kırılgan, dinamik, çok boyutlu ve evrimleşen bir yapıdadır (Satija, 2015, s. 67).
- Özümsenmiş bilgi kümülatif bir nitelik taşır. Özümsenmiş bilginin hem niceliği hem de niteliği artabilir. Özümsenmiş bilginin teknolojik, sosyal ve kültürel değişmelere bağlı olarak güncelliğini kaybetmesi niteliğini arttıran bir husustur (Satija, 2015, s. 6).

Sonuç olarak özümsenmiş bilgi bireyin mevcut bilgileri içinde bulunduğu çevresel koşulları, bilginin elde edildiği bağlamı ve tecrübelerini temel alarak yeniden yapılandırılması sonucu ulaşılan bir olgudur. Bilgiye dönük yeni bir anlayışın ya da farkındalığın geliştirilmesi sonucu elde edilir. Bireyin bilgiyi tecrübelerine dayalı olarak yorumlamasını içerdiğinden öznel bir nitelik taşır. Bilginin yeniden yorumlanması sonucu yeni bir bilgi edinilmesini içerdiğinden özümsenmiş bilgi aynı zamanda bilgiyi destekleyen ve besleyen bir yapıdadır. Buna karşın bilgi özümsenmiş bilgi için olmazsa olmaz bir öncüldür. Özümsenmiş bilgiye ulaşmak için tecrübelerle sentezlenecek bilgiye ihtiyaç vardır. Veri, bilgi ve özümsenmiş bilgi ile ilişkili diğer bir önemli kavram ise bilgelik ya da kavrayıştır (wisdom). Çalışmanın devamında bilgelik ve kavrayış hakkında bilgilere yer verilmiştir.

1.4. Bilgelik ya da Kavrayış (Wisdom)

Bilgelik ya da kavrayış birikimli özümsenmiş bilgi ile elde edilebilen, özümsenmiş bilginin bağlam olarak farklı durumlara yansıtılmasına olanak sağlayan bir anlayışı ifade eder. Bilgelik soyutlamanın en üst düzey biçimidir (McDowell, 2021, s. 1127). Bilgelik ya da kavrayış tanımlanması oldukça güç bir kavramdır. Bilgelik özümsenmiş bilgi hakkındaki bilgi olarak tanımlanabilir.

Bilgelik ya da kavrayış özümsenmiş bilginin ne ile ilişkili olduğuna ve özümsenmiş bilginin gerçek yaşamda nasıl uygulanabileceğine dönük bir kavrayışı ifade etmektedir. Bloom'un taksonomisinde olduğu gibi kavrayış bir sentez ve deerlendirme yapma ve bunun neticesinde bir ürün ortaya koyma olarak tanımlanabilir. Kavrayış tekil bir soyut kavramdır. Veri ve bilgi de olduğu gibi çoğul bir anlam ortaya koymaz (Allen, 2017, s. 16).

Bilgelik ya da kavrayış insan sorunlarının çözümünde yol gösteren bir nitelik taşır. Bilgelik tıpkı evrensel etik ilkelerde olduğu gibi birbirinden bağımsız ve tamamen farklı bağlamlarda davranış biçimlerini şekillendirir (Matney ve diğerleri, 2011, s. 8). Bu yönüyle farklı örgütsel durumlarda davranış biçimlerine yön veren bir anlayışa karşılık gelir. Örgüt çapında bilgelik düzeyinde bir soyutlama örgüt eylemleri ve uygulamaları için bir anayasa işlevi görür. Bu türde bir anlayış farklı sorunlar ya da örgütsel durumlarda davranış biçimlerinin öngörülebilir bir yapıya kavuşmasına da aracılık edebilir.

Kavrayış ya da bilgeliğe özümsenmiş bilgilerin bir araya getirilmesi ya da sentezlenmesi sonucunda ulaşılır (Bernstein, 2009, s. 71). Kavrayış özümsenmiş bilgilerden yararlanarak bir olay ya da olgunun bütün yönlerine dönük bir anlayış geliştirme, olaya, nesneye ya da hususa ilişkin yargılara varma olarak ifade edilebilir (Zins, 2007, s. 482). Kavrama özümsenmiş bilgiden yararlanılmasını, özümsenmiş bilginin eyleme geçirilmesini temel alır (Sanders, 2016, s. 14). Kavrayış özümsenmiş bilgi ile yargı arasında bir denge kurulmasını ve bu şekilde hayatı anlamada ve hayatta var olan belirsizlikleri azaltmada işlevsel olabilecek bir nitelik taşımaktadır (Liew, 2013, s. 54).

Özümsenmiş bilgi kavrayış için bir temel ve kaynak niteliği teşkil eder (Burgin, 2004, s. 57). Bu noktada bilgelik ya da kavrayış hiyerarşik yapıda en tepede yer alan olgudur. Bilgelik ya da kavrayış farklı durumlara adapte edilebilen özümsenmiş bilginin bir ürünüdür (Jankowski ve Skowron, 2007, s. 97). Bu noktada kavrayış ya da bilgelik özümsenmiş bilginin farklı durumlara aktarılabilmesi, özümsenmiş bilginin farklı sorun alanlarına tatbik edilebilmesi olarak tanımlanabilir. Kavrayış özümsenmiş bilgiye dayalı olarak bir yargıya ya da genellemeye ulaşma olarak ele alınabilir.

Kavrayış özümsenmiş bilginin sosyal bir ortama uygun biçimde aktarılması olarak tanımlanabilir. Bu noktada bilgelik ya da kavrayış sosyal yaşamla ilgilidir ve kültürel bir nitelik taşır (Satija, 2015, s. 71). Bilgelik ve kavrayış özümsenmiş bilginin sınırlılıklarına ve gerçek yaşamın belirsizliklerine dönük bir farkındalığı da içinde barındırır. Kavrayış özümsenmiş bilgiye dönük derinlemesine bir anlayış geliştirilmesi ile elde edilebilir. Kavrayış özümsenmiş bilginin insan yararına olacak biçimde sosyal yaşama transfer edilmesini esas alır (Hoppe ve diğerleri,

2011, s. 587). Bu şekilde özümsenmiş bilgiye dayalı olarak sosyal yaşama ilişkin genellemelere ulaşılmasının kavrayışın temelini teşkil ettiği ileri sürülebilir.

Veri, bilgi, özümsenmiş bilgi ve kavrayış hiyerarşisinde kavrayış en belirsiz ve en soyut kavramdır (Allen, 2017, s. 17). Kavrayışa ya da bilgeliğe ulaşmak için özümsenmiş bilginin bir araya getirilmesi ve sentezlenmesi gerekmektedir (Bernstein, 2009, s. 71). Kavrayış en üst düzey bilgi işleme sürecidir. Belirli bir eyleme dönük olarak farklı özümsenmiş bilgi yapılarının bir araya getirilmesi ile kavrayış elde edilir (Zins, 2007, s. 486). Kavrayış ya da bilgelik bilgi işleme sürecinde en üst düzey bilişsel süreçler sonucunda elde edilir. Bu yönüyle uygulamaya dönük ve eylemlere yön veren bir nitelik taşır.

Gerçek yaşama ilişkin yargılara ya da genellemelere ulaşmada kavrayış işlevsel bir konumda yer alır. Belirli bir konuda kavrayışa ulaşmak için bireyin tecrübelerine dayanarak zihninde şekillendirdiği özümsenmiş bilgilere ihtiyaç vardır. Birey özümsenmiş bilgilerini bir araya getirerek aralarındaki ilişkileri ortaya koyar. Bir araya getirdiği özümsenmiş bilgileri sentezleyerek gerçek yaşam koşullarına aktarılabilecek ilkelere ya da genellemelere ulaşır. Veri, bilgi, özümsenmiş bilgi ve kavrayış birbirleri ile ilişkili kavramlardır. Çalışmanın devamında bu kavramlar arasındaki ilişkilere dönük bilgilere yer verilmiştir.

1.5. Veri, Bilgi, Özümsenmiş Bilgi ve Kavrayış Arasındaki İlişkiler

Bilgi piramidinin farklı düzeylerinde yer alan bu kavramların her biri farklı düzeylerde bir soyutlamaya karşılık gelmektedir. Bu noktada veri gerçek dünyaya ilişkin ölçümleri ifade etmesi hasebiyle soyutlama düzeyinin en altında yer alır. Veriden bilgeliğe giden yolda sürekli hacim azalır ancak elde edilen ürünün yararlılığı, diğer bir ifade ile aktarılabildiği alan, sorun ya da davranış bağlamı artar. Bu yönüyle veri elde etmenin temel amacının en üst düzey soyutlama olan bilgeliğe ulaşmak olduğu ileri sürülebilir.

Veri, bilgi, özümsenmiş bilgi ve kavrayış ya da bilgelik hiyerarşik bir düzende her biri diğeri için bir temel teşkil edecek bir yapıda yer alırlar. Bu noktada veri en temel düzeyde yer alan kavramdır. Veri bilgiye, bilgi özümsenmiş bilgiye, özümsenmiş bilgi de kavrayışa kaynaklık eder. Bu noktada veri en temelde yer alan kaynak niteliği taşır. Birbirinden bağımsız sembollerin bir araya getirilmesinden ibarettir. Veriye anlam katan içinde bulunduğu bağlamdır. Bağlama dönük bir farkındalık bilgiye ulaşılmasını, elde edilen bilginin yorumlanması ise özümsenmiş bilgiye erişimi sağlar. Ahmed (1999, s. 6) veri, bilgi ve özümsenmiş bilgi arasındaki ilişkiyi Şekil 3'te yer aldığı biçimde özetlemektedir;

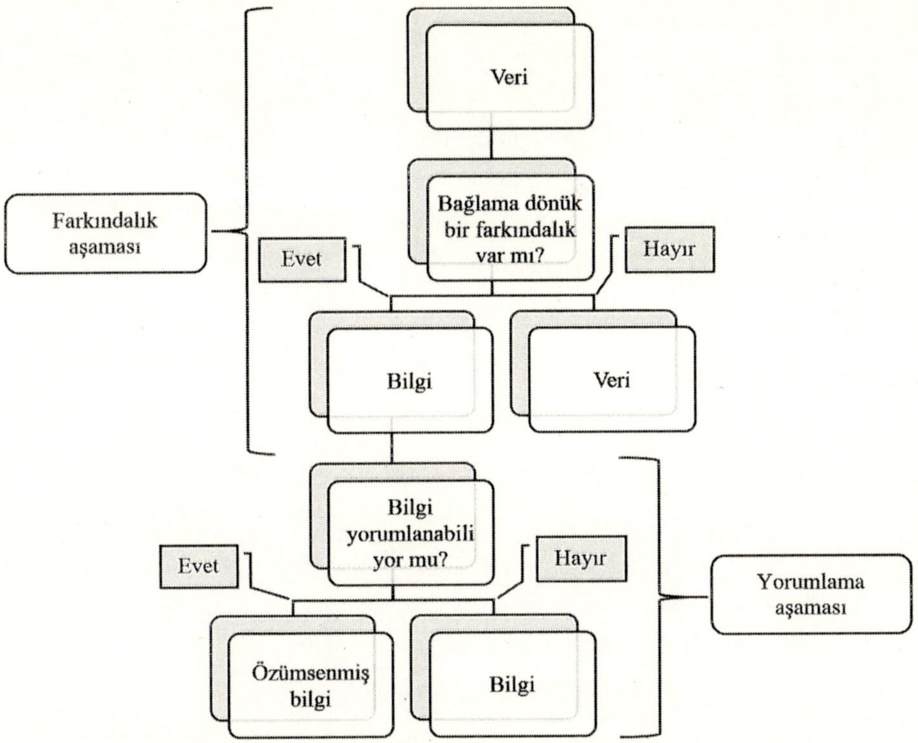

Şekil 3. Kullanıcıyı temel alarak veri, bilgi ve özümsenmiş bilgi arasındaki ilişki

Kaynak: Ahmed, 1999, s. 6.

Şekil 2 incelendiğinde verinin hem bilgi hem de özümsenmiş bilgi için kaynak teşkil ettiği gözlenmektedir. Veri bilgi için hammadde görevi üstlenmekte, bilgi de yorumlanabilme niteliğine dayalı olarak özümsenmiş bilgi için temel teşkil etmektedir. Bu üç kavram üretilmelerinde sarf edilen bilişsel çabanın düzeyi bakımından hiyerarşik bir yapıda yer almaktadırlar. Diğer bir ifade ile özümsenmiş bilginin üretilmesi bilginin üretilmesinden çok daha fazla bilişsel çaba ve üst düzey bilişsel yeterlilik gerektirmektedir.

Veriden özümsenmiş bilgiye erişim sürecinde veri sürekli olarak daha net bağlamlar çerçevesinde bir değer ve anlam kazanır. Veri alıcı ya da sorun çözücü için bir anlam ifade etmezken ya da bir sorun alanına uygulanabilecek bir ilke ya da kural ortaya koymazken özümsenmiş bilgi tam tersine kullanıcının belirli bir sorun çerçevesinde uygulama alanına taşıyabileceği ilkelerin ve kuralların belirlenmesinde işlevsel bir rol oynar. Bu bağlamda özümsenmiş bilgi, bilgi ve veri arasındaki ilişki Şekil 4'te yer aldığı biçimde ortaya konulabilir (Chaffey ve Wood, 2005, s. 224):

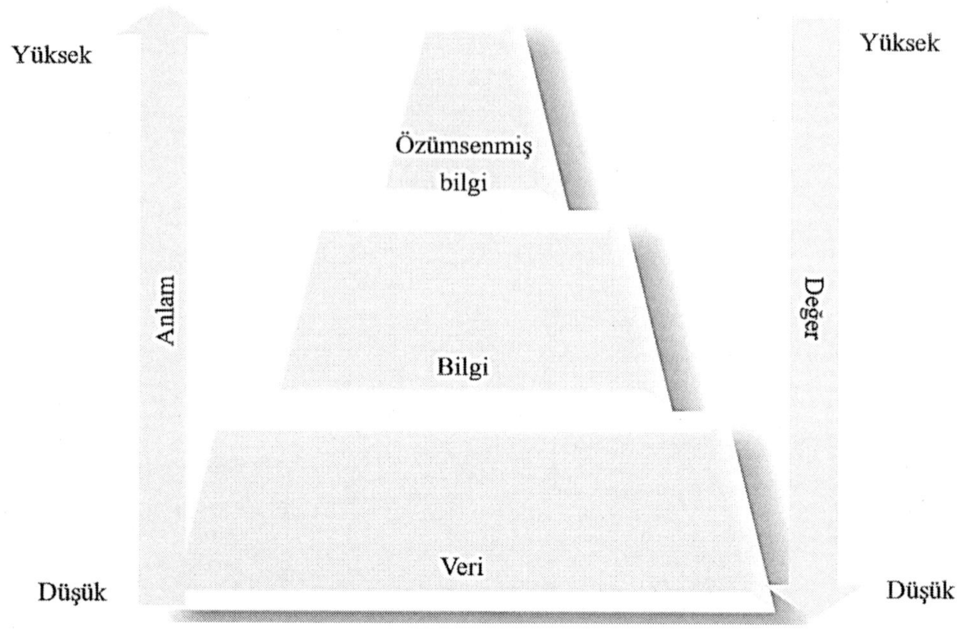

Şekil 4. Veri, bilgi ve özümsenmiş bilgi arasındaki ilişki

Kaynak: Chaffey ve Wood, 2005, s. 224.

Veri alıcı ya da birey açısından işlevsel bir anlam taşımaz. Bu kapsamda kullanışlı olmadığından işlevsel bir nitelik taşımaz. Verinin anlamlı hale getirilmesi ve belirli bir sorun için değerli bir forma dönüştürülmesi için önce bilgiye, daha sonra da özümsenmiş bilgiye dönüştürülmesi gerekmektedir. Şekil 3'te yer alan ortaya konulduğu üzere veri, bilgi ve özümsenmiş bilgiye nazaran daha büyük boyutlarda yer almaktadır. Özümsenmiş bilgiye giden süreçte veri sürekli bir bağlam ya da sorunla ilişkilendirildiğinden hacim olarak küçülmekte ancak kullanıcı açısından anlam ve değer kazanmaktadır. Bir sorunun çözümünde ya da bir soruya cevap aranması sürecinde işlevsel olan özümsenmiş bilgidir.

Doğrudan veriden yola çıkarak bir sorun ya da durum hakkında yargıya ya da karara varılamaz. Veri, hacim açısından bilgiden, bilgi de hacim açısından özümsenmiş bilgiden daha büyüktür. Veri belirli bir bağlam temel alınarak ilişkilendirilir ya da gruplandırılarak bilgiye dönüştürülür ve bu süreçte hacim olarak küçülür. Aynı şekilde farklı bilgiler bir araya getirilerek analiz edilir ve yorumlanır ve bu şekilde gerçek yaşama ilişkin ilkeleri ve kuralları ortaya koyan özümsenmiş bilgiye ulaşılır. Bu süreçte bilgi de hacim olarak küçülür.

Kavrayış ya da bilgelik bu üç kavramın en tepesinde yer almaktadır. Veri, bilgi, özümsenmiş bilgi ve kavrayıştan oluşan bu hiyerarşik yapıya bilgi piramidi ya da DIKW (data, information, knowledge ve wisdom kelimelerinin ilk harfleri) adı verilmektedir. Şekil 5'te bilgi piramidinin yapısı ortaya konulmuştur (Rowley, 2007, s. 164);

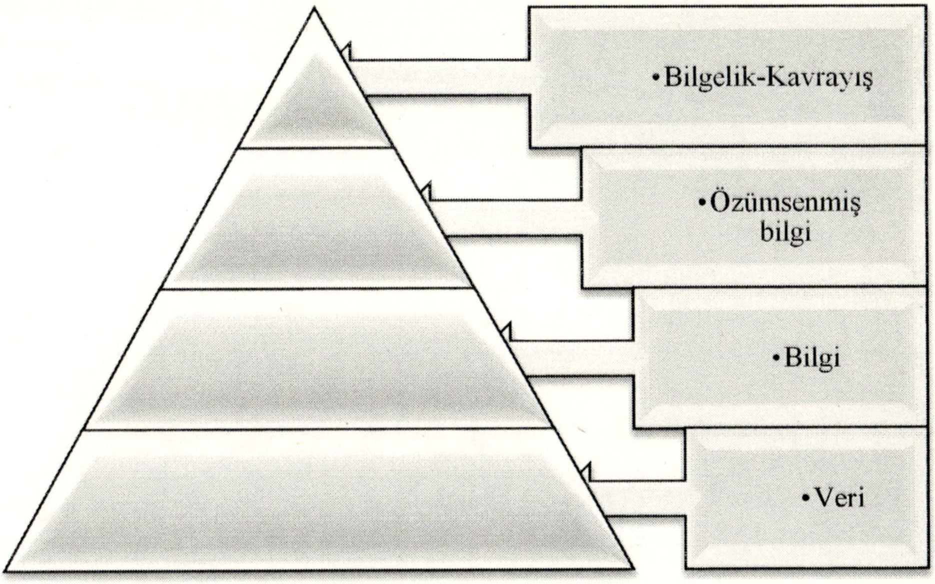

Şekil 5. DIKW hiyerarşisi

Kaynak: Rowley, 2007, s. 164.

Bilgelik bilgi piramidinin en tepesinde yer alan bir kavramdır ve diğer tüm kavramlardan bilişsel olarak daha üst düzey beceriler ve süreçler sonucunda üretilir. Kavrayış düzeyine ulaşabilmek için özümsenmiş bilginin bütünleştirilmesi, değerlendirilmesi ve sentezlenmesi gerekmektedir (Allen, 2017, s. 17). Kavrayış özümsenmiş bilginin birikimli hale getirilmesi ve özümsenmiş bilginin sentezlenmesi ile farklı alanlarda ya da farklı durumlarda uygulanabilecek yargılara ya da kararlara ulaşmayı temel alır (Jessup ve Valacich, 2003; Akt. Allen, 2017, s. 17). Bu noktada kavrayışın özümsenmiş bilginin farklı alanlara ya da sorunlara transfer edilebilecek bir nitelik kazandırılması sonucu ortaya çıkan bir olgu olarak tanımlanması mümkündür. Kavrayış özümsenmiş bilginin farklı durumlara aktarılabilir bir nitelik kazandırılması biçiminde betimlenebilir.

Kavrayış ya da bilgelik bilginin uygulamaya aktarılmasını ifade eder. Kavrayış özümsenmiş bilginin sosyal bir çevreye uygun biçimde aktarılmasını esas alır. Bu yönüyle kavrayış sosyal ve kültürel bir niteliğe sahiptir (Satija, 2015, s. 72). Belirli bir konu ya da soruna ilişkin kavrayış sorunun sosyal ve kültürel yönleri ile ele alınmasını ve bu noktada soruna dönük eylemler ile mevcut özümsenmiş bilginin bütünleştirilerek sentezlenmesini gerektirmektedir. Kavrayışın bilginin ve özümsenmiş bilginin temel bağlamsal etmenlerinin de ötesine geçerek özümsenmiş bilginin farklı sorun alanlarına transfer edilebilmesine imkân sağlayacak bir niteliğe sahip olduğu da ileri sürülebilir. Bilgelik bir konu ya da sorun hakkında doğru hükme ya da karara varma hususunda önemli bir aracıdır (Jankowski ve Skowron, 2007, s. 95). Bir konu ya da soruna ilişkin doğru hükme varabilmek için konu ya da soruna ilişkin derinlemesine bir anlayışın geliştirilmesi önemli bir husustur.

Kavrayış bilgi işleme sürecinin en tepesinde yer alan kavramdır (Zins, 2007, s. 486). Bilgeliğe özümsenmiş bilgiye dönük derinlemesine bir anlayış geliştirilmesi ve özümsenmiş bilgi üzerinde mantıksal akıl yürütme eylemleri ile ulaşılabilir (Liew, 2013, s. 51). Bu yönüyle kavrayış özümsenmiş bilgiden elde edilen yeni bilgi ya da hüküm olarak nitelendirilebilir. Kavrayış olaylara ve olgulara dönük derinlemesine bir anlayış geliştirilmesini gerekli kılar. Veri, bilgi ve özümsenmiş bilgi temel olarak bu türde bir anlayışın geliştirilmesine hizmet ederler. Clark (2004; Akt. Hoppe ve diğerleri, 2011, s. 585) bu dört kavram arasındaki ilişkiyi Şekil 6'da yer aldığı biçimde özetlemektedir;

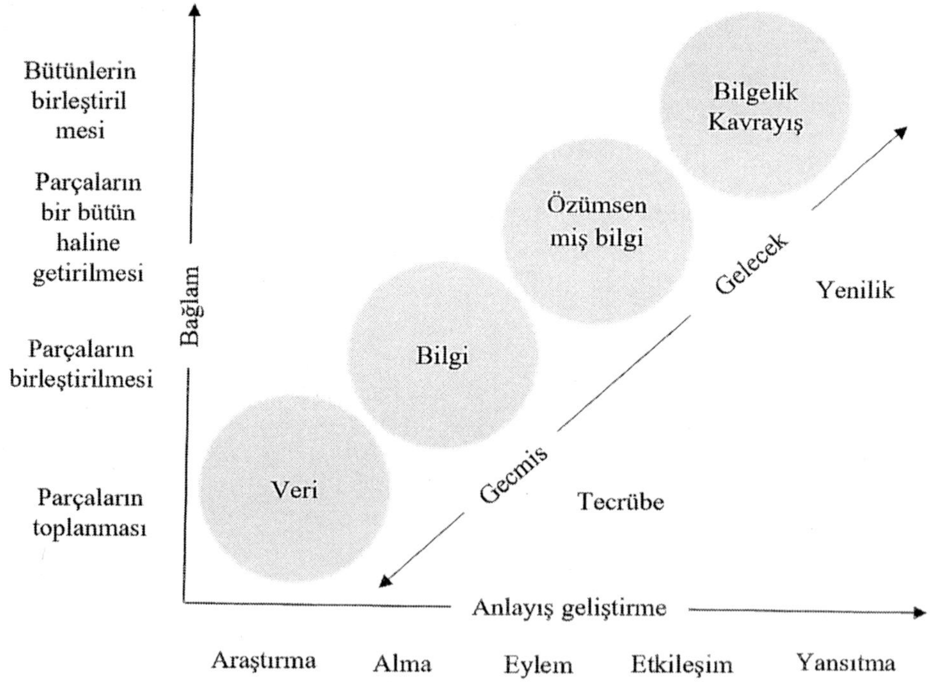

Şekil 6. Veri, bilgi, özümsenmiş bilgi ve kavrayış arasındaki ilişkiler

Kaynak: Clark, 2004; Akt. Hoppe ve diğerleri, 2011, s. 585.

Şekil 5 incelendiğinde hiyerarşik yapıda en temel düzeyde yer alan verinin birbirinden bağımsız birimlerin ya da parçaların toplanmasından ibaret olduğu gözlenmektedir. Birbirinden bağımsız veri birimlerinin bir araya getirilmesi ve parçaların birleştirilmesi ile bilgiye erişim sağlanmaktadır. Bilgi verinin anlamlı bütünler oluşturacak biçimde düzenlenmesi ya da bir araya getirilmesi olarak tanımlanabilir. Özümsenmiş bilgiye erişim sağlamak için ise bilgi bütünlerinin bir araya getirilmesi, analiz edilmesi, aralarındaki ilişkilerin ortaya konulması gerekmektedir. Son aşamada olan kavrayış aşamasında ise bilgi bütünleri bir araya getirilmelidir. Bu şekilde özümsenmiş bilgi farklı sorun alanlarına aktarılabilecek genellemelere, ilkelere ve kurallara dönüştürülmektedir. Veri, bilgi, özümsenmiş bilgi ve kavrayış arasındaki ilişkiler ortaya konulduktan sonra çalışmanın devamında veri kavramı ile ilişkili bir kavram olan istatistik hakkında bilgilere yer verilmiştir.

1.6. İstatistik

İstatistik gerçek yaşam koşullarına ilişkin matematiksel teoriler ve bilimsel işlemler gerçekleştirerek insan yaşamına ilişkin daha derinlemesine bir anlayış geliştirilmesine katkı sunmak amacıyla ortaya çıkmıştır (Martin ve Bridgmon, 2012, s. xvii). Verinin de temel amacının gerçek yaşam koşullarına ilişkin bir farkındalığın oluşturulması olduğu ileri sürülebilir. Her iki kavram da sayılarla ilişkili olduğundan *"istatistik"* ve *"veri"* kavramları sıklıkla birbiri yerine kullanılmaktadır. Buna karşın veri istatistiğin hammaddesi ve kaynağı niteliği taşımaktadır. İstatistik *"işlenmiş veri"* anlamına gelmektedir. İstatistik verinin tablo ve grafik gibi görsel araçlarla sunulabilecek biçimde düzenlenmiş ve yapılandırılmış biçimidir (Geraci, Humprey ve Jacobs, 2012, s. 18). Bu yönüyle veri istatistik için kaynak teşkil eder.

İstatistiksel bilgilere ulaşmak için öncelikle bilimsel verinin toplanması gerekmektedir. Bilimsel veriler evren olarak adlandırılan bireylerden, birey gruplarından ya da nesnelerden elde edilebilir. Evren olarak belirlenen insan ya da nesne kümelerinden *"örneklem"* adı verilen denekler veri toplama aşamasında yer verilmek üzere seçilirler. Bu örneklemler üzerinden gözlem ya da diğer bilimsel yöntemlerden yararlanılarak veri toplanır (Walpole, Myers, Myers ve Ye, 2007, s. 3). İstatistik veriden bilimsel bilgiye erişim sürecinde etkin bir rol oynar. Veriyi daha anlamlı bir forma dönüştürmek amacıyla istatistik değişik veri inceleme ve analiz araçlarından yararlanmaktadır.

Birbiri ile güçlü ilişkisine rağmen veri ve istatistik tamamen farklı kavramlardır. Kütüphanelerin veri tabanları veri ve istatistik arasındaki ayrımın yapılmasında işlevsel bir örnek niteliği taşıyabilir. Kütüphanelerin veri tabanlarından yararlanılarak farklı kaynaklara erişim sağlanmaktadır. Kütüphane envanterinde bulunan kitap kayıtları bir veri kaynağı niteliği taşırlar, buna karşın bu veriler istatistikî bilgi olarak kabul edilemezler (Geraci ve diğerleri, 2012, s. 1). Örneğin bir kütüphanede fen bilimleri alanındaki kitapların sayısının tüm kitaplara oranı ile ilgili bilgiye veri tabanında yer verilmez, çünkü kütüphane kullanıcısı açısından bu istatistik anlamlı ya da işlevsel bir nitelik taşımaz. Araştırmacı için önemli olan gen bilimleri ile ilgili kitapların araştırma konusu bağlamında katalog haline getirilmesi ve araştırmacıların erişimine sunulmasıdır.

İstatistik ve bilgisayar programları araştırmalarda önemli işlevleri yerine getirmektedirler. Buna karşın her ikisinden de veri olmadan yararlanılması mümkün değildir. İstatistik elde edilen verinin çeşitli bilgisayar programları ya da istatistiksel araçlarla hesaplanması, işlenmesi ya da grafik gibi görsel araçlar biçimine dönüştürülmesini ifade etmektedir. İstatistik veriden bilgiye erişim sürecini daha kolay ve işlevsel bir forma dönüştüren bir araç niteliği taşımaktadır (Kumar, 2011, s. 20). İstatistik verinin düzenlenmesi, görsel hale getirilmesi ve veri üzerinde farklı hesaplamaların yapılmasına olanak sağlayan bir araç niteliği taşımaktadır. İstatistiğin sağladığı programlar, araçlar, algoritmalar ve yazılımlar verinin bilgiye dönüştürülmesi sürecinde araştırmacılara önemli kolaylıklar sağlamaktadır. Matematiksel ve istatistiksel araçlar sosyal bilimler araştırmalarında da önemli bir konumda yer almaktadırlar (Novikov ve Novikov, 2013, s. 36).

Veri istatistik için bir temel teşkil eder. Veri için bir ölçüm, ölçüm içinse bir standart ya da ölçek gerekmektedir. Veri elde edebilmek için belirli bir ölçek temelinde ölçüm yapılması esastır (Coolican, 2013, ss. 247-248). Veri istatistiksel analizler için kaynak ve hammadde niteliği taşır. Buna karşın verinin toplandığı biçimi ile istatistiksel araçlardan yararlanılarak analiz edilmesi mümkün değildir. İstatiksel hesaplamalar öncesi verinin düzenlenmesi gerekmektedir (Stangor, 2011, s. 338).

Verinin toplanması sürecinde çeşitli değişkenler temel alınarak gruplandırılması, benzer veri türlerinin bir araya getirilmesi, benzer istatistiksel araçlardan yararlanılarak analiz edilecek verilerin gruplandırılması gibi işlemler gerçekleştirilmelidir. Veri bir hammadde olarak ele alınabilir. Çünkü veri istatistiksel araçlarla çalışılmasına olanak sağlayan bir kaynak işlevi görmektedir. Buna karşın istatistik bir süreci ifade eder. İstatistik temel olarak dört farklı eylemi içeren bir süreçtir. Bu eylemler şu şekilde özetlenebilir (Ratner, 2017, ss. 13-14);

Veri toplama: Sayılar, yazılar, ses, görüntü ve benzeri biçimde verinin farklı formlarda toplanmasını ifade eder.

Belirli bir problem alanı dikkate alınarak verinin analiz edilmesi: Ele alınan soruna ilişkin doğru genellemeler ve çıkarımlar yapmak için verinin uygun istatistiksel araçlarla analiz edilmesi.

Analiz sonuçlarının yorumlanması: Çok boyutlu verinin daha anlaşılır ve açık hale getirilmesi için analiz sonuçlarının yorumlanması ve grafikler gibi çeşitli görsel araçlarla rapor haline getirilerek sunulması.

Sonuç çıkartma: Analiz sonucunda yorumlanan verilerden yola çıkılarak çeşitli yargılara ve genellemelere varılması.

İstatistiksel analiz süreci bir veri toplama eylemi ile başlar. Bu aşamadan sonra elde edilen veriler belirli bir problem alanı ya da bağlamı temel alınarak analiz edilir. Bu aşama verilerin özetlenmesi aşamasını içerir. Bu aşamaya *"ilk soruşturma (fishing expedition)"* adı verilir çünkü problem alanına ilişkin tasarlanan herhangi bir ön yönelim söz konusu değildir. Bu aşama sadece veri ile aşina olma eylemlerini içerir (Guerrero, 2010, s. 40). Bir sonraki aşamada analiz sonuçları, diğer bir ifade ile probleme dönük bulgular ortaya konulur. Son aşamada ise bu bulgulardan yola çıkarak kestirimlere, genellemelere ya da yargılara ulaşılır.

İstatistik deney ve gözlem yoluyla evren ve örneklem üzerinden veri elde etmek amacıyla çeşitli araçlar ortaya koymaktadır. Veriye ilişkin ölçümlerin doğruluğu veri toplama sürecinde yararlanılan istatistiksel yöntemlerin etkililiği ile sınırlıdır. Veri toplama sürecinde yararlanılan araçların etkililiği bilimsel bilgiye ulaşma yolunda önemli bir işleve sahiptir (Bohm ve Zech, 2010, s. 1). İstatistik veriye dayalı olarak yürütülen uygulamalı bir disiplindir. Pratik ve işlevsel bir bilgiye ulaşma amacıyla gerçek yaşam durumlarında uygulanan bir çalışmadır. İstatistik verideki değişkenliğe bağlı olarak cevaplanması zor olan gerçek yaşam koşullarına ilişkin soruların cevaplanmasını amaç edinen bir çalışma alandır (Evans ve Rosenthall, 2010, s. 256). Verideki değişkenlik olasılık kavramını istatistiğin temel kavramlarından biri haline getirmektedir.

İstatistiğin bir disiplin olarak çeşitli bileşenleri söz konusudur. Bu bileşenler evren, örneklem, parametre, istatistiksel veri ve değişkendir. Evren üzerinde araştırma yapılan tüm birimlere karşılık gelen bir kavramdır. Örneklem evrenden elde edilen ve evrenin bir alt kümesini oluşturan gruptur. Evrenin çok büyük olduğu durumlarda evrenden çeşitli bilimsel yöntemlerle alınan örneklemler üzerinden veri toplanır. Parametre evren değer anlamına gelir ve evrenden ölçüm yoluyla elde edilen bir sayısal değere karşılık gelir. İstatistik ise ölçüm yoluyla örneklemden elde edilen değeri ifade eder. Değişken evren ya da örnekleme ilişkin bir niteliğe karşılık gelmektedir (Sathianandan, Safeena ve Rahman, 2017, s. 271). Örneğin öğretmenlerin ders denetimlerine ilişkin tutumlarının ortaya konulmasını amaçlayan bir araştırmada cinsiyet ya da kıdem farklı değişkenler olarak ele alınabilir.

Sonuç olarak istatistik ve veri kavramları birbirleri ile ilişkili kavramlardır. Veri istatiksel hesaplamalar için bir hammadde niteliği taşır. İstatistik elde edilen verilerin düzenlenmesi, çeşitli araçlarla analiz edilmesi ve verinin anlamlı ve işlevsel bilgilere dönüştürülmesinde etkin bir rol oynar. İstatistik veriden bilgiye erişim sürecinde önemli araçlar sunar. Verinin gerçek yaşam koşullarında yer alan sorun alanlarına uygulanabilecek işlevsel bilgiye dönüştürülmesinde istatistik önemli bir konumda yer alır. İstatistik verilerin toplanması, analizi ve sunumunda çok çeşitli istatistiksel araçlardan faydalanmaktadır (Watkins, 2016, s. 3). Bu araçlar araştırmacılar için verinin kısa sürede düzenlenmesi, analiz edilmesi ve veriden bulgulara ya da yargılara ulaşılmasında işlevsel bir nitelik taşımaktadır. Diğer bir ifade ile istatistik verinin işlenmesi sürecinde araştırmacılar için önemli kolaylıklar sağlayan bir disiplindir.

1.6.1. İstatistiksel Düşünme

İstatistiksel düşünme "sağduyu" olarak tanımladığımız kavramın somutlaşmış bir formu olarak tanımlanabilir (Wild ve Pfannkuch, 1998, s. 335). İstatistiksel düşünme araştırma süreçlerine dönük bir anlayışı ifade eder ve olaylara ve eylemlere derinlemesine dönük bir anlayış geliştirilmesini temel alır. İstatistiksel düşünme istatistiksel araştırma süreçlerinin neden ve nasıl yürütüldüğüne dönük bir kavrayış geliştirmeyi ve bu süreçler ile ulaşılmak istenen ana fikrin izini süren bir düşünce biçimidir (Pfannkuch ve Wild, 2004, s. 7). Bu yönüyle istatistiksel düşünme istatistiksel süreçler vasıtası ile büyük resmi görmeye, olayların ve durumların altında yatan nedenlere dönük temel bileşenleri görmeye çalışmak adına yürütülen düşünsel süreçler olarak tanımlanabilir.

İstatistiksel düşünme çevremizde ve dünyada çeşitliliğin farkında olmayı gerektirir. Bu yönüyle her bir olayın ya da durumun iki ya da daha fazla olay ya da durumun etkileşimi ile gerçekleştiğinin olayların ve durumların birbirleri ile ilişkisine dönük farkındalığı gerekli kılar. Olaylar ve durumlar ve bu olaylara ve durumlara neden olan etmenlerin çeşitliliği bilgeliğe ulaşmayı zorlaştırır. Bu nedenle bu çeşitliliğin tanımlanması, belirli özelliklerinin ortaya konulması, nicel ifadelerle tanımlanabilir bir yapıya kavuşturulması, kontrol altında tutulması ve azaltılması örgütler için önemli fırsatlar yaratabilir. İstatistiksel düşünmenin temel niteliklerinden birini teşkil eden bu yaklaşım örgütlerde kalite yönetimi için de önemli bir aracıdır (Snee, 1990, s. 118). Bu yönüyle istatistiksel düşünme örgütsel belirsizleri ortadan kaldırmayı ya da en azından asgari düzeye indirgemeyi merkezine alan bir düşünme biçimi olarak kabul edilebilir.

1.6.2. Betimleyici İstatistik

İstatistik veriden anlam çıkartmamıza olanak sağlayan bir disiplindir ve "anlam çıkarma" eylemi sayıları ve sayılar arasındaki ilişkilerin ortaya konulmasını içerir. İlişkiler hiçbir zaman kusursuz bir tutarlılık ortaya koymadığından, araştırmacılar anlamları gizlenmiş farklı sayısal verilerle karşı karşıya kalabilmektedirler. Betimsel istatistiğin temel amacı bu kaosa bir son vermektir (Heiman, 2011, s. 20). Betimleyici istatistik bir veri setinin betimlenmesini ya da özetlenmesini temel alır (Marshall ve Jonker, 2010, s. 5). Betimsel istatistiğin en önemli avantajı bir veri setinde yer alan her bir veriyi tek tek incelemeden veriye ilişkin bir fikir elde edilmesine olanak sağlamasıdır. Betimleyici ya da betimsel istatistik örneklem üzerinden elde edilen veriye ilişkin temel özellikleri ortaya koyar (Heiman, 2011, s. 20).

İstatistiğin temel olarak iki farklı alanı söz konusudur: Betimsel istatistik ve anlam çıkartıcı istatistik. Betimsel istatistik araştırmada yer verilen değişkenlerin betimlenmesi ve karşılaştırılması işlevlerini yerine getirmektedir. Betimsel istatistik bir değişkeni temel olarak iki farklı bakış açısı ile ele alır: Merkezi eğilim ve dağılım (Saunders, Lewis ve Thornhill, 2016, s. 527). En temel merkezi eğilim mod, medyan ve aritmetik ortalamadır. Mod bir veri setinde en sık tekrarlanan değeri, medyan veri seti iki eşit bölüme ayrıldığında ortada yer alan değeri, aritmetik ortalama ise veri setinde yer alan tüm değerlerin toplanarak veri setinde yer alan değer sayısına bölünmesi ile elde edilen değeri ifade etmektedir (Saunders ve diğerleri, 2016, s. 529). En sık kullanılan dağılım ölçüleri ise standart sapma ve çeyrekler açıklığıdır (Saunders ve diğerleri, 2016, s. 531).

Betimsel istatistik elde edilen verinin mantıksal, anlamlı ve etkili bir biçimde düzenlenmesi ve özetlenmesi ile ilgilidir. Mod, medyan ve ortanca betimsel istatistiğin en temel bileşenleri olarak kabul edilmektedir (Vetter, 2017, s. 1797). Betimsel istatistikler ileri düzey çıkarımlar ya da genellemelere olanak sağlamamakla birlikte veri setine ilişkin kabaca bir anlayış geliştirilmesine olanak sağlar. Bir veri setinde yer alan her bir nicel değeri tek tek incelemeden veri setine ilişkin bir yargıya varılmasında etkili araçlar sunar. Betimsel istatistik yalnızca örneklem üzerinden elde edilen veriye ilişkin bilgi bilgi sağlar.

1.6.3. Çıkarımsal İstatistik

Betimsel istatistiğin temel amacı veriyi betimlemek, özetlemek ya da verinin temel özelliklerini ortaya koymak iken, çıkarımsal istatistiğin amacı örneklem üzerinden veriden yararlanarak evrene ilişkin genellemelerde bulunmaktır (Marshall ve Jonker, 2010, s. 4). Diğer bir ifade ile örneklemden elde edilen veriden yararlanılarak evrende yer alan ilişkiler üzerine çıkarımlarda bulunulur. Çıkarımsal istatistik örneklemden elde edilen verinin evrene ilişkin değerlendirmelerde bulunulmasına olanak sağlayıp sağlamadığına karar verilmesini içerir (Heiman, 2011, s. 21). Çıkarımsal istatistik bir veri setinde değişkenler arasında derinlemesine bir keşif sürecine olanak sağlayan araçlar sunar. Bu keşif süreci temel olarak dört farklı amaç için gerçekleştirilir: Farklılıkların ortaya konulması, değişkenler arasındaki ilişkilerin doğasının ve boyutunun ortaya konulması, sınıflandırma ve kestirim (Barnes ve Lewin, 2005, s. 25).

Betimsel istatistik veriyi betimlemeye dönük istatistiksel araçları ifade ederken anlam çıkartıcı istatistik gözlemlere ya da elde edilen bulgulara dayalı olarak çıkarımlarda bulunmayı esas alır (Stanford, 2011, s. 145). Betimsel istatistik verinin düzenlenmesini temel alır. Örneğin bir veri setinde sıklık değerlerinin alınması betimsel istatistik örneğidir. Buna karşın anlam çıkartıcı istatistik iki ya da daha fazla değişken arasında ilişkilerin ya da farklılıkların ortaya konulmasını sağlamak suretiyle bir konuya ya da soruna ilişkin çıkarımlarda bulunulmasını sağlar. Örneğin bir spor dalında tecrübe ve yetenek arasındaki ilişkinin ortaya konulması anlam çıkartıcı istatistiğe bir örnek olarak verilebilir (Gratton ve Jones, 2010, s. 177). Anlam çıkarıcı istatistikten toplanan veriden yararlanarak genellemeler yapmak amacıyla yararlanılır, betimsel istatistikte bu türde bir genelleme yapılmaz (Hon, 2014, s. 2).

Anlam çıkartıcı ya da çıkarımsal istatistik örneklem üzerinden elde edilen verinin evrene ilişkin çıkarımlar yapılmasına olanak sağlar (Heiman, 2011, s. 21). Diğer bir betimleme ve özetlemenin ötesinde evrene ilişkin kestirimler için kullanılır. Örneklem üzerinden elde edilen verilerle evrene ilişkin sonuçlara ulaşılır (Byrne, 2007, s. 32). Bu yönüyle anlam çıkartıcı istatistik değişkenler arasında ilişkilerin ortaya konulmasında ileri düzey istatistiksel eylemleri içerir ve bu kapsamda kestirim, sınıflandırma ve farklılaşmanın ortaya konulması için uygun araçlar sunar.

1.7. Sonuç

Veri belirli bir gerçeklik ya da soruna ilişkin toplanan birbirinden bağımsız sembollerdir. Veri kodlanmış sabit semboller ve işaretlerdir (Zins, 2007, s. 480). Veri farklı araçlarla toplanabilir ve düzenlenmesi ve betimlenmesi yoluyla bilgi için bir hammadde niteliği taşır. Bu yönüyle veri bütün araştırmaların temelini teşkil eder. Veri sabit ve durağan bir nitelik taşır çünkü belirli bir bağlamla ilişkisi kurulmamış, birbirinden bağımsız sembollerden meydana gelir. Bu noktada ham veri bütün araştırmacılar için analiz öncesinde aynı anlamı taşır. Elde edilen verinin bir bağlam ya da sorun çerçevesinde bir araya getirilmesi ile bilgiye ulaşılır. Bilgi veri setlerinin belirli değişkenler çerçevesinde bütünleştirilmesi ve verinin anlamlı bütünler haline getirilmesini ifade eder. Veri belirli bir bağlam çerçevesinde ele alınarak anlam kazanır.

Özümsenmiş bilgi ise bilgiden daha üst düzey bir bilişsel çıktı olarak gerçek yaşam koşullarına ya da sorunlarına ilişkin ilkeler ve kurallar ortaya koymaya dönüktür. Özümsenmiş bilgiye ulaşmak için ise bilgi bütünleri arasında ilişkilerin kurulması gerekmektedir. Özümsenmiş bilgi bilginin uygulamaya vuruk bir nitelik kazanması ile elde edilir. Gerçek yaşama ilişkin ilkeleri ve kuralları temel alması nedeniyle kuramsal bilginin pratiğe aktarılmasını ifade eder. Kavrayış ise en üst düzey bilişsel bir çaba gerektiren bir üründür. Kavrayış özümsenmiş bilginin sentezlenip değerlendirilmesini esas alır ve bilgi piramidinin en tepesinde yer alır. Özümsenmiş bilgiyle ortak yönü kavrayışın da gerçek yaşam koşullarında uygulamaya dönük bir nitelik taşımasıdır. Buna karşın kavrayış özümsenmiş bilgiye ek olarak ulaşılan anlayışın ya da kavrayışın farklı sorun alanlarına aktarılabilmesine olanak sağlar. Kavrayışa ulaşmak için özümsenmiş bilginin sentezlenmesi ve farklı bağlamlar ve sorun alanları ile ilişkilendirilebilmesi gerekmektedir.

İstatistik ise işlenmiş veri anlamına gelmektedir. Veri istatistik için bir kaynak teşkil eder. İstatistik veri ile bilgi arasında yer alan bir kavramdır. İstatistik verinin çeşitli araçlarla düzenlenmesine, grafik ya da tablo biçimine dönüştürülmesine olanak sağlar. Bu yönüyle istatistik veriden bilgiye erişim sürecinde önemli bir aracı niteliği taşır. İstatistik verinin bilgiye dönüştürülmesi sürecinde araştırmacılara kolaylık sağlayan bir dizi araç sunar. Özellikle büyük miktarlarda verinin düzenlenmesinde ve analiz edilebilecek boyutlara indirgenmesinde istatistik araştırmacılar için önemli bir araç konumundadır.

Sonuç olarak veri kavramı, bilgi, özümsenmiş bilgi, kavrayış ve istatistik kavramlarından tamamen farklı bir anlama ve içeriğe sahiptir. Veri tüm araştırmaların temel hammaddesi niteliği taşımasına rağmen işlenmemiş semboller ve birimlerden meydana gelmesi nedeniyle farklı analiz araçları ile farklı anlamlar ifade edebilecek bir nitelik taşır. Veri bu yönüyle nesnel bir olgudur. Veri kişisel yargılardan ve değerlendirmelerden uzaktır. Veriden örgütsel karar süreçlerine yansıtılabilecek işlevsel bilgilere ulaşabilmek için verinin uygun araçlarla toplanması ve analiz edilmesi önemli bir husustur. Veri tüm araştırmalarda en temel kaynak niteliğindedir. Bu noktada belirli bir sorun alanı ya da duruma ilişkin sağlıklı değerlendirmelere ulaşabilmek için en önemli öncülün sağlıklı veriye erişim sağlamak olduğu ileri sürülebilir. Verinin elde edilmesi ya da üretilmesi sürecinde yaşanacak belirli sorunların bilgi piramidinin üst bileşenlerine de olumsuz etkilerinin olacağı ileri sürülebilir. Bu yönüyle veri gerçek yaşama ilişkin bilgiye, özümsenmiş bilgiye ve kavrayışa ulaşılmasında en temel kaynak niteliğindedir. Bu nedenle tüm araştırma süreçlerinde sağlıklı verinin elde edilmesine dönük eylemlerin ve uygulamaların araştırma süreçlerinin sağlıklı bir biçimde yürütülmesinde merkezi bir konumda yer aldığı ileri sürülebilir.

BÖLÜM II

VERİ KAVRAMI VE KAPSAMI

2. Giriş

Tarihsel süreç içerisinde insanoğlu farklı dönemlerde veri patlaması, diğer bir ifade ile büyük miktarlarda veri ile karşı karşıya kalmıştır. Genel olarak insanoğlu veri kaydetmek için bir mekanizma ya da araç geliştirse, bunu büyük boyutlarda verinin kaydedilmesi takip etmiştir. Verinin büyük miktarlarda kaydedilmesi temel olarak ilk defa kâğıdın ve matbaanın bulunması ile başlamış, daha sonra kitle iletişim araçlarındaki teknolojik gelişmelerle devam etmiştir (Kumar, Kamesh ve Umar, 2014, s. 7469).

İçinde bulunduğumuz bilgi çağında da bilgi teknolojilerindeki gelişmelere dayalı olarak veri büyük miktarlarda kaydedilmeye başlanmıştır. Günümüzde örgütler veriden farklı amaçlar doğrultusunda yararlanmaktadırlar. Örneğin veri belirli hususlara ve bu hususları etkileyebilecek temel faktörlere ilişkin olarak geleceğe dönük kestirimlerde bulunulmasında işlevsel bir konumda yer almaktadır (Patil ve Yogi, 2011, s. 260). Bu türde bir kestirim örgütlerin rekabet ortamında ayakta kalmalarında önemli bir tol oynamaktadır.

Veri günümüz örgütsel süreçlerinde önemli işlevleri yerine getirmektedir. Bu önemli işlevlerinden biri örgütsel karar süreçlerinde oynadığı roldür (Kumar ve diğerleri, 2014, s. 7470). Karar süreçleri örgütsel yönetim süreçlerinin en önemli aşamalarından birini teşkil etmektedir. Çünkü bütün yönetsel eylemler ve uygulamalar örgütsel düzeyde alınan kararlara hizmet etmeye dönüktür. Bu yönüyle verinin örgütsel süreçler açısından önemli bir karar aracı niteliği taşıdığı ileri sürülebilir. Örgütsel düzeyde sağlıklı kararların alınmasında oynadığı rol nedeniyle veri çağımızın önemli bir yönetsel aracı olarak kabul edilebilir. Bu nedenle modern örgütlerde yöneticilerin veri kavramına ve kapsamına ilişkin asgari düzeyde de olsa bir anlayış geliştirmeleri önemlidir.

Günümüzde bilgi teknolojilerindeki gelişmeler verinin sadece depolanması ya da kayıt altına alınmasına dönük değil, verinin işlenmesine ve analiz edilmesine dönük araçların da gelişmesine katkı sağlamıştır. Araştırmacılar için bu durum daha fazla verinin toplanması, analiz edilmesi ve veriden daha fazla bulguya ulaşılarak daha fazla yararlanılması anlamına gelmektedir (Ohlhorst, 2013, s. 2). Veriden yönetsel süreçlerde bir kaynak olarak etkili biçimde yararlanabilen örgütler küresel rekabet ortamında bir adım öne geçmektedirler. Bu yönüyle veri kavramı ve kapsamına dönük bir farkındalık örgütsel ve yönetsel süreçlerin daha etkili bir biçimde yerine getirilmesinde işlevsel bir konuma gelmiştir. Çalışmanın bu bölümünde veri kavramı ve kapsamına ilişkin bir anlayış ve farkındalığın geliştirilebilmesi adına veri, kavramı ve farklı veri türleri hakkında temel bilgilere yer verilmiştir.

2.1. Veri Kavramı ve Tanımı

Veri nicel ya da nitel bir yapıda bulunabilecek bir semboldür (Zins, 2007, s. 480). Veri kavramların ya da varlıkların simgesel bir temsilidir ve veri insanlar ya da analitik araçlarla analiz edilerek ve yorumlanarak iletişimsel bir mesaj içerecek bir forma dönüştürülebilir (Wellisch, 1996; Akt. Zins, 2007, s. 480). Veri sayılar gibi bilgiye ilişkin olgusal gerçeklikleri ifade eder. Bu yönüyle veri eyleme dönük bir nitelik taşımaz. Sadece belirli bir bağlam temel alınarak veriye dayalı olarak elde edilen anlamlı bilgiler eyleme dönük bir işlevselliğe sahip olabilir (Lillrank, 1997, 2003; Akt. Melkas ve Harmaakorpi, 2008, s. 108). Veri kavramı farklı biçimlerde tanımlanabilir. Bu tanımlardan bazıları şu şekilde sıralanabilir;

- Veri fikirleri, nesneleri ve durumları temsil eden ve farklı bilgi ve gerçeklik üretmek amacıyla bir araya getirilmiş değerlerdir (Dorji ve Kirikova, 2016, s. 2).
- Veri bilgiye erişim için işlenen hammaddedir (Atkinson, 2016, s. 11).
- Veri gözlemlenen ve kayıt altına alınan gerçeklikleri ifade eder (Allen, 2017, s. 15).
- Veri algılarla elde edilen uyarıcıları ifade eder. Veri bilginin üretilmesine katkı sağlayacak her bir bağımsız birimdir (Zins, 2007, s. 480).
- Veri nesneler, olaylar ve belirli bir çevrenin özelliklerini temsil eden sembollerdir (Rowley, 2007, s. 166).
- Veri dış çevreye dönük detaylı ve nesnel gerçekliklere karşılık gelmektedir (Chaffey ve Wood, 2005, s. 24).
- Veri herhangi bir bağlamla ilişkisi bulunmayan ya da aralarındaki ilişkiler ortaya konulmamış ve yorumlanmamış birbirinden bağımsız nesnel gerçekliklerdir (Chaffey ve Wood, 2005, s. 223).

Tanımlar incelendiğinde verinin gerçek yaşam koşullarında yer alan nesnelere, olaylara ya da olgulara ilişkin temsil niteliği taşıyan simgeler ve sembollerden meydana geldiği ve alıcı için herhangi bir anlam ya da mesaj içermediği ileri sürülebilir. Veri nesnel gerçekliklerin gözlem gibi çeşitli yöntemlerle elde edilmesini ve bu gerçekliklerin rakamlar gibi farklı sembollerle temsil edilmesini ifade etmektedir. Verinin çeşitli nitelikleri söz konusudur. Bu nitelikler şu şekilde sıralanabilir;

- Veri gözlemlenebilir bir olgudur. Bilgi ise teorik bir nitelik taşır. Bilgi verinin yorumlanmış biçimidir (Capurro ve Hjrarland, 2005, s. 362).
- Veri genellikle nesnel, birbirinden bağımsız birimlerden oluşan ve düzenlenmemiş bir formda yer alır (Ackoff, 1989; Akt. Allen, 2017, s. 15).
- Veri uygulama ya da karar verme süreçleri açısından yararsız ve işlevsizdir (Allen, 2017, s. 16).
- Veri hesaplama ve akıl yürütme gibi bilişsel eylemler için kaynak işlevi görür (Dorji ve Kirikova, 2016, s. 2).
- Verinin karar süreçlerinde işlevsel bir nitelik taşıyabilecek bilgiye dönüştürülebilmesi için bir bütün olarak düzene sokulması ve analiz edilmesi gerekmektedir (Dorji ve Kirikova, 2016, s. 2).
- Veri gözlemlenmiş ancak yorumlanmamış sembollerden ibarettir (Dorji ve Kirikova, 2016, s. 2).
- Veri gözlem sonucunda elde edilen üründür ve herhangi bir sorunun cevaplandırılmasında ya da bir sorunun çözümünde işlevsel bir nitelik taşımaz (Bernstein, 2009, s. 68).
- Veri bilginin tersine somut bir kavramdır (Capurro ve Hjrarland, 2005, s. 394).
- Veriden elde edilen anlam ya da bilgi verinin elde edilmesi sürecinde yararlanılan temsil sistemine (sözcükler, rakamlar ya da semboller) göre değişiklik ortaya koyabilir (Bierly, Kessler ve Christensen, 2000; Akt. Liew, 2013, s. 49).
- Verinin bilgiye dönüştürülmesinde belirli bir bağlama ihtiyaç vardır (Sanders, 2016, s. 13).
- Veri setlerinde yer alan birimler arasında ilişki kurulmamıştır. İlişki kurulduğunda veri bilgiye dönüşür (Sanders, 2016, s. 13).
- Veri gözlem yoluyla elde edilen işlenmemiş bir hammadde niteliği taşımaktadır (Zins, 2007, s. 482).

Veri gerçek yaşam koşullarında nesneler, olaylar ya da olgularla ilgili olarak farklı araçlarla toplanmış, aralarındaki ilişkiler ortaya konulmamış birbirinden bağımsız sembollerdir ya da değerlerdir. Jashapara (2004, s. 4) veriyi "sinyal" kavramı ile açıklamakta ve verinin dış dünyadan duyu organları aracılığı ile elde edilen sinyallerden ibaret olduğunu ve insanların bu sinyalleri yorumlayarak farklı anlamlar yüklediklerini ve bu şekilde verinin bir mesaja ya da anlam taşıyan bilgiye dönüştüğünü ileri sürmektedir. Veri alıcı ya da araştırmacı için bir anlam ifade etmez çünkü elde edilen birbirinden bağımsız sembollerin arasında ilişkiler henüz ortaya konulmamıştır.

Verinin bir bağlamla ilişkisi belirlenmemiştir. Belirli bir mesaj ya da anlam taşımaması nedeniyle veri gerçek yaşam koşullarına ilişkin sorun alanlarına aktarılamaz. Diğer bir ifade ile bir sorunun çözümünde ya da bir soruya cevap aranmasında işlevsel bir nitelik taşımaz. Veri gerçek yaşam koşullarına transfer edilemez. Ancak veri anlamlı bilgiye ulaşmak için bir kaynak niteliği taşır. Bilgiye erişim sağlamak için veri bir işlenecek hammadde işlevi görür. Bu noktada sağlıklı bilgiye ulaşmak için verinin doğru araçlarla toplanması ve analiz edilmesi önemli bir husustur. Veri farklı bakış açıları temel alınarak farklı biçimlerde gruplandırılabilmektedir. Çalışmanın devamında verinin farklı sınıflandırılma biçimleri hakkında bilgilere yer verilmiştir.

2.2. Veri Türleri

Veri herhangi bir nesneye, olaya ya da olguya dönük toplanan, nesnel bir nitelik taşıyan birbirinden bağımsız değerler ve semboller olarak tanımlanmıştı. Bu temel niteliklerine rağmen veri farklı biçimlerde sınıflandırılabilmektedir. Verinin toplanmasında yararlanılan veri toplama araçları, hakkında veri toplanan nesneler, olaylar ya da olguların içeriği ve doğası, verinin toplanma amacı, toplanan verilerin analiz edilmesinde yararlanılacak algoritmalar ve analiz araçları gibi farklılıklar verinin farklı biçimlerde sınıflandırılmasında etkin bir rol oynamaktadır. Çalışmanın bu bölümünde verinin sınıflandırılmasında rol oynayan etmenler temel alınarak ortaya çıkan farklı veri türleri hakkında bilgilere yer verilmiştir.

2.2.1. Yapılandırma Düzeyine Göre Veri Türleri

Veriyi sınıflandırmanın en temel yaklaşımlarından biri verinin yapılandırılma düzeyine göre sınıflandırılmasıdır. Verinin yapılandırılması temel olarak veri setinde yer alan bağımsız birimlerin belirli bir düzene konulması ya da aralarındaki ilişkilerin belirlenmesi olarak tanımlanabilir. Herhangi bir düzene konulmamış ve veri birimleri arasındaki ilişkilerin belirtilmemiş olduğu veri türüne "yapılandırılmamış veri" adı verilmektedir (Dale ve Walker, 1990, s. 3).

Yapılandırılma düzeyi temel alınarak veri hiç yapılandırılmamış veriden tamamen yapılandırılmış veriye doğru hiyerarşik bir düzende yer alabilir.

Yapılandırma düzeyi verinin boyutu ile de ilişkilidir. Verinin büyük boyutlarda yer alması durumunda verinin yapılandırılması oldukça zor bir durumdur. Yapılandırma süreci verinin daha küçük boyutlara indirgenmesi anlamına gelmektedir. Çünkü yapılandırma verinin belirli değişkenler temelinde aralarındaki ilişkilerin ortaya konulması ve gruplandırma gibi farklı yöntemlerle düzenlenmesini ifade etmektedir. Verinin yapılandırılma düzeyi arttıkça boyutu küçülür, buna karşın veri daha anlamlı ve işlevsel bir forma dönüşür. Yapılandırılma düzeylerine göre türleri veri Şekil 7'de yer aldığı biçimde ifade edilebilir (Long, 2015, s. 5):

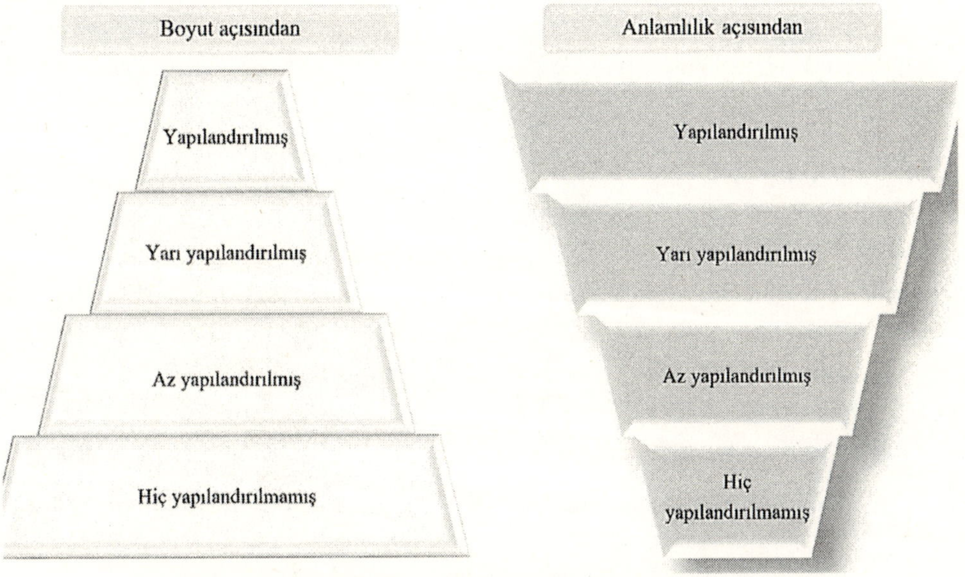

Şekil 7. Yapılandırılmış ve yapılandırılmamış veri

Kaynak: Long, 2015, s. 5'ten uyarlanmıştır.

Şekil 6 incelendiğinde yapılandırmanın verinin boyutunu küçülttüğü, buna karşın verinin anlamlılık düzeyinin yapılandırma ile birlikte arttığı gözlenmektedir. Veri setlerinde belirli yapılar ya da değişkenler temel alınarak verinin gruplandırılması ya da kümelenmesi verinin yapılandırılmasına bir örnek teşkil edebilir. Hiç yapılandırılmamış veri gerçek dünyada hammadde olarak yer alan veri olarak tanımlanabilir (Bruce ve Bruce, 2017, s. 1). Yapılandırılmamış veri belirli bir standart ya da formata dayalı olarak elde edilmemiş, yazı, e-mail, resim ve video gibi farklı formatlarda bulunabilen ve var olduğu biçimiyle herhangi bir ilişkisel model ile aralarındaki ilişkilerin ortaya konulmadığı veri türünü ifade etmektedir (Eberendu, 2016, s. 46).

Yapılandırılmamış veri, veri setinde yer alan birimler arasında herhangi bir yapının söz konusu olmadığı ya da verinin aralarındaki ilişkiler temel alınarak satırlar ya da sütunlar biçiminde bir forma dönüştürülemediği veriyi ifade etmektedir (Sint, Schaffert, Stroka ve Ferstl, 2009, s. 2). Herhangi bir düzene konulmamış veri olmasına rağmen yapılandırılmamış veri örgütsel açıdan yararsız veri olarak kabul edilemez. Tam tersine örgütsel açıdan işlevsel olabilecek verinin yaklaşık %80'i e postalar, çağrı merkezi görüşmeleri ve servis hizmetleri raporları gibi yapılandırılmamış verilerdir. Yapılandırılmamış bu türde veriler analiz edilerek örgütsel karar süreçlerinde işlevsel bir nitelik taşıyabilecek bilgiye dönüştürülmektedir (Laudon ve Laudon, 2012, s. 226).

Yarı yapılandırılmış veri belirli bir ölçüde işlenmiş, belirli düzeyde bir anlam kazanmış, belirli değişkenler temel alınarak sınıflandırılmış ancak belirli tek bir formata dönüştürülmemiş veri olarak tanımlanabilir. Bu noktada belirli bir konuya ilişkin web sitelerinde yer alan veriler yarı yapılandırılmış veri olarak kabul edilebilirler (Navas, Parra ve Molano, 2016, s. 450). Bir temaya özgü hazırlanan bir web sitesi uzantısında konuyla ilişkili görsel ya da yazınsal formatta veriler yer alabilir. Yarı yapılandırılmış veri belirli bir tema çerçevesinde farklı formatta ve formda yer alan verilerin bir araya getirilmesi ile oluşturulan bir veri türüdür (Chakraborty ve Chaki, 2011, s. 257). Yarı yapılandırılmış verinin kendine özgü belirli nitelikleri söz konusudur. Praveen (2017, s. 68) bu nitelikleri şu şekilde sıralamaktadır;

- Yarı yapılandırılmış veri belirli bir şema ya da plana dâhil değildir.
- Yarı yapılandırılmış veri belirli bir ayrıt ya da etiket temel alınarak temsil edilir.
- Farklı kaynaklardan ya da web sitelerinden farklı formlarda elde edilen veriye karşılık gelmektedir.
- Farklı niteliklere ya da çoklu bir değişken sayısına sahiptir.

Yarı yapılandırılmış veri kavramı belirli bir temaya ya da konuya özgü verileri içermesine rağmen tek bir analiz aracı ile analiz edilemeyecek düzeyde farklı formatlarda yer alan veriler için kullanılan bir kavramdır. Bu yönüyle yarı yapılandırılmış veri konu bağlamında bir bütünlük arz etmesine karşın biçim yönünden farklılık arz eden veriyi ifade etmektedir. Diğer bir ifadeyle yarı yapılandırılmış veri konu açısından bir bütünlük ortaya koyabilir, buna karşın veri içeriği ve doğası bakımından birbirinden çok farklı formlarda yer alabilir.

Yapılandırma düzeylerine göre sınıflandırmada diğer bir veri türü ise yapılandırılmış veridir. Yapılandırılmış veri, verinin önceden belirlenmiş bir şema ya da plan temelinde düzenlenmesini ve mevcut verinin bu şemaya göre yapılandırılmasını ifade etmektedir (Abiteboul, Buneman ve Suciu, 1999; Akt. Sint ve diğerleri, 2009, s. 3). Veri tabanlarında yer alan grafikler ya da tablolar gibi araçlarla sunulan veriler yapılandırılmış veriye örnek olarak verilebilir. Verinin sunumunda yararlanılan grafik ve tablo gibi araçlara *"veri matrisi"* adı verilmektedir. Veri matrislerinde her bir sütun bir niteliği ya da değişkeni, her bir satır ise o niteliğe ilişkin kaydı ya da puanı temsil etmektedir (Skiena, 2017, s. 14). Yapılandırılmış veri ilişkisel bir nitelik taşır. Belirli bir değişkenle ilgili olarak şema biçiminde yer alan veriler tablo ya da grafik formatına dönüştürülerek yorumlanabilir ve anlamlı bütünler haline getirilebilir. Verinin şema ve tablo ile yapılandırılmasına bir örnek Şekil 8'de verilmiştir (Sint ve diğerleri, 2009, s. 3);

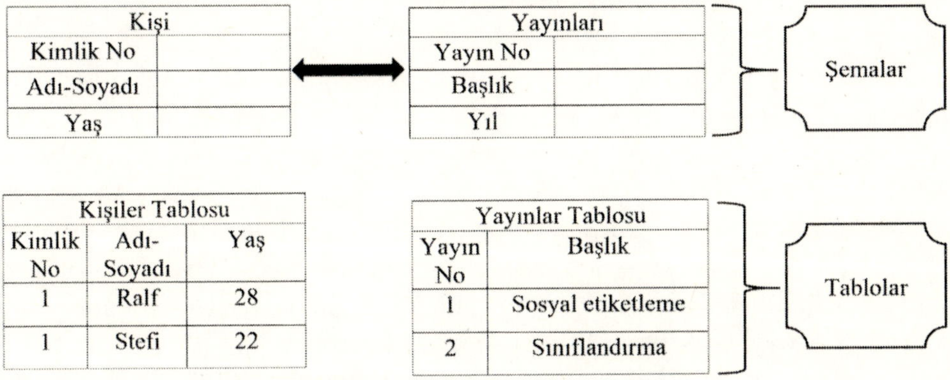

Şekil 8. İlişkisel bir veri tabanında tablo örneği

Kaynak: Sint ve diğerleri, 2009, s. 3.

Yapılandırılmış veri, verinin sıklık değerleri, uzunluğu, verinin elde edilme tarihi gibi farklı nitelikler ya da değişkenler temelinde formatlanmış ya da tanımlanmış biçimini ifade etmektedir (Bharath, Thanigaivel, Alfahath ve Prasanth, 2014; Akt. Navas ve diğerleri, 2016, s. 450). Yapılandırılmış verinin çeşitli nitelikleri söz konusudur. Praveen (2017, s. 68) bu nitelikleri şu şekilde sıralamaktadır;

- Yapılandırılmış veri farklı değişkenler temelinde sınıflandırılmış bir formda yer alabilir.
- Yapılandırılmış veri önceden tanımlanmış bir değişken temelinde yapılandırılan veridir.

- Yapılandırılmış veri şema üzerinde temellendirilmiş veridir.
- Yapılandırılmış veri analitik araçlarla analize uygun veridir.

Verinin yapılandırılması verinin yalnızca tek bir forma dönüştürülmesi anlamına gelmemektedir. Yapılandırılmamış veri tarihi fotoğraflar, sesli materyaller ya da araştırma notları gibi farklı formlarda bulunabilir. Yapılandırılmamış veri büyük boyutlarda yer almakla birlikte örgütsel açıdan herhangi bir anlam taşımaz ve örgütsel karar süreçlerinde işlevsel değildir. Bu kapsamda verinin yapılandırılması verinin bilgiye dönüştürülmesi sürecinde bir aşama olarak da kabul edilebilir (Ohlhorst, 2013, s. 57). Yapılandırılmamış veri örgüt içinde ya da örgüt dışında yer alabilir. Örgütler açısından gerek örgüt içinden gerekse örgüt dışından yapılandırılmamış veriye erişim sağlamak önemli bir husustur (Dean, 2014, s. 178). Farklı kaynaklardan elde edilen yapılandırılmamış veriden çeşitli sorun alanlarına transfer edilebilecek ve örgütsel karar süreçlerinde işlevsel bir nitelik taşıyabilecek bilgiye erişim sağlamak mümkündür.

Verinin yapılandırılma düzeyi verinin edinildiği kaynaklarla da ilişkili bir husustur. Bir kurum içinde gerçekleşen bütün yazışmalar, sosyal medya kaynaklarında yer alan ya da bu kaynaklardan elde edilen veriler, uydu verileri, radar ve sonar verileri, düzenlenmemiş fotoğraf ve video kaynakları yapılandırılmamış veri kaynakları olarak ele alınabilir. Buna karşın bir örgütün finansal performansına ilişkin veriler, hava durumu verileri ve bir firmanın müşteri eğilimlerine ilişkin veriler yapılandırılmış veri kaynaklarına örnek teşkil edebilir (Hurwitz ve Kirsch, 2018, s. 35). Araştırmanın amacı ya da üzerinde durulan sorun alanı, üzerinde çalışılacak verinin yapılandırılma düzeyi konusunda belirleyici bir etmen olabilir. Yapılandırılmış verinin yapılandırılmamış ya da yarı yapılandırılmış veriye nazaran önemli bir avantajı verinin sınıflandırılma gibi analiz öncesi düzenlemelere ihtiyaç duymamasıdır (Sint ve diğerleri, 2009, s. 3). Bu noktada bilgi piramidinde veriden kavrayışa giden süreçte verinin yapılandırılması önemli bir aşama olarak kabul edilebilir.

2.2.2. Yargısal ve Olgusal Veri

Veri yargısal ya da olgusal veri biçiminde de sınıflandırılabilir. Verinin olgusal ya da yargısal olması temel olarak verinin toplanması sürecinde yararlanılan araçlarla ilgilidir (Erhan ve diğerleri, 2019, s. 19893). Olgusal veri bireysel yargılardan ya da yorumlardan uzak nesnel bir nitelik taşıyan veriyi tanımlamaktadır (Zabell, 2011, s. 1165). Olgusal veri kavramı temel olarak duyu organları ile elde edilen verileri tanımlamak amacıyla kullanılmaktadır (Erhan ve diğerleri, 2019, s. 19893). Olgusal veri araştırmacının yorumlarını ve öznel değerlendirmelerini, olaylara ya da olgulara kişisel yaklaşımını barındırmayan, veriye sahip herkes tarafından aynı biçimde algılanan ve değerlendirilen veri olarak betimlenebilir. Diğer bir ifadeyle olgusal veriler yargılardan bağımsız, ne anlam ifade ettiği ve içeriği hususunda herkesin uzlaşabileceği, gerçekliği ispat edilebilecek türden verileri ifade etmektedir.

Bu noktada olgusal ve yargısal veriler ayrışmaktadır. Olgusal veri nesnenin ya da varlığın kendisi ile ilişkili bir gerçekliği ifade ederken, yargısal veri nesnenin ya da varlığın bireyler tarafından algılanış biçimi ile ilişkilidir (Mulder, 2004, Akt. Zaliwski, 2011, s. 78). Yargısal veri bireylerin öznel değerlendirmelerinden bağımsız olarak var olan veriyi ifade etmektedir (Zaliwski, 2011, s. 78). Teknolojik gelişmeler olgusal verilerin elde edilmesini kolaylaştırmıştır. Olgusal veriler çeşitli teknolojik araçlarla kayıt altına alınabilen verilerdir (Erhan ve diğerleri, 2019, s. 19891).

Adından da anlaşılacağı üzere yargısal veri bireylerin öznel yargılarını ya da değerlendirmelerini içeren veridir. Bu noktada yargısal veri insanların tecrübelerine ve yaşantılarına dayalı olarak elde edilen veriler olarak tanımlanabilir (Johanson, Jalminger, Frecon, Nelson, Olovsson ve Gjertz, 2017, s. 1). Yargısal veri öznel bir nitelik taşır ve yalnızca insan beyninde üretilebilen veridir (Zaliwski, 2011, s. 78). Yargısal veri nesnel gerçekliklere öznel yargıların yansıtılmasını içeren bir veri türüdür. Bu nedenle nesnel bir nitelik taşımaz ve bütün bireyler tarafından üzerinde uzlaşı sağlanan bir yargısal veriden söz etmek mümkün değildir. Yargısal veri, veriye bireysel değerlendirmelerin yansıtılmasını ifade etmektedir. Bu yönüyle kişisel değerlendirmeleri içeren bir veri olarak nitelendirilebilir. Yargısal veri bireysel bir nitelik taşıdığından değişkenlik ifade eder. Buna karşın olgusal veri değişken değildir ve kontrol edilebilir bir nitelik taşır. İnsan beyninde şekillendirilmesi nedeniyle yargısal verinin kontrol edilmesi mümkün değildir (Heylighen, 1997, s. 6).

Sonuç olarak olgusal veriler gerçek dünyada var olan nesne, olay ya da olgulara ilişkin nesnel gerçekliklerle ilişkilidir. Duyu organları ile elde edilen ve gözlemlere dayalı verileri ifade etmektedir. Var olan gerçekliklerin bireysel değerlendirmelerden bağımsız bir biçimde toplanmasını ifade eder. Örneğin bir ağacın yaşının bilimsel yöntemlerle belirlenmesi ve ağacın yaşının 100 olarak belirlenmesi olgusal bir veridir. Bu veri bütün bireyler ya da bağlamlar açısından değişmez bir nitelik taşır ve bireysel değerlendirmelerden uzaktır. Yargısal veriler ise bireylerin zihninde şekillenen değerlendirmeler sonucu üretilen verileri ifade etmektedir. Örneğin bir ağacın güzel ya da gösterişli olduğunu düşünmek yargısal bir veri olarak nitelendirilebilir. Sosyal bilimlerde katılımcıların belirli bir sorun ya da konu hakkında görüşlerinin alındığı araştırmalarda elde edilen veriler yargısal verilere örnek teşkil edebilir. Belirli bir sorun alanına ilişkin sıklık değerleri gibi sayısal değerlerle ifade edilebilen veriler ise nesnel veri olarak kabul edilebilir.

2.2.3. Düzenli ve Düzensiz Veri

Veri ile ilgili diğer bir önemli sınıflandırma düzenli ya da düzensiz veri biçiminde gerçekleştirilen sınıflandırmadır. Verinin araştırma öncesi belirlenen analiz araçları ile analiz edilebilmesi için verinin temizlenmesi ve belirli bir düzene konulması gerekmektedir. Verinin analiz araçları için uygun bir forma dönüştürülmesi anlamına gelen bu sürece *"veri temizleme süreci"* adı verilmektedir. Bu süreç sonunda elde edilen veri de düzenli veri olarak adlandırılmaktadır (Wickham, 2014, s. 1). Veri temizleme veri setinin incelenerek varsa hatalı verinin teşhis edilmesi ve düzeltilmesi olarak tanımlanabilir (Broeck, Cunningham, Eeckels ve Herbst, 2005, s. 967). Bu noktada düzenli veri, ham haliyle elde edilen verinin temizlenip belirli bir düzene konulması ve analiz için uygun bir forma dönüştürülmesi sonucu elde edilen veri olarak tanımlanabilir. Düzenli verinin belirli nitelikleri söz konusudur. Wickham (2014, s. 4) düzenli verinin temel niteliklerini şu şekilde sıralamaktadır:

- Araştırmada yer verilen her bir değişkene farklı bir sütunda yer verilmiştir.
- Araştırmada her bir değişkene ilişkin elde edilen değerlere ya da birimlere ayrı bir satırda yer verilmiştir.
- Araştırmada elde edilen her bir gözlem birimi ayrı bir tablo oluşturacak biçimde bir düzene sahiptir.

Düzenli veri gözlem ya da farklı veri toplama araçları ile elde edilen verinin temizlenerek hatalı verilerin veri setinden çıkartılması, elde edilen değerlerin ya da gözlem birimlerinin ait oldukları değişkenler altında gruplandırılmaları ve verinin analiz araçları ile analiz edilebilecek bir forma dönüştürülmesi sonucu elde edilen veri olarak tanımlanabilir. Veri satırlar ve sütunlar biçiminde düzenli bir formda yer alır. Elde edilen değerler uygun değişkenlerle eşleştirilmiştir. Ayrıca veri hangi formatta toplandı ise, örneğin görsel, nitel ya da nicel, o formatın gerektirdiği biçimde bir düzene konulmuş ve analiz araçları için uygun hale getirilmiştir. Veri temizleme, kayıp veri analizi ve sınıflandırma gibi işlemler düzensiz verinin düzenli veri formatına dönüştürülmesinde yararlanılan araçlar olarak kabul edilebilirler.

Düzensiz veri ise herhangi bir veri işleme sürecine tabi tutulmamış, araştırmada yer verilen değişkenler temel alınarak sınıflandırılmamış ya da düzene konulmamış veriyi ifade etmektedir (Shahin, 2017, s. 1). Düzensiz verinin de analiz edilmesini sağlayan çeşitli analitik araçlar bulunmakla birlikte (Bancroft 1968; Akt. Milliken ve Johnson, 2009, s. 231) çoğu analitik araç verinin analiz edilmeden önce belirli düzeyde bir düzene konulmasını zorunlu kılmaktadır. Düzensiz veriyi düzensiz yapan çeşitli nitelikleri söz konusudur. Bu nitelikler şu şekilde sıralanabilir (Wickham, 2014, s. 6);

Verinin yer aldığı tablolaera sütun başlıkları değişken yerine değerlerden meydana gelmektedir. Diğer bir ifade ile değerlerin gruplandırıldığı değişkenler temelinde bir sınıflandırma henüz gerçekleştirilmemiştir.

Tabloda bir sütunda birden fazla değişken yer alır. Değişkenler değerlerin altında toplandığı bileşenler olmalarına rağmen düzensiz veri setlerinde değişkenler ve değerler henüz birbirinden ayrılmamıştır.

Değişkenler hem satırlarda hem sütunlarda yer alır. Düzenli veride değişkenler sadece sütunlarda yer alır çünkü değişkenler gözlem birimlerinin ya da değerlerinin altında toplandığı nitelikleri ifade eder.

Aynı tablo üzerinde farklı gözlem birimlerine yer verilmiştir. Farklı formlarda toplanan veriler biçimlerine göre gruplandırılmamıştır.

Tek bir gözlem birimine farklı tablolarda yer verilmiştir. Düzensiz veri setlerinde aynı formatta toplanan gözlem değerleri farklı tablolarda yer alabilir.

Özetlemek gerekirse düzenli veri analiz edilmesi, yorumlanması ve belirli bir mesaj ya da anlama ulaşılması amacıyla düzensiz veri setleri üzerinde temizleme, kayıp veri analizi, sınıflandırma gibi farklı işlemlerin gerçekleştirilmesi sonucu elde edilen veri olarak tanımlanabilir. Araştırmalarda problemin tanımlanmasından sonra veri toplama aracı geliştirilerek ele alınan sorunun çözümünde işlevsel olabilecek veriler toplanır. Veri toplama süreci sonunda sistematik bir biçimde toplanan veriler veri temizleme aşamasında araştırma formatı çerçevesinde düzenlenerek ve sınıflandırılarak düzenli veriye dönüştürülür. Bu süreçte filtreleme, dönüştürme, kümeleme, yeniden sıralama, veri görselleştirme ve veri modelleme gibi farklı araçlardan yararlanılmaktadır (Wickham, 2014, ss. 13-15).

Düzenli veri aynı zamanda veri setlerinin uç değerler, çarpıklık ve basıklık, normal dağılım gibi istatistiksel araçlarla da incelenmesini temel alır (Shahin, 2017, ss. 1-3). Verinin düzenlenmesi elde edilen verilerden işlevsel bilgiye ulaşılmasında önemli bir husustur. Düzensiz verinin analiz edilerek işlevsel bilgiye dönüştürülmesinin ya da mevcut sorun alanı ile ilgili gerçek yaşam koşullarına transfer edilebilecek bilgiye erişim sağlanmasının oldukça güç olacağı iddia edilebilir.

2.2.4. Büyük Veri ve Küçük Veri

Verinin sınıflandırılması ile ilgili diğer bir önemli kavram verinin boyutu ile ilişkilidir. Bu noktada veri büyük veri ve küçük veri olarak sınıflandırılmaktadır. Günümüzde teknolojik gelişmelerle birlikte bilgi işletim sistemlerinde de buna paralel gelişmeler yaşanmış ve bilginin üretilmesi ve elde edilmesi kadar depolanmasında da büyük gelişmeler yaşanmıştır. Bu gelişmeler büyük miktarlarda verinin depolanabilmesini olanaklı bir konuma getirmiştir. Bu durum günümüzde "büyük veri" kavramının ortaya çıkmasına neden olmuş ve büyük veri örgütler açısından önemli bir kaynak olarak kabul edilmeye başlanmıştır. Çalışmanın bu bölümünde büyük veri ve küçük veri kavramları hakkında bilgilere yer verilmiştir.

2.2.4.1. Büyük Veri

Günümüzde çevremiz büyük miktarda veri ile kuşatılmış durumdadır ve farklı formlarda veri her gün büyük miktarlarda üretilmektedir. Veri hem bireyler hem de örgütler açısından son derece önemli bir konumda yer almaktadır. Örgütlerin rekabet ortamında ayakta kalabilmeleri doğru bilgiye doğru zamanda erişim sağlamaları ile mümkün olmaktadır. Örgütlerin müşterileri, ürünleri, çevreleri ve kendileri hakkında bilgi sahibi olmaları rekabet güçlerini muhafaza etmeleri ve geliştirmeleri açısından önemli bir konumda yer almaktadır. Bu noktada büyük veri işlevsel bir aracı konumundadır (Kubina, Varmus ve Kubinova, 2015, s. 561). Örgütsel düzeyde işlevsel bilgiye erişim sürecinde büyük veri önemli bir örgütsel varlık olarak kabul edilmektedir.

Bütün örgütler karar süreçlerinde doğru veriye ihtiyaç duyarlar. Bu noktada bütün örgütler için büyük veri içinden örgütsel süreçlerde işlevsel veriye ulaşmak hayati derecede önemli bir husus olarak kabul edilmektedir. Büyük veri kavramı geleneksel bilgi işleme sistemleri ile işlenmesi ve analiz edilmesi mümkün olmayan, yapılandırılmış ya da yapılandırılmamış bir formda bulunabilen veriyi ifade eder. Büyük veri kavramı üretilmesi, toplanması, analiz edilmesi ya da yönetilmesi için modern yöntemlere ya da analitik araçlara ihtiyaç duyulan veriyi tanımlamak amacıyla kullanılmaktadır (Zulkarnain ve Anshari, 2016, s. 307).

Büyük verinin hacmi ve çok hızlı bir biçimde güncelliğini yitirmesi büyük verinin geleneksel analitik araçlarla analiz edilip yorumlanmasını imkânsız hale getirmiştir. "Büyük veri" kavramı temel olarak farklı kaynaklardan elde edilen farklı formlarda yer alan verinin işlenmesi ve analiz edilmesi ile ilgili süreçleri de içine alan bir kavramdır. Büyük verinin kapsamına giren analitik süreçler şu şekilde özetlenebilir (FCA, 2016; Akt. OECD, 2020, s. 10);

- Sosyal medya araçları gibi geleneksel olmayan veri kaynaklarından elde edilen veriler gibi yeni ve geniş kapsamlı verilerden yararlanma,
- Bilgi teknolojilerindeki gelişmelere bağlı olarak ortaya çıkan bu yeni formdaki verilerin üretilmesi, toplanması ve depolanması süreçlerine yeni teknolojilerin adapte edilmesi,
- İleri düzey veri işleme tekniklerinden yararlanılması,
- Kestirisel analitik araçlar gibi karmaşık analitik tekniklerden yararlanılması,
- Büyük veriden elde edilen bilginin örgütsel kararlara, eylemlere ve uygulamalara yansıtılabilecek bir nitelik taşıması.

Günümüzde üretilen büyük verinin büyük bir çoğunluğu dijital yazı dosyaları, web günlükleri, e-postalar, resim, hareketli resim ya da video gibi formlarda yapılandırılmamış veri formatında üretilmektedir (Ajah ve Nweke, 2019, s. 5). Bu yönüyle elde edilen verinin işlenmesi ve analiz edilerek işlevsel bilgiye dönüştürülmesi diğer veri türlerinden farklı bir yol izlenerek gerçekleştirilmektedir. Çünkü üretilen büyük veri sadece hacim olarak büyük değil aynı zamanda yapı olarak da karmaşık bir nitelik taşımaktadır (Tole, 2013, s. 31). Büyük verinin işlenmesi ve analiz edilmesinde takip edilen süreç şu şekilde özetlenebilir (United Nations, 2013, s. 10);

- Veri üretildiği asıl kaynaktan elde edilir. Verinin elde edilmesi sürecinde elektronik sistemler ya da insanlar gibi farklı kaynaklardan veri akışı sağlanır.
- Elde edilen veriler farklı kaynaklardan elde edilen verilerle bütünleştirilir, sınıflandırılır ve uygun bir depolama aracında depolanır.
- Birleştirilmiş veri çeşitli analitik araçlar ve algoritmalar vasıtası ile anlamlı ve yararlı bir forma dönüştürülür.
- Elde edilen bilgiler gerçek yaşam koşullarına aktarılabilecek somut bir anlayışa, ilkelere ve önerilere dönüştürülür.

Büyük verinin elde edilmesi sistematik ve bilimsel bir süreci ifade etmektedir. Günümüzde bilgisayar teknolojilerindeki yenilikler, yazılımlar ve analitik araçlardaki gelişmeler verinin üretiminde ve depolanmasında önemli gelişmelerin yaşanmasına ve "büyük veri" kavramının ortaya çıkmasına neden olmuştur (Picciano, 2012, s. 10). İçinde bulunduğumuz bilgi çağında bilgi işletim sistemlerindeki gelişmeler büyük veri kavramının ortaya çıkmasına zemin hazırlamış ve büyük verinin elde edilmesi, işlenmesi, analiz edilmesi, yorumlanması ve depolanması ile ilgili yeni araçların geliştirilmesine dönük ihtiyaç ortaya çıkmıştır.

Büyük veri hacim açısından geleneksel analitik araçlarla analiz edilip yorumlanması mümkün olmayan veri olarak tanımlanmaktadır (Ohlhorst, 2013, s. 1). Büyük verinin hacim gibi belirli nitelikleri onu diğer veri türlerinden ayırmakta ve analiz edilmesinde farklı analitik araçlardan yararlanılmasını zorunlu kılmaktadır. Çalışmanın devamında büyük veriyi diğer veri türlerinden ayıran temel nitelikler hakkında bilgilere yer verilmiştir.

2.2.4.1.1. Büyük verinin nitelikleri

Büyük veri kavramı ortaya atıldığından bu yana büyük veriye çok farklı nitelikler zamanla eklenmiştir (Wu, Buyya ve Ramamohanarao, 2016, s. 8). Günümüzde de büyük veriye yeni özellikler eklenmeye devam etmektedir. Büyük verinin nitelikleri temel olarak "V" modeli ile açıklanmaktadır. Buna karşın nitelik sayısı bakımından farklı "V" modelleri yer almaktadır. En fazla rağbet gören modellerden biri "3V (volume (hacim), velocity (hız) ve variety (çeşitlilik))" modelidir. Modelde hacim kavramı büyük verinin miktarını ve kapsamını, hız büyük verinin üretilme ve erişime açılma hızını, çeşitlilik ise büyük verinin üretildiği farklı formatları ya da formları ifade etmektedir (Curry, 2016, s. 29). Bu üç temel niteliğe ek olarak zamanla büyük veriye farklı nitelikler eklenmiştir. Riahi ve Riahi (2018, s. 525) büyük veriyi Şekil 9'da yer aldığı biçimde "5V" modeli ile açıklamaktadırlar;

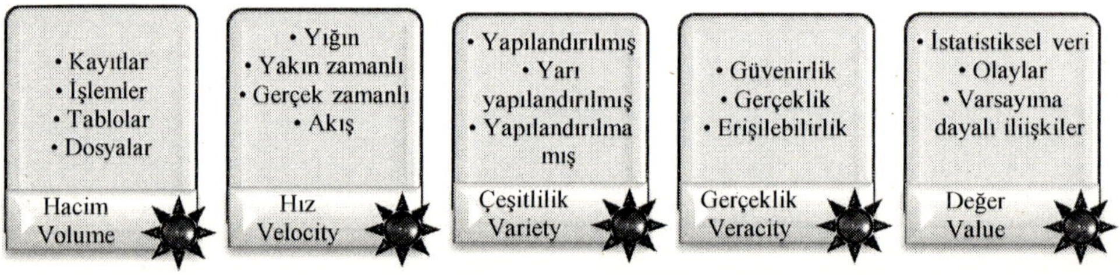

Şekil 9. Büyük verinin nitelikleri ve bu niteliklerin kapsamı
Kaynak: Riahi ve Riahi, 2018, s. 525.

Büyük veri günümüzde Şekil 8'de yer alan beş temel nitelikle açıklanmaktadır. Büyük verinin en önemli niteliklerinden biri hacimdir. Hacim büyük verinin muazzam düzeyde yer alan ve terabayt ya da zetabayt gibi birimlerle ifade edilen miktarına karşılık gelen bir kavramdır. Büyük verinin hacmi büyük veriyi diğer veri türlerinden ayıran en önemli ölçüt ya da nitelik olarak kabul edilebilir (Richterich, 2018, s. 6). Günümüzde bilgi işletim ve depolama sistemlerindeki gelişmelere bağlı olarak çok büyük miktarlarda veri depolanmaktadır. Örneğin 2000 yılında tüm dünyada depolanan verinin miktarı 800,000 petabayttır (Zikopoulos, Eaton, deRoos, Deutsch ve Lapis, 2012, s. 5). Büyük verinin analiz edilip işlenmesinde analize tabi tutulacak verinin miktarı önemli bir konumda yer almaktadır. Bu husus büyük verinin örgütsel karar süreçlerinde işlevsel bir nitelik taşıyabilecek bilgiye dönüştürülmesinde önemli rol oynar (Kudyba, 2014, ss. 19-20). Büyük verinin hacmi onun geleneksel veri depolama araçları ile depolanmasını imkânsız hale getirmektedir (Das, 2016, s. 27).

Büyük veri kavramı temel olarak örgütlerin analiz edip depolayabileceği kapasitenin üzerinde verinin üretilmesi ile ortaya çıkan bir kavramdır. Büyük veri geleneksel analiz yöntemleri ile analiz edilip geleneksel veri depolama araçlarının kapasitesi üzerinde verinin üretilmesini ifade eder. Büyük miktarlarda verinin analizi geleneksel araçlarla mümkün değildir. Büyük verinin analiz edilmesinde yararlanılan araçlara büyük veri analitiği (big data analytics) adı verilmektedir (Najafabadi, Villanustre, Khoshgoftaar, Seliya, Wald ve Muharemagic, 2015, s. 6).

Büyük verinin hacmi analiz edilmesini ve depolanmasını zorlaştırmasına rağmen insan davranışlarına ve sosyal yapılara ilişkin daha derinlemesine bir anlayışın geliştirilmesinde işlevsel bir nitelik taşımaktadır (Hammer, Kostroch ve Quirós, 2017, s. 7). Büyük verinin hacmi kümülatif, diğer bir ifadeyle birikimli bir nitelik taşır ve hacim süreklilik arz eden bir veri akışı ile dinamik bir yapıdadır (Wu ve diğerleri, 2016, s. 8). Günümüzde teknolojik gelişmelerle bilgi sürekli güncellenmekte ve üretilen bilgiler güncelliğini hızlı bir biçimde yitirmektedir. Bu durum büyük verinin dinamik bir biçimde hacminin sürekli olarak artmasına neden olmaktadır. Bu yönüyle büyük verinin geleneksel yöntemlerle analiz edilip yorumlanması mümkün değildir.

Büyük verinin diğer bir önemli özelliği hızdır. Büyük verinin hız niteliği ilk olarak büyük verinin işlenme hızı olarak ifade edilmektedir. Bazı sorunlar ya da durumlar acil cevap aranmasını ya da acil müdahale edilmesini gerektirebilmektedir. Bu noktada etkili bir çözüm için mevcut büyük verinin hızlı bir biçimde analiz edilmesi önemli bir husustur (Ularu, Puican, Apostu ve Velicanu, 2012, s. 4). Bu nedenle bazı durumlarda analiz edilip transfer edilme sürecini kısaltmak adına analize dâhil edilen büyük verinin hacmi küçültülebilmektedir. Büyük verinin çeşitli yöntemlerle boyutlarının küçültülmesi de bir tür analiz sonucu gerçekleştirilmektedir (Tole, 2013, s. 39). Verinin hızı ile ilgili diğer bir boyut verinin üretilme hızı ile ilişkilidir (Siddiqa, Hashem, Yaqoob, Marjani, Shamshirband,

Gani ve Nasaruddin, 2016, s. 162). Bilgi çağındaki teknolojik gelişmeler hem verinin elde edilmesinde yararlanılan araçların gelişimine katkı sunmuş hem de farklı disiplinlerde yapılan araştırmalarla verinin üretilme hızını muazzam boyutlara taşımıştır.

Büyük verinin hızı ile ifade edilen diğer bir boyut büyük verinin bir noktadan diğerine iletilme süresine karşılık gelmektedir (Tole, 2013, s. 32). Emani, Cullot ve Nicolle (2015, s. 72) büyük verinin hız niteliğini *"hareket halindeki veri (data in motion)"* kavramı ile açıklamaktadırlar. Veri akışı sağlayan örgütler açısından büyük verinin hızı önemli bir problem olarak ön plana çıkmaktadır, çünkü bazı durumlarda belirli bir kaynaktan talep edilen veri, veri akışı sağlayan sistemin kapasitesini aşabilmekte ve bu durumda veri hızı yavaşlayabilmektedir. Bu sorunu çözmek için örgütler veri akışına izin verilen verinin boyutunu küçültme yoluna gitmektedirler. Bazı firmalar ise sorunu akışına izin verilen verinin formatını sınırlandırmakla çözmektedirler. Örneğin belirli bir tema bağlamında yalnızca yazılı metinlerin paylaşılmasına izin verilmesi gibi (Tole, 2013, s. 32). Büyük verinin hız niteliği verinin iletilme hızı kadar işlenme hızını da kapsamaktadır (Trifu ve Ivan, 2014, s. 34). Asunçao, Calheiros, Bianchi, Netto ve Buyya, (2014, s. 6) büyük verinin iletilme hızı ile ilişkili olarak dört tür veri ortaya koymakta ve bu veri türlerini Şekil 10'da yer aldığı biçimde özetlemektedirler;

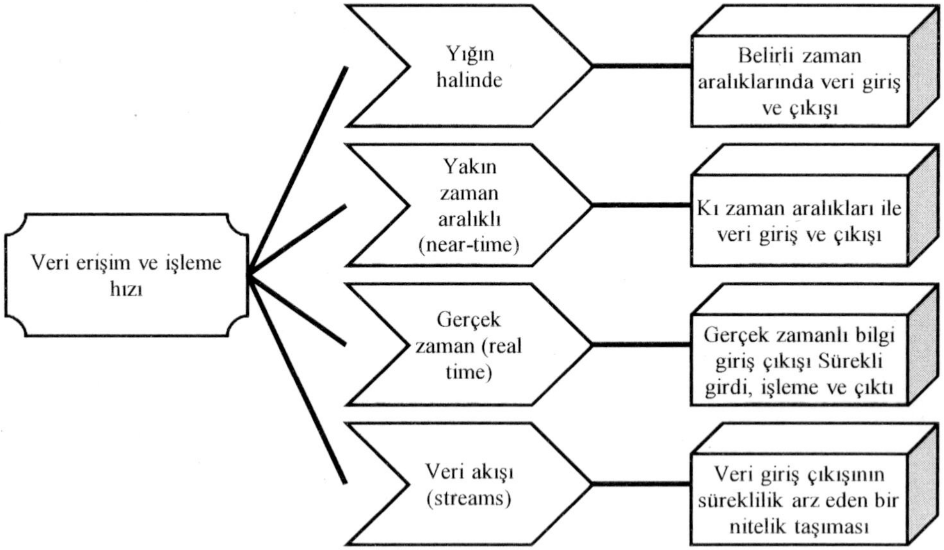

Şekil 10. Büyük veride hız

Kaynak: Asunçao ve diğerleri, 2014, s. 6.

Şekil 9 incelendiğinde büyük verinin iletilme ve işlenme süresi dört farklı boyut temel alınarak değerlendirilmektedir. Verinin işlenmesi ve transfer edilmesinde başvurulan yöntemler verinin işlenme ve iletilme hızına doğrudan etki eden bir nitelik taşımaktadır (Asunçao ve diğerleri, 2014, s. 6). Büyük verinin her bir boyutunun ya da niteliğinin birbiri ile ilişkili olduğu ileri sürülebilir. Örneğin verinin hacmi verinin işlenme hızını etkileyebilir. Aynı biçimde büyük verinin hacmi ve veri formundaki çeşitlilik dikkate alınarak farklı veri iletim ve işleme araçlarından faydalanılabilir ve bu farklı uygulamalar neticede veri hızını etkileyebilir.

Büyük verinin hızı ile ifade edilen diğer bir boyut mevcut büyük verinin içeriğindeki değişimin hızıdır. Çoklu veri kaynaklarından elde edilen veriler ve farklı veri kaynaklarından birbirini tamamlayıcı nitelikte toplanan veriler mevcut büyük verinin içeriğinde hızlı değişimlere zemin hazırlayabilmektedir (Chluski ve Ziora, 2015, s. 1007). Özellikle birbiri ile ilişkili disiplinlerin araştırma bulguları farklı disiplinlere ilişkin mevcut bilgilerin içeriğinde değişikliklere neden olabilmektedir. Bu durum mevcut bilgilerin geçerliliğini zaman bakımından kısıtlamaktadır. Diğer bir ifade ile büyük veri aynı zamanda büyük miktarlarda verinin güncelliğini hızlı bir biçimde yitirmesi ile de ilişkilidir. Teknolojik gelişmelere bağlı olarak verinin hızlı bir biçimde üretilmesi ve güncelliğini kaybetmesi verinin hacmi kadar değişim hızını da etkilemektedir. Bu yönüyle büyük verinin dinamik bir yapıyı ortaya koyduğu ve sürekli ve hızlı bir biçimde güncellendiği ileri sürülebilir.

Büyük verinin diğer bir önemli özelliği çeşitliliktir. Büyük veride çeşitlilik analiz edilen, depolanan ya da örgütsel süreçlerde yararlanılan verideki çeşitliliği ifade etmektedir. Büyük veri içinde analiz edilen ve depolanan veriler yer koordinatları, video dosyaları ve simülasyonlar gibi çok çeşitli formlarda bulunabilir. Büyük veri analizinde en büyük sorun farklı formlarda yer alan bu verinin bütün kullanıcılar için anlaşılabilir bir forma dönüştürülmesi ve veriden farklı ve belirsiz anlamların çıkartılmasının önüne geçilmesidir (Tole, 2013, s. 33). Çeşitlilik aynı zamanda verinin yapılandırma düzeyi ile de ilgilidir. Büyük veri olarak nitelendirilebilecek bir veri setinde yapılandırılmış, yarı yapılandırılmış ya da yapılandırılmamış veri bulunabilir. Bu türde farklı yapılandırma düzeylerinde yer alan verilerin büyük veri içinde yer alabilmesi büyük verinin çeşitlilik niteliği olarak kabul edilmektedir (Richterich, 2018, s. 7). Verinin çeşitlilik niteliği veri yönetiminde en önemli sorunlarından biri olarak kabul edilmektedir (Shoro ve Soomro, 2015, s. 7). Farklı formlarda ve yapılandırma düzeylerinde yer alan verinin analiz edilerek yorumlanması ve veriden işlevsel bilgiye ulaşılması oldukça güçtür.

Çeşitlilik büyük verinin kapsamına girebilecek veri türlerini ifade etmektedir (Ularu ve diğerleri, 2012, s. 4). Çeşitlilik temel olarak verinin yapılandırma düzeyi ile ilişkilidir. Bir büyük veri setinde yapılandırma düzeyi açısından farklı düzeylerde veri yer alabileceği gibi farklı biçimlerde veri de yer alabilir. Bu noktada büyük veride çeşitliliğin farklı boyutlarının olduğu ileri sürülebilir. Asunçao ve diğerleri (2014, s. 6) büyük verideki çeşitliliği Şekil 11'de yer aldığı biçimde özetlemektedirler;

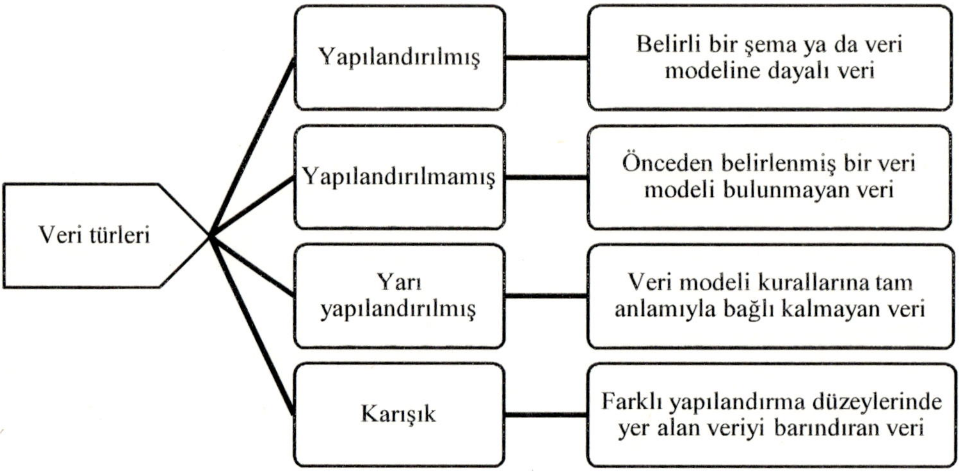

Şekil 11. Büyük veride çeşitlilik

Kaynak: Asunçao ve diğerleri, 2014, s. 6.

Büyük veride çeşitlilik birbiri ile tutarlılık ve uyum içinde olmayan veri formlarını ve yapılarını ifade etmektedir (Wu ve diğerleri, 2016, s. 8). Büyük verinin üretilme ve depolanmasında yaşanan hız artan bir biçimde büyük verinin farklı veri formlarını kapsamına almasına neden olmaktadır. Büyük verideki çeşitlilik yapılandırma düzeyleri kadar sosyal medya araçlarından elde edilen veriler, duyu organları ile elde edilen veriler, kamera görüntüleri ya da ses kayıtları gibi çok çeşitli veri formlarını da kapsayan bir kavramdır (Marr, 2015, s. 80). Büyük veride veri setleri yarı yapılandırılmış bir formatta farklı veri türlerini barındırabilmektedir. Kudyba ve Kwatinetz (2014, ss. 2-3) büyük veri kapsamında yer alabilecek farklı veri türlerinden bazılarını şu şekilde sıralamaktadırlar:

- Web sitelerinden elde edilen veriler,
- E posta ile elde edilen veriler,
- Twitter etkileşimleri,

- Ürün eleştirileri,
- Resimler ya da görsel materyaller,
- Çeşitli platformlarda yer alan yazılı metinler.

Sonuç olarak büyük veride çeşitliliğin iki temel boyutu söz konusudur. Birinci boyut verinin yazı, ses, video gibi farklı formlarda yer almasıdır. İkinci boyutu ise farklı formlarda depolanan verinin yapılandırılmış, yapılandırılmamış ya da yarı yapılandırılmış gibi farklı yapılandırma düzeylerinde bulunmasıdır (Ohlhorst, 2013, s. 3). Büyük verideki çeşitlilik veriden bilgiye erişim sürecinde büyük veride yer alan farklı formlardaki verinin farklı analiz araçları ile analiz edilmesini gerektirmektedir (Kune, Konugurthi, Agarwal, Chillarige ve Buyya, 2016, s. 86). Büyük verinin farklı yapılandırma düzeylerinde çok farklı veri formlarını bünyesinde barındırması büyük verinin yönetiminde, büyük veriden örgütsel süreçlerde ya da karar süreçlerinde işlevsel olabilecek bilgiye erişim sürecinde önemli sorunları beraberinde getirebilmektedir. Bu noktada büyük verinin analizinde çok farklı analitik araçlardan birlikte yararlanılması önemli bir husustur.

Büyük verinin diğer bir önemli özelliği gerçekliktir. Büyük veride gerçeklik verinin belirsiz ya da yanlış olması ile ilişkilidir. Büyük veride gerçeklik önemli bir sorundur çünkü büyük veriden işlevsel bilgiye erişim sürecinde filtreleme ve temizleme gibi eylemlerin zahmetli eylemler olması verinin belirsizliğine ya da yanlışlığına zemin hazırlayabilmektedir. Çoğu büyük veri setinde karar süreçlerinde referans olabilecek bilgiye erişim sağlamak amacıyla istatistiksel bazı araçlarla temizleme ve filtreleme gibi işlemlerin gerçekleştirilmesi gerekmektedir (Kune ve diğerleri, 2016, s. 87). Büyük veride gerçeklik niteliği ile ilgili diğer bir önemli boyut büyük verinin analizi sonucu elde edilen sonuçların güvenilir ve kullanışlı olması ile ilişkilidir. Büyük veri analizi sonucu ulaşılan bulgular örgütsel karar süreçlerinde işlevsel olanlar ve olmayanlar şeklinde sınıflandırılırlar. Büyük verinin elde edildiği veri kaynaklarının ve veri türlerinin sayısı arttıkça büyük veride güvenirlik önemli bir sorun olarak ortaya çıkmaktadır (Najafabadi ve diğerleri, 2015, s. 6).

Büyük veride gerçeklik mevcut veriye örgüt liderinin karar süreçlerinde ne ölçüde güvendiği ile ilişkilidir. Bu noktada büyük veri içinde doğru ilişkilerin ortaya konulması örgütün geleceği açısından son derece önemlidir (Zikipoulos, Deutsch ve Deroos, 2012; Akt. Ularu ve diğerleri, 2012, s. 4). Gerçeklik büyük veri içinde farklı formlarda yer alan verinin belirli bir anlam taşıyacak düzeyde tutarlılık ortaya koyabileceği varsayımını temel alan bir niteliktir (Tole, 2013, s. 33). Bu noktada her ne kadar farklı formlarda verinin bir araya getirilmesinden ibaret olsa da büyük veriden örgütsel süreçlerde işlevsel bir nitelik taşıyabilecek ve karar süreçlerinde etkin bir rol oynayabilecek güvenilir bilgiye erişim sağlamak mümkündür.

Büyük veride gerçeklik verinin kalitesini, ele alınan sorun ya da konu ile ilişki düzeyini, sorunlara ilişkin kestirisel bir değer taşıyıp taşımadığını ve anlamlılığını temel alan bir niteliktir (Feldman, Martin ve Skotnes, 2012, s. 8). Bu noktada gerçeklik güvenilirlik ile doğrudan ilişkilidir ve güvenilirlik verinin elde edildiği veri kaynağını da temel alır (Asunçao ve diğerleri, 2015, s. 5). Büyük veride gerçeklik ya da güvenilirlik verinin dağınık bir yapıda yer almasını ifade eder. Örneğin sosyal medya araçlarında yer alan etiketler, kısaltmalar, sosyal medya mecralarına özgü dil ve günlük konuşma dilinde yazılan ifadeler büyük veri içinde yer alan verinin dağınıklığına bir örnek teşkil edebilir (Marr, 2015, s. 80). Büyük verinin hacmi ve çeşitliliği gerçeklik ve güvenilirliğine doğrudan etki edebilecek niteliktedir. Buna karşın büyük veri analizi için geliştirilen analiz araçları ve yöntemleri büyük veriden anlamlı ve işlevsel bilgiye erişimi olanaklı hale getirmektedir. Büyük verinin analiz sürecinde temizlenerek belirli bir amaca dönük bir niteliğe kavuşturulması önemli bir husustur (Ohlhorst, 2013, s. 3).

Büyük verinin bir diğer önemli özelliği değerdir. Büyük veride değer analiz edilen ve depolanan verinin kalitesi ve kullanışlılığı ile ilişkili bir kavramdır. Cep telefonu gibi farklı teknolojik araçlarla her gün büyük miktarlarda veri depolanmaktadır. Buna karşın önemli olan nokta depolanan verinin etkili bir biçimde yönetilip yönetilemediği ve depolanan veriden örgütsel gelişim amacıyla yararlanılıp yararlanılamadığıdır (Tole, 2013, s. 33). Büyük veride değer farklı formlarda ve yapılandırma düzeylerinde yer alan veriden anlam çıkartmayı ya da değer yaratmayı ifade etmektedir (Marr, 2015, s. 106). Bu yönüyle değer büyük verinin en önemli niteliklerinden biri olarak kabul edilebilir, çünkü büyük veri analizinin en temel amacının büyük veriden örgütsel süreçlerde işe koşulabilecek anlamlı bilgiye erişim sağlamak olduğu ileri sürülebilir.

Değer niteliği büyük verinin en önemli niteliği olarak kabul edilmektedir. Bunun temel nedeni değer niteliğinin çeşitli formlarda ve büyük hacimde üretilen veriden belirli bir sorun ya da duruma ilişkin değer ya da kavrayışa ulaşmayı temel almasıdır (Hashem, Yaqoob, Anuar, Mokhtar, Gani ve Khan, 2015, s. 100). Büyük veriden değer ortaya koyabilmek, büyük veriden anlamlı ve işlevsel bilgiye erişim sağlayabilmek ve büyük veriden elde edilen değerden herhangi bir sorunun çözümünde ya da yeni bir gelişimin öncüsü olarak yararlanabilmek günümüzde örgütsel açıdan önemli bir konuma gelmiştir (Schaffer, 2016, s. 9). Büyük veriden değer elde edebilmek yönetsel süreçlerde, özellikle karar süreçlerinde işlevsel bir rol oynamaktadır. Bu kapsamda büyük verinin temizlenerek anlamlı ve işlevsel bilgiye ulaşılması sürecinde farklı analitik araçlardan yararlanılabilmektedir (Kudyba ve Kwatinetz, 2014, s. 13).

Büyük verinin değeri elde edilen verinin kalitesine karşılık gelen bir niteliktir (Kune ve diğerleri, 2016, s. 86). Büyük veriden filtrelenerek elde edilen kaliteli veri örgüte değer katan ve örgütsel kararların daha nitelikli ve sağlıklı olmasına katkı sunan veriyi ifade etmektedir. Örneğin veriden elde edilen değer finansal bir şirket için elde edilen kâr oranlarındaki artış olarak kabul edilebilir (Asunçao ve diğerleri, 2015, s. 5). Büyük verinin bir değer ortaya koyabilmesi en önemli özelliği olarak ele alınabilir. Büyük verinin, veri üretim ve işleme aşamalarından sonra örgüt adına artı değer ortaya koyması beklenmektedir. Karar verme süreçlerinde aktif olarak yararlanılabilmesi ve doğru kararın zamanında verilmesi için verinin her an erişilebilir olması önemli bir konumda yer almaktadır. Örneğin, sağlıkla ilgili politika belirleme konumunda olan bir devlet kurumu anlık olarak bölge, il, ilçe düzeyinde hastalık, ilaç, doktor dağılımlarını izleyebilmelidir (Göksu, 2014; Akt. Demirtaş ve Argan, 2015, s. 8). Büyük verinin temizlenmesi ya da filtrelenmesi gibi işlemler sonucunda elde edilen daha küçük boyutta işlevsel veri örgütsel kararların daha sağlıklı ve nitelikli bir yapıya kavuşturulmasında işlevsel bir konumda yer alabilir. Temel olarak büyük verinin değeri örgütsel karar süreçlerindeki işlevselliği ile eşdeğer olarak kabul edilmektedir (Kudyba ve Kwatinetz, 2014, s. 13).

Emani ve diğerleri (2015, s. 72) büyük veride değer niteliğini *"önemli veri (data in highlight)"* olarak tanımlamaktadırlar. Büyük verinin en temel amacının ihtiyaç duyulduğunda belirli bir sorun ya da bağlam çerçevesinde gerçek yaşam koşullarına transfer edilebilecek, sorunun çözümüne dönük uygulamaya aktarılabilecek bilgiye erişim sağlamasına sunduğu katkı olduğu ileri sürülebilir. Bu kapsamda büyük verinin farklı formlarda depolandığı ham haliyle örgütsel ve yönetsel süreçlerde herhangi bir işleve sahip olmadığı iddia edilebilir. Buna karşın büyük veri her zaman işlevsel bilginin kaynağı niteliği taşımaktadır.

Çeşitli analitik araçlar vasıtası ile büyük veriden işlevsel veriye ya da bilgiye ulaşmak imkân dâhilindedir. Bu şekilde işlevsel boyuta taşınmış veri daha önce ifade edildiği üzere bilgiye ya da özümsenmiş bilgiye erişime katkı sunan veri olarak kabul edilebilir. Sonuç olarak değer büyük verinin temizlenmesi, filtrelenmesi ve analiz edilmesi sonucunda verinin örgütsel süreçlerde işe koşulabilir ya da uygulama aktarılmaya dönük bir nitelik kazanmasını ifade etmektedir (Wu ve diğerleri, 2016, s. 11). Diğer bir ifade ile verinin işlevsel bilgiye erişime olanak sağlayacak bir yapıya kavuşturulması sürecidir. Büyük verinin depolanmasındaki temel amacın örgütsel ve yönetsel süreçlerde uygulamaya katkı sunması olduğu göz önünde bulundurulduğunda değer niteliğinin büyük verinin en önemli niteliklerinden biri olduğu ileri sürülebilir.

Yukarıda bahsi geçen niteliklerine ek olarak büyük verinin diğer bazı özellikleri de söz konusudur. Örneğin kapsamlılık (exhaustivity) büyük veriye atfedilen niteliklerden bir diğeridir. Büyük veride kapsamlılık bir sisteme ilişkin verinin örneklem yerine tüm sistemi kapsamasını ifade etmektedir (Mayer-Schonberger ve Cukier, 2013; Akt. Kitchin ve McArdle, 2016, s. 10). Büyük verinin diğer bir önemli niteliği ilişkiselliktir. İlişkisellik büyük verinin birbiri ile ilişkileri ortaya konulabilecek ya da birbirine bağlanabilecek ortak alanlara dönük veriyi kapsamasını ifade etmektedir (Boyd ve Crawford, 2012; Akt. Kitchin ve McArdle, 2016, s. 10). Görünebilirlik (visibility) özelliği de büyük veriye ilişkin bir diğer önemli özellik olarak kabul edilmektedir. Görünebilirlik büyük verinin karar süreçlerine yansıtılabilecek işlevsel bilgiye dönüştürülmesinde verinin bütününe dönük bir bakış açısına sahip olmanın gerekliliğine vurgu yapan bir niteliktir (Wu ve diğerleri, 2016, s. 9).

Sonuç olarak büyük veri kendine has özellikleri olan bir veri türüdür. Kendine has özellikleri nedeniyle büyük verinin analizinde de farklı analitik araçlardan yararlanılmaktadır. Bu noktada ilk olarak büyük verinin çok hızlı bir biçimde güncellenmesi nedeniyle büyük veri analizinin karar süreçlerine yansıtılmasında da hızlı bir süreç işletilmelidir. Büyük veri farklı formlarda ve farklı yapılandırma düzeylerinde veri içerdiğinden işlenmesi daha karmaşık süreçleri ifade eder. Büyük verinin işlenmesinde hem işleme hem de analiz aşamasında esnek bir yaklaşım sergilenmelidir. Büyük veri içinde farklı formlarda veri bulunabildiğinden çakışmalar da söz konusu olabilir (Ularu ve diğerleri, 2012, s. 7). Büyük veri örgütsel ve yönetsel süreçlerde önemli işlevleri yerine getirebilir ve örgütsel kararları daha nitelikli bir yapıya büründürebilir. Bu yönüyle büyük verinin modern örgütler için rekabet açısından önemli bir konumda yer aldığı ileri sürülebilir.

2.2.4.1.2. Büyük verinin sınıflandırılması

Yapılandırma düzeyi ve biçimi açısından farklı veri türlerini barındırdığından büyük verinin sınıflandırılması oldukça güçtür (Suthaharan, 2014, s. 72). Büyük verinin sınıflandırılmasında uygun sınıflandırma sisteminden ya da yapısından yararlanılması önemli bir husustur. Büyük verinin çeşitlilik niteliği sınıflandırılmasında çok farklı parametrelerin temel alınmasını gerekli kılmaktadır. Bu yönüyle alan yazında büyük verinin farklı sınıflandırmalarına rastlamak mümkündür. Al-Sharo, Shakah, Alkhaswneh, Alju-Naeidi ve Alazzam (2018, s. 3866) büyük veriyi Şekil 12'de yer aldığı biçimde sınıflandırmaktadırlar;

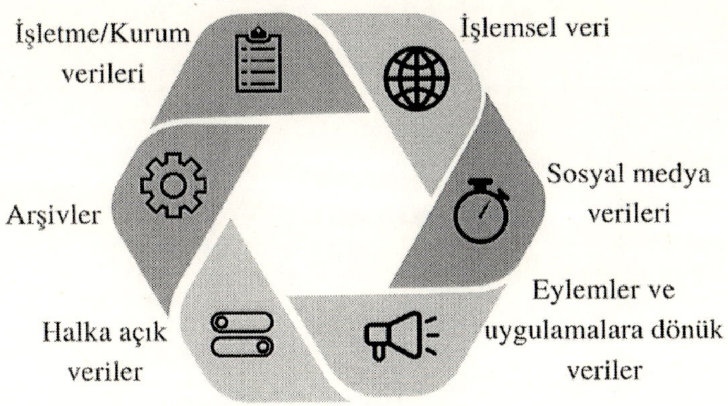

Şekil 12. Büyük veri türleri
Kaynak: Al-Sharo ve diğerleri, 2018, s. 3866.

İşletmeler ve örgütlerde depolanan veriler büyük veri içinde önemli bir yer tutmaktadır. Kamu ve özel hizmet kurumlarında gerçekleştirilen işlemlere dönük veriler de büyük verinin önemli bir bölümünü teşkil etmektedir. Sosyal medya içinde bulunduğumuz bilgi çağında önemli bir veri kaynağı işlevi görmektedir. Sosyal medya araçlarında yer alan veriler muazzam boyutlardadır. Örneğin Facebook'ta ayda yaklaşık 30 milyar paylaşım yapılmaktadır (Manyika ve diğerleri, 2011, s. iv).

Örgütlerde gerçekleşen eylemler ve uygulamalara ilişkin verilerle kütüphanelerin veri tabanları gibi halka açık veriler de büyük verinin önemli bir bölümünü meydana getirmektedir. Birçok kurum ve kuruluşun verilerini depoladığı arşivleri mevcuttur. Bu noktada arşiv verilerinin de büyük veri içinde önemli bir konumda yer aldığı ileri sürülebilir. Büyük veriye ilişkin daha detaylı bir sınıflandırma Hashem ve diğerleri (2015, s. 101) tarafından gerçekleştirilmiştir. Yazarlar büyük verinin farklı parametreler temel alınarak Şekil 13'te yer aldığı biçimde sınıflandırılabileceğini ileri sürmektedirler;

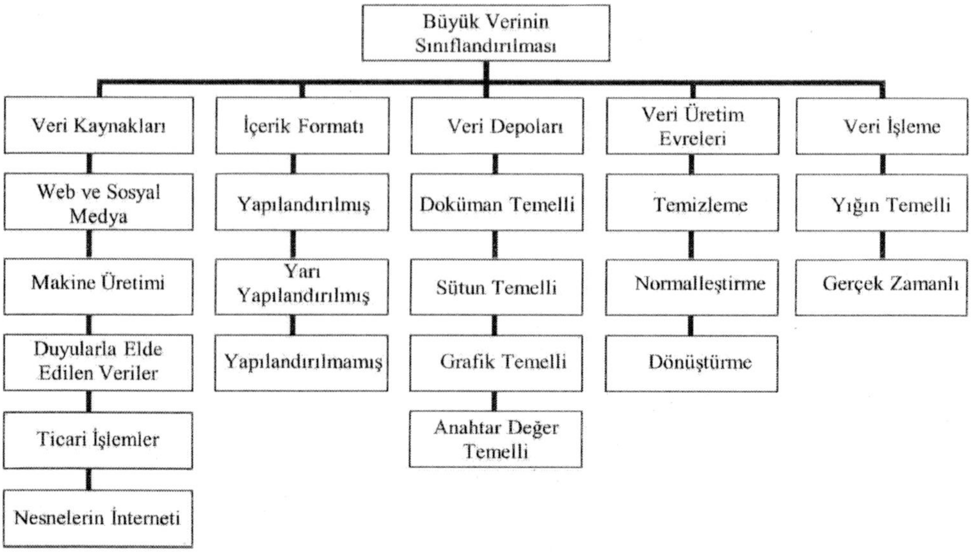

Şekil 13. Büyük verinin sınıflandırılması

Kaynak: Hashem ve diğerleri, 2015, s. 101.

Bilgi teknolojilerindeki gelişmelere bağlı olarak günümüzde web tabanlı kaynaklar ve sosyal medya araçları önemli veri kaynakları olarak ele alınmaktadırlar. Sosyal medya araçları bireylerin tercihleri ya da farklı hususlardaki görüşleri hakkında önemli bilgiler sunabilmektedir. Günümüzde sosyal medya araçlarında yer alan veriler tüketicilerin eğilimleri gibi örgütlerin rekabet gücünü arttırabilecek önemli verilere en önemli erişim kaynaklarından biri olarak kabul edilmektedirler.

Büyük verinin kaynaklarına göre sınıflandırılmasında temel alınan diğer bir kategorik değişken makine üretimi verilerdir. Makine üretimi verilere genellikle farklı yazılım ve donanım araçları ile kayıt altına alınan veriler örnek olarak verilebilir. Bu noktada tüketicilerin su, gaz ve elektrik tüketimi gibi tüketimlerini sayısal değerler olarak kayıt altına alan cihazlardan elde edilen veriler makine üretimi veriler olarak kabul edilebilir (Arun ve Jabasheela, 2014, s. 18). Makine üretimi veriler de günümüzde üretilen büyük verinin içinde önemli bir konumda yer almaktadır.

Büyük verinin diğer bir önemli kaynağı ise duyular vasıtası ile elde edilen verilerdir. Duyularla elde edilen veriler beş duyu organı ile elde edilen verileri ifade etmektedir. Örneğin gözlem yoluyla elde edilen veriler duyularla elde edilen verilere bir örnek teşkil edebilir. Bu noktada teknolojik gelişmelere dayalı olarak ortaya çıkan bazı aygıtlar duyularla veri elde edilmesini çok daha kolay bir forma büründürmüş ve bu türde verilerden sağlık, ulaşım ve tarım gibi alanlarda yararlanılmaya başlanmıştır (Teh, Kempa-Liehr ve Wang, 2007, s. 1). Ticari işlemler ve para transferleri gibi işlemler sonucu elde edilen verilere karşılık gelmektedir.

Nesnelerin interneti internet üzerindeki hizmetlerin birleştirilerek ve aralarında bağlantılar kurularak devletlerin, toplumların ya da bireylerin internet üzerindeki hizmetlere istedikleri yerde istedikleri anda erişim sağlamalarını ifade eden bir kavramdır. Nesnelerin interneti sadece insanlar arasındaki iletişime değil nesneler arasındaki iletişime de olanak sağlayan bir sistemdir. Nesnelerin interneti gerçek dünyaya ilişkin nesnelerle sanal birimler arasında etkileşimi esas alır. Endüstride yararlanılan ve internet bağlantısı ile iletişim kurulabilen robotlar nesnelerin internetine bir örnek teşkil edebilir (Elkhodr, Shahrestani ve Cheung, 2016, s. 397).

Nesnelerin interneti akıllı cihazların birbirleri ile iletişim ve etkileşim kurabilmesini temel alır. Nesnelerin interneti kavramı birbiri ile iletişim kurarak farklı hususlarda veri üretebilen ve elde ettiği bu verileri diğer aygıtlarla paylaşabilen cihazları tanımlamaktadır. Nesnelerin interneti üç farklı iletişimi kapsayan bir kavramdır (Patel ve Patel, 2016, s. 6122): Bir insandan diğerine farklı iletişim araçları ile gerçekleştirilen iletişim, insandan makine ya da nesnelere doğru gerçekleşen iletişim, makine ya da nesnelerden diğer makine ya da nesnelere doğru gerçekleşen iletişim. Nesnelerin interneti internet aracılığı ile akıllı cihazlar arasında iletişim ve etkileşimi temel bir alan bir kavramdır ve bu türde bir iletişim ve etkileşim süreci sonunda veri üretilebilmektedir.

Büyük verinin sınıflandırılmasında yararlanılan diğer bir kategorik değişken yapılandırma düzeyidir. Bu türde bir sınıflandırma verinin içerik formatı açısından yapılandırılması olarak kabul edilmektedir. Yapılandırılmış veri demografik veriler ya da bir ürünün kullanım sıklığı gibi belirli bir veri modeline göre belirli bir standart haline getirilebilen ya da alfabetik ve sayısal olarak tanımlanabilen veriyi ifade etmektedir (Richterich, 2018, s. 7). Yapılandırılmamış veri kavramı büyük boyutlarda ve karmaşık bir yapıda bulunan veriyi tanımlamak için kullanılmaktadır (Ularu ve diğerleri, 2012, s. 4). Yapılandırılmamış veri belirli bir yapıya büründürülmesi güç olan, resim ve yazı gibi farklı formlarda bulunabilen ve sınıflandırılması oldukça güç olan veriyi ifade eder.

Yapılandırma düzeyine ilişkin bir diğer sınıflandırma biçimi yarı yapılandırılmış veridir. Yarı yapılandırılmış veri yapılandırılmamış verinin belirli bir üst veri (metadata) temel alınarak sınıflandırılmasını ifade eder (Richterich, 2018, s. 7). Yarı yapılandırılmış veri de bir tür yapılandırılmış veri olarak ele alınabilir, buna karşın yarı yapılandırılmış veri ilişkisel veri tabanlarında yararlanılan veri modellerine uymamakla birlikte belirli bir alana ilişkin verileri diğerlerinden ayıran ve verilerin anlamsal bir bütün oluşturacak biçimde diğerlerinden ayrıştırılmasında etiketlerden yararlanan verileri tanımlamaktadır.

Yarı yapılandırılmış veride verinin sınıflandırılması ya da düzene konulması için önceden belirlenmiş bir şemaya ihtiyaç yoktur. Buna karşılık veri modelinde bir şema tanımı yapılabilir fakat bu zorunlu değildir. Yarı yapılandırılmış veri son derece esnek ve ölçeklenebilir bir formda yer alır. Yarı yapılandırılmış verinin yapılandırılmış veriye dönüştürülmesi kolay olmasına rağmen, yapılandırılmamış verinin yarı yapılandırılmış ya da yapılandırılmış veri biçimine dönüştürülmesi oldukça güçtür (Sukanya ve Biruntha, 2012; Akt. Rusu ve diğerleri, 2013, s. 3).

Büyük verinin sınıflandırılmasında esas alınan diğer bir değişken veri depoların temel alınarak gerçekleştirilen sınıflandırmadır. Verinin veri depoları temelinde sınıflandırılması verinin veri depolarında hangi formda yer aldığını temel alır. Anahtar değer temelli veri depoları yapılandırılmamış ya da yapılandırılmış veri barındırabilir. Anahtar temelli veri depoları herhangi bir şemaya bağlı kalmayan veri depolarına karşılık gelmektedir. Bu yönüyle veri birimleri farklı veri formlarında depolarda birlikte yer alabilir. Anahtar değer temelli veri depolarının aksine doküman temelli veri depoları yapılandırılmış ya da yarı yapılandırılmış verileri kapsayan veri depolarıdır. Buna karşın ilişkisel veri tabanlarında olduğu gibi bütün verilerin bağlı kalacağı bir şemadan bahsetmek mümkün değildir. Bu türde veri depolarından veriler belirli bir anahtar yardımı ile çağrılabilir. Örneğin belirli bir alana ilişkin dokümanlar, doküman veri depolarından anahtar değer ile çağrılabilir (Strohbach, Daubert, Ravkin ve Lischka, 2016, s. 124). Bir konuya ilişkin arama motorlarına girilen bilgiler anahtar temelli veri depolarından veri çağrılmasına bir örnek teşkil edebilir.

Sütun temelli veri depoları verinin belirli bir değişken temelinde, aynı niteliği taşıyan birimlerin aynı değişken altında yer alacak biçimde sütunlarla sınıflandırılmasını temel alan veri depoları olarak tanımlanabilir (Abadi, Boncz ve Harizopoulos, 2009, s. 1664). Sütun temelli veri depoları bir değişkene ilişkin büyük verinin incelenmesini sıra temelli verinin incelenmesinden daha kolay bir forma dönüştürmesi nedeniyle kullanıcıların veriye erişimi açısından daha pratik bir yapı sunmaktadır (Matei, 2010, s. 5). Sütun temelli veri, veri setinde yer alan her bir birimin sütunlarda yer alan değişkenler temel alınarak uygun değişken altında yer verilmek suretiyle sınıflandırılmasını ifade eder. Bu şekilde tek bir değişkene ilişkin çok fazla veri içinden arzu edilen birime ya da değere erişim sağlamak daha kolay bir yapıya kavuşur.

Grafik temelli veri depoları verinin şekiller ve tablolar gibi araçlarla temsil edildiği veri depolarını ifade eder. Şekiller ve grafikler bilimsel bilginin temsilinde ve sunumunda etkili araçlar olarak kabul edilmektedirler (Stengel, Calori ve Giannoudis, 2008, s. 659). Grafik temelli veri depoları verinin boğumlar, düğümler, değişkenler (nitelikler) ve bağlayıcı uçlar biçiminde yer aldığı veri depolarını ifade etmektedir. Bu tür veri depolarında yer alan grafiklerde boğumlar nesneleri ya da varlıkları, nitelikler nesneler ya da varlıklar hakkındaki gerçek bilgiyi ya da diğer bir ifade ile değişkenleri, bağlayıcı uçlar ise boğumlar arasındaki ilişkileri ifade etmektedir. Grafik temelli veri depoları gelişmiş yol analizlerinden yararlanarak veri sorgulama sürecini daha etkin hale getirmektedirler (Kamal, Elazhary ve Hassanein, 2019, s. 331). Verinin grafik biçiminde sunumunun çeşitli amaçları vardır. Bu amaçlar şu şekilde sıralanabilir (Unwin, 2015, ss. 3-4);

- Grafikler nitel/betimsel verilerin temsilinde etkilidir.
- Grafikler bireylere ya da nesnelere ilişkin tekil verilerden ziyade bir niteliğe ya da değişkene ilişkin kıyaslama yapmaya olanak sağlayan verilerin sunumunda etkilidir.
- Grafik veri bir etki yaratma amacı güder. Göze ve algılara hitap ederek veriye dönük bir etki yaratmak en temel hedeftir.
- Grafik veri bir analiz sonucunun yerine geçme niteliğinden ziyade bir araştırma sonucunun rapor haline getirilmesini esas alır. Diğer bir ifade ile temel amaç yer verilen araştırma sonuçlarının grafikle ortaya konulması değil, araştırma sonuçlarının grafik biçiminde görsel bir etki yaratacak biçimde sunulmasıdır.

Grafikler veri setlerinde birim veriler yerine karşılaştırmaya uygun bütüncül verilerin görsel bir sunumunda etkilidirler. Burada vurgu görsel algıdadır ve araştırmacının ya da veriye erişim sağlayan bireyin mevcut verileri bütüncül bir yaklaşımla farklı değişkenler temelinde kıyaslama yapabilmesine olanak sağlamaktır. Örneğin bir okulda öğrenci ve öğretmen ile disiplin olayları arasındaki ilişkilerin incelendiği bir araştırmada veriler bar grafiği biçiminde sunularak öğrenci sayısı ile disiplin olayları arasında bir ilişki olup olmadığı incelenebilir. Şekil 14'te öğrenci ve öğretmen sayıları açısından farklı okullardan disiplin olaylarının sıklığına ilişkin veri toplandığını ve bu verilerin bar grafiği ile sunulduğunu temel alalım;

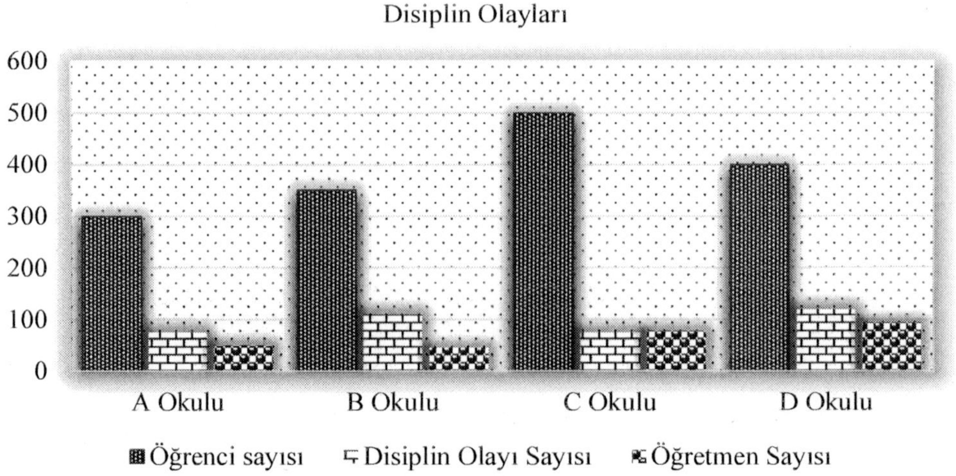

Şekil 14. Dört farklı okulda gerçekleşen disiplin olaylarının sayıları

Verinin grafiklerle sunumunda, veri setinde yer alan her birimden ziyade verinin bütüncül bir yaklaşımla ele alınması söz konusudur. Bu türde bir sunum farklı kaynaklara ilişkin verinin farklı nitelikler ya da değişkenler temelinde kıyaslanmasında işlevsel bir rol üstlenmektedir. Bu şekilde hakkında veri toplanan farklı değişkenler tek bir görsel üzerinde temsil edilerek algısal bir etkililik de ortaya konulmuş olacaktır. Grafik temelli veri depoları farklı değişkenlere ilişkin büyük verinin incelenebilecek ve yorumlanabilecek bir boyuta indirgenmesinde önemli bir rol oynar.

Büyük veri, veri üretim aşamaları temel alınarak üç ana sınıfa ayrılmaktadır. Bu aşamalar temizleme, normalleştirme ve dönüştürme aşamalarıdır. Büyük veride temizlik veri setlerinde yanlış, eksik ya da tutarsız verilerin belirlenmesi ve bu veri birimlerinin ortadan kaldırılmasına dönük bir süreci ifade etmektedir (Kumar ve Chadha, 2012; Akt. Siddiqa ve diğerleri, 2016, s. 156). Diğer bir ifade ile veri temizleme hatalı verinin düzeltilmesi eylemidir. Veri temizleme ile ilgili çeşitli temel kavramlar bulunmaktadır. Bunlardan birincisi hata düzeltmedir (data editing). Hata düzeltme yanlış veri olarak etiketlenen verinin değerini değiştirmektir (Broeck ve diğerleri, 2005, s. 966). Gözlemlenen olaylar, eylemler ya da durumların ya da çeşitli veri toplama araçları vasıtası ile toplanan verilerin içinde hatalı veri olup olmadığının tespit edilmesi ve varsa bu türde verilerin bilgisayar ortamına aktarılmadan düzeltilmesi veri düzeltme (data editing) olarak tanımlanabilir (Waal, 2009, s. 3).

Veri temizleme ile ilgili diğer bir temel kavram veri akışıdır. Veri akışı veriden anlamlı bilgiye erişim sürecinde sistematik bir sürecin takip edilmesini ifade etmektedir. Diğer bir kavram uyumlu değerdir (inlier). Uyumlu değer belirli bir veri seti içinde uyumlu olarak kabul edilen iki uç değer arasında yer alan değeri ifade etmektedir. Bir diğer önemli kavram ise "uç değer (outlier)" kavramıdır. Uç değer belirli bir veri seti içinde diğer verilerden çok farklı bir değeri ifade eden, diğer verilerden değer olarak ayrışan veri olarak tanımlanmaktadır. Veri temizleme kavramı ile ilgili diğer bir husus *"güçlü kestirim"* kavramıdır. Güçlü kestirim kavramı araştırmaların analiz aşamasında istatistiksel parametrelerin tahminine dönük olarak uç değerlere daha hassas olan geleneksel kestirim yöntemlerine nazaran daha güçlü kestirim yöntemlerinden yararlanılmasına karşılık gelmektedir (Broeck ve diğerleri, 2005, s. 966).

Veri temizleme süreci ile ilişkili diğer bir önemli kavram veri normalleştirmedir. Veri normalleştirme farklı veri türlerini birbirleri ile kıyaslanabilecek bir yapıya kavuşturabilmek amacıyla tek bir forma dönüştürmeyi ifade etmektedir (Karvanen, 2003, s. 102). Büyük veri çok farklı kaynaklardan farklı formlarda verinin bir araya getirilmesini ifade etmektedir. Buna karşın veriden işlevsel bilgiye erişim sağlayabilmek adına farklı veri kaynaklarından elde edilen farklı biçimlerdeki verilerin birbiri ile kıyaslanabilir değerlere dönüştürülmesi gerekmektedir. Bu noktada önemli husus veri normalleştirmenin veriyi dönüştürmek ile eş anlamlı olmadığıdır. Veri dönüştürme istatistiksel normallik, doğrusallık ve homojenlik gibi çeşitli varsayımların gerçekleştirilmesi amacıyla yapılan işlemleri içermektedir (Manikandan, 2010, s. 126).

Büyük verinin sınıflandırılmasında temel alınan diğer bir önemli değişken veri işlemedir. Veri işleme sürecinde farklı yöntemlerden yararlanılmaktadır ve bu yöntemlerden biri *"yığın işleme"* yöntemidir. Yığın işleme yöntemi farklı veri kaynaklarından farklı formlarda yer alabilecek verileri yığınlar halinde toplayacak bir işletim sisteminin aynı anda farklı veri kaynaklarından veri toplayabilmesini ifade etmektedir (Martin, Swennen, Depaire, Jans, Caris ve Vanhoof, 2015, s. 1). Diğer bir veri işleme türü gerçek zamanlı (real time data) veri ya da akan veridir. Gerçek zamanlı veri işleme veriler üretilirken veri işleme eylemlerinin (toplama, görselleştirme ve analiz etme gibi) aynı anda gerçekleştirilebilmesine karşılık gelen bir kavramdır. Gerçek zamanlı veri üzerinde işlem yapabilmek çoğu örgüt için önemli bir konumda yer alır çünkü bu türde veri işleme örgütün işleyişine dönük gerçek zamanlı bir farkındalık geliştirilmesine olanak sağlar (Patel, Sakaria ve Bhadane, 2015, s. 49). Örgütsel işleyişe dönük gerçek zamanlı veri işleme becerisi örgütlerin gerçek rekabet ortamında ayakta durabilmesinde işlevsel bir rol üstlenebilir. Bu şekilde örgütler çevrelerine ilişkin sağlıklı verilere zamanında erişim sağlayarak çevrenin beklentilerine daha sağlıklı cevap verebilirler.

Büyük veri günümüzde örgütlerin rekabet ortamında ayakta kalmalarında ve varlıklarını sağlıklı bir biçimde devam ettirebilmelerinde önemli bir noktada yer almaktadır. Büyük verinin örgütsel çıktılar üzerine etkisine dönük farkındalığın artması nedeniyle giderek daha fazla kurum ya da kuruluş büyük veriden etkili bir biçimde yararlanmaya başlamıştır. Şekil 15 Hindistan'da farklı alanlarda örgütlerin büyük veriden yararlanma oranlarına dönük veriler yer almaktadır (Rahul ve Banyal, 2020, s. 369);

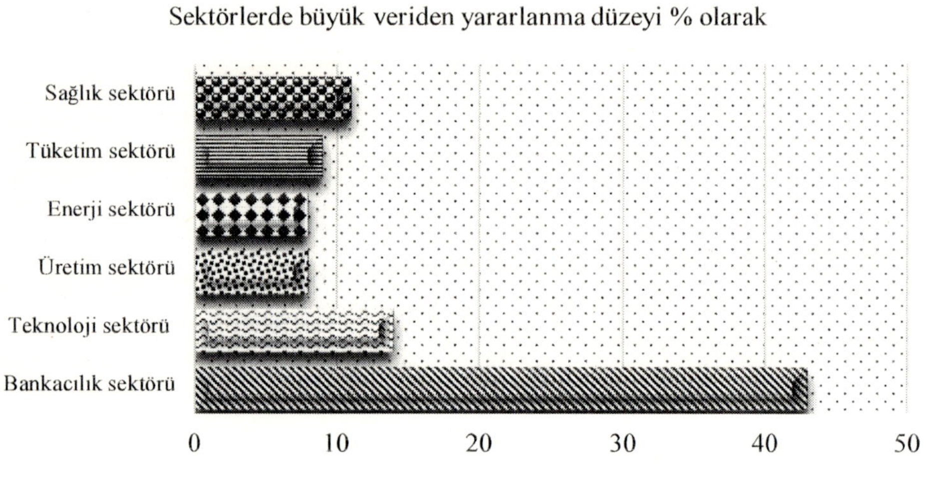

Şekil 15. Farklı sektörlerde büyük veriden yararlanma düzeyleri

Kaynak: Rahul ve Banyal, 2020, s. 369.

Büyük veriden etkili biçimde yararlanıldığında büyük verinin örgütlerde sağlıklı kararların alınmasına ve dolayısıyla örgütsel etkililiğe katkı sunacağı ileri sürülebilir. Bu yönüyle büyük veri örgütler için madde ve insan kaynakları kadar önemli bir kaynak konumundadır. Büyük veriden etkili bir biçimde yararlanan örgütlerin içinde bulunduğumuz bilgi çağında rekabet ortamında önemli bir avantaj elde edecekleri iddia edilebilir. Bu nedenle büyük veriye ilişkin örgütsel düzeyde bir anlayışın geliştirilmesi örgütsel etkililik ve verimlilik için önemli bir aracı işlevi görebilir.

2.2.4.2. Küçük Veri

Küçük veri hali hazırda bulunan ve toplanmasına ihtiyaç duyulmayan, bireylerin hizmetlerle etkileşimi sonucu ortaya konulan verilerdir (Hsieh,

Alquaddoomi, Okeke, Pollak, Gunasekara ve Estrin, 2018, s. 2). Küçük veriye ilişkin diğer bir tanımlama şu şekildedir: Küçük veri çeşitli örnekleme ve analiz yöntemlerinden yararlanılarak belirsizliği, hataları ve yanlılığının ortadan kaldırılması amacıyla içeriği, hacmi ve çeşitliliği sınırlandırılmış veridir (Miller, 2010; Akt. Kitchin ve Lauriault, 2014, s. 463).

Küçük veri farklı veri toplama araçları ile elde edilen veri değildir. Küçük veri büyük veri içinden filtrelenerek elde edilen, ancak belirli bir bağlam ya da problem esas alınarak içeriği ve hacmi daraltılmış veriyi ifade etmektedir. Bu nedenle küçük verinin yorumlanması ve veriden işlevsel bilgiye erişim sağlanması büyük veriye nazaran çok daha kolaydır (Burford, Park ve Dawda, 2019, s. 2). Veriye işlevsel bir nitelik kazandırılmasında ve verinin örgütsel amaçlar doğrultusunda uygulamaya transfer edilebilecek bir forma dönüştürülmesinde verinin boyutunun ya da hacminin küçültülmesi önemli bir konumda yer alabilir. Büyük veri içinden karar süreçlerinde işe koşulacak işlevsel bilgiye ya da kavrayışa erişim sürecinde verinin küçültülmesi önemli bir uygulama niteliği taşıyabilir.

İçinde bulunduğumuz bilgi çağında büyük veri içinden küçük veriye daha sonra da işlevsel bilgiye erişim sağlamak örgütsel karar süreçlerinin daha sağlıklı bir biçimde işlemesinde önemli bir konumda yer almaktadır. Üretilen ve depolanan bilginin muazzam boyutlara ulaştığı çağımızda sorunların çözümünde ya da karar süreçlerinde uygulamaya aktarılabilecek yapıda olan küçük verinin değeri her geçen gün artmaktadır. Bu kapsamda büyük verinin veri analitiği araçları ile analiz edilerek işlevsel bilgiye erişim sağlanması ve elde edilen işlevsel bilginin veri depolama araçlarında saklanması örgütsel açıdan önemli bir uygulama haline gelmiştir (Kitchin ve Lauriault, 2014, s. 463). Örgütsel açıdan avantajlarına rağmen büyük verinin karmaşık yapısı, büyük veriden yararlanılarak belirli bir sosyal yapıya ilişkin genel eğilimlerin ortaya konulmasını ve bu eğilimlere dönük kestirimlerin yapılmasını zorlaştırmaktadır. Buna karşın küçük veri ile belirli sorun alanlarına ve bağlamlara ilişkin değerlendirmelerin yapılması ya da kararların alınması çok daha az zaman ve çaba gerektirmektedir (Burford ve diğerleri, 2019, s. 2). Küçük veri ve büyük veri çeşitli nitelikleri açısından birbirlerinden ayrılmaktadırlar. Kitchin ve Lauriault (2014, s. 464) bu nitelikleri Tablo 1'de yer aldığı biçimde ortaya koymaktadırlar.

Tablo 1: Küçük Veri ve Büyük Veri Arasındaki Farklar

Değişken/Nitelik	Küçük veri	Büyük veri
Hacim	Sınırlı düzeyde büyük	Çok büyük
Kapsam	Örneklem	Tüm evren
Çözümleme ve tasnif edilebilme	Kolay	Zor
İlişkisellik (Veri arasında)	Zayıftan Güçlüye	Güçlü
Hız	Çok yavaş ve kesikli	Hızlı ve sürekli
Çeşitlilik	Sınırlıdan genişe	Geniş
Esneklik ve ölçeklenebilirlik	Düşük-Orta	Yüksek

Kaynak: Kitchin ve Lauriault, 2014, s. 464.

Küçük veri, uygun bir biçimde temsil niteliği taşıyacak örneklem araçlarından yararlanılarak büyük veriden elde edilebilir. Buna karşın büyük veri kavramı bazı durumlarda aldatıcı bir nitelik taşımaktadır. Çünkü nüfus sayımı gibi çok büyük ölçekli veri setleri de küçük veri olarak nitelendirilmektedir. Bunun temel nedeni bu verilerin sınırlı sayıda değişken üzerinden 10 yıl gibi uzun aralıklarla elde edilmesi ve hacim, çeşitlilik ve hız açılarından büyük veri grubuna girmemesi olarak gösterilebilir (Kitchin ve Lauriault, 2014, s. 464).

Sonuç olarak küçük veri belirli bir bağlam çerçevesinde büyük veriden filtrelenmiş ya da ayrıştırılmış veri olarak kabul edilebilir. Bu kapsamda küçük verinin büyük veri içindeki diğer veri ile ilişkisinin düşük fakat belirli bir sorun ya da bağlamla ilişkisinin yüksek olduğu ileri sürülebilir. Küçük veriye ulaşmak örgütsel açıdan önem arz etmekle birlikte veri depolama araçlarındaki teknolojik gelişmeler büyük hacimde verinin saklanmasını ve gerekli olduğunda örgütsel süreçlere dâhil edilmesini olanaklı hale getirmiştir. Bu nedenle büyük veri örgütsel değişim ve gelişim adına önemli konumunu halen korumaktadır. Büyük veri küçük veriye erişim için de önemli bir veri kaynağı niteliğindedir. Bu yönüyle büyük verinin küçük veriye erişim için de önemli bir öncül niteliği taşıdığı ileri sürülebilir.

2.2.5. Nicel ya da Nitel Veri

Verinin sınıflandırılmasında başvurulan diğer bir önemli sınıflandırma nicel ya da nitel veriler biçimindedir. Verinin nitel ve nicel biçiminde sınıflandırılması temel olarak elde edilen verinin içeriği ve doğası ile ilişkilidir. Diğer bazı önemli farklılıklarda bulunmakla birlikte nicel verilerin sayısal değerlerle ortaya konulan veriler, nitel verilerin ise sözcüklerle ortaya konulan veriler olduğu ileri sürülebilir (Frankel, Wallen ve Hyun, 2012, s. 7). Sayılar ya da sözcüklerle ifade edilmeleri nicel ve nitel veriler arasındaki en temel farklılıktır. Buna karşın hem nicel hem de nitel verilerin kendilerine özgü çeşitli nitelikleri söz konusudur. Çalışmanın devamında bu niteliklere ilişkin daha detaylı bilgilere yer verilmiştir.

2.2.5.1. Nicel Veri

Nicel veri standardize edilmiş anketler ya da kontrollü deneyler gibi vasıtalarla sayısal değerler olarak elde edilebilecek bir niteliğe sahip verileri tanımlamaktadır (Hay, 2016, s. xi). Verinin sayısal değerlerle ifade edilmesi nicel verilerin çoğu zaman pozitivist bilim anlayışı ile ilişkilendirilmesine zemin hazırlamıştır (Gratton ve Jones, 2010, s. 29). Nicel veriler gerçekliklere dayalı ve doğrudan ölçülebilir veriler olarak kabul edilmektedirler (Gratton ve Jones, 2010, s. 86). Diğer bir ifade ile nicel veriler çeşitli ölçümler sonucu elde edilebilen ve sayısal değerler biçiminde ifade edilen verileri ifade etmektedir (Coolican, 2013, s. 26).

Bir değişkene ilişkin gerçek sayısal değerler, sıklık değerleri ya da oransal değerlendirmeler nicel veriler olarak kabul edilebilir. Nicel veri araştırmada temel alınan değişkene ilişkin verilerin bir ölçekle toplandığı ve değişkenin veri toplanan örneklemde "ne kadar" var olduğunun ortaya konulmasını temel alan veri olarak tanımlanabilir. Nicel veriler sayı ya da puan olarak raporlanır ve yüksek değerle ifade edilen puanlar değişkenlerin (kilo, kendine güven, akademik beceri gibi) veri toplanan örneklemlerde düşük puanlara göre daha fazla bulunduğunu ortaya koyar. Aşağıda yer alan örnekler nicel verilere örnek teşkil edebilir (Frankel ve diğerleri, 2012, s. 188);

- Bir öğretim döneminde belirli okullarda spor malzemelerine harcanan paranın miktarı (Araştırmada değişken spor malzemelerine harcanan paranın miktarı).
- Öğrencilerin akademik yetenek puanları (Değişken akademik yetenek).
- Belirli bir yılda Omaha ve Nebraska'da Eylül ve Aralık ayları arasında her gün kaydedilen sıcaklık değerleri (Değişken sıcaklık).
- 2002 yılında San Francisco Üniversitesi'ne kayıt yaptıran birinci sınıf öğrencilerinin kaygı düzeyleri (Değişken kaygı).

Örnekler incelendiğinde elde edilen değerlerin farklı araçlarla doğrudan gözlemlenebilen değerleri içerdiği ileri sürülebilir (Gratton ve Jones, 2010, s. 119). Nicel veriler istatistiksel araçlarla analiz edilmeye uygun verilerdir (Neuman, 2014, s. 49). Nicel veriler kendi içinde değişkenleri içeriği ve doğası gibi farklı etmenler dikkate alınarak farklı kategorilere ayrılmaktadır. Sanders

(2016, s. 14) nicel verilerin sınıflandırılmasını Şekil 16'da yer aldığı biçimde ortaya koymaktadır;

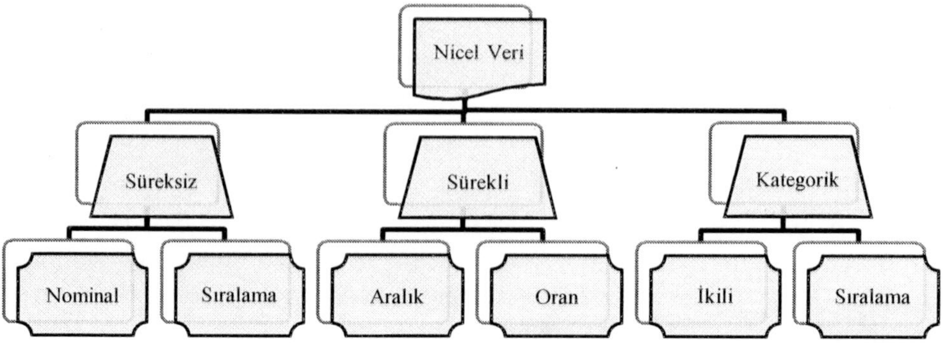

Şekil 16. Nicel veri türleri

Kaynak: Sanders, 2016, s. 14'den uyarlanmıştır.

Nicel veriler süreksiz bir nitelik taşıyabilirler. Süreksiz veriler temel olarak nominal ya da sıralı ölçeklerden elde edilen verilere karşılık gelmektedir. Nominal ölçekler nesneleri ya da bireyleri farklı gruplar altında sınıflandıran ölçeklerdir. Örneğin oyuncuların oynadıkları takımların altında gruplandırılmaları nominal bir ölçeğe ya veriye örnek teşkil edebilir. Burada grup isimleri sadece etiket işlevi görür ve herhangi bir değer ortaya koymaz. Etiketler aynı zamanda grup üyelerinin birbirinden farklı olduğunu da ifade etmez. Örneğin oyuncuların takım 1 ve takım 2 biçiminde iki farklı takım altında gruplandırılması bu duruma bir örnek teşkil edebilir. Bu şekilde bir sınıflandırma takım 1 de yer alan oyuncuların takım 2'de yer alan oyunculardan farklı olduğunu ya da onlardan daha iyi olduğunu ortaya koymaz (Gratton ve Jones, 2015, s. 87). Din, ırk, evlilik durumu ve cinsiyet gibi değişkenlere dönük ölçekler nominal ölçeklere örnek olarak verilebilir. Bu değişkenler sayısal değerlerle de temsil edilebilir. Örneğin bir araştırmada erkekler "1", kadınlar "2" olarak etiketlenebilir. Buna karşın bu değerler bir anlam ifade etmezler, sadece bireylerin bağlı bulundukları kategorilere karşılık gelmektedirler (Adams, Khan, Reaside ve White, 2007, s. 86).

Sıralama ölçeği bireyleri ya da nesneleri sınıflandırmakla kalmaz onları belirli bir sıraya da koyar (Cohen, Manion ve Morrison, 2007, s. 502). Diğer bir ifade ile nominal bir ölçek belirli bir sırayı takip ederse sıralama ölçeğine dönüşür. Sıralama ölçeği nesneler ya da bireyler arasındaki ilişkiyi belirli bir sıra temelinde ortaya koyar. Örneğin bir şirkette şirketin kariyer fırsatlarının katılımcılar tarafından "mükemmel", "iyi" ve "zayıf" biçiminde değerlendirilmesi sıralama ölçeğine bir örnek teşkil edebilir (Adams ve diğerleri, 2007, s. 86). Sıralama ölçeğinde "0" değeri yer almaz. Sıralama ölçeğinden elde edilen değerler arasında aralıklar eşit değildir. Diğer bir ifade ile sınavı birinci bitiren öğrenci ile ikinci bitiren öğrenci arasında bir puan fark varken, ikinci bitiren ve üçüncü bitiren öğrenci arasında 10 puan fark olabilir (Heiman, 2011, ss. 27-28).

Nicel verilere metrik veri ya da aralık ya da oran değeri gibi çeşitli adlar da verilmektedir. Bu noktada verinin toplandığı ölçeğin içeriği ve doğası toplanan nicel verinin farklı biçimlerde adlandırılmasında etkin bir rol oynamaktadır (Hair, Black, Babin ve Anderson, 2014, s. 5). Sürekli nicel veriler belirli tek bir sayısal değer ve sayısal değerin ulaşabileceği en son değer arasında sonsuz sayıda değer alabilen veriler olarak tanımlanmaktadırlar. Sürekli nicel verilerde ondalık sayılar ve kesirli değerler yer alabilir ve bu değerler önemli kabul edilir. Örneğin bir kimse 19,6879 yaşında olabilir. Burada ondalık değerler önemlidir. Buna karşın bir öğrencinin birinci ya da ikinci sınıfta olması, bayan ya da erkek olması süreksizdir. Bu tür değerler tam değerler olarak ölçülür ve iki farklı değer arasında yer almak mümkün değildir. Birinci ya da ikinci sınıfta olmak bir gruba aidiyeti ortaya koyar (Heiman, 2011, s. 28).

Sürekli nicel veriler temel olarak iki ana gruba ayrılmaktadır: Aralık ölçeği ile toplanmış sürekli nicel veriler ve oran ölçeği ile toplanmış sürekli nicel veriler. Aralık ölçeği ile toplanmış sürekli nicel veriler eşit aralıkları ortaya koyan bir ölçek üzerinde katılımcıların seçimlerine karşılık gelen değerlerden elde edilen verilerdir. Ölçek üzerinde yer verilen her aralık hakkında ölçüm yapılan nesneye, olaya ya da değişkene ilişkin eşit düzeyde bir farkı ifade eder. Örneğin beş aralık bulunan bir ölçekte 1 ve 2 aralıkları arasındaki fark, 3 ve 4 aralıkları arasındaki farka eşit kabul edilir (Field, 2009, s. 9). Örnek olarak öğretmenlerin okuldaki belirli bir uygulamaya dönük tutumlarının ortaya konulmasını temel alan bir araştırmada öğretmenler beşli ya da daha fazla aralık barındıran bir Likert tipi ölçekte kendilerine uygun olan aralığı belirleyerek tutumlarının düzeyini sayısal bir değerle ortaya koyabilirler. Bu türde bir araştırmadan elde edilen veriler aralık ölçeğinden elde edilmiş nicel veriler olarak kabul edilirler.

Aralık ölçeğinden elde edilen veriler katılımcıları belirli aralıkları tercih etmek durumunda bıraktığından belirli bir konu ya da hususa ilişkin görüşlerini tam anlamıyla karşılamayabilir. Bu yönüyle aralık ölçeğinde aralık sayısının mümkün olduğunca fazla tutulması tutumlara ya da görüşlere dönük değerlendirmelerin daha sağlıklı bir şekilde elde edilmesine katkı sunabilir. Buna karşın aralıkların sayısının arttırılması analiz ve yorumlama sürecini daha zor bir konuma getirebilir çünkü ölçekte yer alan her bir aralığa ilişkin ayrı ayrı analiz ve değerlendirmelerin yapılması gerekmektedir.

Aralık ölçeğinden elde edilen verilerin tersine oran ölçeğinden elde edilen veriler hakkında veri toplanan değişkenlere ilişkin gerçek değerleri yansıtırlar. Oran ölçeklerinde yer alan "0" değeri gerçek bir "0" değerini ifade eder (Frankel ve diğerleri, 2012, s. 696). Oran ölçeği gerçek değerlere ilişkin en üst düzey ölçüme karşılık gelir ve oran ölçeğinde yer alan "0" değeri anlamlıdır (Crano, Brewer ve Lac, 2015, s. 454). Oran ölçeğinde "0" mutlak bir değerdir. Bu sebeple oran ölçeğinden elde edilen verilerde eksi değerler yer almaz, çünkü "0" değişkene ilişkin gerçek bir yokluğu ifade etmektedir. Oran ölçeği ile elde edilen verilerden yararlanılarak oransal karşılaştırmalar yapılabilir. Örneğin "6" değeri "3" değerinin iki katıdır biçiminde bir değerlendirme yapılabilir (Heiman, 2011, s. 28). Bir etkiye verilen tepki süresi de oran ölçeğine bir örnek teşkil edebilir. Örneğin bir bireyin bir etkiye 10 saniyede tepki verdiğini, diğerinin 20 saniyede tepki verdiğini temel alalım. Bu veriye dayalı olarak 10 saniyede tepki veren katılımcının 20 saniyede tepki veren katılımcıya göre iki kat daha az sürede tepki verdiği iddia edilebilir (Field, 2009, s. 9).

Oran ölçeklerinin belirli ölçüde bir sıralama ya da aralık içerdiği iddia edilebilir. Buna karşın oran ölçeklerinde aralıklar arasındaki ilişkiler oransal olarak ortaya konulabilmektedir. Diğer ölçek türlerinden önemli bir farkı ise gerçek bir "0" değerine sahip olmasıdır (Gratton ve Jones, 2010, s. 87). Aralık ve oran ölçekleri ile elde edilen verilerin farkına ilişkin bir diğer örnek sıcaklık değerleri olabilir. Sıcaklık değerleri yapay bir biçimde farklı aralıklara bölünerek hesaplanmaktadır. Bu nedenle bir bölgede sıcaklığın "0" olarak ölçülmesi o şehirde sıcaklığın hiç olmadığı biçiminde yorumlanamaz. Çünkü sıcaklık ölçümünde aralık ölçeğinden elde edilen veriler söz konusu olduğundan "0" değeri mutlak bir değer değildir. Sıcaklık değerlerine ilişkin veriler aralık ölçeğinde yer aldığından eksi değerler de alabilir. Bu veriler ile oransal kıyaslamalar yapılamaz. Örneğin 4 °C derece sıcaklık 2 °C derece sıcaklığın iki katına eşittir biçiminde bir değerlendirme yapılamaz.

Nicel verilerin sınıflandırılmasında yararlanılan diğer bir kavram kategorik verilerdir. Kategorik veri belirli bir nesnenin ya da varlığın ait olduğu sınıfı ortaya koyan, nesnelerin ve varlıkların niteliklerini esas alan bir veri türü olarak tanımlanabilir. Nesnelere ya da varlıklara ilişkin kategoriler sadece belirli sayıda değer alabileceğinden, kategorik verilerin süreksiz veriler oldukları iddia edilebilir. Bu noktada türler kategorik değişkenler olarak kabul edilebilir. Kategorik değişkenlere ilişkin önemli bir husus bir kategoriye ait olmanın diğerini dışta tutmasıdır. Diğer bir ifade ile bir nesne sadece bir kategoriye ait olabilir. Kategorik değişkenler farklı varlıkları isimlendiren değişkenlerdir.

Kategorik değişkenin sadece iki düzeyi varsa bu değişkene *"ikili (binary, dichotomous)"* değişken adı verilir. Örneğin bir öğrencinin "başarılı" ya da "başarısız", bir banka müşterisinin kredi alması açısından "riskli" ya da "risksiz" olarak nitelendirilmesi bu duruma bir örnek olarak verilebilir (Adams ve diğerleri, 2007, s. 215). Aynı şekilde canlı ya da ölü, hamile ya da değil, erkek ya da kadın, ya da cevabı "evet" ya da "hayır" olan soru köklerinden elde edilen veriler ikili değişkenlerden elde edilen veriler de ikili kategorik değişkenden elde edilen veri olarak tanımlanabilir.

Nominal değişkenlerden elde edilen veriler ise birbiri ile eşit kabul edilen ancak birden fazla kategoriye sahip değişkenlerden elde edilen verilerdir. Nominal değişkenlere ait gruplar ya da kategoriler sayılarla temsil edilebilirler. Örneğin İngilizce, tarih ve matematik öğretmenlerinin katıldığı bir araştırmada İngilizce öğretmenleri "1", tarih öğretmenleri "2" ve matematik öğretmenleri "3" rakamı ile temsil edilebilir. Bu değerler mutlak değerler değil, temsil değerleridir. Nominal değişkenler isimlerden ya da sayısal sembollerden oluştuklarından üzerlerinde aritmetik işlemler yapmak anlamsızdır (Field, 2009, s. 8). Diğer bir ifade ile sayısal değerler de içermelerine rağmen bu değerler kategorileri belirleyen etiket işlevi görürler, sayısal bir değerleri söz konusu değildir. Kategorik verilerden, diğer bir ifade ile kategorik değişkenlerle elde edilen verilerden sosyal bilimlerde ve davranış bilimlerinde yaygın bir biçimde yararlanılmaktadır (Agresti, 2007, s. 1). Özellikle sosyal bilimler araştırmalarında önemli bir yer tutan tutum ve davranış ölçeklerinde kategorik değişkenlerle elde edilen verilerden sıklıkla yararlanıldığı ileri sürülebilir.

Sonuç olarak nicel verilerin sınıflandırılmasında farklı ölçek türlerinden elde edilen verilerin içeriği ve doğası temel alınmaktadır. Süreksiz veriler, ya da süreksiz değişkenlerle elde edilen verilerde, nesnelerin ya da varlıkların nitelikleri temel alınmaktadır. Temel alınan bu niteliklerle nesnelerin ya da varlıkların sınıflandırılması amaçlanmaktadır. Bu yönüyle süreksiz verilerin aynı zamanda kategorik veri niteliği taşıdığı da ileri sürülebilir. Bu noktada iki farklı sınıflandırmadan söz etmek mümkündür.

Sıralanmamış ölçeklerle elde edilen kategorik veriler ve sıralanmış ölçeklerle elde edilen kategorik veriler. Örneğin tıbbi bir müdahaleye hastanın verdiği tepki mükemmel, iyi, orta ya da zayıf şeklinde, ya da bir ailenin sosyo-ekonomik düzeyi düşük, orta, yüksek biçiminde sırlanabilir. Bu türde sıralamalar sıralama ölçeklerinden elde edilen veriler olarak kabul edilmektedir. Sıralanmamış değişkenlere örnek olarak katılımcıların dini verilebilir. Bir ölçekte yer alan Müslüman, Hristiyan, Musevi gibi değişkenler herhangi bir sıralamaya tabi değildir (Agresti, 2007, s. 2). Bireylerin cinsiyetleri, milliyetleri gibi değişkenler de sıralama içermeyen kategorik değişkenler olarak ele alınabilirler.

2.2.5.2. Nitel Veri

"Nitel veri" kavramı sayısal değerlerden ziyade söz ya da resim formunda toplanan veriyi ifade etmektedir. Mülakat notları, alan notları, fotoğraflar, sesli kayıtlar, video kayıtları, bir konu hakkındaki kişisel yorumlar, kitaplarda yer alan metinler, insanların gerçek sözlerine ya da davranışlarına ilişkin ifadeler gibi veriler nitel verilere örnek teşkil edebilir (Frankel ve diğerleri, 2012, s. 427). Belirli bir olgu ya da olaya ilişkin ölçümler gerçekleştirilmesi isteniyorsa temel olarak nicel veriler araştırma için daha uygundur. Buna karşın insanların duyguları ve düşünceleri gibi hususların nicel verilerle ortaya konulması oldukça güçtür. Bu noktada nitel verilerden yararlanılmaktadır (Gratton ve Jones, 2010, s. 33).

Nitel verilerde analiz nicel verilerde olduğu gibi sayısal değerlerle temsilden ziyade yorumlamaya dönük bir analizi içerir (Cohen ve diğerleri, 2007, s. 469). Diğer bir ifade ile nitel verilerin temsilden ziyade anlam üzerinde yoğunlaştığı ileri sürülebilir. Bu yönüyle nitel verilerin belirli bir konu ya da soruna ilişkin daha derinlemesine ve daha detaylı verileri içerdiği iddia edilebilir. Nitel veri katılımcıların belirli konulara ilişkin bakış açılarını ve tecrübelerini daha net bir biçimde ortaya koyan, katılımcıların alıntı biçiminde doğrudan sözlerini de içerebilen doküman ya da olay incelemesi gibi araçlarla elde edilen verilere karşılık gelmektedir (Christensen, Johnson ve Turner, 2015, s. 365). Nitel araştırmada sözcükler temel alındığından vurgu anlam üzerindedir.

Nitel veri fotoğraflar, dokümanlar, gözlemler, mülakatlar gibi çok farklı biçimlerde yer alabilmektedir (Neuman, 2014, s. 51). Nitel veriler gerçek olayların kayıt altına alınması ve katılımcıların gerçek sözlerinin kaydedilmesi ile elde edilir. Bu noktada sözlerle birlikte jestler ve mimikler ve ses tonu gibi sözlü iletişime ilişkin diğer bazı önemli hususlar hakkında da değerlendirme yapmak mümkün hale gelir. Bu yönüyle nitel veri nicel veriye nazaran daha soyut ve anlaşılması daha güç bir veri olarak kabul edilir. Buna karşın verilerin elde edilmesi nicel veriler kadar zor değildir. Nitel veriler sosyal olgulara ve insan davranışlarına ilişkin somut gözlemlere dayalı olarak elde edilir (Neuman, 2014, s. 177). Nitel veriler yarı yapılandırılmış görüşme formları gibi araçlarla toplandığından katılımcıların belirli bir konu ya da soruna ilişkin görüşlerine dönük daha detaylı cevapların alınmasına olanak sağlarlar (Bryman, 2012, s. 27).

Nitel verilerin elde edilmesinde yararlanılan araçları temel olarak üç ana grupta toplamak mümkündür: Mülakatlar, gözlemler ve dokümanlar. Mülakatlar açık uçlu sorulardan yararlanarak bireylerin deneyimleri, algıları, fikirleri, duyguları ve bilgilerine dönük derinlemesine veriler elde edilmesini sağlayan veri toplama araçlarıdır. Mülakatlarda verilerin etkili bir biçimde yorumlanmalarına olanak sağlamak amacıyla bağlamı yeterince yansıtan yönergelerden yararlanılmalıdır. Aynı şekilde gözlemler sosyal olaylar, davranışlar, etkileşimler ve bireylerarası ilişkiler gibi çok farklı etmenlerin aynı anda gözlenmesine olanak sağlayan veri toplama araçlarıdır (Mason, 2002, s. 84).

Gözlemler etkinlikler, davranışlar, eylemler, söyleşiler, kişiler arası etkileşimler, örgütsel ve toplumsal süreçlere veya insan yaşantısının gözlemlenebilir yönlerine ilişkin alan çalışması tasvirlerini içermektedirler. Gözlemden elde edilen veriler alan çalışmasından elde edilen notlardan oluşmaktadır. Gözleme ilişkin notlar gözlemlerin gerçekleştirildiği şartları detaylı biçimde betimlemektedir. Dokümanlar ise çalışma alanı ile ilgili yazılı ve görsel her türlü veri kaynağını kapsar. Dokümandan elde edilen veriyi dokümanlardan alınan alıntılar oluşturur (Patton, 2014, s. 4). Nitel veriler temel olarak anlama dönük yorumlamaları içeren verilerdir. Buna karşın nicel verilerden yararlanarak nitel değerlendirmelere, diğer bir ifade nitel verilere ulaşmak da mümkündür (Bhattacherjee, 2012, s. 35).

Nitel verilerin kalitesi temel olarak nitel verilerin kayıt altına alınması sürecinde ne ölçüde başarı sağlandığı ile ilişkilidir (Given, 2008, s. 576). Etkili biçimde kayıt altına alınmış nitel veriler olaylara ve olgulara ilişkin derinlemesine bir anlayış geliştirilmesinde etkilidir. Nicel veriler bir etkiye neden olan etmenlerin ortaya konulmasında etkili iken, nitel veriler etkinin nasıl oluştuğu ve işlediği ile ilgili de bir farkındalığın geliştirilmesine katkı sunabilir (Cohen, Manion ve Morrison, 2018, s. 95). Nitel veriler nonmetrik veri olarak da adlandırılmaktadırlar. Nitel veriler bir bireyi ya da nesneyi tanımlamak ve tasvir etmek amacıyla yararlanılan nitelikler, karakteristik özellikler ve kategorik vasıfları ifade etmektedir. Bir özelliğin bir nesne ya da bireyde bulunup bulunmadığı nitel verilerin kapsamına girmektedir. Nitel veriler bir özelliğin bir birey ya da nesnede ne kadar bulunduğu ile ilgilenmez. Bu yönüyle nitel veriler nicel verilerden ayrılmaktadırlar (Hair ve diğerleri, 2014, s. 2).

Nitel ve nicel veriler birbirlerinin alternatifi değil birbirlerini tamamlayan unsurlardır (Field, 2009, s. 2). Bu nedenle bir araştırmada sadece nicel veri ya da nitel veri yerine, her iki veri türünden birlikte de yararlanılabilir ve bu yöntem araştırma alan yazınında "karma model" olarak adlandırılmaktadır. Nitel veride nicel veriden farklı olarak önceden hazırlanmış cevaplar yoktur ve toplanan veriler açık uçlu sorulara verilen cevaplar biçimindedir (Creswell, 2014, s. 17). Nicel veriler ise iyi yapılandırılmış veri toplama araçları ile katılımcının önceden belirlenen seçenekleri seçmesi biçiminde toplanan verilerdir. Bir araştırmada her iki veri türünden yararlanılabildiği gibi her iki veri türü birbirine de dönüştürülebilmektedir. Nitel verinin nicel veriye dönüştürülmesine "niceleme (quantizing)", nicel verinin nitel veriye dönüştürülmesine ise "niteleme (qualitizing)" adı verilmektedir (Frankel ve diğerleri, 2012, s. 584). Nicel ve nitel verilerden araştırma süreçlerinde birbirini tamamlatıcı veriler olarak da yararlanılabilir. Bir olay ya da olguya ilişkin nicel verilerle elde edilen bulgulara dönük daha derinlemesine bir anlayışın geliştirilmesinde nitel verilerden yararlanılabilir.

2.3. Sonuç

İnsanoğlu varlığını sağlıklı bir biçimde sürdürmek için çevresini anlamak zorundadır. Bu noktada uyum çevreyle sağlıklı bir etkileşimin teşkil edilmesinde önemli bir konumda yer alır. Veri insanoğlunun çevresini anlaması ve çevresine uyum sağlamasında işlevsel bir aracı niteliği taşır. Çevreye uyum sağlamak için öncelikle çevreye ilişkin bilgiye sahip olunması gerekmektedir. Veri çevreye ilişkin işlevsel bilgiye erişim sağlanmasında en önemli araçlardan biridir. Bu yönüyle veri insanın çevresindeki nesnelere, olaylara ve olgulara dönük sağlıklı bir anlayış geliştirmesinde merkezi bir konumda yer alır. Veri bilginin kaynağı konumundadır. Bilgiye erişim sağlamak için öncelikle olaylara ve olgulara dönük sağlıklı verilere sahip olmak gerekmektedir.

Veri gerçek dünyada çok farklı formlarda yer almaktadır. Hangi türde verinin toplanacağı ele alınan sorun ya da konuya ilişkin olarak hangi verinin karar süreçlerinde işlevsel olabileceği ile doğrudan ilişkilidir. Bu noktada araştırmanın amacı ya da insanoğlunun çözmeye çalıştığı problemin içeriği ve doğası elde edilecek veri formlarına karar verilmesinde belirleyici bir unsur niteliği taşır. Amaca karar verildikten sonra veri toplama aracı belirlenir. Veri toplama aracı toplanacak verinin biçimi ile uyumlu olmalıdır. Nicel veri toplama süreci bir tür hesaplama ya da ölçüm sürecini ortaya koyar. Bu yönüyle verilerin toplanmasında farklı ölçeklerden yararlanılır ve yararlanılan ölçekler toplanan verinin farklı biçimde sınıflandırılmasında etkin rol oynar. Veri, yapılandırma düzeyi, hacmi, objektif ya da sübjektif olması, düzenli ya da düzensiz olması gibi çok çeşitli değişkenler temel alınarak sınıflandırılabilmektedir. Her bir veri türünün amacı, analiz yöntemleri ve işlevleri birbirinden farklıdır.

Veri önemli bir örgütsel varlıktır ancak diğer örgütsel varlıklardan en temel farkı soyut bir nitelik taşıması ve çok farklı formlarda depolanabilmesidir. Her bir veri formundan örgütsel düzeyde farklı amaçların yerine getirilmesinde yararlanılabilir. Bu nedenle örgütsel bir varlık olan veriden örgütsel bir değerin ortaya konulabilmesi için veri kavramına ve kapsamına dönük sağlıklı bir anlayışın geliştirilmesi merkezi bir konumda yer almaktadır. Veri de diğer örgütsel varlıklar gibi yönetilmeye ihtiyaç duyar. Verinin yönetilmesi örgütsel düzeyde verinin kontrol altında tutulmasını ve verinin örgütsel amaçlara hizmet edecek bir niteliğe kavuşturulmasını sağlar. Bu noktada veri yönetimine ilişkin sağlıklı bir bakış açısının geliştirilmesinde verinin içeriği ve doğasına vuruk olarak asgari düzeyde de olsa bir farkındalığın geliştirilmesinin önemli bir öncül olduğu ileri sürülebilir. Veri kavramı ve içeriğine ilişkin özet niteliğinde bir ikinci bölümden sonra çalışmanın devamında veri yönetimi hakkında bilgilere yer verilmiştir.

BÖLÜM III

VERİ YÖNETİMİ

3. Giriş

"Veri yönetimi" (data management) kavramı daha büyük bir şemsiye kavram olarak kabul edilen "veri kontrolü" (data governance) kavramı altında konumlandırılmaktadır. Bunun temel nedeni veri yönetiminin bilgi yönetimi ile eş anlamlı bir kavram olarak kabul edilmesidir. Veri yönetiminin en temel amacı hammadde niteliği taşıyan ham veriden yönetsel karar süreçlerinde işlevsel olabilecek bilgiye erişim sağlamaktır. Bu yönüyle veri yönetimi "bilgi yönetimi" (information management) kavramı ile eş anlamlı olarak kullanılmaktadır (Ladley, 2012, s. 7). Bu kapsamda veri yönetimini bilgiye erişim kaynaklarının ve süreçlerinin yönetimi biçiminde tanımlamak mümkündür (Maritz, 2003, s. 75). Veri yönetimi örgütsel düzeyde veri kaynakları ile yönetsel süreçler arasında ilişki kurmayı temel alan bir disiplindir. Veri yönetimini (data management) kapsayan bir kavram olarak veri kontrolü (data governance) farklı disiplinleri ya da çalışma alanlarını içermektedir. Bu çalışma alanları şu şekilde sıralanabilir (Ladley, 2012, s. 7);

Veri (bilgi) yönetimi (data (information) management)

İşletme bilgi yönetimi (enterprise information management)

Veri (bilgi) mimarisi (data (information) architecture)

Belirli bir yönetsel konu ya da soruna ilişkin ilgili veriye erişim sağlamak sağlıklı yönetsel kararların alınmasında önemli rol oynar (Maritz, 2003, s. 76). Veri yönetimi veriden anlam ve değer ortaya koymak, ortaya konulan anlam ve değeri işlevsel hale getirmek ve yaygınlaştırmak amacıyla gerçekleştirilen planlar, politikalar ve uygulamalara karşılık gelmektedir. İşletme bilgi yönetimi herhangi bir işletmeye ilişkin veriden örgütsel işleyişe katkı sunmak ve örgüte değer katmak amacıyla yararlanılmasını ifade eder (Ladley, 2012, s. 8). Veri yapılandırma örgüt düzeyinde stratejik veri gereksinimlerini ve veri yönetimi çözümlerini tanımlayan veri modellerine ve tasarımlarına karşılık gelen bir kavramdır (Ladley, 2012, s. 9). Örgütlerin mevcut veriden etkin bir biçimde yararlanabilmesi ve veriden yönetsel süreçlerde işlevsel bir kaynak olarak yararlanabilmelerinde mevcut örgütsel verileri uygun veri modelleri ile yapılandırmaları önemli bir noktada yer almaktadır.

Veri yönetimi belirli bir konu ya da sorunla ilişkili ve güvenilir bilginin tanımlanmasına ve bilgiden yararlanılmasına dönük bilgi üretim hizmetlerinin koordine ve kontrol edilmesi biçiminde tanımlanabilir (Gordon, 2007, s. 54). Bu kapsamda veri yönetimi kavramının, ham veriden işlevsel bilgiye erişimi sağlayacak verinin analizi, analiz sonuçlarının yorumlanması ve sonuçların yönetsel süreçlere yansıtılması gibi veri işleme süreçlerinin farklı evrelerini kapsayan bir kavram olduğu iddia edilebilir. Bu noktada veri yönetiminin, örgütsel ve yönetsel süreçlerde bir referans kaynağı olarak yararlanılmak amacıyla, çeşitli kaynaklarda ilişkisiz ve işlevsiz bir yapıda yığın halinde bulunan veriden işlevsel ve karar süreçlerinde rol oynayabilecek bilgiye erişimi sağlayacak eylemleri ve uygulamaları kapsadığı ileri sürülebilir.

Bilgi çağında veri örgütler için önemli bir kaynak niteliği taşımaktadır. Bilgi aynı zamanda üst yöneticilerin arzu ettikleri anda ulaşabilecekleri bir konumda yer alması nedeniyle de işlevsel bir araç niteliği taşır. Örgütsel ve yönetsel süreçlerde alınan tüm kararların şekillendirilmesinde konulara ya da sorunlara ilişkin bilgilerin belirleyici bir rol oynadığı, bu nedenle bilginin örgütsel süreçleri yönlendiren en önemli kaynak konumunda olduğu iddia edilebilir (Gordon, 2007, s. 1). Veri ise işlevsel bilgiye erişim için yegâne kaynak görevi üstlenmektedir. Bu noktada veri örgütsel süreçlerin sağlıklı bir biçimde işlemesi açısından değerli bir varlıktır. Örgütler açısından önemi nedeniyle veri yönetimi çağımızın en önemli yönetsel becerilerinden biri olarak kabul edilebilir. Doğru kararların alınması yönetim süreçlerinin en işlevsel aşamasıdır. Çünkü bütün yönetsel süreçler bir kararla başlar ve bir karar olarak kabul edilebilecek uygulamaya dönük değerlendirmelerle son bulur. Bu kapsamda verinin etkili yönetimin en önemli unsurlarından biri olduğu ileri sürülebilir.

Veri yönetimi oldukça uzun ve çetin bir süreçtir. Etkili bir planlama, etkili bir veri yönetim sürecinin en önemli unsurlarından biri olarak kabul edilebilir. Bu nedenle veri yönetimi süreci etkili bir planlama ile başlamalı ve süreç boyunca plana sadık kalınmalıdır. Veri yönetimi süreci mümkün olduğunca ayrıntılı bir biçimde planlanmalıdır. Bu şekilde ayrıntılı bir planlama, süreç boyunca ortaya çıkması muhtemel sorunlara ilişkin bir öngörü sağlayabilir. Veri yönetimi veriye dayalı yönetim için de önemli bir öncül niteliği taşır. Veriye dayalı bir yönetim anlayışının geliştirilebilmesi için öncelikle veri yönetimine dönük sağlıklı bir anlayışın geliştirilmesi önemli bir husustur. Çalışmanın devamında veri yönetimi kavramı hakkındaki tanımlamalara ve kavramın içeriğine değinilmiştir.

3.1. Veri Yönetiminin Tanımı ve Kapsamı

"Veri yönetimi" kavramı verinin ele alınması ile ilgili tüm süreçleri, eylemleri ve uygulamaları kapsayan bir kavramdır. Örgüt için belirli bir veri politikasının belirlenmesi, verinin elde edilmesi, dokümantasyonu, standartlaştırılması, mevcut diğer verilerle uyumunun sağlanması, veriye erişim, verinin yaygınlaştırılması ve verinin denetimi gibi uygulamalar veri yönetiminin kapsama alanına girmektedir (Wagget, Carlyle, Denman, Giles ve Oliver, 2005, s. 1). Veri yönetimi veriden örgütsel bir yarar sağlamak amacıyla veri yönetimi ile ilgili eylemlerin ve uygulamaların planlanması, koordine edilmesi, geliştirilmesi ve kontrol edilmesi ile ilgili süreçleri içeren bir çalışma alanıdır.

Veri yönetimi veriden yararlanarak örgütlerin insan kaynakları ile veri işletim sistemlerinin bütünleştirilmesini ve veriden işlevsel bilgiye erişimi amaç edinen bir süreçtir (Lessing ve Scheepers, 2001, s. 3; Akt. Maritz, 2003, s. 76). Veri yönetimi veriden örgütsel bir değer yaratmak ve bu değeri yaygınlaştırmak amacıyla örgütsel düzeyde gerçekleştirilen planlar, politikalar, programlar ve uygulamaları ifade etmektedir (Mosley ve diğerleri, 2009; Akt. Enofe, 2017, s. 17). Veri yönetimi son derece kapsamlı süreci ifade eder. Bu nedenle veri yönetimi süreçlerinde gerçekleştirilen eylemler ve uygulamalar oldukça çeşitlidir. Veri yönetimi süreçlerinde gerçekleştirilen temel eylemler ve işlemler şu şekilde sıralanabilir (Martin ve Ballard, 2010, ss. 1-2);

- Bir örgüt, işletme ya da proje düzeyinde veri yönetimi süreçlerine yön veren temel prensipleri ve veri yönetimine ilişkin uzun vadeli amaçları ortaya koyan bir veri politikasının belirlenmesi,
- Özellikle verinin elde edilmesi ve korunması gibi hususlarda ilgili birimlerin ya da bireylerin üstlenecekleri rollerin ve sorumlulukların net bir biçimde ortaya konulması,
- Veri yönetimi süreçlerinin tüm aşamalarında veri kalitesinin kontrol edilmesine ve korunmasına dönük eylemler,
- Verinin geçerliğinin ve güvenirliğinin test edilmesine dönük işlemler,
- Belirli veri yönetimi uygulamalarının rapor haline getirilmesi,
- Her bir veri seti için betimleyici bir üst verinin ortaya konulması,
- Süreçte yararlanılacak veriyi ve kullanıcı gereksinimlerini temel alan veri tabanı kullanım şartlarının dikkatli bir biçimde planlanması ve bu süreçlerin belgelenmesi,
- Verinin, veri formatının ve veri depolarının güncelleştirilmesine dönük eylemler ve uygulamalar,

- Mevcut verinin doğruluğunu ve etkililiğini izleyecek ve denetleyecek mekanizmaların geliştirilmesi,
- Örgüt çapında verinin depolanması ve arşivlenmesi ile ilgili bir planın hazırlanması ve bu planın zaman zaman gözden geçirilmesi,
- Veri güvenliğini sağlayacak tedbirlerin alınması,
- Veriye erişime ve veriye erişimin kısıtlanmasına dönük açık ve net ilkeler ve kuralların ortaya konulması,
- Verinin kullanıcılara uygun bir biçimde ulaştırılmasını sağlayacak süreçlerin ve işlemlerin net bir biçimde ortaya konulması.

Bilgisayar teknolojilerindeki gelişmelerin daha büyük ve daha karmaşık verilerin analiz edilmesine imkân tanıması veri yönetimi stratejilerini örgütler açısından önemli bir konuma getirmiştir. Bu noktada veri yönetimi belirli düzeyde bilgi ve beceriyi zorunlu kılan bir disiplin haline gelmiştir. Günümüzde veri yönetimi alanında çalışma yapanların çoğunluğu bu alanda eğitim alan bireylerden meydana gelmektedir (Tavakoli, Jackson, Moneyham, Philips, Murdaugh ve Meding, 2006, s. 141).

Veri yönetimi oldukça karmaşık ve teknik eylemleri ve uygulamaları içeren bir çalışma alanıdır. Bu yönüyle veri yönetiminin profesyonel bir disiplin olduğu ileri sürülebilir. Buna karşın veriden örgütsel karar süreçlerinde etkin bir biçimde yararlanmak adına veri yönetimine ilişkin temel düzeyde bir bilgi birikimi önemli katkılar sunabilir. Örgütsel düzeyde veri yönetimi süreçlerinde uzmanlardan yararlanılabileceği gibi örgütün mevcut insan kaynaklarından da süreçte etkin bir biçimde yararlanılabilir. Örgüt düzeyinde veri toplama, veri analizi ve analiz sonuçlarının örgütsel karar süreçlerine yansıtılması hususlarında çalışanların eğitilmesi ve eğitimli personelden süreçlerde yararlanılması da bir alternatif olabilir.

3.2. Veri Yönetimine İlişkin Temel Kavramlar

Veri yönetimi verinin ele alınış biçimi ile ilgili yönetsel ve teknik bir dizi eylemi ve uygulamayı içeren geniş kapsamlı bir kavramdır (Martin ve Ballard, 2010, s. 1). Bu noktada veri yönetimine ilişkin kavramları tek bir grup altında toplamak da mümkün değildir. Buna karşın veri yönetimi süreçlerine yön veren ve veri yönetimi süreçlerinin açıklanmasında temel teşkil edebilecek bazı önemli kavramlardan bahsedilebilir. Grillenberg ve Romeike (2017, s. 35) veri yönetimine ilişkin temel kavramları Şekil 17'de yer aldığı biçimde özetlemektedirler;

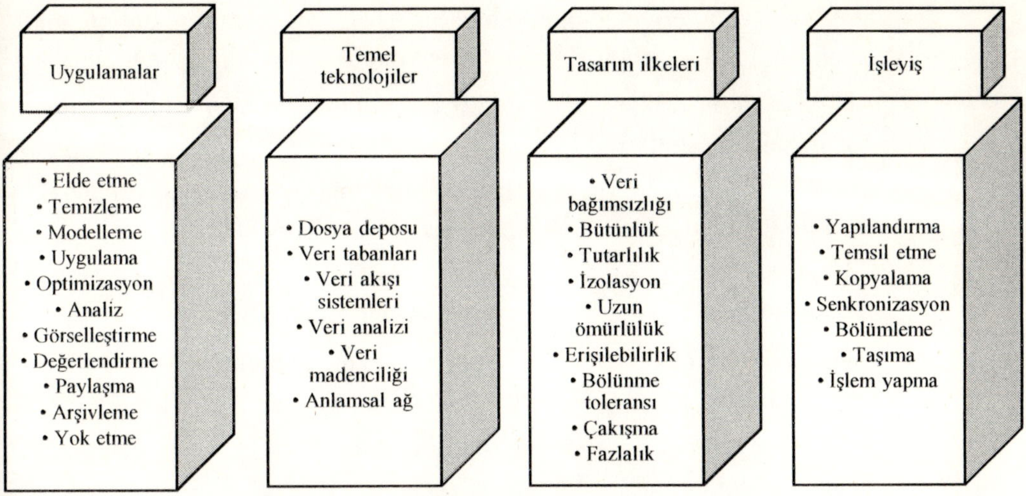

Şekil 17. Veri yönetiminin temel kavramları

Kaynak: Grillenberg ve Romeike, 2017, s. 35.

Şekil 16 incelendiğinde veri yönetiminin verinin elde edilmesi, işlenmesi, analiz edilmesi ve veri ile ilişkili neredeyse tük teknolojik araçları kapsadığı ileri sürülebilir. Veri yönetimi veriyi örgütsel bir kaynak olarak kabul eder ve örgüt içinde bilgi akışını hızlandırmak adına güvenilir ve ilişkili veriden yararlanılmasını merkezine alır (Gordon, 2007; Akt. Enofe, 2017, s. 17). Uygulamalar veri yönetiminde önemli bir konumdadır. Uygulamalar veri yönetimine ilişkin eylemleri içermektedir. Uygulamalar başlığı altında yer alan kavramlar aynı zamanda veri yönetim sistemlerinin geliştirilmesi ve genel anlamda verinin işlenmesi ile ilgili eylemlere de karşılık gelmektedirler (Grillenberg ve Romeike, 2017, s. 33). Veri yönetiminde uygulamalar başlığı altında yer alan kavramların kısaca açıklamaları şu şekilde sıralanabilir (Grillenberg ve Romeike, 2017, s. 35);

- Elde etme verinin elde edilmesi ya da veri setlerine erişim sağlanmasını ifade etmektedir.
- Temizleme gereksiz ve işlevsiz verinin veri setinden çıkartılmasına karşılık gelmektedir.
- Modelleme verinin depolanmasına ve veriye erişimin kolayca sağlanmasına zemin hazırlamak amacıyla verinin yapılandırılmasını ifade etmektedir.
- Uygulama belirlenen veri modelinin uygulanması ve verinin depolanması ile ilişkilidir.

- Optimizasyon veriye erişimin ve verinin depolanmasının mümkün olan en etkili biçimde gerçekleştirilmesine karşılık gelen bir kavramdır.
- Analiz uygun analiz araçlarından yararlanılarak veriden farklı bilgilere erişim sağlamayı ifade eder.
- Görselleştirme verinin daha kolay anlaşılmasını sağlamak amacıyla verinin görsel araçlarla temsil edilmesini ifade etmektedir.
- Değerlendirme analiz sonuçlarına ve bulgulara ulaşılmasına olanak sağlayan verinin kalitesine dönük değerlendirmeleri içerir.
- Paylaşma veriden yola çıkılarak ulaşılan anlamın ya da analiz sonuçlarının ilgililerle paylaşılmasını ifade eder.
- Arşivleme verinin uzun vadede öngörülemeyen kullanım amaçları için saklanmasına karşılık gelmektedir.
- Yok etme verinin işlevselliğini yitirmesi sonucu silinmesini ya da yok edilmesini ifade eder.

Veri yönetiminde gerçekleştirilen uygulamaların temel amacı veriden örgütsel düzeyde bir değer yaratmaktır. Veriden bir değer ortaya koyabilmek için öncelikle işlevsel bilgiye erişimin sağlanması gerekir. Bilginin değeri ise örgütsel süreçlerde ortaya koyduğu işlevler ya da örgütsel karar süreçlerinde oynadığı rol ile belirlenir. Bilginin değeri verinin elde edildiği kaynaklar ya da nicel veri gibi sayısal değerlerle ifade edilemez. Bilginin işlevsel olduğu bağlam ve bilgiden belirli kullanıcılar tarafından belirli durumlarda yararlanılması gibi hususlar bilginin değerinin ortaya konulmasında işlevsel bir konumda yer alırlar (Maritz, 2003, s. 77). Veriden değer yaratma ya da örgütsel açıdan işlevsel bilgiye erişim sağlama sürecinde veri yönetiminin uygulamaları aracı niteliği taşımaktadırlar. Bahsi geçen uygulamaların etkili bir biçimde yerine getirilmesi bu noktada veri yönetiminin etkili bir biçimde yerine getirilmesi ile eş anlamlı olarak kabul edilmektedir.

Veri yönetimine ilişkin temel teknolojiler veri yönetiminde başvurulan programlar ve teknolojilere karşılık gelen bir kavramdır. Bu grup altında yer alan kavramlar aynı zamanda veri yönetimine ilişkin araştırma alanlarını da kapsamaktadır (Grillenberg ve Romeike, 2017, s. 33). Verinin düzenlenmesi ve analiz edilmesinde yararlanılan analitik araçlar ve algoritmalar da veri yönetiminde başvurulan teknolojiler arasında kabul edilebilir (Ryu, 2014, s. 77). Veri yönetiminde başvurulan temel teknolojiler şu şekilde açıklanabilir;

- *Dosya deposu (data file storage):* Dosya deposu dosya olarak verinin depolanabildiği sistemleri ifade etmektedir. Bu sistemlerden biri bulut veri deposudur (cloud data storage). Bulut veri deposu sistemleri verinin bilgisayar sistemlerinde depolanması ve yönetimi ile ilgili bir sistemdir ve sürekli olarak bir evrimleşme sürecindedir (Zehua, Shunyan, Shangyin ve Haitao, 2012, s. 2397).
- *Veri tabanı sistemleri:* Birbiri ile ilişkili veri dosyalarının ve bu verilere ait yorumlamaların sistematik olarak bir araya getirilmiş durumudur (Gunjal ve Koganurmath, 2003, s. 2).
- *Veri akışı sistemleri:* Veri akışı sistemleri verinin süreklilik arz edecek bir yapıda depolanmasından ziyade geçici bir nitelik taşıyacak biçimde farklı sistemler arasında akışına izin verecek biçimde yapılandırılmasını ifade etmektedir. Finansal veriler, güvenlik ve iletişim alanındaki veri yönetimi uygulamaları, sensör ağlar (algılayıcı) ve web uygulamaları gibi uygulamalar veri akışı sistemlerine örnek teşkil edebilir (Babcoc, Babu, Datar, Motwani ve Widom, 2002, s. 1).
- *Veri analizi:* Veri analizi verinin uygun araçlarla işlenerek veriden anlam çıkarmaya dönük bir süreci ifade eder. Veri analizi süreci model oluşturma süreci olarak da adlandırılmaktadır. Oluşturulan modeller iki amaç için kullanılır: (1) Çevremizde olup bitenleri daha iyi anlamak, (2) geleceğe dönük tahminlerde bulunmak (Williams, 2011, s. 3).
- *Veri madenciliği:* Veri madenciliği bir veri analiz yöntemidir. Veri madenciliğinde temel amaç mevcut verilere dayanarak anlamlı bilgileri keşfetmek ya da ortaya çıkarmaktır. Pujari (2008, s. 45) veri madenciliğini şu şekilde tanımlamaktadır: "Veri madenciliği çok geniş bir veri ağı içinde daha önce bilinmeyen, faydalı olması muhtemel bilginin diğerlerinden ayıklanarak ortaya çıkartılmasıdır".
- *Anlamsal ağ (semantic web):* Anlamsal ağ bilginin küresel düzeyde bilgi işletim sistemleri tarafından işlenmesine olanak sağlayacak biçimde birbiri ile ilişkilendirilmesini ifade eder. Diğer bir deyişle anlamsal ağ bilginin web araçlarında etkin bir şekilde kullanımına ve diğer veri tabanları ile ilişkilendirilmesine olanak sağlayacak biçimde yapılandırılması anlamına gelmektedir (Elnaggar, 2015, s. 2).

Veri yönetimi temel olarak veriden işlevsel bilgiye erişim süreci olarak kabul edildiğinden verinin işlenmesi, depolanması ve veriden örgütsel süreçlerde yararlanılmasına dönük tüm teknolojik araçları ve uygulamaları kapsayan bir kavram olarak kabul edilmektedir. Bu yönüyle veri yönetiminde yararlanılabilecek teknolojik araçlar bu temel bileşenler altında çok daha detaylı biçimde ele alınabilir. Veri yönetimine ilişkin temel kavramlar başlığı altında ele alınabilecek diğer bir önemli alan tasarım ilkeleridir. Grillenberg ve Romeike (2017, s. 36) tasarım ilkeleri başlığı altında yer alan ilkeleri şu şekilde açıklamaktadırlar;

- *Veri bağımsızlığı (data independence):* Veri bağımsızlığı verinin iç temsili ve gösterimi ile dış ara yüzü arasındaki soyutlamayı ifade eder.
- *Bütünlük (integrity):* Veri bütünlüğü verinin geçerli ve güvenilir olmasına, verinin hatalı olmamasına karşılık gelen bir kavramdır.
- *Tutarlılık (consistency):* Tutarlılık verinin veri depolama sistemlerinin iç sınırlılıklarının da dikkate alınarak değerlendirilmesini esas alır. Veri tutarlılığı kavramı farklı düzeylerde ele alınabilir: Tam tutarlılık, güçlü tutarlılık, zayıf tutarlılık ve durumsal tutarlılık veri tutarlığının farklı düzeylerini ifade etmektedir (Shi, Cui, Xu, Zhang ve Ding, 2019, s. 137).
- *İzolasyon:* Veriye dönük eş zamanlı aramaların birbiri ile çakışmaması anlamına gelmektedir.
- *Uzun ömürlülük (durability):* Uzun ömürlülük verinin uzun vadede saklanması veri kaybına neden olacak etmenlerin ortadan kaldırılması ile ilişkilidir.
- *Erişilebilirlik (availability):* Erişilebilirlik veriye erişim sağlamak için uygun ve hızlı araçların sağlanmasını ifade etmektedir.
- *Bölünme toleransı (partition tolerance):* Bölünme toleransı dağıtılmış bir veri deposunda verinin farklı bölümlerindeki bozukluklara karşı daha toleranslı düzeye getirilmesine karşılık gelmektedir.
- *Çakışma (concurrency):* Çakışma farklı veri yönetim ve veri analiz süreçlerinde verinin çoklu kullanıcılar ya da farklı veri tabanı sistemlerince sorgulanabilir bir nitelik taşımasını ifade etmektedir.
- *Fazlalık (redundancy):* Veri yönetiminde fazlalık verinin hızlı arama ve başarısızlığa (failure) karşı tolerans düzeyini yüksek tutmak adına büyük hacimde depolanmasına karşılık gelmektedir. Fazlalık tutarlılık ilkesi ile çelişkili bir nitelik taşıyabilir.

Veri yönetiminde tasarım ilkeleri veriden etkin bir biçimde yararlanılmasında önemli aracılar konumundadırlar. Bu noktada veri yönetiminde bu temel prensiplerin göz önünde bulundurulması veri yönetimi süreçlerinin etkili bir biçimde yapılandırılmasında önemli bir rol oynayabilir. Veri yönetiminde önemli kavramlara ilişkin diğer bir bileşen işleyiştir (mechanics). İşleyiş altında yer alan kavramların açıklamaları şu şekilde sıralanabilir (Grillenberg ve Romeike, 2017, s. 36);

- *Yapılandırma (structurization):* Yapılandırma veri depolandıktan sonra gerçekleştirilen bir uygulamadır. Uygulama temel olarak veriye erişimi kolaylaştıracak listeleme, kataloglama ya da veriye ilişkin bir üst veri oluşturma gibi eylemleri içermektedir.
- *Temsil etme (representation):* Temsil etme verinin veri depolarında yer aldığı formatı ya da yapıyı ifade eder. Diğer bir ifade ile temsil etme verinin depolanmasında yararlanılan yöntemlere ve tekniklere karşılık gelmektedir (Grillenberg ve Romeike, 2017, s. 36). Örneğin verinin görsel ya da yazınsal bir nitelik taşıyacak biçimde veri depolama araçlarında depolanmasına, verinin farklı formatlarda temsil edilmesine örnek olarak verilebilir.
- *Kopyalama (replication):* Verinin kopyalanması veriye erişimin etkili biçimde sürdürülebilmesi ve verideki hata toleransının yükseltilmesi için aynı verinin farklı depolama araçlarında yedeklenmesine karşılık gelen bir kavramdır.
- *Senkronizasyon (syncronization):* Senkronizasyon farklı veri depolarında saklanan aynı veri setinin değişmeden aynı kalmasını sağlamak ve veriye eş zamanlı olarak farklı kullanıcıların erişimini sağlamak amacıyla gerçekleştirilen eylemleri ve uygulamaları ifade eder.
- *Bölümleme (partitioning):* Bölümleme verinin tek bir veri deposunda saklanamayacak bir nitelik taşıması durumunda verinin çoklu veri depolarında depolanmasına karşılık gelen bir kavramdır. Kopyalama eyleminde verinin bir bütün olarak farklı veri depolarında saklanması esasken, bölümleme de verinin farklı birimlere ayrılarak her bir birimin farklı veri depolarında saklanmasına odaklanılır. Bölümleme eylemine farklı veri birimlerinin birbirine paralel bir biçimde işlenmesi gerektiğinde ya da verinin hacmi nedeniyle tek bir veri deposunda depolanmasının mümkün olmadığı durumlarda başvurulur.
- *Taşıma (transportation):* Verinin taşınması temel olarak veri depolarına aktarılması ve arzu edildiğinde bu veri depolarından geri çağrılması ile ilişkilidir. Taşıma kapsamında yer alan diğer bir eylem ise farklı veri depolama sistemlerinde depolanan veri birimleri arasındaki ilişkilerin ortaya konulması ve bu birimlerin birbirine bağlanmasıdır.

- *İşlem yapma (transaction):* Veriye dönük işlem yapılması ya da işlem yapılmasına dönük teknikler veri yönetim sistemlerine hata toleranslı bir nitelik kazandırmak için gerçekleştirilen eylemleri ifade etmektedir.

Veri yönetimi veriden işlevsel bilgiye erişim süreci ile ilgili tüm eylemleri, olguları, teknolojileri ve uygulamaları kapsayan bir kavramdır. Bu yönüyle veri yönetimine ilişkin sağlıklı bir anlayışın geliştirilmesi için veri yönetiminin içeriğine ve doğasına yön veren temel kavramlar hakkında sağlıklı bir anlayışın geliştirilmesi önemli bir konumda yer almaktadır. Veri yönetiminin kavramına yön veren her bir temel bileşen başlı başına bir çalışma alanı olabilecek nitelikte kapsamlıdır. Buna karşın temel düzeyde veri yönetimi açısından kavramsal içeriğe dönük özet niteliğinde bilgilere sahip olmak veri yönetimine ilişkin sağlıklı bir anlayışın geliştirilmesinde yeterli olabilir.

3.3. Veri Yönetiminin Bileşenleri

Veri yönetimi örgütsel bir varlık olarak veriden ekonomik bir değer ortaya konulmasını ve verinin örgütün stratejik amaçlarına hizmet edecek bir niteliğe kavuşturulmasını merkezine alan bir çalışma alanıdır. Veri yönetimi veri ve yönetim gibi oldukça kapsamlı kavramların bütünleştirilmesini temel alması nedeniyle çok farklı bileşenlerden teşkil bir süreçtir. Veri yönetimi sürecinin açıklanmasında çeşitli bileşenler önemli rol oynamaktadır. Bu bileşenler veri yönetimi sürecinin içeriği ve doğasına ilişkin önemli hususların ortaya konulmasında ve veri yönetim sürecine dönük bir anlayış geliştirilmesinde etkin rol oynar. Çalışmanın devamında veri yönetimi ile ilgili temel bazı bileşenler hakkında özet niteliğinde bilgilere yer verilmiştir.

3.3.1. Veri Yaşam Döngüsü (Data life-cycle)

Veri, yaşam döngüsüne (data life cycle) sahip bir olgudur ve temel olarak veri yönetimi bu yaşam döngüsünün yönetimini ifade etmektedir. Farklı veri türlerinin farklı veri yaşam döngüleri olabilir (Henderson ve Earley, 2017, s. 23). İyi bir veri yönetimi veri yaşam döngüsünün etkili bir biçimde kontrol edilmesi ve yönetilmesi ile doğrudan ilişkilidir (Wagget ve diğerleri, 2005, s. 13). Veri yaşam döngüsü veri içeriğinin örgütsel ekosisteme entegre edilmesi sürecinde gerçekleştirilen eylemlere ve uygulamalara karşılık gelen bir kavramdır.

Veri yaşam döngüsü veriden yola çıkarak karar ya da diğer yönetsel süreçlerde işlevsel olabilecek bilgiye erişim sağlanması ve bu bilginin örgütsel eylemlere ve uygulamalara yansıtılması ile ilişkilidir. Bu noktada verinin elde edilip işlenerek uygulamaya transfer edilebilecek bir yapıya büründürülmesi esastır. Farklı veri türleri için farklı veri yaşam döngüleri söz konusu olabilmekle birlikte veri yaşam döngüsü için genel ve sistematik süreçler ortaya koymak da mümkündür. Strasser, Cook, Michener ve Budden (2012, s. 3) veri yaşam döngüsünün Şekil 18'de yer aldığı biçimde sekiz aşamalı bir süreç olduğunu ileri sürmektedirler;

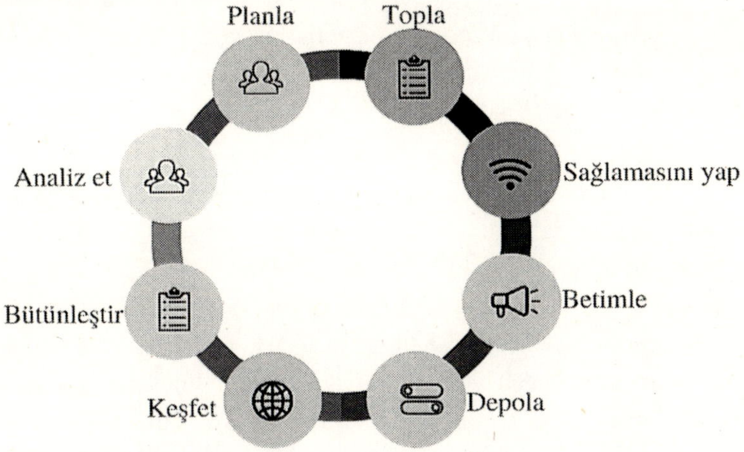

Şekil 18. Araştırmacı açısından veri yaşam döngüsü

Kaynak: Strasser ve diğerleri, 2012, s. 3.

Planlama aşaması bir projenin bütün paydaşlarının proje verileri üzerine düşündükleri ve veriye dönük nasıl bir yaklaşım içine gireceklerine dönük kararlar aldıkları aşamadır. Planlama aşamasında paydaşlar hem planlama aşamasını takip eden aşamaların uygulama biçimleri ve ihtiyaç duyacakları veri kaynakları hususlarında, hem de sürecin her aşamasının çıktıları üzerine görüşlerini ortaya koyarlar. Veri yaşam döngüsünde planlama safhası veriye ilişkin bir yönetim planlaması olarak ele alınabilir (Plale ve Kouper, 2017, s. 96). Planlama aşaması aynı zamanda veri yaşam döngüsünün diğer bütün safhalarına ilişkin planlamaları, öngörüleri ve değerlendirmeleri de içeren bir aşamadır.

Toplama aşamasında veri farklı kaynaklardan işlenmemiş hammadde formunda toplanır. Bu aşamada veri dış kaynaklardan toplanabileceği gibi verinin elde edilmesinde örgüt içi veri kaynaklarından da yararlanılabilir. Verinin örgüt dışı kaynaklardan toplanması durumunda veri *"kısıtlama (restriction)"* adı verilen bir uygulamaya tabi tutulur. Kısıtlama verinin planlama aşamasında belirlenen standartlar temel alınarak toplanmasını ifade etmektedir. Kısıtlama verinin rastgele bir yaklaşımla toplanmasını engeller ve planlama aşamasında belirlenen ilkeler temel alınarak toplanacak veriler için bir filtreleme işlevi görür (El Arass ve Souissi, 2018, s. 2).

Verinin sağlamasının yapılması belirli bir araştırma kapsamında önceden belirlenen standartlar ya da ilkeler referans alınarak verinin kalitesinin veri toplama süreci öncesinde belirlenen araçlarla test edilmesini ifade etmektedir (Plale ve Kouper, 2017, s. 99). Betimleme aşamasında verinin bağımsız biçimde sınıflandırılabilmesi ve yeniden kullanılabilmesi için yeterli düzeyde bir üst veri (metadata) oluşturulur (Ball, 2012, s. 9). Üst veri bir veri hakkındaki veri anlamına gelir ve bir veri setinin kim, ne zaman ve nasıl oluşturulduğuna dair bilgileri içerir. Bu kapsamda verinin araştırmacı tarafından sınıflandırılmasında ve bu doğrultuda düzenlenmesinde işlevsel bir konumda yer alır. Üst veri veri setleri için etiket niteliği taşır.

Depolama safhası verinin belirli bir kaynakta ya da depolama aracında bir araya getirilmesine ve saklanmasına karşılık gelen aşamadır (Lenhardt, Ahalt, Blanton, Christopherson ve Idaszak, 2014, s. 2). Depolama aşamasında elde edilen veri uzun dönemli bir arşivde toplanır ve orada saklanır (Strasser ve diğerleri, 2012, s. 3). Keşfetme aşaması herhangi bir sorun, bağlam ya da konu açısından işlevsel ve yararlı olabilecek verinin bir araya getirilmesini ve kaydedilmesini ifade etmektedir. Keşfetme aşaması aynı zamanda üst verinin veri ile birlikte kaydedilmesini de kapsar (Strasser ve diğerleri, 2012, s. 3). Keşfetme temel olarak mevcut veri içinden belirli bir soruna ilişkin işlevsel bir nitelik taşıyabilecek verinin ayıklanması ve çağrılması için gerekli araçların sağlanması ve bu araçlardan araştırmada yararlanılmasını ifade etmektedir (Plale ve Kouper, 2017, s. 100).

Bütünleştirme safhası, araştırmacının işlevsel bilgiye erişimini kolaylaştırmak maksadıyla birbirinden bağımsız, dağınık ve heterojen yapıdaki veriden kendi içinde tutarlı bir veri yapısı oluşturulmasını içerir. Bütünleştirme aşaması aynı zamanda planlama aşamasında farklı biçimlerde ve farklı araçlarla toplanan verilerin nasıl bütünleştirileceği hususunda paydaşlar tarafından ortaklaşa bir yaklaşımla alınan kararlar doğrultusunda önceden belirlenen bütünleştirme araçlarından ve yöntemlerinden yararlanılmasını da içermektedir (El Arass ve Souissi, 2018, s. 2). Analiz aşaması verinin planlama aşamasında belirlenen analiz araçlarıyla, yine planlama aşamasında belirlenen süre zarfında analiz edilmesi eylemlerini kapsayan safhadır (Strasser ve diğerleri, 2012, s. 3; Pouchard, 2016, s. 182).

Veri yaşam döngüsü süreci verinin içeriği ve doğası ve araştırmanın amaçları doğrultusunda farklı eylemlere vurgu yapacak biçimde yapılandırılabilmektedir. Veri yaşam döngüsü verinin elde edilmesi ve kullanıcıların hizmetine sunulması gibi eylemleri döngüsel bir nitelikte süreklilik arz edecek biçimde ele aldığından, veriden bilgiye erişim ve veriye işlevsel bir nitelik kazandırma süreçlerini örgütsel düzeyde süreklilik arz edecek bir uygulama olarak kabul etmektedir. Veri yaşam döngüsü verinin elde edilmesi, depolanması, kullanıcılara sunulması, verinin analiz edilmesi ve veriye erişim protokollerinin belirlenmesi gibi çok farklı bileşenleri içerebilir. Fary ve Owen (2013; Akt. Chigwada, Chiparausha ve Kasiroori, 2017, s. 2) veri yaşam döngüsünün Şekil 19'da yer aldığı biçimde yedi farklı safhadan meydana geldiğini ileri sürmektedirler;

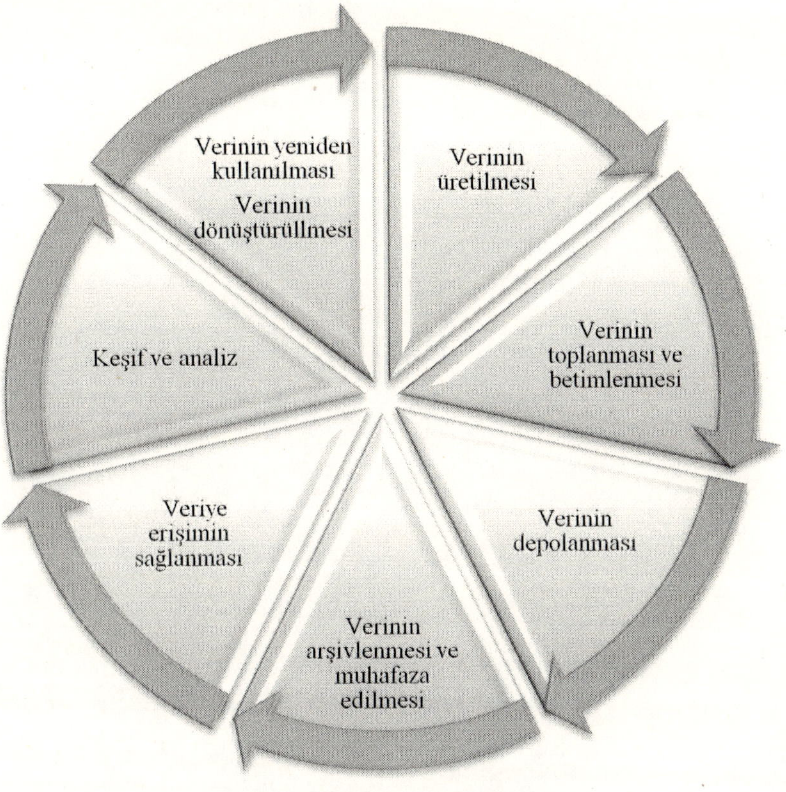

Şekil 19. Veri yaşam döngüsü

Kaynak: Fary ve Owen, 2013; Akt. Chigwada ve diğerleri, 2017, s. 2.

Veri yaşam döngüsü gerçek yaşam koşullarında hammadde olarak var olan veriye işlevsel bir nitelik kazandırarak verinin örgütsel karar süreçlerinde etkin rol oynayabilecek bir forma dönüştürülmesi ile ilişkilidir. Veri yaşam döngüsü veri yönetiminin en temel bileşenlerinden birini teşkil etmektedir. Bu yönüyle veri yaşam döngüsüne ilişkin sağlıklı bir anlayışın etkili bir veri yönetimi için önemli bir öncül olduğu ileri sürülebilir. Verinin yönetsel bir değer kazanmasında veri yaşam döngüsü önemli bir konumda yer almaktadır. Bu yönüyle veri yaşam döngüsüne ilişkin ortaya konulan modellerin çoğunlukla araştırma süreçlerinin temel safhalarını içerdiği iler sürülebilir (Martin, Cadiou ve Jannès-Ober, 2017, s.

81) veri yaşam döngüsünü temel araştırma süreçlerine benzer safhaları içerecek biçimde Şekil 20'de yer aldığı biçimde ortaya koymaktadırlar;

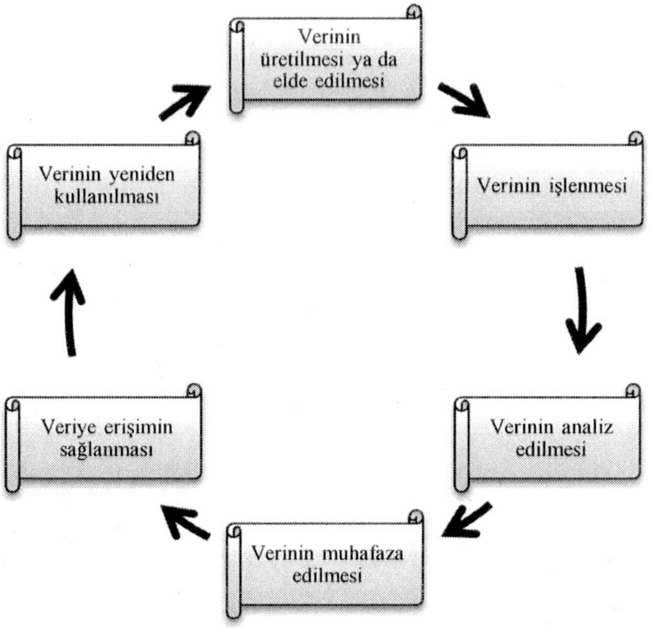

Şekil 20. Farklı veri yaşam döngüsü tasarımı

Kaynak: Martin ve diğerleri, 2017, s. 81.

Veri yaşam döngüsünde yer verilen her bir safha tek bir eylemden ya da işlemden ibaret değildir. Her bir safha farklı eylemlerin ve uygulamaların yerine getirilmesi sureti ile tamamlanmaktadır. Martin ve diğerleri (2017, s. 81) Şekil 19'da yer alan maddelerin her birinin farklı eylemler içerdiğini ileri sürmekte ve bu eylemleri şu şekilde sıralamaktadırlar;

- *Verinin üretilmesi ya da elde edilmesi:* Bir araştırma tasarımı yapılması, veri yönetimi sürecinin planlanması (verinin formatı, verinin nasıl depolanacağı gibi hususların kararlaştırılması), verinin paylaşılması için gerekli onayın alınması, verinin var olan veri içine yerleştirilmesi, verinin toplanması (deney, gözlem, ölçü ya da simülasyon), üst verinin (metadata) elde edilmesi ya da oluşturulması.
- *Verinin işlenmesi:* Verinin analitik araçlara girilmesi, dijital hale getirilmesi, yazıya dönüştürülmesi ya da tercüme edilmesi, kontrol edilmesi, doğruluğunun test edilmesi, temizlenmesi, gerekli olduğu durumlarda verinin kişisellikten uzaklaştırılması, verinin betimlenmesi, verinin yönetimi ve depolanması.

- *Verinin analiz edilmesi:* Veriden elde edilen bulguların yorumlanması, veriden anlam çıkartılması, araştırma çıktılarının ortaya konulması, yayımlanması ve verinin muhafaza edilmek üzere hazırlanması.
- *Verinin muhafaza edilmesi:* Verinin en iyi formata dönüştürülmesi, verinin uygun depolama aracına aktarılması, verinin depolanması, üst verinin oluşturulması ve verinin belgelenmesi, verinin arşivlenmesi.
- *Veriye erişimin sağlanması:* Verinin kullanıcılara dağıtılması, verinin paylaşılması, veri girişinin kontrol edilmesi, telif hakları ile ilgili esasların belirlenmesi, verinin tanıtımının yapılması.
- *Verinin yeniden kullanılması:* Veriden takip eden araştırmalarda yararlanılması, mevcut veriye dayalı olarak yeni araştırmaların yapılması, araştırma sonuçlarının yeniden gözden geçirilmesi, bulguların incelenmesi, veriye dayalı olarak öğretim ve öğrenme süreçlerinin gerçekleştirilmesi.

Veri yaşam döngüsü veri yönetiminin merkezinde yer alan bir kavramdır. Çünkü temel olarak veri yönetimi örgütsel süreçlerde daha hızlı sonuçların alınmasını ve veriden mümkün olan en uzun vadede yararlanılabilmesini olanaklı kılmak amacıyla veri yaşam döngüsünün düzenlenmesi ve yapılandırılması olarak tanımlanmaktadır (Wezel ve diğerleri, 2012, s. 2).

Veri yaşam döngüsü tasarımında araştırmanın amacı, toplanacak verinin kapsamı ve doğası, elde edilecek veriden hangi alanlarda yararlanılacağı ve verinin kimlerin erişimine açılacağı ya da kimlerle paylaşılacağı gibi hususlar önemli rol oynamaktadır. Bu yönüyle araştırmanın ya da veri yönetiminin farklı bileşenlerine vurgu yapan farklı veri yaşam döngüsü modelleri geliştirilmiştir. Veri yaşam döngüsü modelleri belirli bir proje ya da örgüt kapsamında veri yönetimine ilişkin bir örgütlemenin yapısını ortaya koyarlar (Pouchard, 2016, s. 180). Çalışmanın devamında veri yaşam döngüsüne ilişkin geliştirilen bazı modeller hakkında bilgilere yer verilmiştir.

3.3.1.1. Veri Yaşam Döngüsü Modelleri

Veri yaşam döngüsünün içeriği ve kapsamına dönük farklı modeller ileri sürülmüştür. Veri yaşam döngüsüne dönük ileri sürülen modellerden biri Ulusal Bilim Derneği tarafından geliştirilen (NSF) DataONE modelidir (Michener, Vieglais, Vision, Kunze, Cruse, Janée, 2011; Akt. Plale ve Kouper, 2017, s. 99). DataONE modeli veri yönetimi, verinin saklanması ve yeniden kullanıma sunulması ile ilgili olarak genel bir bakış açısı sunmaktadır (Plale ve Kouper, 2017, s. 99). DataONE modelinde veri yaşam döngüsü sekiz aşamalı bir süreç olarak tasarlanmıştır. Bu aşamalar planlama, veriyi toplama, veriyi güvence altına alma, betimleme, veriye sürdürülebilir bir nitelik kazandırma, açıklama, veriyi anlamlı bütünler haline getirme ve analiz etme aşamalarıdır (Plale ve Kouper, 2017, s. 99). DataONE modeli veriden örgütsel açıdan işlevsel bir nitelik taşıyabilecek bilgiye erişim sürecinde önemli bir aracı niteliği taşıyabilir.

Veri yaşam döngüsüne farklı bir bakış açısı getiren diğer bir önemli model de *"genel bilimsel veri yaşam döngüsü modelidir (generic science data lifecycle)"*. Model bilimsel araştırmalarda çıktı olarak üretilen verilerin birbirinden bağımsız biçimde güvenli bir depolama aracında kestirilebilir ya da kestirilemez bir gelecekte yararlanılmak üzere depolanmasını, buna karşın verinin işlevsel olmaktan çıkması durumunda arşive kaldırılmasını ya da yok edilmesini temel alır.

Genel bilimsel veri yaşam döngüsü modeli tüm bilimsel çalışma alanlarında yararlanılabilecek bir model olarak kabul edilmektedir (Hofmann ve Tierney, 2009, s. 69). Modelde veri üst düzey bir soyutlamaya tabi tutulur ve veri hem araştırma hem de öğretim boyutlarını kapsayacak biçimde yapılandırılır. Modelde veri geneldir, buna karşın belirli bir bağlam ya da sorunla ilişkilendirilebilecek bir yapıda bulunur (Cox, 2018, s. 6). Genel bilimsel veri yaşam döngüsü altı aşamalı bir süreç olarak tasarlanmıştır. Bu süreç Şekil 21'de ortaya konulmuştur (Sinaeepourfard, Masip-Bruin, Garcia ve Marín-Tordera, 2016, s. 42):

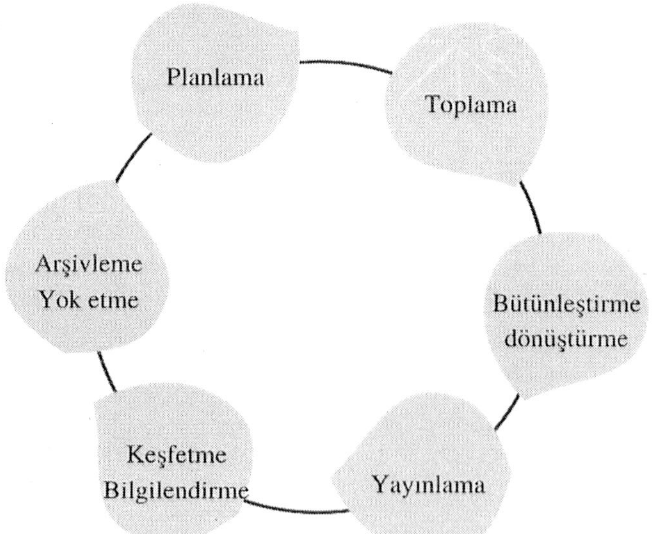

Şekil 21. Genel bilimsel veri yaşam döngüsü

Kaynak: Sinaeepourfard ve diğerleri, 2016, s. 42.

Modelde planlama aşaması veriden işlevsel bilgiye erişim sürecinde yönetsel eylemlerin akışının planlanmasına karşılık gelmektedir. Bu aşamada hangi tür verinin depolanacağı, büyük hacimdeki veriden ne kadarının depolanacağı, toplanan verilerin ham veri olarak hepsinin mi saklanacağı yoksa verinin analizinden elde edilen sonuçların mı saklanacağı gibi hususlara netlik kazandırılır (Pouchard, 2016, s. 185). Toplama aşaması verinin farklı veri kaynaklarından herhangi bir düzenlemeye ya da yapılandırmaya tabi tutulmadan bir araya getirilmesini ifade etmektedir (Kowalczyk, 2017, s. 348). Bu safha farklı kaynaklardan elde edilen verinin analiz için benzer formata dönüştürülmesini, verinin belirli bir bağlam ya da sorun temelinde analiz edilmesini ve bu şekilde verinin dönüşümünün sağlanmasını kapsar (Plale ve Kouper, 2017, s. 100).

Yayınlama aşaması belirli bir bağlam ya da hipotez esas alınarak dönüştürülmüş verinin paydaşlarla, ilgililerle ya da mevcut veriyi temel alarak karar vereceklerle paylaşılmasına karşılık gelmektedir (El Arass ve Souissi, 2018, s. 3). Keşfetme aşaması elde edilen verinin proje kapsamı dışındaki bireylerin de erişimine açık olmasının sağlanmasını ifade etmektedir. Bu safhada araştırmacı hangi veri setinin keşfedilebilir bir nitelik taşıyacağını belirlemelidir. Elde edilen verinin diğer kullanıcılara erişiminin sağlanması bir tür veri paylaşımı olarak ele alınabilir (Pouchard, 2016, ss. 185-186). Arşivleme geleceğe dönük işlevsel olabilecek verinin uzun vadeli kayıt altına alınmasına ya da depolanmasına karşılık gelmektedir. Bu safhada veriler arşivlenirken verinin kaç yıl önce toplandığı, verinin güncelliğini ve işlevselliğini hangi tarihte kaybedeceği gibi veriye dönük belirli parametreler temel alınır (El Arass ve Souissi, 2018, s. 4). Yok etme eylemi, işlevselliği ya da gelecekteki muhtemel kullanım alanları ortadan kalkmış verinin yok edilmesini ya da silinmesini ifade eden aşamadır (Plale ve Kouper, 2017, s. 99).

Veri yaşam döngüsüne ilişkin ileri sürülen diğer bir önemli model LOD2 Stack Modeli'dir. Model işlevsel verinin son kullanıcı ile eşleştirilmesine odaklanan bir modeldir. Bu model verinin nihaî kullanıcılarının ilgili veriye erişimlerinin sağlanmasını merkezine alır. Bu modelde belirli tek bir konu ya da soruna ilişkin veriye erişim önemli kabul edildiğinden, model farklı amaçlar için yararlanılabilecek veri hususunda işlevsiz bir model olarak kabul edilmektedir (Sinaeepourfard ve diğerleri, 2016, s. 43). Modelin veri yaşam döngüsü için ortaya koyduğu eylem adımları Şekil 22'de ortaya konulmuştur (Sinaeepourfard ve diğerleri, 2016, s. 43);

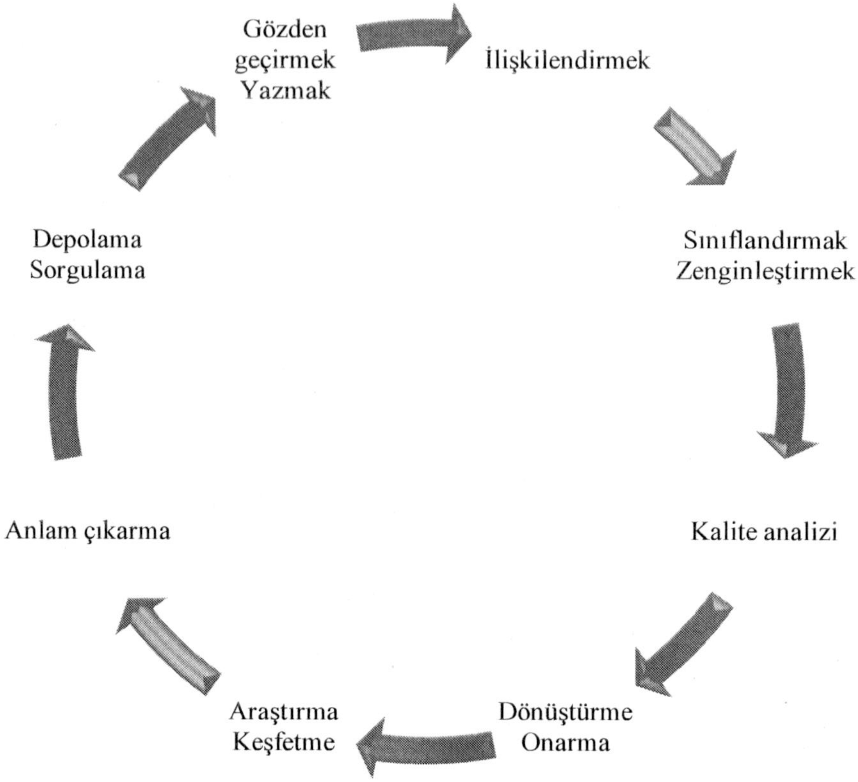

Şekil 22. Veri yaşam döngüsünde LOD2 Stack Modeli

Kaynak: Sinaeepourfard ve diğerleri, 2016, s. 43.

LOD2 Stack Modeli verinin son kullanıcının ihtiyaçlarına cevap verecek biçimde belirli sorun alanları ya da konularla ilişkilendirilmesini, diğer bir ifade ile verinin belirli sorunlara dönük olarak işlevsel bir nitelik taşımasına imkân verecek biçimde filtrelenerek depolanmasını esas alır. Bu yönüyle modelin verinin belirli sorun alanlarına dönük kararlarda işlevsel bir nitelik taşımasına büyük önem verdiği ileri sürülebilir. Veri yaşam döngüsü ile ilgili diğer bir model ise The Records Modeli'dir. Bu model Michigan Devlet Üniversitesi'nde evrak işlerinin dijital ortama aktarılmasına katkı sunmak amacıyla geliştirilmiştir.

Model verinin elektronik ortamlarda depolanmasını temel almaktadır. Modelin en önemli sınırlılığı tüm araştırma alanlarına genellenebilir ya da uygulanabilir bir nitelik taşımamasıdır. Çünkü modelde temel alınan ya da vurgulanan süreç verinin arşivlenmesidir. Veri kalitesi, veri analizi, veri işleme ve veri bütünleştirme gibi hususlar bu modelde dikkate alınmaz. The Records

Modeli'ne göre veri yaşam döngüsü Şekil 23'te yer aldığı biçimde özetlenebilir (Sinaeepourfard ve diğerleri, 2016, s. 44);

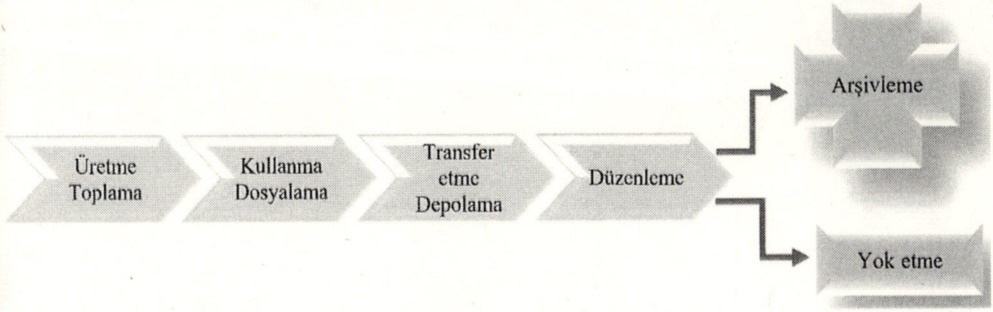

Şekil 23. The Records Modeline göre veri yaşam döngüsü

Kaynak: Sinaeepourfard ve diğerleri, 2016, s. 44.

The Records Modeli verinin dijital ortamlarda depolanması ve işlevsel verinin arşivlenerek işlevsiz verinin ortadan kaldırılmasını temel alan bir veri yaşam döngüsü modelidir. Model özellikle çok büyük hacimde verinin filtrelenerek işlevsel verilerin saklanmasına olanak sağlaması açısından önemli bir konumda yer alabilir. Veri yaşam döngüsü ile ilgili olarak ileri sürülen diğer bir önemli model büyük veri için ileri sürülen veri yaşam döngüsüdür. Büyük veri yaşam döngüsü modeli büyük verinin nitelikleri temel alınarak ileri sürülmüş bir modeldir. Büyük verinin hacim, hız, çeşitlilik ve değer gibi nitelikleri büyük veri yaşam döngüsünde farklı aşamalara yer verilmesini gerekli kılmaktadır. Pouchard (2016, s. 184) büyük veri yaşam döngüsünde yer alan aşamaları Şekil 24'te yer aldığı biçimde ortaya koymaktadır;

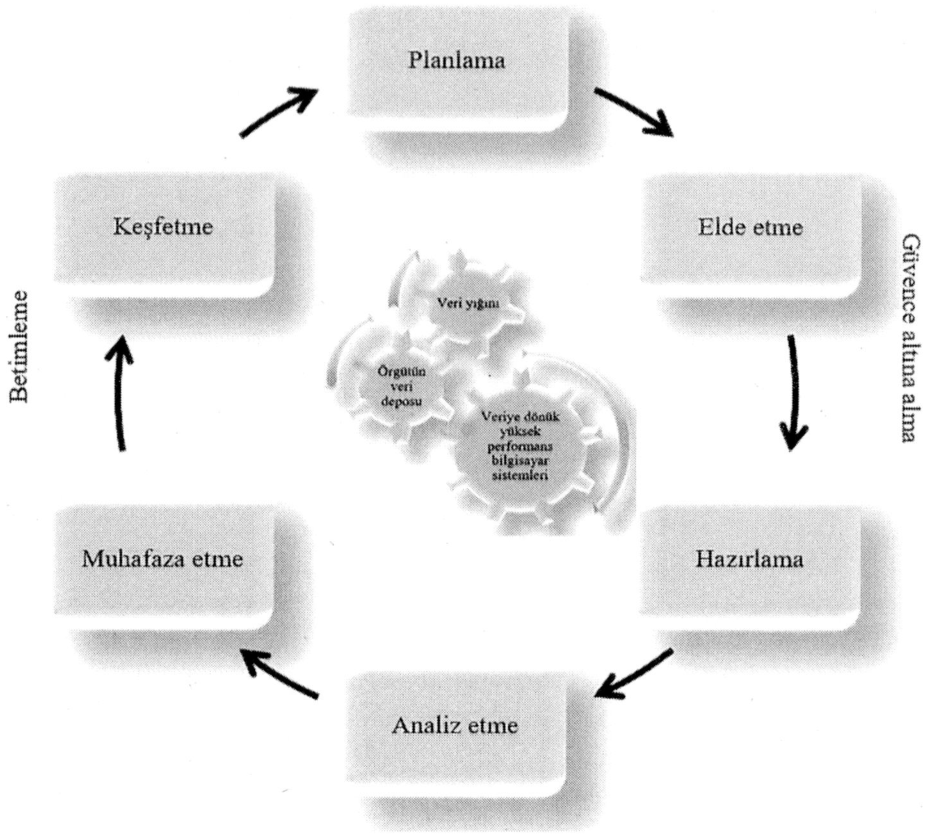

Şekil 24. Büyük veri yaşam döngüsü
Kaynak: . Pouchard, 2016, s. 184.

Büyük verinin en önemli niteliği hacmidir. Bu noktada büyük veri yaşam döngüsünde verinin analiz için hazırlanması önemli bir safhadır. Verinin temizlenmesi ve kayıp veri analizi gibi işlemler büyük verinin sağlıklı bir biçimde analiz edilmesinde önemli bir konumda yer alabilir. Veri yaşam döngüsüne ilişkin diğer bir model Birleşik Devletler Jeolojik Gözlem Topluluğu (USGS) tarafından geliştirilen USGD modelidir. USGS modeli bilimsel verinin işlenmesi ve bilimsel verinin işlevsel bilgiye dönüştürülmesinde etkili bir modeldir (Faundeen ve diğerleri, 2013; Akt. Sinaeepourfard ve diğerleri, 2016, s. 46). Bu yönüyle model veriden bilgiye erişim sürecinde yer verdiği aşamalar nedeniyle kapsayıcı bir model olarak ele alınabilir.

Model veri yaşam döngüsünü döngüsel bir yapı olarak değil doğrusal bir yapı olarak ele almaktadır. Büyük miktarlarda veri ile çalışıldığında model açısından zaman ve çalışmanın etkililiği önemli bir sorun haline gelebilir. Model aynı zamanda veri güvenliğini de içermemektedir (Faundeen ve diğerleri, 2013; Akt. Sinaeepourfard ve diğerleri, 2016, s. 46). Modelin aşamaları ve kapsamı Şekil 25'te yer aldığı biçimde ortaya konulabilir (Sinaeepourfard ve diğerleri, 2016, s. 46);

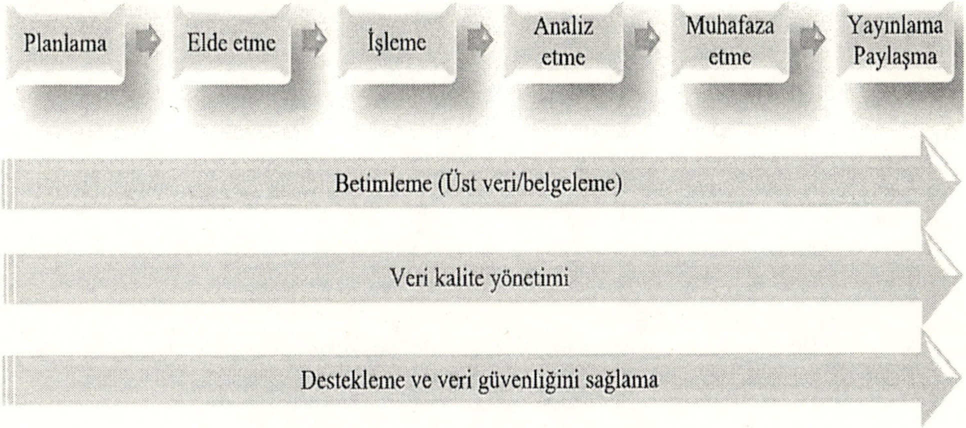

Şekil 25. Veri yaşam döngüsünde USGS modeli

Kaynak: Sinaeepourfard ve diğerleri, 2016, s. 46.

USGS modeli bilimsel veri işleme sürecinde etkili olabilecek bir veri yaşam döngüsü modeli ortaya koymaktadır. Bu yönüyle bilimsel bir araştırma deseninde bu modelden bilimsel bilgiye erişim sağlanmasında yararlanılabilir. Veri yaşam döngüsüne ilişkin bu çalışmada yer verilecek son model ise Pekin Üniversitesi Modeli'dir. Pekin Üniversitesi Modeli'nde veri yaşam döngüsünde temel alınan en önemli husus bilgisayar sistemlerinde veri güvenliğinin sağlanması üzerindedir. Model verinin işlenmesi ya da veriden işlevsel bilgiye erişim sürecinde kapsamlı bir model olarak ele alınamaz çünkü temel noktası verinin işlenmesinden ziyade veri güvenliğinin sağlanmasıdır. Bu yönüyle modelde veri kalitesi, veri analizi ve verinin yayımlanması gibi aşamalara yer verilmemiştir (Sinaeepourfard ve diğerleri, 2016, s. 46). Modelin temel bileşenleri Şekil 26'da ortaya konulmuştur (Sinaeepourfard ve diğerleri, 2016, s. 47);

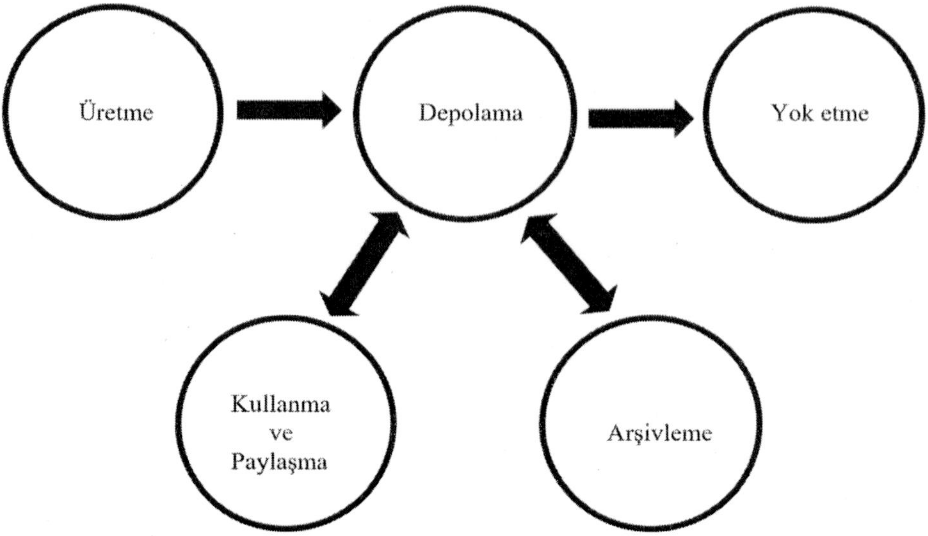

Şekil 26. Veri yaşam döngüsünde Pekin Üniversitesi Modeli

Kaynak: Sinaeepourfard ve diğerleri, 2016, s. 47.

Veriden bilgiye erişim sürecinde farklı veri yaşam döngüsü modellerinden yararlanılabilir. Bu noktada bilgiye erişim sürecinde veriden hangi amaçlarla yararlanılacağı, elde edilecek verilerin depolanma biçimleri, veri yaşam döngüsünün hangi bileşenine daha fazla vurgu yapıldığı gibi hususlar belirleyici unsurlar olarak ortaya çıkmaktadır. Bu nedenle her bir araştırma, proje ya da örgüt için farklı veri yaşam döngüsü modellerinden yararlanılabileceği iler sürülebilir. Örneğin çok fazla verinin her gün üretildiği ya da toplandığı bir örgütte büyük veri içinden örgüt için işlevsel bir nitelik taşıyabilecek verilerin elde edilmesi sürecinde büyük verinin belirli parametreler temelinde filtrelenmesi ve işlevsiz kabul edilen verinin yok edilmesine vurgu yapan bir veri yaşam döngüsü modeli benimsenebilir.

3.3.1.2. Veri Yaşam Döngüsünün Temel İlkeleri

Veri yaşam döngüsü bir örgüt içinde verinin akışı ile ilgilidir. Veri yaşam döngüsü bir örgüt içinde veriye ilişkin tüm süreçleri bir bütün olarak kapsayan ele alır. Bu noktada veri yaşam döngüsü örgüt açısından verinin üretilmesi ya da elde edilmesi, işlevsel bir niteliğe kavuşturulması, kullanıcılarla paylaşılması, arşivlenmesi ya da yok edilmesi gibi bir dizi safhadan oluşmaktadır (Rahul ve Banyal, 2020, s. 364). Veri yaşam döngüsü farklı araştırmalarda ve örgütlerde farklı süreçlere vurgu yapacak biçimde yapılandırılabilmektedir. Buna karşın belirleyici bazı niteliklerin tüm veri yaşam döngülerinin yapılandırılmasında belirleyici olduğu ileri sürülebilir. Bu nitelikler şu şekilde sıralanabilir (Henderson ve Earley, 2017, ss. 28-29);

- *Bütün aşamaları önem arz etmekle birlikte veri yaşam döngüsünün en önemli safhaları verinin üretilmesi ve veriden yararlanılması aşamalarıdır:* Verinin üretilmesi ya da elde edilmesi ve veriden yararlanılması veri yönetiminin en önemli bileşenleridir. Verinin üretilmesi ya elde edilmesi maliyet gerektiren eylemlerdir. Bu yönüyle örgütsel düzeyde üretilen ya da elde edilen verinin tüketilmesi, örgütsel süreçlerde işe koşulması ve veriden örgüt adına değer yaratılması önemlidir.
- *Veri kalitesinin yönetimi veri yaşam döngüsünün her aşamasında yerine getirilmesi gereken bir eylemdir:* Veri kalitesinin yönetimi veri yönetiminin merkezinde yer alır. Kalitesi düşük veri bir değer yaratmaktan ziyade örgüt için maliyet ya da risk ortaya koymaktadır. Özellikle veri kalitesine dönük standartların ortaya konulmaması durumunda veri yönetimi süreçlerinde verinin kalitesinin kontrol altında tutulması örgütler açısından oldukça güç olacaktır. Verinin kalitesi veri yaşam döngüsünün her bir safhasında gerçekleştirilecek eylemlerden ve uygulamalardan etkilenebileceği için veri kalitesine dönük tedbirler veri yaşam döngüsünün her bir aşamasını kapsayacak biçimde yapılandırılmalıdır.
- *Üst veri (metadata) kalitesi veri yaşam döngüsünün her aşamasında göz önünde bulundurulmalıdır (Henderson ve Earley, 2017, s. 29):* Üst veri elde edilen ya da üretilen verinin betimlenmesi ile ilişkilidir. Betimleme aşaması verinin bağımsız biçimde sınıflandırılabilmesi ve yeniden kullanılabilmesi için yeterli düzeyde bir üst verinin (metadata) oluşturulmasını ifade eder (Ball, 2012, s. 9). Bu yönüyle üst verinin elde edilen verinin betimlenmesinde önemli bir işleve sahip olduğu ileri sürülebilir. Üst veri elde edilen verinin yönetilmesinde önemli bir konumda yer alır. Bu yönüyle üst verinin kalitesi veri yönetimi açışından son derece önemlidir (Henderson ve Earley, 2017, ss. 29).
- *Veri güvenliği veri yaşam döngüsünün her bir aşamasına entegre edilmelidir:* Veri güvenliği veri yönetiminin en önemli bileşenlerinden birini teşkil etmektedir. Verinin güvenliğinin sağlanması ve veri ile ilişkilendirilen risklerin asgarî düzeye indirgenmesi veri yönetiminde merkezi bir konumda yer alır. Bu nedenle veri yaşam döngüsünün her aşamasında veri güvenliğine dönük tedbirler alınmalıdır.
- *Veri yönetimi eylemleri ve uygulamaları en kritik veriler üzerine yoğunlaştırılmalıdır:* Örgütler büyük miktarlarda veri üretmektedirler

ve bu verilerin büyük bir çoğunluğu örgüt tarafından kullanılmamaktadır. Örgütsel düzeyde üretilen her bir veri biriminin etkili bir biçimde yönetilmesi mümkün değildir. Bu nedenle veri yaşam döngüsü süreçleri örgüt için kritik öneme sahip olabilecek veriler üzerine yoğunlaşacak ve gereksiz, güncelliğini yitirmiş, önemsiz verileri en asgarî düzeye indirgeyecek bir yapıda tasarlanmalıdır (Aiken, 2014; Akt. Henderson ve Earley, 2017, ss. 29).

Veri yaşam döngüsü verinin üretilmesi ve elde edilmesinden başlayarak verinin örgüt için anlamlı hale getirilmesi ve işlevsiz verinin yok edilmesi gibi verinin işlenmesini temel alan tüm süreçlerin sistematik bir biçimde yapılandırılmasını ifade etmektedir. Veri yaşam döngüsünün amaçlara ve araçlara uygun bir biçimde tasarlanmasının etkili bir veri yönetimi sürecinin en önemli öncüllerinden birini teşkil ettiği ileri sürülebilir. Bu nedenle veri yaşam döngüsünün tasarımında yukarıda bahsi geçen temel ilkelerin dikkate alınmasının veri yönetim süreçlerinden örgütsel düzeyde arzu edilen sonuçların elde edilebilmesinde önemli bir noktada yer aldığı iddia edilebilir.

3.3.2. Veri Yönetimi Politikası

Veri yönetimi politikası bir kurum, örgüt ya da proje düzeyinde veri yönetiminin tüm bileşenlerine ilişkin uzun vadeli amaçların ortaya konulmasını içermektedir. Sağlıklı bir veri yönetimi politikasının geliştirilmesi örgütsel açıdan veri yönetimine dönük uzun vadeli amaçların ortaya konulabilmesi açışından önemli bir öncül niteliği taşımaktadır (Burley ve Peine, 2009, s. 17). Bir örgütün ya da kurumun veri yönetimi politikası, örgütte ya da kurumda veri yönetimi eylemlerine ve uygulamalarına yön veren ilkeler bütünü olarak tanımlanabilir (National Land & Water Resources Audit, 2008; Akt. Martin ve Ballard, 2010, s. 4). Bir örgütteki veri yönetimi politikası veriye erişim sağlanması, veri ile ilgili yasal hususların ele alınması, veri yönetimine ilişkin temel ilkelere ve uygulamalara karar verilmesi gibi farklı etmenleri kapsayan bir olgudur (National Land and Water Resources Audit, 2003; Akt. Burley ve Peine, 2007, s. 17).

Veri yönetimi politikası örgütlerde veri yönetimine dönük eylemlere ve uygulamalara yön veren bir nitelik taşımaktadır. Bu yönüyle örgütler veri yönetimi politikası için farklı stratejiler belirleyerek farklı uygulamalara gidebilirler. Örgütler veri yönetimi politikası açısından temel olarak iki farklı yaklaşımı benimsemektedirler. Bu yaklaşımlar yukarıdan aşağıya (top-down) ya da aşağıdan yukarıya (bottom up) veri yönetimi politikasıdır. Yukarıdan aşağıya veri yönetim politikasında veri yönetimine ilişkin örgüt dışından uzmanlara da yer verilebilen bir veri yönetimi birimi oluşturulur. Bu birim toplantılar düzenler, örgüt içinde veri yönetimine ilişkin görevleri ve sorumlulukları ortaya koyar ve kararlaştırılan veri yönetimi politikasının uygulamaya konulmasına dönük yönetsel işlevleri yerine getirir.

Aşağıdan yukarıya veri yönetiminde ise örgütler örgüt içindeki verinin sistematik olarak toplanması, bu verinin üst veri biçimine dönüştürülmesi ve veriden elde edilen sonuçların örgütsel normlara ve standartlara temel teşkil etmesi için örgüt içi araçlar geliştirirler (Loshin ve Reifer, 2018, s. 5). Diğer bir ifade ile veri yönetimi örgütün tabanından tavanına doğru bir veri akışı esas alınarak gerçekleştirilir. Bu tür bir yaklaşımda temel vurgu bir veri yönetimi biriminin teşkil edilmesinden ziyade veri akışının sağlıklı bir biçimde tabandan tavana doğru akışını sağlayacak veri araçlarındadır.

Her iki veri yönetimi politikasının da kendi içinde çeşitli sınırlılıkları mevcuttur. Yukarıdan aşağıya veri yönetimi politikası temel olarak bürokratik ve sınırlayıcı bir veri yönetimi yaklaşımı olarak kabul edilmekte ve veri yönetimi süreçlerini tasarlayanlara ve uygulayanlara önemli sorumluluklar yüklemektedir. Ayrıca veriden arzu edilen örgütsel değerin elde edilmesi de her zaman mümkün olmamaktadır.

Verinin aşağıdan yukarıya bir yaklaşımla mekanik bir biçimde elde edilmesini ve örgütsel süreçlerde işe koşulmasını esas alan aşağıdan yukarıya veri yönetimi yaklaşımında da verinin üst veri ya da özet veri biçiminde elde edilmesi mümkündür. Buna karşın elde edilen verinin analiz edilerek veriden örgütsel değer elde edilebilmesinde uzmanların yardımına ihtiyaç duyulabilir (Loshin ve Reifer, 2018, s. 5). Bir örgütte temel alınan veri yönetimi politikasının içeriği ve doğası ne olursa olsun veri yönetimi politikasının çeşitli bileşenleri söz konusudur. Bu bileşenler şu şekilde sıralanabilir;

- *Maliyet:* Örgütsel düzeyde hem verinin elde edilmesi, hem de kullanıcıların hizmetine sunulmasında maliyet göz önünde bulundurulması gereken bir husustur. Maliyet verinin hem elde edilmesi hem de kullanıcıların hizmetine sunulmasının önünde önemli bir engel teşkil edebilir (National Land & Water Resources Audit 2008; Akt. Martin ve Ballard, 2010, s. 4).
- *Veri güvenliği:* Veri güvenliği veri yönetiminin en önemli bileşenlerinden birini teşkil etmektedir (Tavakoli ve diğerleri, 2006, s. 147). Veri güvenliği özel ve gizli bilgilerin saklanması veya ifşa edilmemesi, veri bütünlüğünün bozulmamasına dönük önlemlerin

alınması ve veriye etkili bir biçimde erişimin sağlanması gibi eylemleri ve uygulamaları içermektedir (Henderson ve Earley, 2017, s. 45).

- *Veri mülkiyeti:* Veri mülkiyeti temel olarak örgütsel sorunların çözümünde işe koşulacak verinin hangi kaynaklardan elde edilebileceğine dönük veri toplama süreci öncesi gerçekleştirilen değerlendirmelere karşılık gelmektedir. Veri mülkiyeti aşağıda yer alan soruların cevaplandırılmasını temel alan bir kavramdır (Burley ve Peine, 2007, s. 18);
- Veri diğer bireyler ya da örgütlerle bir anlaşma çerçevesinde mi üretilmektedir?
- Veri özel bir alanda mı saklanmaktadır ya da kamuya açık mıdır?
- Verinin elde edilmesinde çoklu bireyler ya da örgütler sürece dâhil olacak ise verinin üretilmesinde ilgili bireylere ya da örgütlere dönük standartlara ve politikalara bağlı kalınacak mıdır?
- Verinin elde edilmesinde yer alacak tüm bireylerin ve örgütlerin veriye dönük yasal mülkiyet hakları var mıdır? Yok ise verinin elde edilmesi süreci veriye dönük yasal mülkiyete sahip bireyler ve kurumlarla mı sınırlandırılacaktır?
- Veri yönetimi süreci sona erdikten sonra verinin mülkiyetine sahip olacak bireyler ya da kurumlar veriden nasıl yararlanacaklardır?
- Verinin elde edilmesinde dikkat edilmesi gereken telif hakkı gibi hususlar söz konusu mudur?
- Elde edilen veriden maddi bir kazanç sağlamak amacıyla yararlanılacak mıdır? Yararlanılacak ise süreç nasıl ele alınacaktır?
- *Verinin korunması:* Verinin korunması verinin elde edilmesi, güvenliğinin sağlanması, depolanması, veriye kullanıcıların erişiminin sağlanması gibi hususların güvence altına alınması ve bu hususlara dönük sorumlulukların paylaşılmasını ifade eder (Burley ve Peine, 2007, s. 18). Verinin korunmasına dönük sorumluluklar şu şekilde sıralanabilir (Biodiversity Conservation Information System, 2000; Akt. Burley ve Peine, 2007, ss. 18-19);
- Veri için belirlenen veri politikası ve verinin mülkiyeti ile ilgili yönergelere sadık kalınması,
- Veri politikası, veri güvenliği, veri mülkiyeti ve verinin kullanımına ilişkin esasları dikkate alarak belirlenen kurallar çerçevesinde verinin uygun kullanıcıların erişimine açılması,

- Verinin güvenliğine dönük gerekli tedbirlerin alınması,
- Verinin elde edilmesi ve depolanması kadar verinin sürdürülebilir bir nitelik kazanmasına dönük önlemlerin alınması,
- Üst veriden yararlanarak veri setlerinin belgelendirilmesinin sağlanması,
- Mevcut veriye eklemelerin yapılması durumunda yeni eklenen verinin kalitesinin güvence altına alınmasının sağlanması.
- *Verinin gizliliği:* Hangi veriye erişimin sınırlandırılacağı, hangi verinin toplumun tamamının erişimine açılacağı ile ilgili hususları içermektedir (Martin ve Ballard, 2010, s. 4).
- *Veriye dönük sorumluluk:* Veriye dönük sorumluluk kavramı, veriden yararlanılmasına dönük eylemlerden ve uygulamalardan doğacak zararlara ilişkin olarak örgütün yasal yükümlülüklerden ne kadar korunduğu ile ilişkilidir (Martin ve Ballard, 2010, s. 4).
- *Verinin hassasiyeti:* Verinin hassas bir nitelik taşıması kamuya açıklanmasının herhangi bir zarara ya da tehlikeye yol açması ihtimalini ifade etmektedir. Bir verinin hassasiyet düzeyinin ortaya konulmasında verinin türü ve verinin açıklanması durumunda ortaya çıkabilecek tehlikenin boyutu gibi hususlar göz önünde bulundurulmalıdır (Chapman ve Grafton, 2008; Akt. Martin ve Ballard, 2010, s. 4).
- *Mevcut kanun ve politika gereksinimleri:* Veri yönetimine ilişkin mevcut yasal düzenlemeler veri yönetimi politikalarının önemli bir bileşeni konumundadır. Örgütsel düzeyde ve örgütler arası veri paylaşımı hususundaki yasal düzenlemeler bir örgütün veri yönetimi politikasının şekillendirilmesinde etkin bir rol oynayabilir (Martin ve Ballard, 2010, s. 5).

Veri yönetimi politikası örgütlerin veriden örgütsel değer yaratma sürecinde gerçekleştirdikleri eylemlere ve uygulamalara yön veren genel ilkeleri ve normları ortaya koyar. Küresel rekabet ortamında her örgütün belirli bir veri yönetimi politikasının olması ve bu politikayı hayata geçirecek araçlara sahip olması önemli bir husustur. Veri yönetimi politikası veri yönetimine ilişkin usul ve esasların belirlenmesinde referans kaynağı rolü üstlenen bir anayasa niteliği taşır. Örgütsel düzeyde veri yönetimi için belirlenen planlar ve bu planlara uygun olarak gerçekleştirilen tüm eylemlerde ve uygulamalarda örgütün veri yönetimi politikası yol gösterici bir nitelik taşır.

3.3.3. Veri Yönetim Planı

Veri yönetim planı iyi bir veri yönetiminin en önemli öncüllerinden biridir. Veri yönetim planı veri yönetimi sürecinde gerçekleştirilecek eylemleri ve uygulamaları betimleyen ve hangi tür verilerin toplanacağı ve verinin nasıl işleneceği gibi hususlara ışık tutan, veri yönetimi eylemlerinin ve uygulamalarının çerçevesini belirleyen bir plan olarak tanımlanabilir. Bir veri yönetim planı temel olarak aşağıda sıralanan hususlara ilişkin bilgileri ya da detayları içermelidir (European Commission, 2016, s. 4);

- Araştırma sürecinde ya da sonrasında verinin nasıl ele alınacağı,
- Hangi tür verilerin toplanacağı, işleneceği ve ya da üretileceği,
- Verinin ele alınması sürecinde hangi standartların temel alınacağı,
- Veri yönetimi sürecinde hangi yöntemlerden yararlanılacağı,
- Bilginin kamunun erişimine açılıp açılmayacağı,
- Verinin nasıl arşivleneceği ve korunacağı.

Veri yönetim planı veri yönetimi sürecinde gerçekleştirilecek eylemlerin ve uygulamaların tasarımını ortaya koyan bir plandır. Bu yönüyle veri yönetim planı veri yönetimi eylemlerinin ve uygulamalarının sistemli bir biçimde yürütülmesinde etkin bir rol oynar. Veri yönetimi planı veri yönetimi sürecini somutlaştıran bir taslak niteliği taşır. Veri yönetim planının çeşitli bileşenleri söz konusudur. Bu bileşenler şu şekilde sıralanabilir (CGIAR Internal Audit Unit, 2017, s. 17);

- Bir örgütte ya da araştırmada toplanacak ya da üretilecek verinin türlerine dönük betimlemeler,
- Toplanan veri ve toplanan veri için tasarlanan üst veriye ilişkin standartlar,
- Toplanan ya da üretilen verinin arşivlenmesi, korunması ya da veriye erişimin sağlanmasına dönük planlar ve esaslar,
- Veri kalitesine ilişkin esaslar,
- Verinin yeniden kullanımına ilişkin koşullar,
- Personel, yazılım ve bütçe gibi veri yönetiminde başvurulacak kaynaklara dönük betimlemeler.

Veri yönetim planının içeriği ve doğası projenin ve örgütün amaçları, veriden nasıl yararlanılacağı ve veriden yola çıkılarak elde edilmek istenen örgütsel değer temel alınarak farklı biçimlerde şekillendirilebilir. Veri yönetim planlarının etkili bir biçimde tasarlanmasının veri yönetim sürecinin etkili biçimde yürütülmesinin en önemli öncüllerinden birini teşkil ettiği ileri sürülebilir. Veri yönetim planı veri yönetim sürecine ilişkin bir yol haritası niteliği taşır. Veri yönetim planında veri yönetim sürecine ilişkin detaylandırma araştırma konusuna, veri toplanacak bölge ve katılımcı sayısına, toplanacak verinin türü ve çeşitliliğine dayalı olarak farklı düzeylerde gerçekleştirilebilir. Bu yönüyle her bir örgüt için geçerli tek bir veri yönetim planı formatından bahsetmek mümkün değildir. Buna karşın bütün veri yönetim planlarının temel bazı öğeleri içerdiği ileri sürülebilir. Trippel ve Zinn (2015, ss. 72-73) veri yönetim planlarının aşağıda sıralanan hususları içermesi gerektiğini ileri sürmektedirler:

Yönetsel veri: Yönetsel veri araştırma projesinin doğası ve içeriği, araştırmada cevaplandırılması temel alınan sorular, veri toplamanın amacı, araştırmayı gerçekleştiren ya da araştırmayı finanse eden kurumun mevcut veri politikaları ile ilgili bilgileri içermektedir.

Veri toplama: Veri toplama bileşeni toplanacak verinin türü, formatı ve büyüklüğü, veri toplama sürecinde referans alınacak ilkeler ve standartlar, veri kalitesinin güvence altına alınmasına dönük alınacak önlemler ve verinin adaptasyonu (data versioning) gibi eylemleri kapsamaktadır.

Dokümantasyon ve üst veri (metadata): Dokümantasyon ve üst veri bileşeni veriden yola çıkılarak elde edilen ve gelecekte örgütsel değer yaratmak adına analiz edilip yorumlanması gereken bilgilerin kayıt altına alınması işlemlerini kapsamaktadır.

Etik ilkelere ve yasal hükümlere uygunluk: Verinin elde edilmesine, korunmasına ve paylaşılmasına dönük olarak katılımcılardan onay alınması, kişisel verilerin gizliliğinin sağlanması, hassas verilerin nasıl ele alınacağının kararlaştırılması gibi hususların netliğe kavuşturulmasını ifade eder.

Depolama ve yedekleme: Verinin depolanmasına ve yedeklenmesine ilişkin hususların belirlenmesine, bu konuda sorumluluğun kime ait olacağının ortaya konulmasına, veri depolama ve yedekleme sürecinde üçüncü şahıslara ait imkânlardan yararlanılmasına, veri girişinin kontrol edilmesine ve güvenli veri transferine dönük kararların alınmasını kapsayan veri yönetim planı bileşenidir.

Verinin seçimi ve korunması: Veri seçiminde referans alınacak kriterlerin ortaya konulması, verinin hazırlanması için gerekli zaman ve çabanın belirlenmesi ve verinin korunmasına dönük maliyetlerin saptanması gibi hususları ifade eder.

Veri paylaşımı: Elde edilen ya da üretilen verinin potansiyel kullanıcılarının belirlenmesi ve verinin ne kadar süreliğine erişime açık tutulacağının saptanması gibi hususları içeren veri yönetim planı bileşenidir.

Sorumluluklar ve kaynaklar: Veri yönetim planına ve planın alt boyutlarına dönük olarak yerine getirilecek bir inceleme ve gerekliyse planda değişiklikler yapma eylemlerine karşılık gelir. Bu aşamada veri yönetim sürecinde hangi paydaşlarla bilgi paylaşımı yapılacağı, örgüt dışından uzman yardımına ihtiyaç olup olmadığı ve bir uzman yardımına ihtiyaç duyulacak ise bu yardımın nereden ve nasıl temin edileceği, veri yönetiminin maliyetinin ortaya konulması gibi hususlar açıklığa kavuşturulur.

Veri yönetim planı belirli veri yönetimi eylemlerinin sistematiğe kavuşturulmasında, veri yönetiminin her bir safhasında gerçekleştirilecek eylemlerin netliğe kavuşturulmasında ve veri yönetimi sürecinde karşılaşılabilecek sorunların öngörülebilir bir niteliğe kavuşturulmasında önemli bir aracı konumundadır (Tavakoli ve diğerleri, 2006, s. 142). Bütün bu önemli işlevleri dikkate alındığında veri yönetim planının etkili bir veri yönetimi sürecinin önemli bir bileşeni olduğu ileri sürülebilir (Chigwada ve diğerleri, 2017, s. 2). Veri yönetim planından araştırma süreçlerinde de etkin bir biçimde yararlanılabilir. Bazı araştırmalarda verinin nasıl elde edileceği ve korunacağına ilişkin hususları içeren bir veri yönetim planına araştırma önerisinde yer verilmesi önemli bir gereklilik olarak ele alınmaktadır (DiPersio, Cieri ve Jaquette, 2016, s. 2496). Veri yönetim planı veri yönetim sürecinde gerçekleştirilecek tüm eylemlerin ve uygulamaların tasarımını içermelidir. Bu şekilde süreçte karşılaşılabilecek sorunlara ilişkin bir anlayış geliştirilmesi de mümkün olabilecektir. Veri yönetim planlarının tasarımında yer verilebilecek eylemlere dönük şu hususlar sıralanabilir (AICPA, 2013, s. 7);

- Örgütün veri ihtiyaçlarının saptanması,
- Örgüte dönük belirli bir veri stratejisinin geliştirilmesi ve bu stratejinin devamlılığının sağlanması,
- Örgüt içinde veri yönetimine dönük bir örgütlemenin gerçekleştirilmesi,
- Örgüt içinde veri yönetiminden sorumlu tutulacak kişilerin belirlenmesi ve veri yönetimine dönük görevlere atanmaları,
- Veri yönetiminden sorumlu tutulacak kişiler arasında örgütlemenin ve görev dağılımının gerçekleştirilmesi,
- Veri yönetimine ilişkin politikaların, standartların ve süreçlerin geliştirilmesi ve gözden geçirilmesi,
- Veri yönetim süreçlerinin planlanması ve bu süreçlerin finanse edilmesine dönük mali kaynakların belirlenmesi,

- Veri yönetim süreçlerinden elde edilecek örgütsel değerin ortaya konulması,
- Veri yönetim süreçlerinin maliyetinin saptanması.

Veri yönetim planı veri yönetiminin en önemli bileşenlerinden birini teşkil etmektedir. Bu nedenle veri yönetim planının hazırlanmasına gereken özenin ve çabanın gösterilmesi veri yönetim süreçlerinin etkin bir biçimde yürütülmesinde önemli bir rol oynayabilir. Veri yönetim planı hazırlanmadan önce çeşitli hususlar göz önünde bulundurulmalıdır. Bu hususlar şu şekilde sıralanabilir (British Ecological Society, 2014, ss. 11-12);

- *Veri yönetimine ilişkin tüm hususları kapsayacak biçimde değerlendirmeler yapılmalıdır:* Elde edilen verinin betimlenmesi, kalitesinin güvence altına alınması için alınması gereken önlemler, telif hakları ve entelektüel mülkiyet gibi hususların göz önünde bulundurulması etkili bir veri yönetimi planının tasarımında önemli rol oynar. Buna ek olarak verinin depolanması, veri yönetimi sürecinde farklı bireylere yüklenecek rollere ve sorumluluklara dönük bir anlayışın geliştirilmesi gibi veri yönetiminin çok farklı boyutlarına dönük değerlendirmelerin yapılması da etkili veri yönetimi planları için önemli bir konumda yer alabilir.
- *Danışma:* Veri yönetim planı hazırlanmadan kurum içindeki farklı paydaşların görüşleri alınabilir. Kurumlar veri yönetimine ilişkin farklı stratejilere ve kaynaklara sahip olabilirler. Bu yönüyle kurum içinde veri yönetim süreçlerine ilişkin fikir alış verişi etkili bir planlama için önemli bir öncül niteliği taşıyabilir.
- *Bütçe:* Veri yönetimi belirli düzeyde maliyeti olan bir süreçtir. Bu noktada planlama öncesi veri yaşam döngüsünde yer verilecek veri yönetimine ilişkin eylemlerin ve uygulamaların maliyetine dönük bir değerlendirme gerçekleştirilmelidir. Bu aşamada farklı bütçeleme araçlarından yararlanılabilir.
- *Danışmanlar, meslektaşlar ve işbirlikçiler ile görüşmelerin gerçekleştirilmesi:* Veri yönetimi süreçlerinde karşılaşılabilecek sorunlara ya da zorluklara dönük olarak paydaşlarla fikir alışverişinde bulunulmalıdır.
- *Zaman:* Veri yönetimi planı hazırlamak oldukça uzun ve zorlu bir süreçtir ve farklı eylemlere dönük olarak bir kontrol listesi hazırlamanın ötesinde bir eylemdir. Bu yönüyle veri yönetim planının hazırlanmasına gerekli zaman ayrılmalı ve veri yönetimi süreçlerinde gerçekleştirilecek eylemlere ve uygulamalara dönük detaylı bir çalışma gerçekleştirilmelidir.

- *Veri yönetim planı amaçlara dönük hazırlanmalıdır:* Veriden ne amaçla yararlanılacağı ve araştırmanın amaçları veri yönetim planının hazırlanmasında referans niteliği taşımalıdır. Veriden ne amaçla yararlanılacağının net bir biçimde ortaya konulması veri yaşam döngüsünün her bir aşamasında gerçekleştirilecek eylemlerin ve uygulamaların veri yönetiminin ve örgütün amaçlarına vuruk bir nitelik taşımasında işlevsel bir konumda yer alabilir.
- *Roller ve sorumlulukların belirlenmesi:* Veri yönetim planının hazırlanması tek bir kişinin sorumluluğunda olabilir. Buna karşın veri yönetimi eylemleri ve uygulamaları sürecin farklı aşamalarında farklı bireylerin görev almasını gerekli kılabilir. Veri yönetim planının en önemli işlevlerinden biri de veri yönetimi sürecinde bireyler arasında koordinasyon ve iletişimin sağlanmasıdır. Veri yönetimi planı aynı zamanda veri yönetimi süreçlerinin gerçekleştirileceği projeler ya da kurumlarda veri yönetimine ilişkin ortak bir anlayışın teşkil edilmesinde de işlevsel bir aracı niteliği taşır.

Veri yönetimi planı veri yönetimi süreçlerinin etkin bir biçimde yürütülmesinde önemli bir rol oynar (Borghi, Abrams, Lowenberg, Simms ve Chodack, 2018, s. 9). Bu yönüyle etkili bir veri yönetim planı etkili bir veri yönetim sürecinin sigortası niteliğindedir. İyi bir veri yönetimi planının çeşitli ilkelere bağlı kalınarak hazırlanması önemli bir husustur. Michener (2015, ss. 1-9) bu ilkeleri şu şekilde sıralamaktadır;

- *Araştırmayı finanse eden ya da araştırmanın yürütüldüğü örgütün veri yönetimine ilişkin benimsediği ilkeleri ve kuralları belirleme:* Örgütlerin verinin elde edilmesi, yönetilmesi ve yaygınlaştırılmasına dönük kendi standartları ve yaklaşımları vardır. Örgütlerin veri yönetimine ilişkin beklentileri veri yönetim planlarına yansıtılmalıdır (s. 1).
- *Toplanacak verinin belirlenmesi:* Hangi türden verinin ne kadar toplanacağı veri yönetimi planlarının en önemli bileşenlerinden birini teşkil etmektedir. Toplanacak verinin türü ve miktarı veri yönetimi süreçlerinin her aşamasına etki edeceğinden bu iki hususun veri yönetim planında netliğe kavuşturulması gerekmektedir. Etkili bir veri yönetim planı toplanacak verinin içeriği ve doğasına ilişkin olarak sağlıklı bir anlayışın geliştirilmesinde etkin bir rol oynar. Bu nedenle veri yönetim planında veriye ilişkin şu hususlar net bir biçimde ortaya konulmalıdır (s. 3);

- *Verinin türü:* Veri yönetim planında ilk aşama toplanacak ya da üretilecek verinin türüne ilişkin bir listenin hazırlanması olmalıdır. Araştırma konusuna dayalı olarak yazı, resim ve video gibi farklı formatlarda veri toplanabilir.
- *Veri kaynakları:* Veri gözlem, laboratuvar çalışmaları, alan araştırmaları, deneyler, simülasyonlar ve farklı araştırmaların sonuçları gibi çok farklı kaynaklardan elde edilebilir. Verinin elde edildiği kaynaklar elde edilen verinin mülkiyet hakları ve verinin yaygınlaştırılmasına dönük sınırlılıkların bulunup bulunmadığına dönük değerlendirmelerde önemli bir konumda yer alır.
- *Verinin hacmi:* Elde edilen verinin hem hacim hem de dosya sayısı olarak büyüklüğü veri yönetimi süreçlerini doğrudan etkileyen bir niteliğe sahiptir.
- *Veri ve veri dosyası formatları:* Hızlı teknolojik değişimler veri yönetimi süreçlerinde işlevsel olduğu kabul edilen veri formatlarının çok hızlı bir biçimde güncelliğini yitirmesine neden olabilmektedir. Veri yönetimi süreçlerinde en uygun veriler belirli bir örgütün ya da bireyin mülkiyetinde olmayan, açık ilkelere ve standartlara dayalı ve bilimsel çevrelerce doğruluğu kabul edilen verilerdir.
- *Verinin nasıl düzenleneceğinin belirlenmesi:* Elde edilecek verinin hacmine ve türüne dönük bir anlayış geliştirildikten sonraki ilk aşama verinin nasıl düzenleneceğine ilişkin değerlendirmeler olmalıdır. Bu noktada elde edilen verinin türüne göre farklı yazılım programları ya da araçlarından yararlanmak mümkün olabilir. Örneğin tablolar elde edilen verinin belirli bir düzene konulmasında etkili araçlar olarak işlev görebilirler (s. 4).
- *Verinin nasıl belgelendirileceğine karar verilmesi:* Belirli bir yaklaşımla betimlenmediği sürece sütunlar ya da satırlar halinde veri örgütsel açıdan herhangi bir anlam ifade etmez. Verinin bir üst veri formatında betimlenmesi, diğer bir ifade ile verinin ne zaman, hangi araçlarla, hangi kaynaklardan toplandığına ilişkin betimlemeler verinin etkili biçimde keşfedilmesine, veriden etkin bir biçimde yararlanılmasına ve verinin uygun bir biçimde referans gösterilmesine katkı sunabilir (s. 4).
- *Veri kalitesinin nasıl güvence altına alınacağının belirlenmesi:* Veri yönetimi süreçlerini tüm aşamalarında veri kalitesinin güvence altına alınması, veri yönetimi süreçleri sonucunda elde edilecek nihaî ürünlerin kalitesine doğrudan etki edecektir (s. 5).

- *Verinin depolanması ve korunmasına dönük sağlıklı bir stratejinin belirlenmesi:* Veri yönetimi ile ilgili en önemli sorunlardan biri verinin depolandığı kaynakların kusursuz olduğu ve hiçbir şekilde işlevini yitirmeyeceği yönündeki yanlış kanaatlerdir. Bu nedenle veri yönetimi süreçlerinin her aşamasında elde edilen verinin kopyalanması ve farklı kaynaklarda yedeklenmesi önemli bir uygulama olarak kabul edilebilir. Verinin depolanması ve yedeklenmesine ilişkin olarak şu hususlar göz önünde bulundurulmalıdır (s. 5);
- Veri ne kadar süreliğine erişilebilir bir nitelik taşıyacaktır?
- Proje ya da veri yönetimi sürecinde veri nasıl depolanacak ve korunacaktır?
- Veriden gelecekte nasıl yararlanılması planlanmaktadır?
- *Veri yönetimi politikalarının belirlenmesi:* Veri yönetimi süreçlerinin nasıl gerçekleştirileceği ve elde edilen ya da üretilen verinin nasıl ve kimlerle paylaşılacağı gibi hususlara dönük politikaların belirlenmesi veri yönetimi planlarının önemli bileşenleri olarak ele alınmalıdır (s. 6).
- *Verinin nasıl yaygınlaştırılacağının belirlenmesi:* Etkili bir veri yönetim süreci ve bu süreçte gerçekleştirilen eylemler ve uygulamalar verinin *"gün ışığı göreceği"* anlamına gelmez. Bu noktada veri yönetim planının tasarlanması öncesinde verinin nasıl yaygınlaştırılacağı, kimlerin erişimine açılacağı ve ne zaman erişime açılacağı gibi hususlara dönük sağlıklı değerlendirmelerin gerçekleştirilmesi önemli bir husustur (s. 7).
- *Rollerin ve sorumlulukların belirlenmesi:* Etkili bir veri yönetim planı veri yönetim sürecinde roller ve sorumluluklar üstlenecek örgütlere ve bireylere dönük sağlıklı bir anlayışın geliştirilmesine olanak sağlamalıdır (s. 7).
- *Veri yönetimine ilişkin gerçekçi bir bütçeleme hususunda sağlıklı bir bakış açısının ortaya konulması:* Veri yönetimi süreçleri belirli bir maliyet gerektirebilir. Bu maliyet veri yönetim süreci için belirlenen eylemlere, veri türüne ve veri kaynaklarına dayalı olarak farklılık arz edebilir (s. 8).

Veri yönetim planı veri yönetimi sürecinde gerçekleştirilecek eylemlerin ve uygulamaların bir tasarımı olduğundan veri yönetimi sürecinin en önemli bileşenlerinden birini teşkil etmektedir. Veri yönetim sürecine başlamadan kapsamlı ve detaylı bir biçimde hazırlanan veri yönetim planına ihtiyaç duyulacaktır. Bu şekilde bir plan hem veri toplama hem de veri yönetimi süreçlerinde yer alan diğer eylemlerin sağlıklı bir biçimde yürütülmesinde etkin bir rol oynayacaktır (Tavakoli ve diğerleri, 2006, s. 149). Bu noktada veri yönetim planı veri yönetim süreçlerinde uygulayıcılar için önemli bir yol gösterici niteliği taşır. Veri yönetim planının hazırlanmasına gerekli çaba ve zamanın ayrılması veri yönetimi süreçlerinin daha sağlıklı yürütülmesinin en önemli öncüllerinden biri olarak kabul edilebilir. Veri yönetiminin planlanması döngüsel bir süreci ifade etmektedir. Çünkü veri yönetim süreçlerinden elde edilen çıktılara dönük değerlendirmeler veri yönetim planlarında gerekli değişikliklerin yapılmasına zemin hazırlar. Michener (2015, s. 2) bu döngüsel yapıyı Şekil 27'de yer aldığı biçimde ortaya koymaktadır:

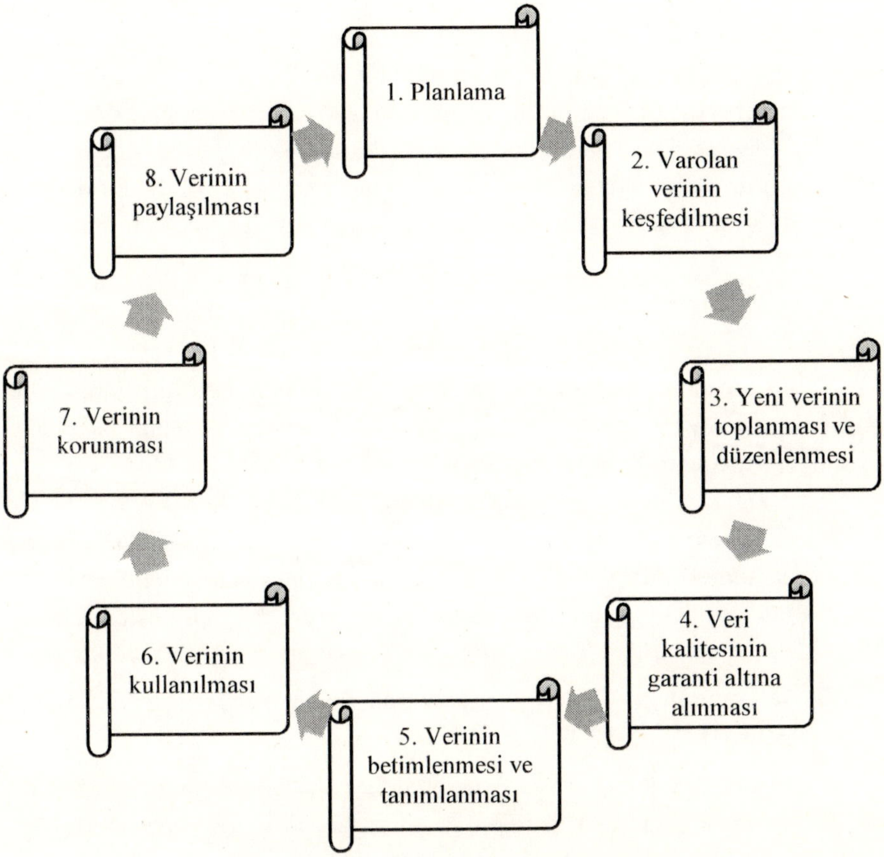

Şekil 27. Veri yönetiminin planlanması

Kaynak: Michener, 2015, s. 2.

Sonuç olarak veri yönetimi eylemleri ve uygulamalarına başlamadan önce veri yönetim planının hazırlanması ve veri yönetim sürecinin paydaşlar için bütüncül bir resminin çıkartılması etkili bir veri yönetimi süreci için önemli bir husustur. Etkili bir veri yönetim planı açısından elde edilecek verinin içeriğine ve doğasına dönük bir ön betimlemenin yapılması ve üzerinde analiz yapılacak verinin ve bu veriye ilişkin oluşturulacak üst verinin (metadata) içeriğinin saptanması önemlidir. Ayrıca etkili bir veri yönetimi planı verinin üçüncü şahısların erişimine açılmasına dönük politikaların değerlendirilmesini, veriden yeniden nasıl yararlanılabileceği ve arzu edildiğinde verinin yaygınlaştırılmasının nasıl gerçekleştirileceği gibi hususların netliğe kavuşturulmasını da sağlamalıdır.

Bütün bunlara ek olarak etkili bir veri yönetimi planı verinin nasıl arşivlenip uzun vadede veriye erişimin nasıl sağlanacağına dönük değerlendirmeleri de kapsamalıdır (Samuel, Grochowski, Lalwani ve Carlson, 2015, s. 2). Veri yönetimi sürecinin etkililiğinin veri yönetim sürecinin etkili bir biçimde planlanmasıyla doğrudan ilişkili olduğu, etkili bir planlamanın sürecin işleyişini hızlandıracağı, ayrıca veri yönetimi planının veri yönetim sürecinin işleyişine dönük önemli bir kontrol mekanizması görevi üstleneceği iddia edilebilir. Bu nedenle veri yönetimi sürecinin planlanmasına özel bir önem verilmeli ve veri yönetimi sürecinde rol oynayacak paydaşların görüşlerinin alınmasına özen gösterilmelidir.

3.3.4. Üst veri

Üst veri temel olarak kütüphanecilik ve bilgi teknolojilerinin ilgi alanına girmekle birlikte kavram bilgisayar teknolojileri alanında türetilmiş bir kavramdır. Bilgisayar teknolojilerinde "meta (üst)" kavramı "hakkında" anlamı taşımaktadır. Bu yönüyle "metadata", diğer bir ifade ile üst veri, "veri hakkında veri", ya da "diğer verileri betimleyen veri" olarak tanımlanabilir (Caplan, 2003, s. 1). Ortaya çıkışından bu yana üst veri kavramı ile ilişkili çeşitli tanımlamalar yapılmıştır. Buna karşın temel olarak belirli veri setlerini betimleyen, özetleyen veri türü olarak tanımlanması yaygın bir kabul görmüştür. Bu tanım temelinde ele alındığında aşağıda sıralanan veri türleri üst veriye bir örnek teşkil edebilir;

- Bir örgütün farklı veri kaynaklarına ilişkin veriler (Brackett, 2009, s. 149; Akt. Hay, 2006, s. 2).
- Bir örgütün içinde ya da dışında elde edilen her türlü fiziki, teknik, sosyal ya da iş süreçlerine ilişkin verilere ya da bir örgütün yararlandığı veri yapılarına ilişkin betimlemeler (Marco 2000, s. 5; Akt. Hay, 2006, s. 2).
- Belirli bir konuda elde edilmiş veriye ilişkin detaylı betimlemeler. Örneğin verinin formatı ya da karakteristik özellikleri gibi (Tannenbaum 2002, s. 93; Akt. Hay, 2006, s. 2).

Üst veri farklı formatlarda depolanmış verinin betimlenmesinde önemli bir araç niteliği taşır. Veri hakkında veri niteliği taşıması nedeniyle üst veriden fiziksel ya da bilişsel herhangi bir formda bulunabilen ve içerik, bağlam ve yapı özelliklerini taşıyan tüm verilerin betimlenmesinde yararlanılabilir. Üst veri ile betimlenebilecek bu üç veri bileşeni şu şekilde açıklanabilir (Gilliland, 2008; s. 2);

- *İçerik:* Bağlam verinin elde edildiği nesnenin ne içerdiğini ya da ne hakkında olduğunu veya verinin elde edildiği nesnenin doğal özelliklerini ifade eder.
- *Bağlam:* Bağlam verinin elde edildiği nesneye ilişkin dışsal öğelere karşılık gelmektedir. Verinin elde edildiği nesneye ya da olaya ilişkin "kim?", "ne?", "nerede?", "ne zaman?", "nasıl?" ve "neden?" gibi soruların cevaplandırılmasına dönük içerikler bağlamla ilişkili içerikler olarak kabul edilebilir.
- *Yapı:* Verinin elde edildiği nesne ya da olayla ilgili içsel ve dışsal bileşenler arasındaki ilişkilerin, bir veri setinde bireysel olarak yer alan birimler ya da nesneler arasındaki ilişkilerin ortaya konulmasını ifade etmektedir.

Üst veri içerik, bağlam ve yapı temel alınarak veri setleri ile ilgili özetleyici ya da betimleyici veri olarak tanımlanabilir. Bu durum üst verinin veri hakkındaki veri olarak betimlenmesinin en temel nedeni olarak gösterilebilir. Üst veri kavramı temel olarak veri kavramı kadar eskidir. Üst verinin geçmişini bilgi teknolojilerindeki ilk gelişmelere kadar götürmek mümkündür (Inmon, O'Neil ve Fryman, 2008, s. 3). Veri setlerinin kullanıcılar açısından anlamlı hale getirilmesinde üst veri önemli bir rol oynar. Bu yönüyle üst veri kavramı 1990'lara kadar bilimsel bilgilerin bilginin kullanıcıları açısından anlamlı hale getirilmesinde gerekli olan veri olarak tanımlanmıştır. İnternet ve web tabanlı veri kaynaklarındaki teknolojik gelişmelere dayalı olarak üst veri bilgi içeren nesnelerin ya da olayların betimlenmesi olarak tanımlanmaya başlanmıştır (Caplan, 2003, ss. 1-2).

Üst veri bir veri içeren nesneyi, olayı ya da olguyu betimleyen bir veri türüdür. Bu yönüyle bilgi içeren her bir nesnenin, olayın ya da olgunun üst veri ile betimlenebileceği ileri sürülebilir. Üst veri bilgi içeren veri birimlerinin kullanıcılar açısından daha anlamlı hale getirilmesinde önemli bir işleve sahiptir. Örneğin bir obje, bir fotoğraf ya da yazı üst veri ile betimlenebilir. Şekil 28'de bir fotoğrafın üst veri ile betimlenmesine bir örnek verilmiştir (Hillman ve Westbrooks, 2004, s. 55);

Başlık: Buddha Statue in Pu Du Dian at Yi Li Miao

Çalışma türü: Fotoğraflar

Fotoğrafı çeken kişi: Morrison, Hedda (1908-1991), Almanya, fotoğrafçı

Tarih: 1934-1935

Boyutlar: 10,5 x 8 cm

Konu: Tanrılar, heykeller

Milliyet/Kültür: Çin

Materyaller/Teknikler: Jelatin gümüş süreci

Yer: Yi Limao, Chengde, Hebei Sheng, China

Arşiv: Harward-Yenching Library, HM 10. 1159

Şekil 28. Bir fotoğrafın üst veri ile betimlenmesi

Kaynak: Hillman ve Westbrooks, 2004, s. 55.

Üst veri yazı formatında elde edilen verilerin betimlenmesinde işlevsel olabileceği gibi görsel verilerin betimlenmesinde de etkili bir aracı konumundadır. Bu türde görsel nesneleri betimleyen üst veri görsel üst veri (image metadata) olarak adlandırılabilir (Vrochidis, Doulaverakis, Gounaris, Nidelkou, Makris ve Kompatsiaris, 2009, s. 1). Üst veri nesnelerin, nesnelerin görsel temsillerinin, olayların, olguların ya da yazılı olarak elde edilmiş verilerin betimsel bir özetinin sunulmasında son derece önemli bir araç konumundadır. Üst veri elde edilen verilerin ya da nesnelere ilişkin bilgilerin kullanıcılar açısından anlamlı hale getirilmesinde önemli rol oynar.

Üst veri bir türü veri olmakla birlikte veriden çeşitli nitelikleri nedeniyle ayrılmaktadır. Öncelikle veri nesnelere ya da olaylara ilişkin gerçek bilgiyi ifade ederken üst veri gerçek veriye ilişkin veriyi ifade etmektedir. Veri bir nesnenin özüne, esasına ya da doğasına ilişkindir. Üst veri ise nesnenin doğasına ilişkin bir veri değil, betimleyici bir nitelik taşıyan veriyi ifade etmektedir. Örneğin bir konu ile ilişkili video formatında yer alan veri ele alınan konuya ilişkin gerçek veriyi ortaya koyar. Buna karşın video dosyasının başlığı ya da telif hakları ile ilgili bilgiler video formatındaki dosyada yer alan gerçek veriler değil üst veriler olarak nitelendirilirler.

Üst veri bir nesnenin doğasına ilişkin veri değil doğasını betimleyen bir veridir. Üst veri çok katmanlı bir yapıda olabilir. Örneğin verinin depolandığı dosya formatı, verinin depolanmasında ele alınan temel değişkenler gibi bileşenler temelinde bir veriye ilişkin farklı boyutlarda üst veri oluşturmak mümkündür. Üst veri verinin belirli bir veri seti içinde bulunmasında, yönetilmesinde ya da yaygınlaştırılmasında önemli işlevlere sahiptir (Wootton, 2007, ss. 12-13). Üst veri betimleyici bir nitelik taşıması nedeniyle elde edilen verilerin betimlenmesinde farklı bileşenlerden faydalanmaktadır. Bu bileşenlere üst veri şemaları adı verilmektedir. Çalışmanın devamında üst veri şemaları hakkında bilgilere yer verilmiştir.

3.3.4.1. Üst Veri Şemaları

Üst veri şemaları üst verinin belirli bir standart temel alınarak oluşturulmuş veri setlerini ya da üst verinin belirli bir amaç doğrultusunda yapılandırılmasını sağlayan bileşenlerdir (Caplan, 2003, s. 5). Anlam, içerik kuralları ve söz dizimi (syntax) üst veri şemalarının oluşturulmasında temel alınan en önemli unsurlar olarak kabul edilmektedirler. Anlam üst verinin ya da üst veri birimlerinin her birinin anlamı ile ilişkilidir. Üst veri setinde yer alan her bir birime ya da veri setine bir isim verilmesine ve tanımlama yapılmasına karşılık gelen bir kavramdır. İçerik kuralları üst veri setinin değerinin nasıl belirlendiği ve temsil edildiği ile ilişkilidir. Örneğin anlam bir üst veri setinin "yazar" biçiminde betimlenmesini ifade ederken içerik kuralları "yazar" olarak betimlenecek bireylerin hangi vasıfları taşıması gerektiğine (seçme) ve bir yazarın isminin üst veri olarak nasıl kayıt edileceğine (temsil) dönük kuralları kapsamaktadır (Caplan, 2003, s. 6).

Söz dizimi ise üst veri setinde yer alan birimlerin makine-okuması formatında nasıl kodlanacağı ile ilişkilidir. Söz dizimi üst veri setinin depolanmasında çok farklı taraflar arasında veri paylaşımına nasıl olanak sağlanacağına odaklanır (Caplan, 2003, s. 6). Üst veri şemaları üst verinin teşkil edilmesinde başvurulan standartlara karşılık gelmektedir. Gilliland (2008, s. 3) bu standartları Tablo'de yer aldığı biçimde özetlemektedir;

Tablo 2: Veri Standartları Tipolojisi

Standart	Örnek
Veri yapısı standartları (üst veri bileşen setleri, şemalar): Bir kaydı ya da veri nesnesini kategorik bir niteliğe kavuşturan bileşenleri ifade etmektedir.	Bilgisayar sistemleri tarafından okunan katalog verileri, sanat eserlerinin sınıflandırılmasında yararlanılan kategoriler
Veri değeri standartları (denetimli kelimeler, denetimli listeler): Veri değeri standartları veri yapısı standartlarının ve üst veri bileşenlerinin tanımlanmasında yararlanılan kavramlar, isimler ve diğer değerleri ifade etmektedir.	Kütüphane kataloglarındaki alt başlıklar, tıbbî konularla ilgili alt başlıklar, coğrafî isimlendirmeler için başvurulan terimler
Veri içerik standartları (kataloglama ve kodlama kuralları): Veri içerik standartları üst veri bileşenlerinin betimlenmesinde yararlanılan değerlerin formatı ve söz dizimine ilişkin temel ilkeleri ifade etmektedir.	Kültürel nesnelerin sınıflandırılması, bir örgütteki verinin katalog haline getirilmesinde başvurulan ilkeler ve kurallar
Veri formatı/teknik değiş tokuş standartları (bilgisayar sistemleri tarafından okunabilir bir nitelik taşıyan üst veri standartları): Bu türde standartlar üst verinin makine öğrenme ilkesi ile çalışan sistemler tarafından okunabilir olması üzerine odaklanan standartlardır.	Üst verinin okunması sürecinde yararlanılan algoritmalar ya da yazılım programları

Kaynak: Gilliland, 2008, s. 3.

Sonuç olarak üst veri şemaları üst verinin oluşturulmasında başvurulan standartlara karşılık gelen bir kavramdır. Üst veri oluşturma süreci oldukça sistematik bir süreçtir. Bu süreçte farklı şemalardan ya da standartlardan yararlanılmaktadır. Belirli şemalara dayalı olarak geliştirilmelerine rağmen farklı üst veri formatlarından bahsetmek mümkündür. Çalışmanın devamında farklı üst veri formları ve bu farklı üst veri formlarının işlevleri hakkında bilgilere yer verilmiştir.

3.3.4.2. Üst Veri Türleri ve İşlevleri

Üst verinin farklı işlevleri yerine getirmesi üst verinin farklı biçimlerde sınıflandırılmasına neden olmuştur: Betimsel, yönetsel ve yapısal üst veri. Bu tür sınıflandırmalar temel olarak üst veri birimlerinin doğasına özgü niteliklerden ziyade üst verinin fonksiyonel kullanım alanları ve amaçları ile ilişkilidir. Bu noktada bütün üst veri türlerinin bir noktada bir betimleme içerdiği ileri sürülebilir (Caplan, 2003, s. 3). Üst veri veri setlerine ilişkin betimlemelerden oluşmaktadır. Üst veri elde edilen veri setlerinin amaçlara ve işlevlerine göre kullanıcıların hizmetine daha etkin bir biçimde sunulması ile ilişkilidir. Bu yönüyle üst veri veriden örgütsel amaçlar doğrultusunda yararlanılmasını kolaylaştıran bir niteliğe sahiptir. Üst veri veri setlerinin özet niteliğinde betimlenmesini ifade ettiğinden üst veri örgütsel düzeyde işlevsel bilgiye erişim sağlanmasına olanak sağlayacak veri setlerine daha etkin bir biçimde erişim sağlanmasında önemli bir rol oynayabilir.

Üst verinin sınıflandırılmasında temel alınan en önemli özellik üst verinin işlevidir. Üst verinin en temel işlevi veri setlerinin betimlenerek elde edilen farklı formatlardaki büyük veri setlerine ilişkin üst veriye dayalı olarak değerlendirmelerin yapılmasına olanak sunmasıdır. Buna karşın üst verinin farklı her bir türü farklı işlevlere odaklanmaktadır. Örneğin betimsel üst veri kendine özgü farklı amaçlara dönük olarak tasarlanmış bir üst veridir. Temel amacın betimleme olmasına karşın betimsel üst veride betimleme farklı boyutlarda ya da alanlarda işlevleri yerine getirmek üzere tasarlanmıştır. Caplan (2003, s. 3) betimsel üst verinin işlevlerini şu şekilde özetlemektedir;

- *Keşfetme (discovery):* Veriye nasıl erişim sağlanacağının ortaya konulması,
- *Kimliklendirme (identification):* Bir veri kaynağının benzer diğer veri kaynaklarından nasıl ayırt edilebileceğinin belirlenmesi,
- *Seçme (selection):* Belirli bir veri kaynağının belirli bir ihtiyacı nasıl karşıladığının ortaya konulması, örneğin video formatında bulunan bir verinin DVD formatına nerede ve nasıl erişim sağlanabileceğinin belirlenmesi gibi.

Üst veri verinin betimlenmesini, açıklanmasını, belirli bir konumda konumlandırılmasını temel aldığından verinin elde edilmesine, kullanılmasına ve veriden bir bilgi kaynağı olarak yararlanılmasına olanak sağlayan yapılandırılmış bir bilgi niteliği taşır (Brooke, 2014, s. 8). Betimsel üst verinin önemli işlevleri söz konusudur. Betimsel üst verinin en önemli işlevleri değerlendirme (evaluation), bağlantı (linkage) ve kullanılabilirliktir (usability). Değerlendirme bir kitap ya da film eleştirisi gibi anlatım (narrative) şeklinde olabileceği gibi öznel bir yaklaşımla ele alınmış bir betimleme de olabilir. Bağlantı veri setlerinde yer alan birimlerin arasındaki ilişkilerin ortaya konulmasına karşılık gelmektedir. Bir veri setinde yer alan birimler arasındaki ilişkilerin sayısı sınırsız olabilir. Örneğin bir kitap kitabın önceki ya da sonraki baskıları, kitabın farklı dillerdeki çevirileri, aynı yazara ilişkin diğer kitaplar ya da aynı konuyu ele alan diğer kitaplarla ilişkili olabilir.

Kullanılabilirlik verinin kullanıcılar açısından ne kadar işlevsel olduğu ile ilişkilidir. Örneğin kütüphane katalogları üst verinin kullanıcılar açısından üst düzeyde bir işlevselliğe sahip olmasında farklı yazılımlardan ve donanımlardan yararlanmaktadırlar (Caplan, 2003, s. 4). Kısaca betimsel üst veri, bir nesneye ya da konuya ilişkin veriyi betimlemek ya da kimliklendirmek amacıyla yararlanılan veri olarak tanımlanabilir. Örneğin bir makaleye ilişkin başlık, önsöz, yazar ya da anahtar kelimeler gibi bileşenler betimsel üst veri olarak kabul edilebilir (Prahallad, Thammishetty, Raghavendra ve Ambati, 2006, s. 1).

Diğer bir üst veri türü ise yönetsel üst veridir. Yönetsel üst veri, veri kaynaklarının yönetilmesini kolaylaştırmak amacıyla ortaya konulan bilgiyi ifade etmektedir. Yönetsel üst veri bir nesnenin kim tarafından ve ne zaman üretildiği, nesne ile ilgili içeriğe ulaşma konusunda kimlerin sorumlu olduğu, nesne ile ilgili veriye erişime dönük ne tür kısıtlamaların olduğu gibi hususları içeren bilgilerden meydana gelir. Betimsel üst veri ile yönetsel üst veri arasındaki ayrımı yapmak oldukça güçtür. Örneğin bir veri tabanında bir nesneye ilişkin bilgilere erişim sağlamak amacıyla belirlenen bir şifre numarası yönetsel bir üst veri olarak kabul edilebilir. Buna karşın nesneyi betimleyen ve aynı zamanda nesneye bilgilere erişim için yararlanılan bir şifre numarası ise betimsel üst veri olarak ele alınabilir (Caplan, 2003, s. 4).

Yönetsel üst veri daha çok nesnenin doğasına ilişkin bilgilerden ziyade nesnenin nasıl üretildiği ya da nesneye ilişkin verinin dijital ortamda nasıl depolandığı ile ilgilenir (Hillmann ve Westbrooks, 2004, s. 25). Bu noktada yönetsel üst verinin farklı alt kategorilere ayrılması da mümkündür: Telif haklarının yönetimine dönük üst veri, verinin korunmasına dönük üst veri ve teknik üst veri. Telif hakları ve verinin korunmasına dönük üst veri, veriye dönük telif haklarına ve verinin nasıl muhafaza edileceğine dönük hükümleri içerir. Teknik üst veri ise verinin kaydedildiği dosya türü gibi teknik hususları kapsar.

Teknik veri aynı zamanda verinin muhafaza edilmesi ile ilgili üst verinin de önemli bir bileşeni konumundadır. Çünkü bir veri ile ilgili teknik hususlar verinin depolanmasına dönük hususları da doğrudan etkileyen bir nitelik taşımaktadır (Caplan, 2003, s. 5). Sonuç olarak yönetsel üst veri bir veri kaynağının ne zaman ve kim tarafından ortaya konulduğu, verinin depolandığı veri formatı gibi teknik hususlar ve veriye kimin erişim sağlayabileceği gibi hususları kapsamına alır. Yönetsel üst verinin temel işlevi veri kaynağının yönetiminde kolaylık sağlanmasıdır (Prahallad ve diğerleri, 2006, s. 1).

Bir başka üst veri türü yapısal üst veridir. Yapısal üst veri bir veri nesnesine ilişkin bileşenlerin nasıl bir araya getirildiği üzerine odaklanır. Örneğin bir metinde sayfaların bir bölüm oluşturacak biçimde nasıl sıralandığı yapısal üst veri olarak nitelendirilebilir (Prahallad ve diğerleri, 2006, s. 1). Yapısal üst veri bileşik dijital nesneleri bir arada tutan bir yapıştırıcı olarak kabul edilebilir. Örneğin bir kitap farklı bölümlerden, her bir bölümde farklı sayfalardan oluşur. Bu sayfaların her biri ayrı bir dijital dosya olarak kaydedilmiş olabilir. Yapısal üst veri kaydedilen dosyaların sayfalarla, sayfaların bölümlerle, bölümlerin de kitapla ilişkisinin ortaya konulmasında gerekli bir veridir. Örneğin bir kitabın farklı bölümlerine doğrudan erişim sağlanmasına olanak sağlayacak biçimde tasarlanmış dijital içerik sayfaları yapısal üst veri olarak kabul edilebilir. Yapısal üst veri bir nesne ile ilgili veriye erişimi kolaylaştırması açısından betimsel üst veri ile benzerlik göstermektedir. Buna karşın aralarındaki temel farklılık odaklandıkları işlevlerdir. Betimsel üst veri veriden insanların yararlanmasını kolaylaştırmaya odaklanırken, yapısal üst veride vurgu verinin makineler tarafından işlenmesinin kolaylaştırılması üzerindedir (Caplan, 2003, s. 5).

Daha önce de ifade edildiği üzere üst veri yaygın bir biçimde betimsel, yönetsel ve yapısal olmak üzere üç farklı şekilde gruplandırılmaktadır. Buna karşın üst verinin farklı biçimde gruplandırılması da mümkündür. Bütün farklı gruplandırmalarda betimsel ve yönetsel üst veri yer almakla birlikte bazı yazarlar tarafından bunlara ek olarak diğer bazı üst veri türlerinden de bahsedilmesi mümkündür. Gilliland (2008, s. 9) farklı üst veri türlerini ve bu farklı türde üst verilerin yerine getirdikleri işlevleri Tablo 3'te yer aldığı biçimde özetlemektedir;

Üst veri genellikle yerine getirdiği işlevler temel alınarak sınıflandırılmaktadır. Üst veri verinin betimlenmesini ve kullanıcılar için daha uygun hale getirilmesini temel aldığından veri yönetimi süreçlerinin önemli bir bileşeni olarak kabul edilmektedir. Üst veri veriden örgütsel bir değer ortaya konulmasında son derece önemli bir konumda yer alır. Ayrıca örgütsel düzeyde depolanan verinin örgütsel açıdan ekonomik değerine ilişkin değerlendirmelerde de üst veri araştırmacılar için bir referans niteliği taşımaktadır. Farklı üst veri türlerinden bahsedilebilmekle birlikte üst verinin belirli ortak niteliklerinin olduğu ileri sürülebilir. Çalışmanın devamında üst verinin temel özellikleri hakkında bilgilere yer verilmiştir.

Tablo 3: Farklı Üst Veri Türleri ve İşlevleri

Türü	Tanımı	Örnekler
Yönetsel	Toplanan verilerin ve veri kaynaklarının yönetiminde yararlanılan üst veridir.	• Verinin elde edilmesi • Telif hakları • Verinin yeniden üretimi • Yasal erişim gereksinimlerine ilişkin belgelendirmeler • Verinin konumu • Dijitalleştirme için seçim kriterleri
Betimsel	Verinin ve veri kaynaklarının kimliklendirilmesi ve betimlenmesinde yararlanılan üst veri	• Katalog kayıtları • Veriye erişim için bilgiler • Verinin farklı versiyonlarına dönük farklılıklar • İndeksler • Veri kaynakları arasındaki bağlantılar • Verinin üreticileri ya da kullanıcıları tarafından ortaya konulan açıklamalar, yorumlar ya da şerhler
Muhafaza	Verinin ya da veri kaynaklarının muhafaza edilmesine dönük ilkeleri ortaya koyan üst veri	• Kaynakların fiziksel konumuna ilişkin belgelendirmeler • Fiziksel ve dijital bir formda yer alan verinin muhafaza edilmesine dönük eylemlerin belgelendirilmesi • Verinin dijitalleştirilmesi ve korunması süreçlerinde ortaya çıkan değişimlerin belgelendirilmesi
Teknik	Sistemin nasıl işlev gördüğü ve üst verinin nasıl hareket ettiğine ilişkin veriler	• Yazılım ve donanıma dönük dokümantasyon • Veri formatı gibi teknik dijitalleştirmeye ilişkin veriler • Sistemin cevap verme hızına dönük veriler • Şifreler ve anahtar kelimeler gibi gerçeklik ve güvenliğe dönük veriler
Kullanım	Verinin ve veri kaynaklarının kullanım düzeylerine ilişkin veriler	• Dolaşım (tiraj) verileri • Fiziksel ya da dijital olarak sergilenmeye dönük veriler • Kullanım ve kullanıcı takibi • İçeriğin yeniden kullanımı ve verinin farklı biçimde formatlanması • Araştırma ölçümleri • Üst verinin telif haklarına ilişkin veriler

Kaynak: Gilliland, 2008, s. 9.

3.3.4.3. Üst Verinin Özellikleri

Üst veri bir örgütte ya da sistemde verinin kullanımına dönük olarak gerçekleştirilen verinin örgütsel düzeyde yapılandırılmasını ve verinin yönetimine dönük bilgileri kapsar (Hay, 2006, s. 4). Üst veri bu yönüyle verinin örgütsel bir değere dönüştürülmesinde önemli bir işleve sahiptir. Üst verinin sahip olduğu çeşitli nitelikler onu veri yönetim süreçlerinin en önemli bileşenlerinden biri haline getirmektedir. Gilliland (2008, ss. 10-11) üst verinin niteliklerini Tablo 4'te yer aldığı biçimde özetlemektedir;

Tablo 4: Üst Verinin Nitelikleri

Bileşen	Karakteristik Özellikleri	Örnekler
Üst verinin kaynağı	Dâhili üst veri bir nesneye ilişkin veriyi ilk üreten kişi ya da kurum tarafından üretilen üst veriyi ifade eder. Üst veri nesne ya da eylemin doğasına ve özüne ilişkin veridir.	• Dosya adları ya da başlıklar • Yönergeler • Veri formatı ve sıkıştırma düzeni • Nesneye ya da veriye üreten tarafından eklenen başlık ya da ithaf • Nesneye ilişkin başlıklar ve bu başlıklara ait alt başlıklar
	Harici üst veri hakkında veri toplanan orijinal nesneye ilişkindir ancak harici üst veri, veri üreten kimse dışında bir başkası tarafından ortaya konulan üst veriyi ifade eder.	• URL bağlantıları gibi üst verinin kökenine ilişkin bilgiler • Katalog kayıtları • Telif hakları ve diğer yasal bilgiler
Üst verinin üretilme biçimi	Bilgisayar tarafından otomatik olarak üretilen üst veri	• Anahtar sözcük endeksleri • Kullanıcı işlem günlükleri • Denetim yolları
	İnsanlar tarafından elle üretilen üst veri	• Katalog kayıtları, özel indeksler ve veriye erişimi kolaylaştıran betimlemeler
Üst verinin doğası	Enformasyon alanında ya da veri toplanan alanda uzman olmayan bir kimse tarafından üretilen üst veri	• Bireysel web sayfaları için üretilen üst etiketler • Bireysel dosyalama sistemleri
	Enformasyon alanında ya da veri toplanan alanda uzman olan bir kimse tarafından üretilen üst veri	• Uzman konu başlıkları • Arşiv arama kayıtları • Katalog girişleri

	Bir kez üretildiğinde herhangi bir değişikliğe uğramayan statik üst veri	• Üst verinin üretilme tarihi, üst verinin nasıl üretildiği ve dosya boyutu gibi teknik özellikler
Üst verinin statüsü	Kullanım, manipülasyon ve korumaya dönük uygulamalar nedeniyle zaman içinde değişime uğrayan dinamik üst veri	• Kullanıcı işlem günlükleri • Yönergeler
	Verinin kullanılabilirliğini ve erişimini güvence altına alan uzun vadeli üst veri	• Teknik format ve bilgi işleme süreci • Telif hakları bilgisi • Veri muhafaza yönetimi dokümantasyonu
	Genellikle işlemsel bir nitelik taşıyan kısa vadeli üst veri	• Verinin örgüt ya da sistem içi konumuna dönük bilgiler
Üst verinin yapısı	Önceden belirlenmiş bir plana uygun olarak hazırlanmış yapılandırılmış üst veri	• Veri tabanı formatları
	Öngörülebilir bir yapıya dayalı olarak hazırlanmamış yapılandırılmamış üst veri	• Yapılandırılmamış alan notları • Diğer serbest metin açıklamaları
Üst verinin anlamı (semantics)	Belirli bir kelime dizini, kural ya da formata dayalı olarak hazırlanmış kontrollü üst veri	• Belirli ilkelere göre üst veri oluşturan yazılımlar
	Belirli bir kelime dizini ya da kural setine uymayan kontrolsüz üst veri	• Serbest metin notları • HTML meta etiketleri ve kullanıcı tarafından oluşturulan diğer etiketler
Üst verinin düzeyi	Farklı nesnelere ilişkin toplama biçiminde elde edilen üst veri	• Toplama ya da grup düzeyinde kayıtlar • Uzmanlık endeksi
	Belirli bir nesneye ilişkin üretilen üst veri	• Bireysel bibliyografik öğeler için katalog kayıtları veya benzersiz kültürel nesneler • Yazılı resim başlıkları ve tarihler • Biçim bilgileri

Kaynak: Gilliland, 2008, ss. 10-11.

Üst veri nitelikleri nedeniyle veri yönetimi süreçlerinin en temel bileşenlerinden birini teşkil etmektedir. Üst veri belirli bir bilgi içeren dokümanın ve verinin belirli bir depolama sisteminde tutarlı ve uygun bir biçimde kaydedilmesini sağlayan veridir (Wootton, 2007, s. 12). Üst veri her zaman dijital bir nitelik taşımak zorunda değildir. Kataloglar ya da kartlar biçiminde de üst verinin veri toplayan uzmanlar tarafından üretilmesi mümkündür. Üst veri bir nesnenin ya da veri setinin betimlenmesinden öte bir şeydir. Üst veri bir veri setinin bağlamı, yönetimi, işlenmesi, korunması ya da kullanılması gibi hususlarda da bilgi içerebilir. Üst verinin farklı kaynaklardan elde edilmesi mümkündür. Üst veri bir insan tarafından geliştirilebileceği gibi bir bilgisayar algoritması tarafından da üretilebilir.

Üst veri bir veri sistemi ya da hakkında veri bulunan nesne var oldukça varlığını sürdürebilir. Bu noktada veri üretim ve işleme süreçlerinin farklı aşamalarında üst veri de değişikliğe gidilebilir ya da üst veri tasfiye edilebilir. Bilgi işleme sistemleri ve nesneler arasındaki bağımlılıklar dikkate alınarak bir nesne hakkındaki üst veri diğer bir nesne ile ilgili veri niteliği taşıyabilir (Gilliland, 2008, s. 14). Üst veri büyük veri setlerini betimleyen ve belirli ilkeler temelinde sınıflandıran bir nitelik taşıması nedeniyle verinin kullanıcılar için uygun bir forma dönüştürülmesinde ve veriye etkin ve hızlı bir biçimde erişimin sağlanmasında önemli bir aracı konumundadır. Bu yönleriyle üst veri önemli işlevleri yerine getirmektedir. Çalışmanın devamında üst verinin önemine ve işlevlerine dönük hususlar hakkında bilgilere yer verilmiştir.

3.3.4.4. Üst Verinin Önemi ve İşlevleri

Araştırma yapmak uygun veriye uygun zamanda hızlı bir biçimde erişim sağlamakla mümkün olabilir. Üst veri veri setlerinin betimlenmesine dönük bir şema ortaya koyar ve bu şema temelinde verinin betimlenmesini sağlar. Bu şekilde büyük veri setlerinden uygun veriye etkili ve verimli bir biçimde erişim sağlanmaktadır. Üst veri şemaları bu noktada önemli işlevleri yerine getirmektedir. Üst veri şemalarının işlevlerine dönük olarak şu hususlar sıralanabilir (Wootton, 2007, s. 12);

- Web ağlarında konumlandırılacak materyaller için standart bir yol haritası niteliği taşıması,
- Materyalin depolanmasına dönük olarak tutarlı bir çerçeve planının ortaya konulması,
- Belirli veri materyallerine dönük olarak sorgulamayı daha kolay hale getirmesi,
- Veriye dönük sorgulamalarda yakın ya da benzer gibi farklı düzeylerdeki belirsizliklere ışık tutması,
- Nesneleri ya da nesneler hakkındaki verileri belirli nitelikler temelinde gruplandırması,

- Nesneleri ya da veri setlerini belirli özellikleri temelinde sıraya koyması,
- Veri girişine dönük bir kontrol mekanizması görevi üstlenmesi,
- Verinin dönüşümünün ve veriden diğer bazı amaçlarla yararlanılmasının sağlanması,

Üst veri verinin sorgulama için uygun bir forma dönüştürülmesi, verinin kullanıcılar için daha erişilebilir bir konuma yükseltilmesi ve veriden işlevsel olarak daha fazla yararlanılmasına katkı sağlaması açısından önemlidir. Bu nitelikleri nedeniyle üst verinin veri yönetimi süreçlerinin etkili ve verimli bir biçimde yerine getirilmesinde merkezi bir konumda yer aldığı ileri sürülebilir. Üst veri veri yönetiminde önemli işlevleri yerine getirmektedir. Bu işlevler şu şekilde sıralanabilir (Gilliland, 2008, ss. 13-14);

- *Bilgi içeren nesnelerin ya da veri setlerinin üretilmesi, farklı formlara dönüştürülmesi, verinin yeniden kullanılması ve yeni bir bağlamda yeniden anlamlandırılmasına katkı sunması:* Nesneler dijital bilgi sistemlerine dijital bir formda üretilerek ya da dijital bir forma dönüştürülerek girerler. Farklı amaçlara hizmet etmek üzere belirli bir nesneye ya da veri setine ilişkin farklı formatlar üretilebilir.
- *Düzenleme ve betimleme:* Üst verinin en önemli işlevlerinden biri bir koleksiyonda ya da depolama sisteminde bulunan verinin betimlenmesi ve belirli bir sıraya ya da düzene sokulmasını sağlamasıdır. Betimleyici üst veri otomatik olarak sistem tarafından üretilebileceği gibi veri toplanan konuya ya da nesneye ilişkin uzmanlar tarafından da üretilebilir.
- *Doğrulama (teyit etme):* Veriye erişim sağlayacak kullanıcılar verinin geçerliliğine ve güvenilirliğine dönük bir değerlendirmede bulunabilmek için veri setlerine ya da nesnelere ilişkin üst veriden yararlanırlar.
- *Araştırma ve yeniden elde etme (retrieval):* Etkili betimsel üst veri araştırmacının uygun veriye etkili ve hızlı bir biçimde erişim sağlamasında işlevsel bir aracı konumundadır.
- *Kullanım ve koruma:* Dijital alanlarda varlıklarını sürdürdükleri sürece veri setlerinden farklı amaçlarla yararlanmak mümkündür. Bu süreçte veri setlerinde farklı değişimler, dönüşümler ya da düzeltmeler de gerçekleştirilebilir. Ayrıca verinin korunmasına dönük farklı eylemler ve uygulamalar da yerine getirilebilir. Veri setlerinde gerçekleştirilen değişimler, dönüşümler ve düzeltmeler de kayıt altına alınır.

- *Tasfiye etme:* Üst veri veri setlerinin tasfiye edilmesinde önemli bir bileşen görevi üstlenir. Veri depolarında aktif olarak kullanılmayan ya da artık gerekli olmayan veriler tasfiye edilebilir. Üst veri bu türde verilerin ya da nesnelerin tespit edilmesinde önemli bir rol oynayabilir.

Üst veri özellikle dijital kaynaklarda verinin yönetiminde son derece işlevsel ve önemli bir araç konumundadır. Üst veri verinin betimlenmesini, veri setlerinin incelenmesini kolaylaştırılması ve verinin farklı veri kaynakları arasında transfer edilebilmesine olanak sağlaması gibi nedenlerden ötürü veri yönetiminde önemli bir araç niteliği taşımaktadır. Bu yönüyle üst verinin kalitesinin veri yönetimi süreçlerinin verimli bir biçimde yerine getirilmesinde merkezi bir konumda yer aldığı iddia edilebilir. Dashrath (2014, s. 211) üst verinin önemine ilişkin olarak aşağıda yer alan hususları sıralamaktadır;

- *Üst veri veriyi erişimi daha etkin hale getirir:* Üst veri belirli bir konuya ilişkin veri kaynaklarının taranmasında ve verinin konumunun tespit edilmesinde önemli bir araç niteliği taşır.
- *Üst veri veri yapılarına birlikte çalışabilir bir nitelik kazandırır:* Verinin yeniden elde edilmesi ve değiş tokuş yapılmasında üst veri önemli bir aracı konumundadır.
- *Üst veri belirli bir veri seti içinde çoklu sürüm oluşturulmasında işlevseldir:* Araştırma, yaygınlaştırma ya da ürün geliştirme amaçları ile bir nesneye ya da veri setine ilişkin farklı formatlar ya da sürümler geliştirilebilir.
- *Üst veri telif haklarının yönetiminde önemli bir rol oynar:* Üst veri veriye ve verinin farklı formlarına ilişkin telif haklarının takip edilmesinde önemli bir araçtır.
- *Üst veri verinin muhafaza edilmesinde önemli bir konumdadır:* Teknik üst veri, betimsel üst veri ve verinin korunmasına dönük üst veri verinin nasıl üretildiği ve korunduğuna ilişkin hususların ortaya konulmasında önemli bir rol oynar.
- *Üst veri veri sistemlerinin gelişimi açısından önemli bir aracı rolü üstlenir:* Üst veri teknik ve ekonomik bir bakış açısı ile veri sistemlerinin değerlendirilmesi ve temizlenmesinde önemli bir rol oynayarak sistemlerin daha etkili ve verimli bir forma dönüştürülmesinde işlevseldir.

Üst verinin yerine getirdiği işlevleri dikkate alındığında veri yönetimi süreçlerinde ne kadar önemli bir bileşen olduğu daha açık bir biçimde ortaya konulabilir. Üst veri veri setlerinin betimlenmesi, sınıflandırılması ve verinin kullanıcılar açısından daha kullanılabilir bir forma dönüştürülmesinde önemli bir aracı konumundadır. Bu açıdan ele alındığında üst veriye ilişkin sağlıklı bir anlayış geliştirilmesinin etkili bir veri yönetimi süreci açısından önemli bir konumda yer aldığı ileri sürülebilir. Özellikle büyük veri üzerinden yürütülen veri yönetimi süreçlerinin etkin bir biçimde yerine getirilmesinde üst verinin önemli bir araç niteliği taşıdığı iddia edilebilir.

3.3.5. Fikri Mülkiyet Hakları

Entelektüel mülkiyet insan zekâsının entelektüel eylemleri ile ilgilenen bir olgudur. Bireylerin entelektüel yeterliliklerini ve yaratıcılıklarını kullanarak ortaya koydukları ürünlere dönük çeşitli hakları söz konusudur. Bu haklar yasal düzenlemelerle güvence altına alınmıştır (Bijle, 2013, s. i). Fikri mülkiyet hakkı bireylerin ortaya koydukları orijinal ürünlerin mülkiyet haklarının korunmasına dönük yasal düzenlemelere karşılık gelmektedir. Fikri mülkiyet hakkı insan beyni tarafından ortaya konulan ve fiziksel bir nitelik taşımayan entelektüel ürünlerin de mülkiyet haklarının korunmasını ifade eder. Fikri olarak ortaya atılmış entelektüel çıktılar fizikî ürünlere de dönüştürülmüş olabilir (Savale ve Savale, 2016, s. 2529). Fikri mülkiyet hakları orijinal bir çıktının ya da eserin korunmasına dönük oldukça farklı bileşenleri içeren kapsamlı bir kavramdır. Reddy ve Aswath (2016, s. 49) fikri mülkiyet hakları kapsamına giren bileşenleri Şekil 29'da yer aldığı biçimde özetlemektedirler;

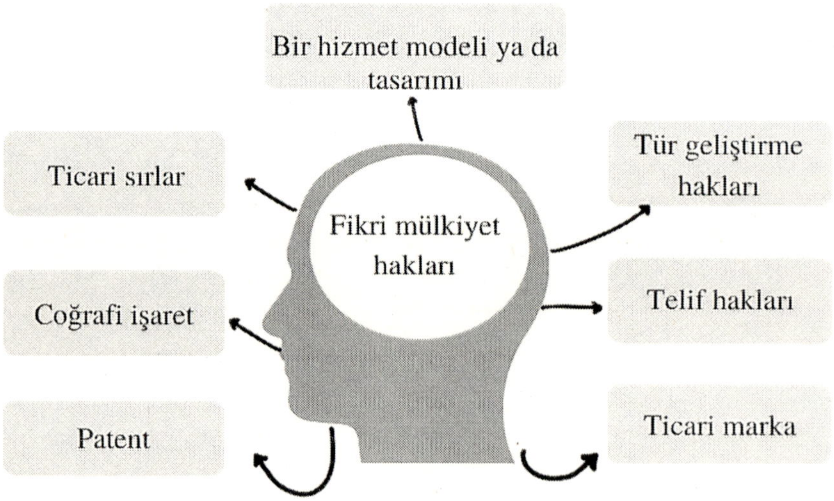

Şekil 29. Fikri mülkiyet haklarının kapsamı

Kaynak: Reddy ve Aswath, 2016, s. 49.

Patent belirli bir eylemin gerçekleştirilmesine ya da ürünün üretilmesine dönük yeni bir yol keşfedilmesini ya da bir sorunun çözümüne dönük teknik bir yöntem keşfedilmesini ifade etmektedir. Geliştirilen bu yönteme dönük mülkiyet hakları yasal güvence altına alınmaktadır (Savale ve Savale, 2016, s. 2531). Telif hakları edebî ve sanatsal eserlere dönük hakları ifade etmektedir. Telif hakları edebî ya da sanatsal bir ürünün yeniden üretilmesi ya da uyarlanmasına dönük haklara karşılık gelmektedir. Ticarî marka belirli bir işletmenin ürettiği ürünleri ve hizmetleri diğerlerinden ayırmak için kullanılan firmaya özgü işaretleri ve sembolleri ifade eder (Bijle, 2013, s. i). Coğrafî işaret belirli bir coğrafî bölgeye özgü olan ve o bölgenin belirli özelliklerini taşıyan ürünleri ya da nesneleri betimlemek için kullanılmaktadır. Özellikle zirai ürünler coğrafî işaretli ürünler olarak kabul edilebilir (Savale ve Savale, 2016, s. 2532).

Ticarî sır ise belirli bir ticarî örgüte rekabet ortamında avantaj sağlayan gizli bilgi olarak tanımlanabilir. Genellikle üretim ve sanayi sektörlerinde firmaların saklı tuttuğu bilgiler ticarî sır olarak kabul edilebilir. Bir firmaya ait ticarî sır yasal güvence ile koruma altına alınabilir (Savale ve Savale, 2016, s. 2533). Tür geliştirme hakları ise özellikle zirai alanda belirli tür bitkilerin geliştirilmesi ile ilgili yasal haklara karşılık gelmektedir (Savale ve Savale, 2016, s. 2534). Bir hizmet modeli ya da tasarımı ise toplumsal bir hizmetin yerine getirilmesi sürecinde farklı ve orijinal bir tasarımın ortaya konulmasını ve bu tasarıma ilişkin mülkiyet haklarının güvence altına alınmasını ifade eder.

Entelektüel mülkiyet hakları telif haklarını da içine alan daha kapsamlı bir kavramdır. Bu noktada orijinal bir ürüne ya da entelektüel bir çıktıya ilişkin çok farklı bileşenler entelektüel mülkiyet haklarının bir nesnesi olarak ele alınabilir. Entelektüel mülkiyet haklarının kapsamına girebilecek çeşitli çıktılar ya da ürünler şu şekilde sıralanabilir (WIPO, 2016, s. 3);

- Edebî, sanatsal ya da bilimsel eserler,
- Sanatçıların canlı performansları, sesli performanslar ya da yayınlar,
- İnsanlar tarafından farklı alanlarda ortaya konulan icatlar,
- Bilimsel keşifler,
- Endüstriyel tasarımlar,
- Markalar, ticarî isimler, unvanlar,
- Haksız rekabete karşı yasal düzenlemeler,
- Endüstriyel, edebî, sanatsal ve bilimsel alanda insan zekâsı eylemleri ve çıktılarına dönük her türlü haklar.

Veri ve verinin analiz edilmesi ile elde edilen bilgi çoğunlukla entelektüel süreçlerin bir ürünüdür ve bu veriler ya da bilgiler belirli mülkiyet haklarına tabidir. Bu noktada özellikle örgütler açısından toplanarak elde edilen verilere dönük entelektüel mülkiyet hakları veri yönetimi açısından önemli bir konumda yer alabilir. Özellikle telif haklarına dönük yasal düzenlemelere hâkim olmak ve bu hususta gerekli özeni göstermek veri yönetimi süreçlerinin sağlıklı bir biçimde yürütülmesinde merkezi bir konumda yer alabilir. Telif hakları veri yönetiminde verinin elde edilmesi ve toplumla paylaşılmasında göz önünde bulundurulması gereken bir husustur. Bu yönüyle çalışmanın devamında telif haklarına ilişkin temel düzeyde bilgilere yer verilmiştir.

3.3.6. Telif Hakkı

Telif hakkı fikri mülkiyet haklarının bir alt bileşenidir ve bir ürünün yasal haklarının onu üreten kişiye yasal güvenceler temelinde verilmesini ifade etmektedir. Telif hakları bir ürünün sahibine ürüne dayalı maddî ya da diğer türlü kazançlar elde edebilmesine dönük yasal haklar sağlar. Telif hakkının çiğnenmesi belirli yasal yaptırımların devreye sokulması ile sonuçlanabilir (Reddy ve Aswath, 2016, s. 48). Telif hakkı yazarlara, müzisyenlere, sanatçılara ve orijinal bir ürün ortaya koyan tüm bireylere ortaya koydukları eserleri koruma hakkı tanıyan yasalara karşılık gelmektedir. Telif hakları bireylerin eserlerinin yetkisiz bir biçimde kullanılmasının önüne geçilmesinde ve herhangi bir maddi kazanç durumunda eserin sahibinin bundan yararlanmasının teminat altına alınmasında aracı işlevi görür. Telif hakkı eserin bireylerle ya da toplumla paylaşımına dönük hususları ortaya koyar (UNESCO, 2010, s. 10).

Bir esere ilişkin telif hakkı telif hakkı yasası ile koruma altına alınmaktadır. Telif hakkı yasası bir kimseye ya da bir gruba ürettikleri orijinal esere ilişkin olarak yeniden yayımlama, adapte etme, çeviri yapma ve dağıtımını yapma gibi eylemleri eserin sahibinin iznine bağlayan yasal güvenceleri ifade etmektedir. Telif hakkı yasasının temel amacı eseri güvence altına almak, elde edilecek gelirler ya da kazançlar hususunda eseri ortaya koyan kişinin emeğini ödüllendirmektir. Bu şekilde telif hakkı yasası eser ortaya koyan bireyleri daha fazla orijinal ürün ortaya koyma hususunda teşvik etmeyi amaçlamaktadır (Reddy ve Aswath, 2016, s. 49). Çok farklı eserlerin telif hakkı yasası ile koruma altına alınması mümkündür. Bu eserlerden bazıları şu şekilde sıralanabilir (WIPO, 2016, s. 7);

- Kitap, kitapçık, broşür ya da diğer her türlü yazınsal eser,
- Ders anlatımları, ders notları ya da dinî vaazlar,

- Drama ya da müzik eserleri,
- Sözlü ya da sözsüz besteler,
- Sinema eserleri,
- Çizim, boyama, mimarî eserler, heykeller, yontma ya da taş baskı biçiminde ortaya konulmuş eserler,
- Uygulamalı sanatlara ilişkin eserler,
- Fotoğraflar,
- Resimli açıklamalar, planlar, haritalar, şemalar, taslaklar, üç boyutlu coğrafî ya da mimarî çizimler,
- Çeviriler, uyarlamalar, müzik aranjmanları, edebî ya da sanatsal eserlerin farklı uyarlamaları,
- Ansiklopedi ya da ontolojiler gibi derleme eserler.

Telif hakkı eser sahibinin emeğini korumaya ve onu daha fazla eser vermeye teşvik etme amacı güden bir yasal güvenceleri kapsar. Buna karşın her eserin telif hakkı yasası ile korunması mümkün değildir. Eserlerin telif hakkı ile koruma altına alınabilmesi için çeşitli nitelikleri taşıması gerekmektedir. Bu nitelikler ya da hususlar şu şekilde sıralanabilir (Reddy ve Aswath, 2016, ss. 49-50);

- Eser tamamen orijinal olmalıdır. Eserin orijinal olmasından kasıt eserin diğer herhangi bir eserden kopyalanarak üretilmemiş olmasıdır. Eser ilk defa üretilmiş olmalıdır.
- Eser belirli maddî bir formda ortaya konulmuş olmalıdır.
- Eser ilk defa yayımlanan bir eser olmalıdır.

Telif hakkı edebî ve sanatsal eserlerin edebî ve ya da sanatsal değeri ne olursa olsun korunmasını temel alan yasalara karşılık gelmektedir. Üretilen eserde fikirler orijinal olmayabilir, buna karşın fikirlerin ortaya konulmasında yararlanılan ifade tarzı yazara ait olmalıdır (WIPO, 2016, s. 7). Telif hakkı yasasının temelinde yatan üç bileşen söz konusudur. Bu bileşenler Şekil 30'da yer aldığı biçimde ortaya konulabilir (UNESCO, 2010, s. 10);

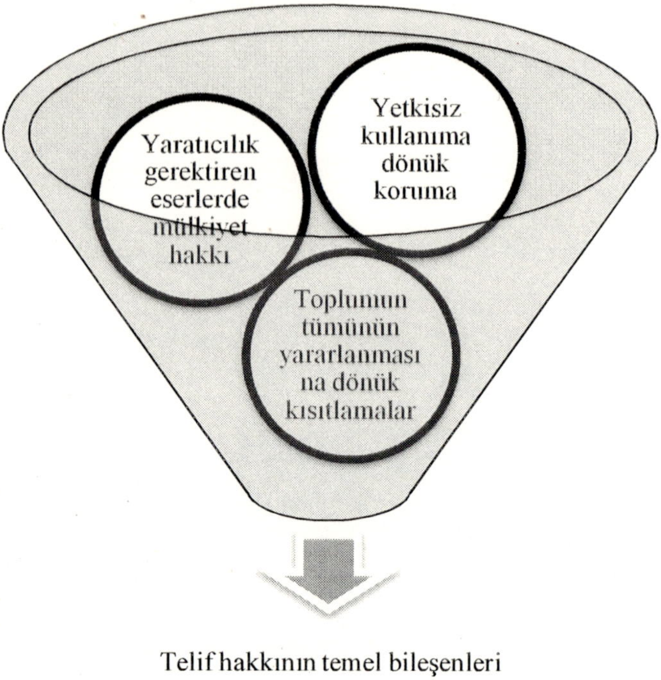

Şekil 30. Telif hakkının temel bileşenleri

Kaynak: UNESCO, 2010, s. 10.

Telif hakkı orijinal eser sahiplerinin eserlerinden kaynaklanacak ödüllerin ve maddî kazançların eser sahibi lehine koruma altına alınmasını sağlayan mekanizmadır. Eserlerin yetkisiz kullanımına dönük yasal yaptırımları kapsamaktadır. Eserden yararlanılmasına dönük temel ilkelerin yasal güvence altına alınmasını ifade eder. Telif hakkı veri yönetimi süreçlerinin önemli bir bileşeni olarak kabul edilebilir. Çünkü veri yönetimi sürecinde verinin elde edildiği kaynaklara dönük telif hakları veriden yararlanılmasına dönük belirli tedbirlerin alınmasını gerekli kılar. Verinin elde edildiği kaynaklara dönük telif haklarının belirlenmesi, gerekli bireylerden, kurumlardan ya da kuruluşlardan yasal izinlerin alınması veri yönetimi süreçlerinin etkili bir biçimde yerine getirilmesinde etkin bir rol oynayabilir.

3.3.7. Kişisel Verilerin Gizliliği

Teknolojik gelişmeler verinin toplanması, depolanması ve bireysel verilere dönük araştırma yapılmasını kolaylaştırmasına karşın veriye erişime dönük geliştirilen araçlar kişisel verilerin gizliliği ile ilgili önemli sorunları beraberinde getirmiştir. Bu durum veri yönetiminde güvenliğe dönük araştırmaların hız kazanmasına neden olmuştur (Jonker ve Petkovic, 2008, s. v). Veri yönetiminde gizlilik veri güvenliği ile doğrudan ilişkili bir kavramdır (Plattner ve Zeier, 2011, s. 196). Veri gizliliğinin korunması temel olarak veri güvenliğinin teşkil edilmesini gerekli kılar.

Veri gizliliği kişisel verilerin elde edilmesi, depolanması, muhafaza edilmesi ve yayımlanması gibi eylemlerin bireylerin kişisel hakları olarak ele alınması ve kişisel bilgilerin gizliliğinin korunması gibi hususları ele alır. Kişisel verilerin gizliliği bireylerin gizli bilgilerinin suistimal edilmesinin önüne geçilmesi amacıyla yasal hükümlerle güvence altına alınmıştır (Refaat, 2007, s. 45). Bu noktada kişisel verilerin gizliliği ve kişisel verilerin gizliliğinin güvence altına alınması veriyi temel alan tüm çalışmaların önemli bir bileşeni olarak ele alınmalıdır. Veri teknolojilerindeki gelişmelerin verinin elde edilmesi ve depolanması gibi hususlara katkı yapmakla birlikte kişisel verilerin gizliliğinin korunmasını önemli ölçüde zorlaştırdığı ileri sürülebilir (Vaidya, Clifton ve Zhu, 2006, s. 1).

Kişisel verilerin gizliliğinin iki temel boyutu söz konusudur. Bunlar bilgi gizliliği ve iletişim gizliliğidir. Bilgi gizliliği bireyin sağlık durumu ve bireyle ilgili kamu kurumları tarafından saklanan veriler gibi bilgilerin gizliliğini, iletişim gizliliği ise posta, elektronik posta, telefon ve diğer iletişim araçları ile gerçekleştirilen görüşmelerin ve yazışmaların gizliliğini ifade etmektedir (Pedreschi ve diğerleri, 2008, s. 108). Araştırmalarda ya da örgütsel düzeyde büyük miktarlarda toplanan veriler içinde gizlilik açısından hassas veriler bulunabilir. Bu noktada gizlilik açısından hassas veriler herhangi bir konuda veri toplayan bireyleri, örgütleri ya da veri toplama ve işleme eylemlerinin yasal boyutları ile ilgilenenleri verinin elde edilmesi, depolanması ve yayımlanması gibi hususlarda bazı temel ilkelere riayet etmeye ve kişisel bilgilerin güvenliğini sağlamaya yönlendirmektedir. Bu türde kişisel bilgilerin korunmasına dönük eylemlere ve uygulamalara kişisel verilerin korunması (data protection) adı verilmektedir (Foresti, 2011, s. 3).

Kişisel verilerin korunması veri ile ilgili çalışmaların ve projelerin önemli bir ayağını teşkil etmektedir. Kişisel verilerin korunmasına dönük tedbirlerin alınması örgütsel düzeyde veri yönetimi süreçlerinin sağlıklı bir biçimde yerine getirilmesinde merkezî bir konumda yer almaktadır. Bu noktada kişisel verilerin korunmasına dönük çeşitli araçlar ya da aracılardan yararlanılmaktadır. Pedresci ve diğerleri (2008, ss. 107-108) kişisel verilerin korunmasında işlevsel olabilecek çeşitli araçları şu şekilde sıralamaktadırlar;

- *Kişisel verilerin korunmasına dönük kapsamlı yasal düzenlemeler:* Tüm ülkelerde kamu kurumları ve özel kurumlar tarafından kişisel verilerin toplanması, kullanılması ya da yaygınlaştırılmasına dönük yasal düzenlemeler mevcuttur.
- *Sektörel kanunlar:* Bazı ülkelerde kişisel verilerin korunmasına dönük kapsamlı kanunlar yerine sektörel düzeyde kanunlar yürürlüğe konulmuştur. Örneğin Amerika Birleşik Devletleri'nde video kiralama sektörüne, finansal verilere ve sağlık verilerine dönük özel düzenlemeler yapılmıştır.
- *Öz (örgüt içi) düzenlemeler:* Kurumların ya da kuruluşların kişisel verilerin korunmasına dönük örgüt içinde belirledikleri ilkeleri ya da kuralları ifade eder.
- *Özel bilgilerin gizliliğine dönük teknolojiler:* Teknolojik gelişmeler bireylere kişisel verilerini koruma konusunda bazı araçlar sunmaktadır. Örneğin internet kullanıcıları farklı programlardan ya da yazılımlardan yararlanarak kişisel verilerini belirli bir düzeyde de olsa koruma altına alabilmektedirler.

Kişisel verilerin gizliliği veri yönetimi süreçlerinde göz önünde bulundurulması gereken bir husustur. Bu konuda yürürlükte olan yasal düzenlemelere ilişkin bilgi sahibi olmak, kişisel verilere erişim için kimlerden izin alınması gerektiği gibi hususlara dönük asgarî düzeyde de olsa bir anlayışın geliştirilmesi veri yönetimi eylemlerinin ve uygulamalarının ve veri yönetimi sürecinin etkili ve verimli bir biçimde yürütülmesinde önemli bir konumda yer alabilir. Kişisel verilerin elde edilmesi araştırma ya da proje açısından önemli ise bu durumda sürecin mevcut yasal düzenlemelere ve etik ilkelere bağlı olarak gerçekleştirilmesi gerekmektedir. Aksi takdirde kişisel verilerin gizliliğine dönük bir ihlalin veri yönetimi süreçlerini sekteye uğratabileceği veri yönetimi süreçlerinin her aşamasında göz önünde bulundurulmalıdır.

3.3.8. Veri Yönetiminde Etik Hususlar

Etik veri yönetiminin önemli bir bileşenini teşkil etmektedir. Veri yönetiminin farklı aşamalarına ilişkin eylemlere ve uygulamalara yön veren yasal hükümler söz konusudur. Buna karşın veri yönetimi süreçlerinde tüm eylemlere ve uygulamalara dönük yasal düzenlemelerin teşkil edilmesi mümkün değildir. Bu noktada veri yönetimi süreçlerini gerçekleştiren bireyler ya da kurumlar için yasal hükümlerle birlikte etik hükümler de devreye girmektedir. Etik veri yönetiminin her aşamasında başat değer olarak kabul edilmeli ve sürecin tamamında etik ilkelere uyulmasına azamî özen gösterilmelidir. Verinin elde edilmesi kadar, veriden yararlanılması ya da verinin yaygınlaştırılmasına dönük olarak da etik ilkeler ve prensipler söz konusudur (Slaymaker, Power, Russell ve Simpson, 2008, s. 172).

Veri yönetimi temel olarak bir araştırma sürecini ifade etmektedir. Bu noktada ister nitel isterse nicel verilerin elde edilmesi ve işlenmesi süreci olsun veri ile ilgili her türlü çalışmada ya da araştırmada etik ilkelere bağlı kalınmalıdır (Goosen, 2018, s. 14). Veri yönetiminin veri toplanması, verinin işlenmesi ya da analiz sonuçlarının paylaşılması gibi farklı aşamalarına ilişkin farklı etik ilkeler sıralanabilir. Araştırmacı açısından tüm süreçlerde uyulması gereken temel ilkeler şu şekilde özetlenebilir (Dench ve diğerleri, 2004; Akt. Abbott ve Sapsford, 2006, ss. 293-294);

- Araştırma sonuçları toplum ya da bireylerin yararına dönük olmalı ve toplumsal açıdan ortaya çıkabilecek muhtemel zararlara engel olunamazsa bile zararlar asgarî düzeyde tutulmaya çalışılmalıdır.
- Mesleki dürüstlük ile yasal düzenlemeler arasında bir denge kurulmalıdır.
- Araştırmanın yürütülmesi sürecinde dil, din, ırk, etnik kimlik ve kültürel farklılıklara saygı duyulmalıdır.
- Süreçte tüm toplumsal grupların eşit biçimde temsil edilmesine özen gösterilmeli ve farklı grupların dışlanmasına izin verilmemelidir.
- Süreçte paydaşların ya da farklı grupların çekinceleri göz önünde bulundurulmalıdır.
- Süreçte uygun araçlardan, yöntemlerden ve tekniklerden yararlanılmalıdır.
- Süreçler meslekî yeterliliğe sahip bireylerce yürütülmelidir.
- Sürecin çıktılarının hiçbir kimse ya da kurum için bir zarara neden olmayacağından emin olunmalıdır.
- Verinin analizi sonucunda ulaşılan bulgular doğru bir biçimde raporlanmalıdır.
- Verinin analizi sonucu ulaşılan bulguların yaygınlaştırılmasında sorumlu davranılmalıdır.
- Verinin elde edilmesinde yararlanılan kaynaklara uygun bir biçimde atıfta bulunulmalı ve katkıları beyan edilmelidir.

- Sürece katılım isteğe bağlı olmalıdır. Diğer bir ifade ile verinin toplanmasında gönüllülük esas olmalıdır.
- Sürece katılımlarda katılımcıların onayı alınmalıdır.
- Kişisel verilerin korunmasına ve veri gizliliğine azamî özen gösterilmelidir.

Veri yönetimi ister birincil isterse ikincil verilerle yürütülsün birtakım etik ilkelere bağlılığı gerekli kılan bir süreçtir. Veri yönetiminde etik hususlar özellikle verinin elde edilmesi ve analizi sonucu ulaşılan bulguların yaygınlaştırılması ya da paylaşılması hususlarında ağırlık kazanmaktadır. Bu noktada yasal hükümler dışında verinin elde edildiği kaynaklar ya da bireylerin haklarının korunmasına ya da süreçten herhangi bir zarar görmemelerine dönük hassasiyet gösterilmesi önemlidir. Etik ilkelerin tüm yönetsel süreçlerde olduğu gibi veri yönetimi süreçlerinin de merkezinde yer alan bir kavram olduğu ileri sürülebilir. Veri yönetimi süreçlerinden arzu edilen sonuçların elde edilmesinde ve veri yönetimi süreçlerinden örgütsel bir değer ortaya konulmasında etik ilkelere bağlılığın önemli bir aracı işlevi göreceği iddia edilebilir.

3.3.9. Veri Güvenliği

Şifreleme ve veri güvenliği ile ilgili hususlar uzun bir süredir veri yönetiminin önemli bir bileşeni olarak kabul edilmekle birlikte teknolojik gelişmelere bağlı olarak veri güvenliğine ilişkin yeni uygulamalar ve gereklilikler ortaya çıkmaktadır. Mevcut teknolojik gelişmeler veriye erişimi her geçen gün daha kolay hale getirdiğinden veriye yetkisiz erişim de buna paralel olarak her geçen gün daha kolay bir duruma gelmektedir. Bu durum kişisel verilerin de elde edilmesini ve depolanmasını kolay hale getirmekte ve bu durum da bireylerin mahremiyetinin tehlikeye girmesine zemin hazırlamaktadır (Petkovic ve Jonker, 2007, s. vii). Veriye erişim hızıyla birlikte veri güvenliğine dönük tehditler de buna paralel olarak artmaktadır. Bu durum veri yönetiminde veri güvenliğine dönük gereksinimlerin geleneksel yöntemlerle karşılanmasını oldukça güç hale getirmektedir.

Teknolojik gelişmelere bağlı olarak verinin üretilmesine, elde edilmesine ve depolanmasına dönük teknolojilerde de önemli gelişmeler yaşanmış, teknolojik gelişmeler de büyük hacimde verilerin elde edilmesine ve depolanmasına katkı sunmuştur. Bu durum büyük veri kavramının ortaya çıkmasına neden olmuş ve büyük verinin elde edilmesinde başvurulan farklı kaynaklar da veri güvenliğine dönük önemli bir tehdit haline gelmiştir (Siddiqa ve diğerleri, 2016, s. 158). Verinin hacminde ve hızında meydana gelen değişimler ve gelişmeler veri güvenliğine dönük yeni eylemlere, uygulamalara, araçlara ve yazılımlara olan ihtiyacı arttırmıştır. Veri güvenliği kavramı kapsam olarak farklı bileşenlerden meydana gelmektedir. Özellikle büyük verinin güvenliğine dönük hususlar dört temel bileşen altında toplanmaktadır. Siddiqa ve diğerleri (2016, s. 159) büyük veri güvenliğinin temel bileşenlerini Şekil 31'de yer aldığı biçimde ortaya koymaktadırlar;

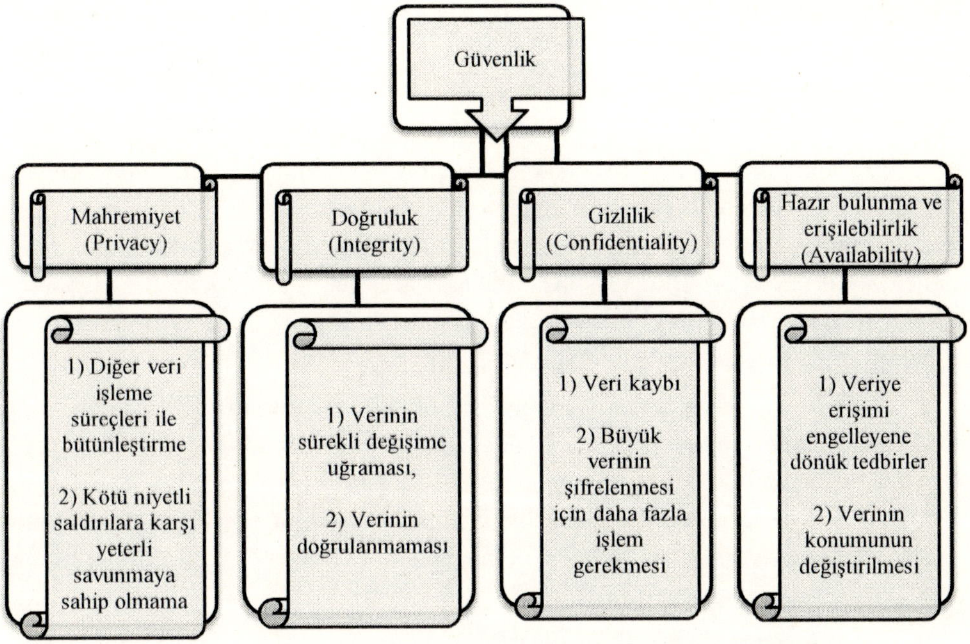

Şekil 31. Büyük veride güvenlik yönetiminin taksonomisi

Kaynak: Siddiqa ve diğerleri, 2016, s. 159.

Veri güvenliğinin en temel bileşeni veriye yetkisiz bireylerin erişiminin engellenmesidir (Deb, 2005, s. 2). Veri gizliliğinin sağlanması ve belirli veri setlerine erişime ilişkin temel esasların belirli ilkelere ya da kurallara bağlanarak güvence altına alınması veri güvenliğinin merkezinde yer alır. Buna ek olarak veriye erişimin güvence altına alınması ve verinin doğruluğuna dönük eylemler de veri güvenliğinin bir parçası olarak ele alınabilir. Günümüzde teknolojik gelişmelere dayalı olarak örgütler büyük miktarlarda veriyi depolamaktadırlar. Veriye erişime dönük araçların da hızlı bir biçimde gelişmesiyle birlikte veri güvenliği veri yönetiminin en önemli bileşenlerinden biri haline gelmektedir.

Özellikle dijital veri sistemlerinde veri güvenliği yetkilendirme (authorization), şifreleme (encryption) ve erişim kontrolü (access control) gibi farklı uygulamalardan yararlanılarak gerçekleştirilmektedir. Yetkilendirme sadece yetki verilen veri kaynaklarına erişime ve veriye erişim sağlayan kullanıcıların özel bilgilerinin saklanmasına olanak sağlayan yazılımlarla gerçekleştirilmektedir (Armoni, 2002, s. 20) Şifreleme belirli anahtar sözcükler ya da sembollerle veri girişine izin verilmesine karşılık gelmektedir. Dijital veri kaynaklarının şifrelenmesinde farklı algoritmalardan yararlanılabilmektedir (Pfleeger, 1997; Akt. Armoni, 2002, s. 20). Erişim kontrolü veri giriş matrisleri, listeleri ya da yeterlilikler listesi gibi araçlardan yararlanılarak veri girişinin kontrol altında tutulmasını ifade etmektedir (Armoni, 2002, s. 20).

Veri güvenliği kapsamı oldukça geniş bir kavramdır ve farklı bileşenlerden meydana gelir. Veri güvenliğinin en temel bileşenlerinden biri risk analizidir. Risk analizi veri güvenliğinin sağlanamaması durumunda ortaya çıkabilecek riskleri ya da tehlikeleri veya örgütün karşılaşabileceği zararları ifade etmektedir. Berson ve Dubov (2006, ss. 136-137) veri güvenliğine ilişkin riskleri dört ana grupta toplayarak şu şekilde sıralamaktadırlar;

- *İşlemsel risk:* Operasyonel risk olarak da adlandırılan işlemsel risk örgütler açısından en önemli risklerden biri olarak kabul edilmektedir. İşlemsel risk hatalardan ya da kasıtlı olarak aldatmaya dönük eylemlerden ortaya çıkabilir. İşlemsel risk örgütlerin hizmet sunumunu doğrudan etkileyebileceği için diğer örgütsel riskler için de tetikleyici bir nitelik taşıyabilir.
- *İtibar riski:* Hatalar, gecikmeler ve bilgi güvenliğinin ihlâl edilmesi gibi durumlar neticesinde ortaya çıkabilir. Bu türde bir risk örgütün toplumsal imajına zarar verebilir.
- *Stratejik risk:* Doğru olmayan verilerin ya da bilgilerin örgütün stratejik açıdan yanlış kararlar vermesine neden olmasını ifade etmektedir.
- *Yasal risk:* Yanlış veriler ya da gizli verilerin güvenliğinin sağlanamaması örgütler için yasal yaptırımlara neden olabilir.

Veri güvenliği etkili bir veri yönetimi sürecinin merkezinde yer alır. Özellikle dijital verilerin güvenliği örgütler açısından önemli bir sorun haline gelmeye başlamıştır. Verinin giderek artan bir biçimde dijital bir nitelik taşıması dijital veri güvenliğine dönük farklı araçların ve uygulamaların örgütler için önemli bir konuma gelmesine zemin hazırlamıştır. Dijital verilerle ilgili veri güvenliği, veri güvenliğine ilişkin teknolojiler, veri güvenliğinde yararlanılan araçlar, veri güvenliği politikaları ve veri güvenliği hizmetleri gibi farklı bileşenleri kapsayan bir kavramdır (Aldossary ve Allen, 2016, s. 487). Bu noktada farklı bileşenleri kapsaması nedeniyle veri güvenliğinin sağlanması oldukça teknik ve karmaşık bir süreci ifade etmektedir. Buna karşın örgütsel düzeyde bir veri güvenliği sisteminin teşkil edilmesinde temel bazı eylem biçimlerinden bahsedilebilir. Bu eylem biçimleri şu şekilde sıralanabilir (IIRSM, 2017, ss. 6-7);

- *Örgütsel düzeyde veri güvenliğine ilişkin potansiyel risklere dönük bir değerlendirme yapılmalıdır:* Örgütün hangi düzeyde bir veri güvenliğine ihtiyaç duyacağını belirlemeden önce veri güvenliğine ilişkin potansiyel riskler ortaya konulmalıdır. Bu potansiyel riskler verinin toplanması, depolanması, kullanılması ya da tasfiye edilmesi gibi veri yönetimi süreçlerinin tüm safhalarını kapsayacak biçimde ele alınmalıdır.
- *Veri yönetimine ilişkin örgütsel düzeyde politikaların ve yöntemlerin belirlenmesi:* Veri yönetimine ilişkin örgütsel düzeyde politikaların geliştirilmesi örgütsel düzeyde veri yönetimi süreçlerine dönük planlamalara ışık tutacaktır. Politikaları temel alarak hazırlanan veri yönetimi süreçlerine dönük planlar ise süreçlerin sistematik bir yapıya kavuşturulmasında etkin bir rol oynayacaktır.
- *Hangi verilerin ya da bilgilerin örgütsel açıdan değerli olduğunun, hassasiyet ve gizlilik içerdiğinin ortaya konulması. Bu verilerin ya da bilgilerin gizliliğinin sağlanamaması durumunda bireyler için nasıl bir zarara yol açacağının belirlenmesi:* Bu aşamada hangi tür verilerin gizliliğinin sağlanacağı ve bu verilerin gizliliğinin sağlanamaması durumunda hangi risklerin ortaya çıkabileceğine dönük kapsamlı değerlendirmeler yapılmalıdır.
- *İhtiyaçlara uygun güvenlik önlemlerinin belirlenmesi:* Bu safhada örgütsel düzeyde veri güvenliği risklerini asgarî düzeyde tutacak uygulamalar örgütün veri güvenliği ihtiyaçları temel alınarak belirlenir. Veri güvenliği sürecinde sadece teknik konular değil paydaşlarla iletişim süreçleri gibi diğer bazı etmenler de göz önünde bulundurulmalıdır.
- *Veri güvenliği için belirlenen önlemler hayata geçirilmelidir:* Bu aşamada veri güvenliğine dönük önlemler uygulamaya konulmalı ve örgüt içi paydaşların veri güvenliğine dönük eylemlere ve uygulamalara dönük bir anlayış geliştirmeleri sağlanmalıdır. Ancak bu şekilde örgütün paydaşlarının veri güvenliğine dönük uygulamalara riayet etmeleri

teminat altına alınabilir. Veri yönetimi sürecinde veri güvenliğine ilişkin uygulamalar sürekli olarak takip edilmeli ve veri güvenliğinin etkili bir biçimde yerine getirilip getirilmediğine dair değerlendirmeler yapılmalıdır.

Veri depolama sistemlerindeki teknolojik gelişmeler ve depolama sistemlerinin uygulama alanı bulduğu karmaşık sistemler veri güvenliğine atfedilen önemi her geçen gün arttırmaktadır (Wang, 2016, s. 1340). Veri yönetimi süreçlerinde veri güvenliği son derece önemli bir bileşendir. Bütün örgütlerin veri depolarında tüm paydaşların ya da kullanıcıların erişimine açık olmasının risk yaratabileceği hassas veriler yer alabilir. Bu verilere erişimin sınırlandırılmasının çok çeşitli nedenleri de söz konusu olabilir (Hobbs, Hillson, Lawande ve Smith, 2005, s. 67). Bu noktada gizli ve kişisel verilerin gizliliğine dönük örgütsel düzeyde uygun politikalar ve bu politikalarla uyumlu önlemler belirlenmeli ve uygulamaya konulmalıdır.

Veri yönetimi süreçlerinden örgütsel düzeyde değer ortaya konulmasında veri güvenliği önemli bir konumda yer almaktadır. Örgütler veri güvenliğine dönük farklı yazılım programlarından da yararlanabilirler. Bu noktada örgütler teknik bir yardıma da ihtiyaç duyabilirler. Veri güvenliğine dönük teknik hususlar kadar veri güvenliğine dönük örgütsel düzeyde bir farkındalığın ve anlayışın geliştirilmesi de önemlidir. Bu yönüyle iletişim diğer tüm yönetim süreçlerinde olduğu gibi veri yönetiminde de başat bir değer olarak ortaya çıkmaktadır.

3.4. Veri Yönetiminin İlkeleri

Veri yönetimi örgütsel diğer varlıkların yönetimi ile benzerlikler ortaya koyar. Etkili bir veri yönetimi öncelikle örgütün hangi verilere sahip olduğunun ortaya konulmasını, mevcut verilerden yararlanarak örgütsel açıdan nasıl bir değer ortaya konulabileceğinin belirlenmesini ve nihaî olarak da örgütün veri varlığından örgütsel amaçların gerçekleştirilmesi adına nasıl yararlanılacağının ortaya saptanmasını temel alır. Diğer örgütsel yönetim süreçlerinde olduğu gibi veri yönetimi örgütsel açıdan stratejik ve operasyonel ihtiyaçlar arasında bir denge kurulmasını esas alır. Bu denge veri yönetimi süreçlerinde belirli ilkelere sadık kalınması vasıtası ile gerçekleştirilebilir (Henderson ve Earley, 2017, s. 21). Veri yönetimi süreçlerine yön veren temel ilkeler Şekil 32'de yer aldığı biçimde özetlenebilir;

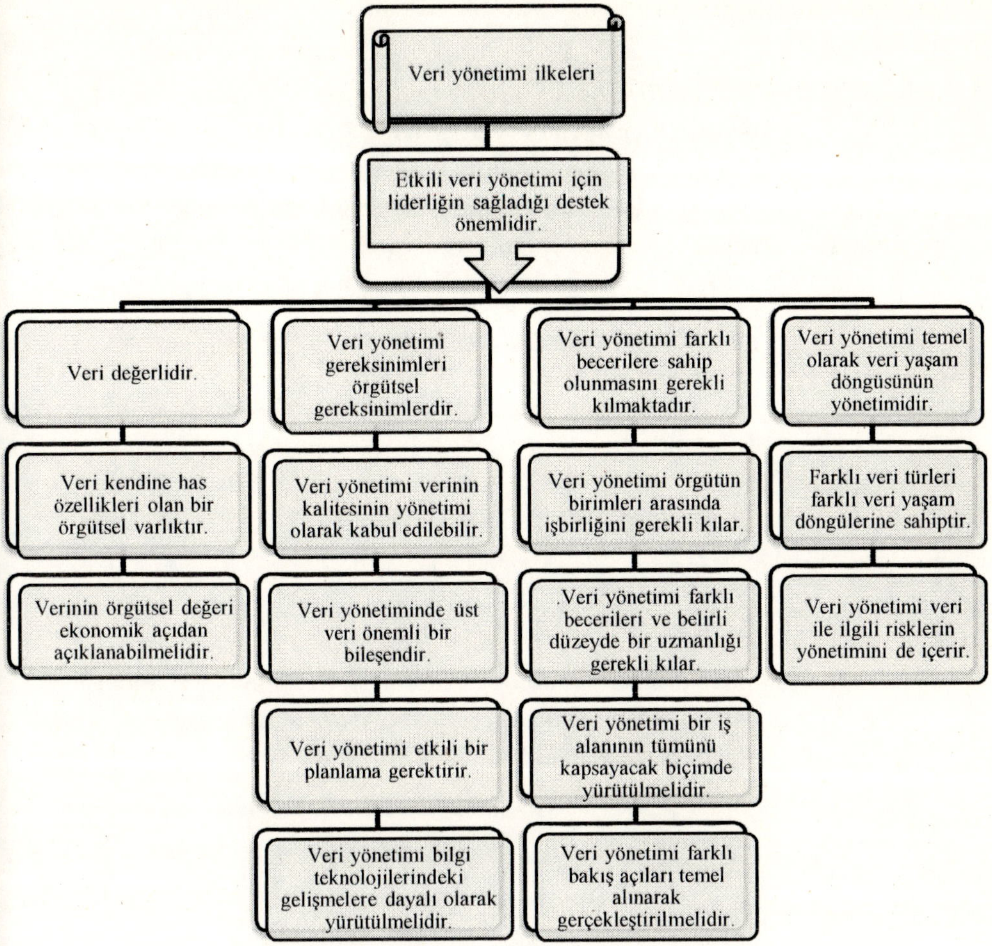

Şekil 32. Veri yönetiminin temel ilkeleri

Kaynak: Henderson ve Earley, 2017, s. 22.

Veri yönetimi diğer yönetsel süreçlerle ortak yönlere sahiptir. Diğer tüm yönetsel süreçlerde olduğu gibi veri yönetiminin de etkili ve verimli bir biçimde yerine getirilmesi çeşitli ilkelere sadık kalınması vasıtasıyla gerçekleştirilebilir. Liderliğin veri yönetimine verdiği destek ve bu süreçte sergilenen liderlik veri yönetiminin etkili ve verimli bir biçimde yerine getirilmesinde etkin bir rol oynar. Verinin örgütün en önemli varlıklarından biri olduğu ve veriden örgütsel değer yaratılabileceğine dönük bir anlayışın geliştirilmesi de veri yönetiminin en önemli gerekliliklerinden birini teşkil etmektedir. Veri yönetimi süreçlerinin etkililiği veri yönetimi için belirlenen ilkelerin veri yönetimi süreçlerinde yol gösterici birer değer olarak ele alınması ile gerçekleştirilebilir. Veri yönetiminde aşağıda sıralanan hususların göz önünde bulundurulması süreçlerin etkililiğinde başat rol oynamaktadır;

- *Veri kendine has özellikleri olan örgütsel bir değerdir:* Veri örgütün sahip olduğu varlıkların en değerlilerinden birini teşkil eder ancak veri, yönetimindeki farklılıklar nedeniyle diğer örgütsel varlıklardan önemli ölçüde ayrışmaktadır. Verinin diğer örgütsel varlıklardan en önemli farkı finansal ya da fiziksel varlıklar gibi kullanıldığında tüketilememesidir (Henderson ve Earley, 2017, s. 21).
- *İyi bir veri yönetimi süreci veri yönetimine ilişkin bir veri politikasının belirlenmesi ile gerçekleştirilebilir:* Örgütsel düzeyde etkili bir veri yönetimi net bir biçimde tanımlanmış örgütsel bir veri politikası ile gerçekleştirilebilir (Wagget ve diğerleri, 2005, s. 15).
- *Verinin örgütsel değeri ekonomik açıdan açıklanabilmelidir:* Verinin örgütsel varlıklar arasında gösterilmesi onun örgütsel açıdan bir değer taşıdığı anlamına gelmektedir. Verinin nicel ve nitel değerinin ölçülmesinde farklı tekniklerden yararlanılmakla birlikte verinin değerinin ölçülmesine dönük standartlar mevcut değildir. Örgütlerin sahip oldukları veri varlıkları ile ilgili olarak doğru kararlar verebilmeleri sahip oldukları veri varlıklarının nicel değerini ölçmeye dönük tutarlı yöntemler geliştirmelerine bağlıdır (Henderson ve Earley, 2017, s. 21).
- *Veri yönetimi veri kalitesinin yönetimi olarak kabul edilebilir:* Örgütsel boyutta elde edilen ya da üretilen bir verinin çeşitli örgütsel amaçlara hizmet ettiğinin ortaya konulması veri yönetimi süreçlerinin en temel amaçlarından birini teşkil etmektedir. Veri kalitesini etkili bir biçimde yönetebilmek adına örgütler paydaşların veri kalitesine ilişkin ihtiyaçları, talepleri ve gereksinimleri hakkında bilgi sahibi olmalı ve sahip oldukları verileri paydaşların gereksinimleri ile kıyaslamalıdırlar (Henderson ve Earley, 2017, s. 21).
- *Veri yönetiminde üst veri önemli bir bileşendir:* Herhangi bir örgütsel varlığın yönetimi o örgütsel varlığa ilişkin bir üst veriye sahip olunmasını gerekli kılmaktadır. Örneğin personele ilişkin verilere sahip olunmadan örgütsel düzeyde personel yönetiminin etkili bir biçimde gerçekleştirilmesi mümkün değildir. Üst veri verinin yönetiminde ve örgütsel süreçlerde işe konulmasında etkin rol oynar. Veri somut bir varlık olmadığından verinin ne olduğuna ve veriden nasıl yararlanılacağına dönük bir anlayış geliştirilebilmesi için veriye ilişkin üst veri biçiminde betimlemelere ve bilgilere ihtiyaç vardır (Henderson ve Earley, 2017, s. 21).

Üst veri örgütsel düzeyde veri tabanı yönetim sistemlerinde yer alan verilerin yorumlanabilir bir boyuta taşınmasında ve verinin istatistiksel araçlarla analiz edilebilir bir niteliğe kavuşturulmasında da etkin bir rol oynayabilir (United Nations, 2006, s. 230).

- *Veri yönetiminde güvenilir ve ilişkili verinin betimlenmesi önemli bir konumdadır:* Veri yönetimi sürecinde geçerli ve güvenilir verinin betimlenmesi ve bu veriden örgütsel amaçlar doğrultusunda nasıl yararlanılacağının ortaya konulması önemli bir husustur (Gordon, 2007, s. xix).
- *Veri kalitesi etkili bir veri yönetiminin önemli bir bileşenidir:* Veri kalitesi örgütsel verinin belirli örgütsel ihtiyaçları karşılamasını ve belirli örgütsel sorunların çözümünde işlevsel bir nitelik taşımasını ifade etmektedir. Veri kalitesi örgütsel düzeyde etkili bir veri yönetimi süreci sonunda elde edilebilir (Wagget ve diğerleri, 2005, s. 17).
- *Veri yönetimi farklı becerileri ve belirli düzeyde bir uzmanlığı gerekli kılar:* Veri yönetimi için çeşitli teknik ve sosyal becerilere sahip olunmalıdır. İşbirliği becerileri veri yönetiminde önemli bir bileşendir (Henderson ve Earley, 2017, s. 22).
- *Veri yönetiminde örgütün farklı birimleri arasındaki işbirliği önemlidir:* Tek bir takım bir örgütte gerçekleştirilmesi gereken tüm veri yönetimi süreçlerini tek başına yürütemez. Veri yönetiminde örgütün farklı birimleri arasındaki koordinasyon ve işbirliği sürecin etkili bir biçimde yerine getirilmesinde işlevsel bir rol oynar (Henderson ve Earley, 2017, s. 22).
- *Veri yönetimi süreçleri dinamik verilerin yönetimini de kapsayacak biçimde tasarlanmalıdır:* Bilgi işletim sistemleri, farklı bilgi kayıt cihazları ve çevresel veriler gibi veriler sürekli değişiklik gösteren dinamik verilerdir. Veri yönetimi süreçleri dinamik verilerin yönetimini ele alacak biçimde tasarlanmalıdır (Hall ve Steinberg, 2001, s. 448).
- *Veri yönetimi bir iş alanının tümünü kapsayacak biçimde yürütülmelidir:* Veri yönetimi temel olarak yerel ya da örgütsel düzeyde bir uygulamadır. Buna karşın veri yönetimi süreçlerinden mümkün olduğunca en etkin bir biçimde yararlanabilmek için veri yönetimi süreçlerinin örgütün ait olduğu iş alanını kapsayacak biçimde yürütülmesi önemlidir (Henderson ve Earley, 2017, s. 22).
- *Veri yönetimi planı sürecin etkili bir biçimde yerine getirilmesinde önemli bir konumda yer alır:* Veri yönetimi planı hem veriden örgütsel düzeyde etkin bir biçimde yararlanılması hem de elde edilen verinin

gelecekte de örgütsel açıdan işlevsel bir nitelik taşımasının sağlanması açılarından önemlidir (Wagget ve diğerleri, 2005, s. 18).

- *Veri yönetimi farklı bakış açıları temel alınarak gerçekleştirilmelidir:* Veri çok çabuk değişen ve güncelliğini çok hızlı kaybeden bir örgütsel varlıktır. Bu nedenle veri yönetimi süreçleri, yöntemleri ve ilkeleri verinin elde edilmesi ve veriden yararlanılmasında meydana gelen değişimler ve veriden yararlananlarda yaşanan farklılıklar temel alınarak sürekli olarak evrimleşecek bir yapıda tasarlanmalıdır.
- *Veri yönetimi temel olarak veri yaşam döngüsünün yönetimidir (Henderson ve Earley, 2014, s. 22):* Veri bir yaşam döngüsüne sahiptir ve bu yönüyle veri yönetimi veri yaşam döngüsünün yönetimi ile doğrudan ilişkilidir. Veri daha çok verinin üretilmesinde bir kaynak teşkil ettiğinden veri yaşam döngüsü oldukça karmaşık bir süreci ifade edebilir. Veri yönetimi süreçlerinde veri yaşam döngüsünün temel bileşenleri göz önünde bulundurulmalıdır (Henderson ve Earley, 2017, s. 23).
- *Veri yönetimi sürecinin denetlenmesi, sürecin etkililiğinin arttırılmasında önemli bir rol oynayabilir:* Veri yönetiminde denetim kaynakların etkin bir biçimde kullanılmasında ve sürecin belirlenen veri yönetimi politikaları, planları ve süreçleri ile uyumluluğunun sağlanmasında işlevsel bir rol oynayabilir (Wagget ve diğerleri, 2005, s. 20).
- *Farklı veri türlerine vuruk farklı veri yaşam döngüleri söz konusudur:* Farklı veri türleri farklı veri yaşam döngüsüne sahiptirler. Bu nedenle farklı veri türleri farklı veri yönetimi gereksinimlerine ihtiyaç duyarlar. Veri yönetimi süreçleri bu farklılıkları göz önünde bulunduracak biçimde tasarlanmalıdır. Tasarlanan veri yönetimi uygulamaları farklı veri yaşam döngülerinin yönetimine ilişkin gereksinimlere cevap verebilecek biçimde esnek olmalıdır (Henderson ve Earley, 2017, s. 23).
- *Veri yönetimi veri ile ilgili risklerin yönetimini de içerir:* Örgütün önemli varlıklarından biri olmasına karşın veri örgüt için tehdit de içerebilir. Veri kaybolabilir, çalınabilir ya da kötü amaçlar için kullanılabilir. Örgütsel veri yönetimi süreçlerinde veri kullanımına ilişkin etik hususlar da göz önünde bulundurulmalıdır. Veriye ilişkin riskler veri yaşam döngüsünün bir parçası olarak ele alınmalıdır (Henderson ve Earley, 2017, s. 23).
- *Veri yönetimi süreci mümkün olduğunca ekonomik bir süreç olarak tasarlanmalıdır:* Veri yönetimi sürecinde en sık karşılaşılan sorunlardan

biri mevcut verilerin tekrar toplanmasıdır (Wagget ve diğerleri, 2005, s. 13). Veri yönetimi sürecinde mümkün olduğunca mevcut verilerden yararlanılmalı ve aynı işlevi görebilecek verilere sahipken verinin tekrar toplanmasından kaçınılmalıdır.

- *Veri yönetimi bilgi teknolojilerindeki gelişmelere dayalı olarak yürütülmelidir:* Veri ve veri yönetimi bilgi teknolojileri ve bilgi teknolojilerinin yönetimi ile doğrudan ilişkilidir. Veri yönetimi bilgi teknolojilerinin örgüt stratejilerine yön vermesini değil örgüt stratejilerine hizmet etmesini temel almalıdır (Henderson ve Earley, 2017, s. 23).
- *Etkili veri yönetimi için liderliğin sağladığı destek önemlidir:* Etkili bir veri yönetimi karmaşık yönetsel süreçleri, koordinasyonu, işbirliğini ve adanmışlığı gerekli kılar. Veri yönetiminin etkili bir biçimde gerçekleştirilmesinde yönetim becerileri yeterli değildir. Veri yönetiminin amaçlarını ve vizyonunu net bir biçimde ortaya koyabilen liderlerin sağladığı destek ve liderliğin adanmışlığı veri yönetiminin etkili ve verimli bir biçimde gerçekleştirilmesinde merkezi bir konumda yer alır (Henderson ve Earley, 2017, s. 23).
- *Veri yönetimi veri yaşam döngüsünün tüm aşamalarını kontrol edecek biçimde tasarlanmalıdır:* İyi bir veri yönetimi süreci verinin, veri yaşam döngüsünün tüm aşamalarında kontrol altında tutulmasını esas alır (Wagget ve diğerleri, 2005, s. 8).
- *Bir veri yönetimi takımının oluşturulması veri yönetim sürecinin etkili bir biçimde yürütülmesinde önemli işlevleri yerine getirebilir:* Örgütsel düzeyde bir veri yönetimi takımı veri yönetimi uygulamalarının ulusal politikalarla uyumlu bir biçimde yürütülmesinde merkezi bir konumda yer alır. Aynı zamanda örgütün tüm birimlerinde veri yönetimine ilişkin politikaların, standartların, ilkelerin ve süreçlerin örgütsel amaçlarla paralel bir biçimde yerine getirilmesinde de oluşturulan veri yönetimi takımı önemli bir rol oynayabilir. Buna ek olarak veri yönetimi takımı veri yönetimi süreçlerinde veri kalitesinin sağlanmasında ve veri yönetimi süreçlerinden arzu edilen örgütsel değerin yaratılmasında işlevsel bir konumda yer alabilir (Wagget ve diğerleri, 2005, s. 8). Veri yönetimi takımı örgütsel düzeyde veriye erişimin kontrol altında tutulmasında da önemli bir aracıdır (McCallum, 2013, s. 110).
- *Veri yönetimi süreçleri örgütsel düzeyde veri tabanı yönetim sistemlerine dayalı olarak yürütülür:* Veri tabanı yönetim sistemleri veri

yönetiminde en önemli araçlardan biridir. Veri tabanı yönetim sistemlerinden veri yönetimi için bilgi sistemlerinin oluşturulmasında yararlanılmaktadır (Ma, 2006, s. 7).

- *Örgütsel düzeyde veri kalitesi veri yönetimi ile ilişkilidir:* İyi bir veri yönetimi süreci örgütsel düzeyde elde edilen ya da üretilen verinin kalitesine de doğrudan etki edebilir (Ponniah, 2001, s. 117).
- *Farklı veri türleri farklı veri yönetimi süreçlerini gerekli kılabilir:* Veri türlerindeki farklılıklar farklı veri yönetimi eylemlerini ve uygulamalarını gerekli kılabilir. Bu durum veri formatına dayalı veri yönetimi süreçlerinin ortaya çıkmasına zemin hazırlamıştır. Örneğin grafik veri yönetimi süreçleri gibi (Sakr ve Pardede, 2012, s. vii).

Veri etkili bir biçimde yönetildiğinde örgütün en önemli varlıklarından biri olarak işlev görebilir. İçinde bulunduğumuz bilgi çağında veri örgütlerin rekabet gücünü arttıran en önemli araçlardan biri olarak kabul edilebilir. Buna karşın veriden örgütsel bir değer ortaya koyabilmek için etkili bir veri yönetim sürecine ihtiyaç vardır. Veri yönetim süreçlerinin de diğer bütün yönetim süreçlerinde de olduğu gibi etkili ve verimli bir biçimde yürütülebilmesi için çeşitli ilkelere süreçlerde bağlı kalınması önemlidir. Bu yönüyle veri yönetimi diğer yönetsel süreçlerden farklı olarak öncelikle veriye ve örgütsel açıdan değerine dönük sağlıklı bir anlayışın geliştirilmesini gerektirmektedir.

Verinin örgütsel bir varlık olarak kabul edilmesi ve bu doğrultuda örgütsel düzeyde bir farkındalığın geliştirilmesi veri yönetimi süreçlerinden arzu edilen değerin yaratılabilmesi açısından son derece önemlidir. Verinin örgütsel bir varlık olarak en önemli avantajı diğer finansal ya da maddî kaynaklar gibi kullandıkça tükenmeyen bir nitelik taşımasıdır. Bu nedenle veri uzun vadede örgütsel amaçların gerçekleştirilmesinde önemli bir rol oynayabilir.

3.5. Veri Yönetimi Süreci

Veri yönetimi kavramının bilgisayar teknolojilerindeki gelişmelere bağlı olarak ortaya atılan bir kavram olmasına rağmen tarihinin çok eskilere dayanan bir uygulama olduğu ileri sürülebilir. Veri yönetiminin içeriği, doğası ve süreçleri tarihsel süreç içerisinde büyük değişikliklere uğrasa da veri yönetimi yüzyıllardır var olan bir uygulama olarak kabul edilebilir. Gray (1996, s. 2) veri yönetiminin tarihini Milattan önce 4.000 yılına kadar götürmekte ve süreçte yaşanan değişimleri Şekil 33'te yer aldığı biçimde özetlemektedir;

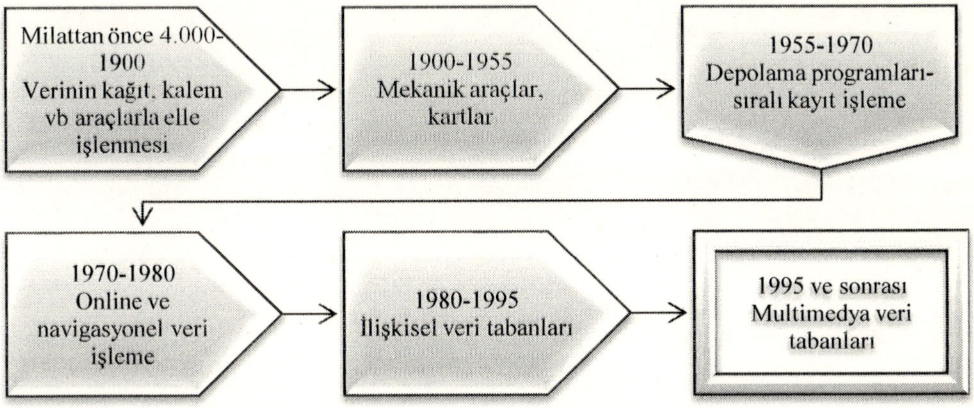

Şekil 33. Geçmişten günümüze veri yönetimi

Kaynak: Gray, 1996, s. 2.

Veri yönetiminin geçmişini Sümerlerde tutulan ilk kayıtlara kadar götürmek mümkündür. Tarihsel süreç içerisinde teknolojik gelişmelere bağlı olarak veri yönetiminin içeriği ve doğasında da köklü değişiklikler yaşanmıştır. Günümüzde bilgisayarlar belgeler, resimler, ses dosyaları, videolar ve bilimsel bilgiler gibi çok farklı formlarda yer alan verileri kaydedebilme kapasitesine sahiptir. Buna ek olarak bilgisayar sistemlerindeki gelişmelere dayalı olarak verinin elde edilmesi, depolanması, analiz edilmesi ve görsel hale getirilmesi gibi birçok eylem ve uygulama çok daha kolay bir forma dönüşmüştür. Bahsi geçen bu eylemler veri yönetimi süreçlerinin farklı basamaklarını ifade etmektedirler (Gray, 1996, s. 2). Veri yönetimi verinin ele alınış biçimi ile ilgili teknik ve yönetsel çok farklı eylemleri ve uygulamaları içine alan geniş kapsamlı bir kavramdır (Martin ve Ballard, 2010, s. 1).

Veri yönetimi, veriye dayalı olarak gerçekleştirilen depolama, düzenleme, dokümantasyon ve yaygınlaştırma gibi her türlü işlemi kapsamaktadır (Borghi ve diğerleri, 2018, s. 2). Veri yönetimi verinin üretiminden ya da elde edilmesinden depolanmasına, veriden örgütsel bir değer yaratmak adına işlevsel bilgiye erişime kadar veri üzerinde gerçekleştirilen her türlü işlemi kapsayan bir süreçtir. Veri yönetimi süreci veri yönetimi sürecinin amaçları, üzerinde çalışılan verinin hacmi ve yapısı ve süreç sonunda ulaşılacak uygulamaya dönük bilgilerden nasıl yararlanılacağı gibi hususlara dayalı olarak farklı biçimlerde detaylandırılabilir. Buna karşın tüm veri yönetimi süreçleri için ortak eylemler ve uygulamalardan bahsetmek mümkündür. Bennett, Myatt, Jolley ve Radalowicz (2001, s. 2) veri yönetimi sürecinin kapsamı içinde yer alan eylemleri ve uygulamaları şu şekilde sıralamaktadırlar;

- Hakkında veri toplanacak konu ya da sorunla ilgili ihtiyaçların belirlenmesi ve bu ihtiyaçları temel alarak planlama yapılması,
- Konuya ya da soruna ilişkin veri toplanması,
- Elde edilen verinin uygun analitik araçlara girişinin yapılması,
- Verinin kontrol edilmesi ve veri doğruluğunun teyit edilmesi
- Verinin analiz edilip yorumlanması ve bilgiye ulaşılması,
- Verinin yedeklenmesi,
- Veri dokümantasyonu.

Veri yönetimi sürecinde ilk aşamada belirli bir konuya ya da sorunun çözümü için ihtiyaçlar belirlenerek ve bu ihtiyaçlar temel alınarak bir planlama yapılır. Bu planlamadan sonra planlama aşamasında belirlenen ilkeler temel alınarak, konu, bağlam ya da sorunla ilgili veri toplanır. Konu ya da sorunla ilgili en sağlıklı verinin hangi kaynaklardan ve hangi araçlarla elde edileceğine ilişkin hususlar planlama aşamasında karara bağlanmış olmalıdır. Veriler elde edildikten sonra elde edilen verinin içeriği, formatı ve doğası da temel alınarak uygun analitik araçlara girişinin yapılması gerekmektedir.

Veri girişi tamamlandıktan sonra verinin doğru şekilde sisteme girişinin yapılıp yapılmadığına dair sağlama yapılmalıdır. Veriye ilişkin kontroller gerçekleştirildikten sonra veri üzerinde uygun yöntemlerle ve araçlarla analizler gerçekleştirilir. Bulunan sonuçlar dosyalandıktan sonra dokümantasyon, diğer bir ifade ile verinin sınıflandırılması ve kayıt altına alınması işlemleri yerine getirilir. Veri yönetim süreçleri farklı etmenler temel alınarak farklı biçimde detaylandırılabilmektedir. Bu kapsamda Tavakoli ve diğerleri, (2006, s. 143) veri yönetim süreçlerini Şekil 34'te yer aldığı biçimde ortaya koymaktadırlar:

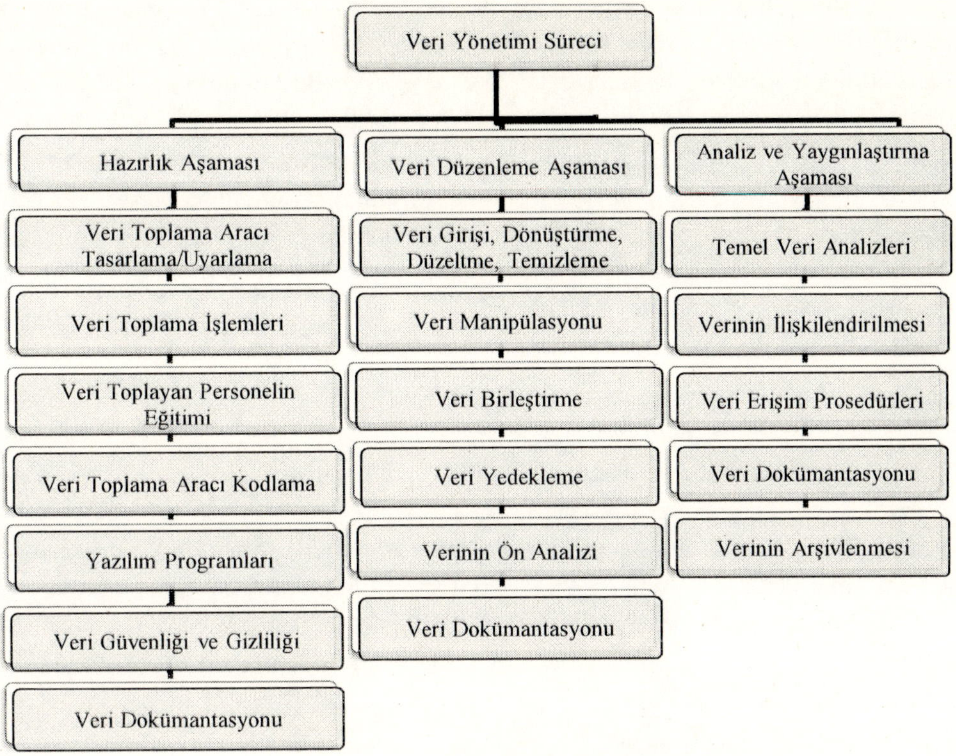

Şekil 34. Veri yönetim süreçleri

Kaynak: Tavakoli ve diğerleri, 2006, s. 143.

Veri yönetimi üç ana safhada gerçekleştirilen bir süreçtir. Veri yönetimi sürecinde ilk aşama hazırlık aşamasıdır. Bu aşama hangi verinin, hangi araçlarla ve hangi kaynaklardan toplanacağına ilişkin planlama eylemlerini içermektedir. Bu aşamada aynı zamanda veri toplayacak bireyin etiğimi, veri güvenliği ve gizliliğinin sağlanmasına dönük alınacak önlemler, veri yönetiminde başvurulacak yazılım programlarının neler olacağı gibi hususlarda da belirli kararlar alınmaktadır. İkinci aşama verilerin düzenlenmesi aşamasıdır. Çoğu araştırma sürecinde elde edilen veriler doğrudan analize alınamayacak biçimde hammadde biçiminde yer alan verilerdir. Ayrıca farklı veri kaynaklarında yer alan farklı formatlardaki verilerin analiz edilebilmesi için belirli bir biçime dönüştürülmeleri gerekebilmektedir. Bu nedenle elde edilen verilerin analize uygun bir forma dönüştürülmeleri için düzenlenmelerine ihtiyaç duyulabilmektedir. Kayıp verilerin analizi, hatalı veri setlerinin ayıklanması gibi eylemler ve uygulamalar bu aşamada gerçekleştirilen işlemlere örnek olarak verilebilir.

Veri yönetiminde son aşama ise veri analizi aşamasıdır. Toplanan ve belirli analitik araçlarla analiz edilebilecek bir forma dönüştürülen veriler bu aşamada analiz edilerek örgütsel ve yönetsel süreçlerde işlevsel bir konumda yer alabilecek anlamlı bilgiler bütününe dönüştürülür. Diğer bir ifade ile hammadde biçiminde yer alan verilere karar süreçlerinde işlevsel bir nitelik kazandırılır. Bu aşama veriden örgütsel değer ortaya koyma amacı güder. Hammadde olarak veriden örgütsel açıdan işlevsel bilgilere erişim sağlanmaktadır. Bu bilgiler bu aşamada aynı zamanda gelecekte farklı bağlamlar ya da sorunlar için de kullanılmak üzere arşivlenirler. Çalışmanın devamında veri yönetimine ilişkin süreçler hakkında daha detaylı bilgilere yer verilmiştir.

3.5.1. Hazırlık Aşaması

Veri yönetimi sürecinin ilk safhası üzerinde analiz gerçekleştirilecek verinin elde edilmesi sürecinde yararlanılacak araçlar ve süreçlerde uyulacak ilkelerin ve kuralların ortaya konulmasını kapsar. Bu aşama aynı zamanda verinin hangi kaynaklardan ve hangi araçlarla ya da yöntemlerle toplanacağı, veri toplama eylemini kimin gerçekleştireceği, verinin güvenliği ve gizliliği gibi hususlarda hangi faktörlerin göz önünde bulundurulacağına dönük kararların alındığı aşamadır.

Veri yönetiminin hazırlık aşamasında hangi verilerin toplanacağı, verinin bütünlüğünün nasıl tesis edileceği, farklı veri kaynaklarından elde edilen verinin nasıl uyumlu bir bütün haline dönüştürüleceği gibi hususlara dönük planlamalar yapılır (Stodder, 2016, s. 5). Planlama aşaması veri yönetiminde diğer süreçlerin etkili ve verimli biçimde yerine getirilmesi açısından önemlidir. Çünkü veri yönetiminin tüm aşamaları planlama aşamasında belirlenen temel ilkeler ve kurallar çerçevesinde gerçekleştirilir. Veri yönetiminin hazırlık safhasında ortaya çıkabilecek eksiklikler ya da aksaklıkların veri yönetiminin ilerleyen safhalarına olumsuz yansımalarının olacağı ileri sürülebilir.

3.5.1.1. Veri Toplama Aracı Tasarlama ya da Uyarlama

Veri toplama aşaması bir araştırma sürecinin en önemli aşamalarından birini teşkil etmektedir (Bryman, 2012, s. 10). Bir veri toplama aracının tasarlanmasında farklı etmenler rol oynayabilir. Örneğin araştırmanın amacı araştırmada toplanacak verinin içeriği ve doğasını, verinin içeriği ve doğası ise veri toplama için tasarlanacak aracın içeriğini ve yapısını etkileyebilir. Araştırma yapılan ya da veri yönetimi sürecinin gerçekleştirileceği alan da toplanacak verinin, dolayısıyla da veri toplama aracının yapısı üzerinde belirleyici bir rol oynayabilir. Veri toplanacak alan sosyal bir etkileşimi esas alan bir alana dönük ise tarama türünde araştırmalar ya da veri toplama süreçlerinden yararlanmak en uygun yöntem olacaktır.

Bu durumda anketler, soru listeleri ya da görüşme formları gibi araçlar veri toplamak için en uygun araçlar olarak ön plana çıkacaktır (Ruane, 2005, s. 124).

Veri toplama aracının tasarlanması kendi içinde oldukça uzun bir süreci ifade etmektedir. Bu süreçte ilk önce veri toplama yöntemine karar verilmelidir. Karar verilen veri toplama yöntemi tasarlanacak veri toplama aracı için bir referans niteliği taşır ve aracın tasarlanmasında başat rol oynar. Bu nedenle veri yönetiminde veri toplama aracı tasarlanmasından önce veri toplama yöntemine karar verilmelidir. Veri toplama yöntemine karar verilmesinde ise farklı etmenler etkin bir rol oynayabilir. Veri toplama yöntemine karar verilmesinde aşağıda yer alan hususlar göz önünde bulundurulmalıdır (Brewerton ve Milward, 2001, s. 68);

- Veri toplama yöntemi amaca uygun olmalıdır.
- Veri toplama yöntemi cevaplanması amaçlanan sorulara ya da çözülmesi hedeflenen sorunların çözümüne katkı sunacak verinin ayırt edilmesine olanak sağlamalıdır.
- Zaman, örgütsel kaynaklar, örgütsel sınırlılıklar ya da gereksinimler açısından uygun ve uygulanabilir olmalıdır.
- Etik açıdan uygun olmalıdır.
- Örgüt açısından kabul edilmiş ve onaylanmış bir yöntem olmalıdır.
- Gerçek uygulama öncesi denenmiş ve etkililiği test edilmiş bir yöntem olmalıdır.

Veri yönetimi sürecinde elde edilecek verinin türü de veri toplama aracının tasarımında etkin bir rol oynayacaktır. Örneğin belirli bir soruna ya da konuya ilişkin farklı katılımcıların görüşlerinin doğrudan alındığı bir araştırmada elde edilecek veriler nitel veriler olacaktır. Bu şekilde bir veri toplama sürecinde nitel verilerin elde edilmesinde etkili bir araç niteliği taşıyabilecek görüşme yönteminden yararlanılabilir (Lodico, Spaulding ve Voegtle, 2006, s. 159). Veri yönetiminde farklı veri toplama yöntemlerinden bahsedilebilir. Brewerton ve Milward (2001, s. 69) veri toplama sürecinde yararlanılabilecek araçları şu şekilde sıralamaktadırlar;

- Görüşmeler
- Odak grupları
- Psikometrik araçlar (tutum ölçekleri gibi araçlar)
- Gözlem
- Anketler ya da soru listeleri
- Günlükler

Veri yönetiminde veri toplama aracına dönük tasarım sürecinden önce elde edilecek verinin türü dikkate alınmalı ve bu doğrultuda veri toplama aracı tasarlanmalıdır (Canals, 2017, s. 391). Veri toplama aracının yapısı ve formatı, toplanan verilerin doğruluğu, bütünlüğü, amaca uygunluğu açısından merkezi bir konumda yer almaktadır. Bu bağlamda verilerin toplanması sürecinde önceden geçerlik ve güvenirlik çalışmaları yapılmış olan veri toplama araçlarından yararlanılması sağlıklı bir yaklaşım olabilir. Veri toplama aracında yer alan maddeler ve yönergelerin hazırlanmasına azamî özen gösterilmelidir. Veri toplama aracında yer verilen maddeler ve yönergeler katılımcıların yardım almadan kendilerinin cevaplandırması gereken yönergeler olabileceği gibi, araştırmacının okuyup katılımcılardan aldığı cevapları farklı araçlarla kayıt altına alabileceği türden maddeler ya da yönergeler de olabilir. Veri toplayan bireyin sorduğu ve katılımcının cevaplarının kaydedildiği türden maddelerin ve yönergelerin yer aldığı veri toplama araçları genellikle boylamsal araştırmalarda yararlanılan veri toplama araçlarıdır (Tavakoli ve diğerleri, 2006, s. 143).

Veri toplama aracı veri yönetiminin en önemli safhalarından biri olan veri toplama aşamasının merkezinde yer alır. Etkili bir veri yönetimi amaca uygun verilerin toplanması ile başlar. Bu noktada en işlevsel araç ise tasarlanan ya da uyarlanan veri toplama aracıdır. Ele alınan konuya ya da soruna ilişkin önceden geliştirilmiş bir veri toplama aracı mevcut değil ise doğrudan konuya ya da soruna ilişkin verinin toplanmasına olanak sağlayacak veri toplama aracı tasarlanmalıdır. Veri toplama aracı ilk defa tasarlanabileceği gibi mevcut bir veri toplama aracının uyarlanması biçiminde de gerçekleştirilebilir. Her iki süreçte son derece uzun ve zahmetli bir süreçtir. Çünkü veri toplama aracı kendi başına uzun bir süreci ifade etmektedir. Geliştirilen ya da uyarlaması yapılan veri toplama aracının geçerlik ve güvenirlik testlerinin yapılması, ana uygulama öncesi pilot uygulama yapılması gibi hususlar etkili bir veri toplama aracının ortaya konulmasında önemlidir.

Bir veri toplama aracının geliştirilmesi bir konu ya da soruna ilişkin veri toplanmasına dönük bir aracın geliştirilmesi olduğundan veri toplama aracı "araştırma aracı" olarak da adlandırılmaktadır. Veri toplama aracının geliştirilmesi bir çalışmada uygulamaya dönük ilk aşama olarak kabul edilebilir (Kumar, 2011, s. 20). Bu noktada veri toplama aracının tasarlanması ya da geliştirilmesi veri yönetimine dönük soyut fikirlerin işlevsel olabilecek bir araca dönüştürülmesi olarak kabul edilebilir. Veri toplama aracının geliştirilmesi veri yönetiminin en önemli safhalarından birini teşkil eder çünkü örgütsel bir sorun alanına ya da konuya ilişkin sağlıklı verilerin elde edilmesi veri yönetiminin merkezinde yer alır. Etkili bir veri toplama aracı ise sağlıklı verilerin toplanmasında başrol oynayan bir aktördür.

3.5.1.2. Veri Toplama İşlemleri

Veri toplama işlemleri hakkında veri toplanan sorunun ya da konunun doğasından doğrudan etkilenen bir süreçtir. Çünkü hakkında veri toplanan konu ya da sorun veri toplama sürecinde katılımcılarla gerçekleştirilecek etkileşimlerin doğası ve süresi gibi birçok hususta belirleyici bir rol oynamaktadır (Leavy, 2017, s. 38). Veri toplama işlemleri veri yönetiminde hazırlık aşamasının en önemli safhası olarak kabul edilebilir. Çünkü elde edilecek veriler veri yönetimi süreçlerinin tüm aşamalarının hammaddesi niteliği taşımaktadır. Veri yönetiminde veri toplama sürecinin tasarlanmasında belirli bir protokol hazırlanması ve bu protokole süreçte bağlı kalınması sürecin sistematik bir biçimde yürütülmesinde önemli bir konumda yer alabilir. Veri toplama işlemleri için belirlenecek bu protokolde şu hususlara yer verilebilir;

- *Ele alınan konu ya da soruna ilişkin en uygun verilerin toplanabileceği bölgelerin ya da bireylerin belirlenmesi:* Veri toplanacak bireylerin ya da bölgelerin etkili bir biçimde seçilmesi veri toplanacak konuya ilişkin sağlıklı verilerin toplanmasında işlevsel bir rol üstlenebilir. Sağlıklı veriler ise veri toplanan konuya ya da soruna ilişkin sağlıklı bir anlayışın geliştirilmesinde önemli bir konumda yer alabilir (Creswell ve Creswell, 2018, s. 291).
- *Veri toplanacak bireylerin ya da birimlerin seçilmesinde başvurulacak stratejilerin ortaya konulması:* Belirli bir bölge ya da birey topluluğu belirlendikten sonra hangi bireylerden ya da veri kaynaklarından veri toplanacağına ilişkin stratejiler ortaya konulmalıdır (Creswell ve Creswell, 2018, s. 291).
- *Veri toplama sürecinde kaç kişiden ya da bölgeden veri toplanacağının belirlenmesi:* Veri toplama sürecinde kaç kişiden ya da bölgeden veri toplanacağının belirlenmesi örneklem büyüklüğünün belirlenmesi olarak kabul edilebilir. Veri toplama sürecinde örneklem büyüklüğü araştırma desenine göre farklılık gösterebilir. Örneğin etnografik ya da olay incelemesi türündeki veri toplama süreçlerinde farklı örneklem büyüklüklerinden faydalanılabilir. Örneklem büyüklüğüne ilişkin kabaca belirtilmiş rakamlar araştırma alan yazının da mevcuttur (Creswell ve Creswell, 2018, s. 291).
- *Elde edilecek verinin türünün belirtilmesi:* Elde edilecek verinin türünün protokolde belirtilmesi hem veri toplayan hem de katılımcılar için süreçte yol gösterici bir nitelik taşıyabilir. Bu noktada elde edilecek veri

formatına da protokolde yer verilebilir. Örneğin görsel, işitsel ya da yazınsal veri gibi (Creswell ve Creswell, 2018, s. 291).

- *Verinin elde edilmesinde faydalanılacak farklı araçlara ve yöntemlere de protokolde yer verilmelidir (Creswell ve Creswell, 2018, s. 292):* Örneğin görüşme yöntemi ile veri elde edilecekse ve bu süreçte görüşmeler farklı araçlarla kayıt altına alınacak ise bu tür araçların neler olacağı protokolde açıkça ifade edilmelidir.
- *Bilgilendirilmiş onayın (informed consent) alınmasına ilişkin hususların netliğe kavuşturulması:* Bilgilendirilmiş onay veri toplanacak katılımcılardan ya da kurumlardan kendilerine veri toplamanın amacı ve süreçle ilgili bilgiler aktarılarak veri toplanmasına dönük onay alınmasını ifade etmektedir. Bilgilendirilmiş onayın üç temel bileşeni söz konusudur: Veri toplama sürecine ilişkin bilginin katılımcılara aktarılması, bilginin katılımcılar tarafından anlaşıldığının teyit edilmesi ve gönüllü katılım (Amerikan Antropoloji Derneği, 2004, s. 1; Akt. Riemer, 2012, s. 169).
- *Veri güvenliğine ve gizliliğine ilişkin hususların belirtilmesi:* Veri toplama sürecinde hassas ya da kişisel veriler de elde edilebilir. Bu noktada veri güvenliğinin ve gizliliğinin nasıl sağlanacağına ilişkin hususlara protokolde yer verilmesi katılımcılarda veri toplama sürecine ilişkin bir güvenin teşkil edilmesinde önemli bir rol oynayabilir.
- *Verinin paylaşımına ilişkin hususların belirtilmesi:* Verinin kimlerle hangi koşullarda paylaşılacağına dair ilkelerin ve kuralların belirlenerek protokole eklenmesi süreçte veri toplayanlarla katılımcılar arasında güvenin tesis edilmesinde işlevsel bir aracı niteliği taşıyabilir.

Veri toplama eylemleri ve süreci son derece sistematik ve bilimsel bir süreci ifade etmektedir. Bu noktada veri toplama sürecinde yer alan aşamaların ve hususların bir plan dâhilinde net bir biçimde ortaya konulması aynı konuya ya da sorun alanına ilişkin veri toplama sürecinin tekrarlanmasına ihtiyaç duyulması durumunda yeni süreçte bir yol haritası niteliği taşıyabilir. Bu durum aynı süreci takip ederek farklı bireylerin nesnel sonuçlara ulaşması açısından önemlidir (Stockemer, 2019, s. 6). Bu nedenle veri toplama sürecinin detaylı bir biçimde ortaya konulması ve sürecin somut eylemlere dönüştürülmesi, veri yönetimi sürecinde veri toplama eylemlerinin ve uygulamalarının sağlıklı bir biçimde yürütülmesinde işlevsel bir rol üstlenebilir.

Veri toplama süreci araştırma problemine karar verildikten sonra gerçekleştirilecek eylemleri içermektedir. Diğer bir ifade ile hakkında veri toplanacak soruna ya da konuya karar verildikten ve bu doğrultuda veri toplanmasına dönük bir plan yapıldıktan sonra veri toplama eylemleri yerine getirilir. Bu noktada dikkate alınması gereken önemli bir husus birincil ve ikincil verilerin toplanması hususudur. Birincil veriler bir konuya ya da soruna ilişkin ilk defa toplanan orijinal verilerdir. İkincil veriler ise daha önceki araştırmalar için toplanmış ve istatistiksel analizlerden geçirilmiş verileri ifade etmektedir (Kothari, 2004, s. 95). Örneğin önceden toplanmış veriler üzerinden meta analiz gerçekleştirilmek üzere toplanmış veriler ikincil veri olarak ele alınabilir. Her iki veri toplama türü farklı araçlardan ya da yöntemlerden yararlanılmasını gerekli kılmaktadır. Bir veri toplama aracının tasarlanması birincil verilerin toplanmasına dönük bir veri yönetimi sürecinin bir parçasıdır. Birincil veriler doğrudan örgütsel sorunlara ya da hususlara dönük olarak toplandıklarından örgütsel sorunların çözümünde ya da yönetsel karar süreçlerinde daha işlevsel bir konumda yer alabilirler.

Bazı durumlarda belirli bir örgütsel sorunun çözümünde tek bir yöntemle ya da araçla veri toplanması yeterli olmayabilir. Bu durumda farklı araçlardan ya da yöntemlerden bir arada yararlanılması söz konusu olabilir. Bu türde farklı yöntemlerden birlikte yararlanılmasına "nirengi (triangulatoin)" adı verilmektedir. Farklı yöntemlerin ya da araçların bir arada kullanılması bir soruna ya da konuya ilişkin daha geniş bir bakış açısının geliştirilmesinde önemli bir rol üstlenebilir (Tolley, Ulin, Mack, Robinson ve Succop, 2016, s. 86). Örneğin bir veri yönetimi sürecinde örgütsel bir soruna ya da konuya ilişkin olarak hem birincil hem de ikincil verilerden birlikte yararlanılması örgütsel soruna ya da konuya ilişkin daha sağlıklı bir anlayışın geliştirilmesine katkı sunabilir.

Veri toplama süreci veri yönetiminde referans olarak alınacak ya da işlevsel bilgiye erişim sağlamak için yararlanılacak hammaddenin elde edilmesini içerdiğinden süreç çok iyi tasarlanmalı ve belirlenen ilkelere ya da kurallara sıkı sıkıya bağlı kalınmalıdır. Özellikle etik hususlar titizlikle değerlendirilmeli ve bu hususta sorun yaşanmaması için azamî özen gösterilmelidir. Özel hayatın gizliliği ilkesi ve bu husustaki etik ilkelere veri toplama sürecinde de dikkat edilmelidir. Veri toplama süreci de kendi içinde belirli etik ilkelere uyulmasını gerekli kılmaktadır. Veri toplama sürecinde uyulması gereken etik ilkeler şu şekilde sıralanabilir (Johnson ve Bullock, 2008, s. 216);

- Veri toplanacak katılımcılar veri toplama eyleminin ne zaman gerçekleştirileceği hususunda önceden bilgilendirilmelidir.
- Katılımcılara neden veri toplandığına ilişkin açık ve net bilgiler verilmelidir.

- Katılımcılara toplanan verilerden sadece belirtilen amaç için yararlanılacağına dair güvence verilmeli ve bu hususa özellikle vurgu yapılmalıdır.
- Toplanan verilerin üçüncü şahıslarla paylaşılmasının gerekli olduğu durumlarda, veri toplanan katılımcıya bu hususta bilgi verilerek kendisinden onay alınmalıdır. Verilerin paylaşımına dönük olarak kendisinden onay alınamayan katılımcıya ait verilerin üçüncü kişilerle paylaşılmamasına azamî özen gösterilmelidir.
- Veri toplama ve analiz sürecinin tüm safhalarında verinin güvenliğini garanti altına alacak ve toplanan verinin kötüye kullanımını engelleyecek gerekli önlemler alınmalıdır.
- Verinin toplanmasından önce veri toplayan kişinin ya da kurumun açık kimliği katılımcı ile paylaşılmalıdır.
- Katılımcıların arzu ettikleri takdirde kendileri ile ilgili toplanan veriye erişim sağlamalarına ve gerektiği durumlarda veride düzeltmeler yapmalarına izin verilmelidir.
- Katılımcıların veri toplayan kişinin ya da araştırmacının veri toplama sürecinde riayet etmesi gereken kurallara uymaması durumunda hesap sorabilecekleri yasal bir zemin oluşturulmalıdır. Veri toplayan araştırmacılar ya da anketörler, veri toplama ve verinin güvenliğinin sağlanması hususlarında hesap verebilir bir konumda yer almalıdırlar.

Veri toplama aşaması herhangi bir örgütsel sorun ya da alana ilişkin bir anlayış geliştirilmesinde ilk aşamadır (Shweder, 2016, s. 102). Bu noktada sürecin planlamasının çok iyi yapılması, veri toplama sürecinde yer verilen eylemlerin ve uygulamaların açıkça ortaya konulması ve süreçte etik ilkelere uyulması veri yönetimi süreçlerinin etkili ve verimli bir biçimde yerine getirilmesinde önemli bir rol oynayabilir. Veri toplama aşaması veri yönetiminin merkezinde yer alan bir husustur. Bu yönüyle sürecin iyi yönetilmesi veri yönetimi sürecinin etkililiği ve verimliliği açısından önemlidir. Amaca dönük işlevsel verilerin sağlıklı araçlarla toplanması veri yönetiminin tüm aşamalarında süreçlerin etkililiğine doğrudan katkı yapacak bir unsur olarak kabul edilmelidir.

3.5.1.3. Veri Toplayan Personelin Eğitimi

Bazı durumlarda veri yönetimi süreçlerinde büyük çaplı verilere ihtiyaç duyulabilir. Bu durum verinin hacminden ya da zaman sınırlılığından dolayı verinin farklı kişilerce toplanmasını gerekli kılabilir. Belirli bir örgütsel soruna ya da konuya ilişkin verinin farklı bireylerce toplanması durumunda veriyi toplayacak kişilerin eğitilmesi önemli bir husustur. Buna ek olarak veri toplayacak kişilere veri toplama süreci hakkında standart bir bilgilendirme yapılması amacıyla bir kılavuzun hazırlanması, veri toplama sürecine bir standart getirilmesi ve eylemler ve uygulamalarda tutarlılığın sağlanması açılarından merkezi bir konumda yer alabilir. Bu şekilde bir eğitim sürecinde veri toplayacak kişilere gerçek veri toplama araçları ile eğitim verilmesi gerekmektedir. Katılımcılardan gelen cevapların da veri toplama sürecini şekillendirebileceği yarı yapılandırılmış veri toplama araçları ile veri toplanması gerektiği durumlarda, veri toplayacak kişilerin veri toplama sürecini aldıkları eğitimlerde simülasyon yöntemi ile tecrübe etmelerine dönük olanaklar sağlanmalıdır (Tavakoli ve diğerleri, 2006, s. 144).

Veri toplayan kişilerin ya da personelin eğitiminin çok uzun zaman alacağı ya da çok maliyetli olduğu durumlarda veri toplama hususunda uzman kişilerin kiralanması yöntemine başvurulabilir (Minchin, 2016, s. 2). Örneğin anket yolu ile veri toplama süreci profesyonel bir çalışmadır ve önemli ölçüde bir tecrübe ve temel eğitim sürecini gerekli kılabilir. Bir anketörün öncelikle belirli etik ilkeleri içselleştirmesi ve bu ilkelere bağlı kalması önemlidir. Anketörün araştırma sonuçlarını doğrudan etkileyecek ham verileri toplama görevi onu araştırmacıya, araştırmaya ve topluma karşı belirli sorumluluklar altına sokmaktadır (Minchin, 2016, s. 8). Veri toplama sürecinde veri toplayanlar için önemli sorumluluklar söz konusudur. Veri toplayanların eğitiminde bireylere bu sorumluklarına vuruk bir anlayış ve farkındalık geliştirmelerine katkı sağlanmalıdır. Veri toplayanların eğitiminde kendilerine aşağıda yer alan hususlarda bilgilendirmeler yapılmalıdır (NPEC, 1999, ss. 1-2);

- Verinin elde edileceği kaynak hakkında bilgi verilmelidir. Ele alınan konuya ya da soruna ilişkin verinin örgüt içinden mi yoksa örgüt dışı kaynaklardan mı elde edileceğine dair bilgilendirmeler yapılmalıdır.
- Veri toplama sürecinde rol oynayabilecek yasalar, yönetmelikler, yönetsel süreçler hakkında katılımcılara bilgilendirmeler yapılmalıdır. Veri toplayanlar katılımcıları yasalar, yönetmelikler ve yönetsel süreçlerle ilgili olarak bilgilendirmelerinin önemli bir sorumlulukları olduğunu bilmelidirler.
- Konuya ya da soruna ilişkin en işlevsel verilerin hangi kaynaklardan ya da bireylerden elde edilebileceğine dönük bilgilendirmeler yapılmalıdır. Veri toplayanlar tarafından veri toplama sürecini zaman, çaba ve maliyet açısından nasıl asgarî düzeyde tutabileceğine dönük değerlendirmeler yapılmalıdır.

- Katılımcılardan etkili bir biçimde veri toplanmasına dönük olarak hangi tedbirlerin alınabileceğine ilişkin hususlar ortaya konulmalıdır.
- Veri toplama sürecinin katılımcının zamanını almasına engel olmak amacıyla veri toplama sürecinin mümkün olan en kısa sürede nasıl gerçekleştirilebileceğine dönük değerlendirmeler yapılmalıdır.
- Veri toplama aracında yer alan ifadelerin ya da hususların katılımcılar tarafından net bir biçimde anlaşılması için yapılabileceklere dönük somut öneriler ileri sürülmelidir.

Özellikle büyük verilere ihtiyaç duyulması nedeniyle belirli bir sorun alanına ya da konuya ilişkin farklı bireylerin veri toplamasına ihtiyaç duyulması durumunda veri toplama aracı standart tek bir araç olsa dahi elde edilen verinin içeriği ve kalitesinde farklılıklar söz konusu olabilir. Bu noktada veri toplayanların eğitimi veri toplama sürecinin sağlıklı bir biçimde yerine getirilmesinde etkin bir rol oynayabilir. Veri tek bir elden toplansa bile belirli araçlarla veri toplanmasında asgarî düzeyde de olsa bir tecrübeye ya da eğitime ihtiyaç duyulabilir. Bu nedenle veri toplama sürecinde veri toplayacak kişinin belirli bir yeterliliğe sahip olduğundan emin olunmalı ve veri toplama sürecine bu hususa dönük bir teminat alındıktan sonra başlanmalıdır. Veri toplayan kişinin eğitimi sağlıklı veri toplanmasının en önemli öncüllerinden birini teşkil edebilir. Bu nedenle veri toplayan kişinin yeterliliğine veri yönetimi sürecinde azamî özen gösterilmelidir. Veri toplama sürecinde veri toplayan bireyin tecrübesizliğinden kaynaklanan sorunların ortaya çıkması durumunda veri yönetimi süreçlerinin ilerleyen aşamalarında telafisi mümkün olmayan sorunların ortaya çıkabileceği unutulmamalıdır.

3.5.1.4. Veri Toplama Aracı Kodlama

Bazı araştırmalar birden fazla veri toplama aracından yararlanılarak çok çeşitli değişkenler hakkında veri toplanmasını gerekli kılmaktadır. Hatta bazı veri toplama araçlarının isimleri ise oldukça uzun, karmaşık, diğer bir ifadeyle anlaşılması zor bir nitelik taşıyabilmektedir. Böyle bir durumda veri girişini daha kolay bir yapıya kavuşturabilmek amacıyla hem veri toplama araçlarının, hem de bu araçlarda yer alan değişkenlerin kodlanması yoluna gidilebilir. Buna karşın gerçekleştirilen kodlamaların anlamlı ve hatırlanabilir olmasına özen gösterilmelidir (Tavakoli ve diğerleri, 2006, s. 145). Bu türde birden çok veri toplama aracı ile gerçekleştirilen ve çok fazla değişkeni içinde barındıran araştırmalarda kodlamalar veri toplayan bireyler için önemli bir kolaylık sağlayabilir. Bu noktada en önemli sorun kodlamalar için ortaya konulacak sistemdir. Kodlamaların veri toplayanlar ve verilerin analitik araçlara girişlerini gerçekleştirecek bireyler için açık ve anlaşılır olması önemlidir. Elde edilen verilerin içeriği ve doğası ne olursa olsun değişkenlere ve veri toplama araçlarına dönük kodlamaların yapılması mümkündür. Bu hususta teşkil edilecek bir kodlama şeması veri toplayan için önemli bir kolaylık teşkil edebilir (Epstein ve Martin, 2005, s. 322).

Veri toplama araçlarında uygun bir biçimde gerçekleştirilen kodlama işlemleri veri toplama sürecinde zaman ve enerji tasarrufu sağlayabilir. İyi tasarlanmış olsa da bir veri toplama aracı ile belirli değişkenler için toplanmış verilerin ele alınması oldukça fazla zaman ve çaba gerektirebilir. Bu durumda değişkenlerin kodlanması veri toplayanlar açısından önemli bir kolaylık sağlayabilir. Örneğin çok fazla kategoriye sahip bir değişkenin alt kategorileri rakamlarla kodlanarak analiz programına girilebilir. Bu türden bir kodlama hem veri girişi hem de veri analizi süreçlerinde araştırmacı açısından önemli avantajlara sahip olabilir (Forcheh, 2003, s. 73). Buna karşın kodlama süreci titizlikle gerçekleştirilmelidir.

Değişken ya da veri toplama araçlarının gerçek isimleri ya da başlıkları ile bir çalışma yürütmek zor olmakla birlikte özellikle veri girişi esnasında hata yapılmasını azaltan bir husustur. Buna karşın kodlamalarda yapılacak bir hatanın düzeltilmesi özellikle veri toplama süreci sonrasında imkânsız iken, veri girişi sürecinde ise oldukça fazla zaman ve çaba gerektiren bir süreç haline dönüşebilir. Bu nedenle veri toplama süreçlerinde veri toplama aracında farklı kodlama sistemlerinden yararlanılması hususunda oldukça dikkatli davranılması önemli bir husustur.

3.5.1.5. Yazılım Programları

Araştırmalarda yararlanılan yazılım programları belirli bir yazılım dilinden yararlanan ve belirli yönergeler çerçevesinde bilgisayar üzerinde belirli işlemleri yerine getiren yazılımları ifade etmektedir. İyi tasarlanmış yazılım programları belirli verileri temel alarak ele alınan bir sorunun ortadan kaldırılmasına dönük çözümlemelere, analiz sonuçlarına ya da bulgulara erişime olanak sağlayabilir (Usman, Owoade, Abimbola ve Ogunsanwo, 2016, s. 130). Yazılım programlarının etkililiği veri yönetiminde veriden anlam çıkartma sürecinde önemli bir rol oynar ve önemli işlevleri yerine getirir. Bu bağlamda doğru ve etkili analitik araçlardan yararlanılması araştırma sonuçlarını doğrudan etkileyebilecek bir nitelik taşır. Bilgi çağında bilgisayar sistemlerindeki hızlı gelişmeler donanım kadar yazılım programlarının da gelişmesine zemin hazırlamıştır.

Günümüzde içeriği, doğası ve formatı ne olursa olsun, nitel ya da nicel tüm verilerle analiz yapabilecek etkili yazılım programları mevcuttur. Bazı araştırmacılar özellikle nitel veriler üzerinde çalışırken yazılım programlarından yararlanmamın anlamsız olduğunu, çünkü çalışmanın sayısal değerlerden ziyade anlamlar üzerinden gerçekleştirildiğini ileri sürmektedirler. Buna karşın nitel verilerin analizinde de oldukça etkili ve verimli olan yazılımlar geliştirilmiştir (Drisko, 1998, s. 2).

Yazılım programları, yazılım programlama adı verilen bir dizi faaliyeti ve bu faaliyetler sonucunda ortaya konulan ürünü ifade etmektedir. Bu noktada yazılım programlama belirli bir amaç için yararlanılacak programların dijital bir aygıt için hazırlanmasına karşılık gelmektedir. Programlama sürecinde belirli bir yazılım dilinden faydalanılarak algoritmalar geliştirilir. Bu algoritmalardan belirli bir bağlamla ya da sorunla ilgili çözümlerin üretilmesine dönük olarak verilerin analiz edilmesi ve bir sorunun çözümüne dönük analiz bulgularına ulaşılması amacıyla yararlanılır (Christodoulou, Szczygieł, Kłapa ve Kolarz, 2018, s. 34). Günümüzde yazılım programları sadece verilerin analiz edilmesinde değil verilerin toplanmasında da işlevsel bir konuma gelmiştir. Örneğin internet üzerinden farklı araçlarla veri toplanmasına olanak sağlayan online yazılım programları mevcuttur (Cohen ve diğerleri, 2007, ss. 226-227).

Bir bilgisayar sistemi içinde farklı yazılımlardan bahsetmek mümkündür. Bu yazılımlardan biri sistem yazılımıdır. Sistem yazılımı bilgisayar sisteminin nasıl işleyeceğini ya da çalışacağını ortaya koyan yazılımdır. Sistem yazılımı genellikle bilgisayar sistemlerinin üreticileri tarafından sağlanan yazılımlardır. Uygulama yazılımı ise bilgisayar sistemine belirli hususlara ilişkin görevlerini nasıl yerine getireceğine dair yönergeleri ileten yazılım programıdır. Bu türde yazılım programları bireysel olarak insanlar tarafından geliştirilebileceği gibi farklı yazılım şirketleri tarafından da geliştirilebilirler (Kothari, 2004, s. 364). Yazılım programları veriden işlevsel bilgiye erişim sürecini son derece basite indirgeyen ve bu yönüyle veri yönetimi süreçlerini kolaylaştıran araçlardır.

Günümüzde sosyal bilimler araştırmalarında çok çeşitli yazılım programlarından yararlanılması mümkündür. Sosyal bilimler araştırmalarında en sık yararlanılan yazılım programları SAS ve SPSS programlarıdır (Bhattacherjee, 2012, s. 119). SPSS programı Türkiye'de sosyal bilimler araştırmalarında en yaygın biçimde yararlanılan yazılım programlarından biridir. SPSS programında farklı betimleme, karşılaştırma ve kestirisel analiz araçları mevcuttur. Farklı amaçlara dönük araçlar sunması nedeniyle özellikle nicel araştırmalarda SPPS programı tercih edilmektedir. SPSS programına dönük rehber niteliğindeki kaynaklara erişim kolaylığı da programın popülerliğini arttıran diğer bir önemli husustur.

3.5.1.6. Veri Güvenliği Ve Gizliliği

Veri güvenliği verinin kasıtlı olarak ya da yanlışlıkla değiştirilmesine ve veriye zarar verilmesine, verinin veriye erişim yetkisi bulunmayan bireylerin eline geçmesine engel olmak amacıyla gerçekleştirilen veriyi korumaya dönük eylemler ya da uygulamalar olarak tanımlanabilir (Marco ve Jennings, 2004, s. 422). Veri güvenliği verinin değiştirilmesinin ve zarar görmesinin engellenmesinin yanında yetkisiz bireylerin veriye erişimine ya da yetkisiz bireylerce verinin indirilmesine dönük kısıtlamaları da kapsayan bir kavramdır (Deb, 2005, s. 2). Veri güvenliği örgütler açısından veriye dönük olarak işlemsel süreçlerde verinin korunmasını dönük olduğu kadar veri depolarında saklanan verilerin korunması açısından da son derece önemli bir husustur (Ponniah, 2001, s. 339). Bu nedenle veri güvenliği yasal hükümlerle güvence altına alınan bir durumdur (Terstegge, 2007, s. 16).

İçinde bulunduğumuz bilgi çağında veri güvenliği veri ile ilgili çalışmaların ve sistemlerin en önemli sorunlarından birini teşkil etmektedir. Veri güvenliği kavramı farklı bileşenleri bünyesinde barındıran bir kavramdır. Veri güvenliği temel olarak dört farklı kavramı içinde barındırmaktadır (Sun, Zhang, Xiong ve Zhu, 2014, s. 2): Veri toplama sürecinde belirlenen ilkelere ve kurallara riayet etme, verinin gizliliğine özen gösterme, güven ve yasal hususlar. Örgütsel açıdan ele alındığında veri güvenliği ve gizliliği son derece önemli hususlar olarak kabul edilmektedirler. Özellikle verinin örgüt dışı kaynaklardan ya da üçüncü şahıslardan elde edilmesi gerektiği durumlarda veri güvenliği ve gizliliği ön plana çıkmaktadır (Xiao ve Xiao, 2013, s. 843).

Veri güvenliği ile ilgili en temel bileşenlerden biri de verinin farklı kurumlar ya da kullanıcılar tarafından kullanılmasına izin verilmesi ile ilişkilidir. Böyle bir durumda verilerin amacı dışında kullanılması söz konusu olabilir (Rao ve Selvamani, 2015, s. 206). Veri güvenliği verinin amacı dışında kullanılmasına engel olmak amacıyla veriye yetkisiz kişiler ya da kullanıcıların erişimini engellemek ya da sınırlandırmak gibi eylemleri ve uygulamaları da kapsayan bir kavramdır.

Veri güvenliği kapsamı oldukça geniş bir kavram olması nedeniyle farklı bileşenlerden meydana gelen bir olgudur. Veri güvenliği verinin korunmasına dönük eylemleri ve bu süreçte karşılaşılan sorunları ele almaktadır. Veri güvenliğine vuruk olarak alınması gereken tedbirlere ek olarak veri güvenliği konusunda yaşanabilecek sorunların ortadan kaldırılmasına dönük eylemler de veri güvenliği kapsamında değerlendirilebilir. Veri güvenliği eylemleri ve uygulamaları veri güvenliğine dönük sorunları da beraberinde getirmektedir. Veri güvenlik sorunlarının çok çeşitli nedenleri söz konusu olabilir. Xiao ve Xiao (2013, s. 844) veri güvenlik sorunlarının temel olarak üç önemli hususla ilişkili olduğunu ileri sürmektedirler;

Verinin örgüt dışı kaynaklardan elde edilmesi: Bir örgütün belirli sorunlara ya da örgütsel konulara ilişkin veriyi dış kaynaklardan elde etmesi, örgütün elde edilen veri üzerinde herhangi bir kontrolünün olmamasını ifade etmektedir. Elde edilen veri üzerinde örgütün kontrol gücünün olmaması veri güvenliğini tehdit eden en önemli faktörlerden biri olarak kabul edilebilir.

Verinin örgüt dışı kurumlar ya da kullanıcılarla paylaşılması: Örgütler açısından belirli sorunların çözümüne dönük dış kaynaklardan veri elde edilmesi mümkün olabildiği gibi örgütler de belirli verileri örgüt dışı kullanıcılar ya da kurumlarla paylaşmak durumunda kalabilirler. Bu şekilde verinin örgüt dışı kaynaklarla paylaşılması verinin paylaşıldığı tüm dış kullanıcıların ve kurumların kontrol edilmesi oldukça güç olacağından veri güvenliğine dönük sorunların ortaya çıkmasına zemin hazırlayabilir.

Büyük hacimdeki verinin güvenliğinin sağlanması: Teknolojik gelişmelere paralel olarak veri elde edilmesinde yaşanan gelişmeler veri depolanmasında yararlanılan sistemlerin de gelişmesine katkı sağlamıştır. Bu şekilde muazzam boyutlarda verinin depolanması mümkün hale gelmiş ancak bu durum büyük hacimdeki verinin güvenliğinin sağlanmasına dönük zorlukları da beraberinde getirmiştir. Günümüzde büyük verinin güvenliğinin sağlanması hacminden ötürü geleneksel yöntemlerle mümkün olmamaktadır.

Veri güvenliği ve gizliliği farklı bileşenlerden meydana gelmektedir. Bu noktada veriye erişimin kontrol altında tutulması veri güvenliği ve gizliliğinin en temel bileşenlerinden birini teşkil etmektedir. Veri güvenliği denetim ve yetkilendirme gibi veri güvenliğinin verinin korunmasına dönük bileşenlerini içermektedir. Veri güvenliği bir dizi veri güvenlik sistemi ile sağlanmaktadır. Veri güvenliğine ilişkin servis sağlayıcılar şifreleme, dijital imza ve güvenilir donanımlar ya da yazılımlar gibi farklı tekniklerden ve araçlardan yararlanmaktadırlar (Ferrari, 2010, s. xiii). Veri güvenliğinin sağlanması örgütlerin ihtiyaçlarına dayalı olarak farklı veri güvenliği sistemlerinden yararlanmalarını gerekli kılabilir. Farklı veri formatları ya da depolanan verinin içeriği, hacmi ve doğası yararlanılacak veri güvenliği sistemini doğrudan etkileyebilecek bir unsurlardır.

Veri güvenliği ve veri gizliliği çoğu zaman birbiri yerine kullanılan kavramlar olarak kabul edilmektedir. Buna karşın temel olarak veri güvenliği, veri gizliliğinin sağlanmasına dönük olarak geliştirilmiş sistemleri, eylemleri ve uygulamaları kapsamaktadır. Bu noktada veri güvenliğini tesis etmek için oluşturulan ve geliştirilen sistemlerin ve eylemlerin temel olarak veri gizliliğine de doğrudan hizmet ettiği ileri sürülebilir. Veri güvenliği temel olarak veri güvenliğini tehdit eden unsurların tespit edilmesine dönük sistemleri ve eylemleri kapsar. Veri güvenliğini ve gizliliğini tehdit eden unsurların tespit edilmesine ve verinin korunmasına dönük sistemler, eylemler ve uygulamalar veri güvenliğinin bileşenleri olarak kabul edilebilir (Henry, 2015, s. 107).

Veri güvenliği ve gizliliği birbiri ile ilişkili kavramlar olarak ele alınabilir. Veri güvenliğine dönük tasarlanan tüm sistemler ve eylemler aynı zamanda veri gizliliğinin korunmasına dönük olarak da işlevleri yerine getirmektedirler. Hassasiyet içeren verilerin gizliliğinin sağlanması veri güvenliğinin en önemli bileşenlerinden biri olarak ele alınabilir. Veri gizliliği veri toplanan katılımcının özel bilgilerinin gizliliğinin garanti altına alınmasını da kapsamaktadır. Toplanan, sisteme girilen ve farklı araçlarda depolanan verilerin üçüncü şahıslarla paylaşılmaması ya da üçüncü şahısların bu verilere erişiminin ortadan kaldırılması veri gizliliğinin en temel öğelerinden birini teşkil etmektedir. Veri yönetimi süreçlerinde veri gizliliğinin garanti altına alınamaması katılımcıların bu husustaki güvenini sarsabilir (Sun ve diğerleri, 2014, s. 3). Özellikle veri toplama sürecinde veri gizliliğinin sağlanması adına farklı tedbirler alınabilir. Örneğin katılımcıların rakam ya da harflerle kodlanması veri gizliliğinin sağlanması hususunda önemli bir aracı işlevi görebilir (Tavakoli ve diğerleri, 2006, s. 147).

Veri güvenliği ile ilişkili bir diğer husus veri bütünlüğüdür (data integrity). Veri bütünlüğü verinin doğruluğunun ve bütünlüğünün korunması ve güvence altına alınması ile ilişkilidir. Diğer bir ifade ile veri bütünlüğü verinin doğruluğunun ve güvenilirliğinin korunmasına karşılık gelen bir kavramdır (Mahesh, 2016, s. 13). Veri bütünlüğü elde edilen ya da depolanan veri üzerinde yalnızca yetki verilmiş kişilerin değişiklik yapabilmesine karşılık gelen bir kavramdır (Rao ve Selvamani, 2015, s. 207).

Veri bütünlüğü aynı zamanda veriye yetkisiz kişilerce erişim sağlanarak verinin silinmesini, verinin sahte bir biçimde üretilmesini veya veri üzerinde herhangi bir değişiklik yapılmasını önlemek amacıyla gerçekleştirilen eylemleri ve uygulamaları da kapsamaktadır. Veri güvenliğine ilişkin olarak bu türde tehditleri ortadan kaldırmak için verilere erişimin kontrol altında tutulması ya da veriler belirli dijital ortamlarda depolanacak ise veriye yetkisiz erişimin engellenmesi gibi tedbirler alınabilir (Su ve diğerleri, 2014, s. 3). Özellikle hacim açısından çok büyük boyutlarda depolanmış verinin güvenliğinin sağlanması oldukça güçtür. Veri bütünlüğünün sağlanmasına dönük önlemlerin alınması veri toplama sürecinin önemli bir ayağını teşkil etmektedir (Laudon ve Laudon, 2012, s. 307).

Veri toplama sürecinde veri güvenliğini tehdit edebilecek diğer bir önemli husus veri toplama sürecinde belirlenen ilkelere ve kurallara uyma hususunda hassasiyet gösterilmemesidir. Veri toplama sürecinde hangi kurallara uyulması gerektiği ile ilgili olarak detaylı bir planın hazırlanması ve bu planda ayrıca veri bütünlüğüne zarar verilmesi durumunda ne tür yaptırımların söz konusu olabileceğine dönük hükümler net bir biçimde ortaya konulmalıdır (Laudon ve Laudon, 2012, s. 310). Veri bütünlüğünün korunması veri güvenliğinin sağlanmasının en önemli bileşenlerinden biri olarak kabul edilebilir. Veri bütünlüğünün korunması veriyi toplayan araştırmacı ya da örgütün sorumluluğundadır. Veri bütünlüğünün korunmasına dönük standartların, ilkelerin, kuralların ve tedbirlerin planlama aşamasında açık bir biçimde ortaya konulması veri toplama sürecinde veri güvenliğinin teminat altına alınmasında önemli bir rol oynayabilir (Hashmi, Ranjan ve Anand, 2018, s. 49).

İçinde bulunduğumuz bilgi çağında veri güvenliğine ve gizliliğine dönük olarak çok önemli bir mesleki kültür ortaya çıkmaktadır. Bu durum veri güvenliğine ve gizliliğine ilişkin olarak hem bireysel hem de örgütsel düzeyde farklı talepleri beraberinde getirmektedir. Gelişen teknolojiler ve veri elde edilmesine ve depolanmasına dönük sistemlerdeki gelişmeler veri güvenliğini ve gizliliğini her geçen gün daha karmaşık bir yapıya büründürmektedir (Henry, 2015, s. 118). Bu yönüyle veri güvenliğine dönük sistemler de verinin elde edilmesine ve depolanmasına dönük sistemlerle paralel biçimde bir gelişim seyri izlemektedir. Örgütlerin de veri yönetim süreçlerinde veri gizliliğine ve güvenliğine ilişkin gelişmelere ayak uydurmaları örgütsel rekabet ortamında ayakta kalmaları açışından önemli bir konumda yer alabilir.

Veri güvenliği yalnızca verinin bütünlüğünün korunması ya da hassasiyet içerebilecek gizli ve kişisel verilere erişimin sınırlandırılması, veri güvenliğinden kaynaklanabilecek risklerin azaltılması ya da etkilerinin asgarî düzeyde tutulması ile ilişkili bir husus değildir. Veri güvenliği örgüt imajının korunmasında, örgüte güvenin tesis edilmesinde ya da var olan güvenin güçlendirilmesinde önemli bir rol oynar. Veri güvenliği aynı zamanda veri güvenliğine dönük tehditlerin ortaya çıkması durumunda meydana gelecek örgütsel kayıpların önlenmesinde de önemli bir konumda yer alır. Günümüz örgütlerinde veri güvenliğine ilişkin en büyük sorun ise yeni nesil ağ bağlantılarının, iletişim araçlarının, bilgisayar sistemlerinin ve medya araçlarının ortaya çıkardığı veri güvenliği zorluklarına cevap verebilmektir (Limaye, 2013, s. 280). Teknolojik gelişmeler bazı zamanlarda veri güvenliğine dönük tüm tehditlerin ortadan kaldırılmasına olanak sağlayacak bir hızda gelişim gösterememektedir. Bu durum içinde bulunduğumuz bilgi çağında veri güvenliğini en zorlu örgütsel sorunlardan biri haline getirmektedir.

3.5.1.7. Veri Dokümantasyonu

Verinin dokümantasyonu temel olarak verinin betimlenmesi ile ilişkilidir. Veri setine ilişkin anahtar kelimelerin anlamlarına ilişkin sözlükler, kod listeleri, kısaltmaların ne anlama geldiği ile ilgili açıklamalar ve verinin ne hakkında olduğu ve nasıl toplandığı gibi betimlemeler veri dokümantasyonu olarak kabul edilebilir. Dokümantasyon veri yönetimi sürecinin hem hazırlık, hem de veri düzenleme aşamalarında yer alan bir işlemdir. Dokümantasyon bilgi işleme sürecinin hem teknik hem de nihaî kullanıcı açısından nasıl işlediğine ilişkin betimlemeleri kapsamaktadır (Laudon ve Laudon, 2012, s. 609).

Dokümantasyon veriye ilişkin veri olarak kabul edilebilir. Bu noktada çalışmanın daha önceki bölümlerinde detaylı bir biçime açıklanan üst veri (metadata) veri dokümantasyonunda yararlanılan en önemli araçlardan biri olarak ele alınabilir. Verinin dokümantasyonu veri yönetiminde önemli işlevlere sahiptir. Araştırma sonucunda elde edilen bilgiden nihaî kullanıcıların etkili bir biçimde yararlanabilmesi için bilgiye erişim sürecinde yararlanılan verilere ilişkin betimsel bilgilere ihtiyaç duyulabilir (Niu, 2009, s. 5). Bu noktada veri dokümantasyonu bu tür bilgilere ulaşmak için önemli bir aracı işlevi görebilir.

Veri dokümantasyonu nicel ya da nitel her türlü veri için gerçekleştirilebilir. Bu noktada veri yönetimi sürecinde belirli bir veri dokümantasyon modeli belirlenmesi ve bu modele süreçte sadık kalınması veri yönetimi süreçlerinin standart ve sistematik bir yaklaşımla ele alınmasına katkı sunabilir. Veri dokümantasyonu elde edilen verilerin betimlenmesi şeklinde olabileceği gibi veri toplama sürecinde yararlanılacak veri toplama kaynakları gibi veri yönetiminin farklı aşamalarında yer alacak verilere dönük olarak da gerçekleştirilebilir. Bu türde bir yaklaşım veri kaynaklarından süreçte daha etkin bir biçimde yararlanılmasına katkı sunabilir (Kuula, 2000, s. 1).

Dokümantasyon veri yönetiminin önemli bir bileşeni konumundadır. Verinin dokümantasyonu açık erişim ortamında bulunan veriye erişimi kolaylaştıran bir nitelik taşımaktadır (Geiger, Varoquaux, Mazel-Cabasse ve Holdgraf, 2018, s. 4). Dokümantasyon etkili bir veri yönetim sürecinin en önemli işlemlerinden birini teşkil eder. Dokümantasyon, veri toplanan bölgeler, katılımcılar ve bazı durumlarda veri toplayan kişiler hakkındaki bilgileri de kapsayacak biçimde yapılandırılabilir.

Veri yönetiminin hazırlık aşamasında gerçekleştirilecek dokümantasyon işlemleri veriye ve sürece ilişkin farklı bilgiler sunabilir. Örneğin verinin tam ve eksiksiz olarak toplanıp toplanmadığına ilişkin bilgiler dokümantasyonun içerdiği bilgiler arasında yer alabilir. Buna ek olarak dokümantasyonda ya da veriye ilişkin üst veri de veri toplama sürecinde varsa aracı kurumların rolüne ve araştırma sürecinden ayrılan katılımcılara ve ayrılma nedenlerine ilişkin hususlara da değinilebilir. Bunlara ek olarak üst veride ya da dokümantasyon sürecinde veri toplama aracında yer alan maddelerin ve değişkenlerin kodlanmasına ilişkin bilgilere, ölçeğin alt ölçeklere ayrılmasına ve ölçekle ilişkili yapılan diğer tüm değişikliklere vuruk bilgilere de yer verilebilir (Tavakoli ve diğerleri, 2006, s. 147). Bu bağlamda hazırlık aşamasında detaylı bir dokümantasyonun gerçekleştirilmesi, veri yönetimi sürecinde verinin etkili biçimde takibi ve kontrolü açısından önem teşkil edebilir.

Veri dokümantasyonu hem veri yönetiminin hazırlık aşamasında araştırmacıya sağladığı kolaylık açısından hem de elde edilen verinin depolandıktan sonra veriye erişimi kolaylaştırması açısından önemlidir. Özellikle büyük veri setlerinde arzu edilen veriye erişim sağlamak oldukça güç olabilir. Bu noktada üst veri önemli işlevleri yerine getirir. Üst veriye ilişkin standart bir modelin ya da formatın geliştirilmesi de üst veriye erişimi kolaylaştıran önemli bir unsurdur. Aynı zamanda üst veri veri setlerini kullanıcılar açısından anlamlı bir hale getiren bileşendir (Rasmussen ve Blank, 2007, s. 59). Veri setlerinin kullanıcılar açısından ne anlam taşıdığının ortaya konulmasında üst veri ya da veri dokümantasyonu önemli rol oynar.

Veri dokümantasyonu verinin elde edilmesine ilişkin araştırma deseni, verinin hangi tarihte elde edildiği, verinin elde edildiği yer, verinin içeriği, doğası ve formatı ve verinin sınırlılıklarına ilişkin bilgileri de içerir (Blank ve Rasmussen, 2004, s. 310). Bu yönüyle veri dokümantasyonu verinin nihaî kullanıcılarına verinin ele aldığı soruna ya da konuya ilişkin olarak ne ölçüde anlamlı ve işlevsel olduğuna dönük bir değerlendirme yapmalarına olanak sağlayabilir. Özellikle ikincil veriler üzerinden yürütülen araştırmalarda veri setlerine ilişkin dokümantasyon bilgileri araştırmacılar için veri setlerinin potansiyel değerine ilişkin değerlendirmelerde önemli bir araç konumundadır (Jedinger, Watteler ve Förster, 2018, s. 6).

Veri dokümantasyonu verinin kullanıcılar açısından önemine ilişkin değerlendirmelerde bulunmak için son derece önemli bir konumda yer alır. Veri dokümantasyonu veri kalitesine ilişkin değerlendirmelerin hangi araçlarla kimler tarafından yapıldığını ortaya koyan bilgileri de içermektedir. Bu yönüyle veri dokümantasyonu verinin araştırma konusu ya da sorunu açısından bir değer taşıyıp taşımadığına ilişkin değerlendirmelerde etkin bir rol oynayabilir. Veri dokümantasyonu temel olarak iki düzeyde gerçekleştirilir. Birincisi her bir veri birimine ilişkin kontrollerin ya da düzeltmelerin neler olduğuna ve kimler tarafından yapıldığına dair bilgileri içeren dokümantasyon, diğeri tüm veri setinin betimlenmesinde yararlanılan üst veridir. Her ikisi de son derece önemlidir ve verinin kalitesine ilişkin dönük bir anlayışın geliştirilmesinde en önemli araçlar konumundadırlar (Martin ve Ballard, 2010, s. 9).

Veri dokümantasyonu verinin kullanıcılara betimlenmesini ve bu doğrultuda kullanıcıların verinin içeriği ve doğası hakkında bilgilendirilmesini esas aldığından verinin araştırma konusu için uygunluğunun değerlendirilmesinde önemli bir rol oynar. Özellikle büyük hacimde yer alan veri setlerine ilişkin bu türden değerlendirmeler araştırmacılara ya da veri toplayanlara sağladığı kolaylık açısından son derece önemlidir. Veri dokümantasyonu sürecinde verinin içeriği ve hedef kullanıcılar dikkate alınarak farklı araçlardan yararlanılabilir. Tablo 5'te örnek bir veri dokümantasyon matrisine yer verilmiştir (Panou, Gaitanidou ve Bekiaris, 2019, s. 39);

Tablo 5: Veri Dokümantasyon Matrisi

Temel düzeyde	Kaynak 1	Kaynak 2	Kaynak n	İleri düzeyde
Veri adı				Değişkenlerin tanımlanması
Kim elde etti/katkı sağladı				Araştırma lügatı
Elde edilen/üretilen veri				Ölçme birimleri
Değişiklik yapılan veri				Dosya formatı ve tipi
Koşullar				Yararlanılan yöntemler, varsayımlar, analitik sürece ilişkin bilgiler, betimlemeler

Kaynak: Panou ve diğerleri, 2019, s. 39.

Veri dokümantasyonu veri yönetim süreçlerinin önemli bir parçasıdır ve veri yönetim sürecinin farklı aşamalarında yer alır. Çünkü veri dokümantasyonu süreklilik arz eden bir işlemdir. Bazı veri setleri detaylı biçimde bir dokümantasyona sahip iken bazıları bu türde detaylı bir dokümantasyon içermeyebilir (Ronthal, Edjlali ve Greenwald, 2019, s. 3). Veri yönetimi sürecinin farklı aşamalarında yer verilen farklı veri toplama yöntemleri ve araçları ya da veri türleri dikkate alınarak farklı aşamalarda farklı veri dokümantasyonu işlemleri gerçekleştirilebilir. Veri dokümantasyonu özellikle büyük veri setlerinin araştırma konusuna ya da örgütsel soruna ilişkin işlevsel veriye sahip olup olmadığının ortaya konulmasında önemli bir araç niteliği taşımaktadır.

3.5.2. Veri Düzenleme Aşaması

Veri düzenleme aşaması veri üzerinde asıl analiz öncesi son işlemlerin gerçekleştirildiği safhayı ifade etmektedir. Bu aşamada veri analizinde yararlanılacak analitik araçlar temel alınarak veri düzenlenir ve veri üzerinde gerekli değişiklikler ve düzeltmeler gerçekleştirilir. Veri düzenleme aşaması veriye ilişkin analiz öncesi son düzenlemeler olarak ele alınabilir. Bu aşamada ayrıca farklı veri kaynaklarından farklı formlarda veri elde edilmesi durumunda verinin analitik aracın gerektirdiği tek bir formata dönüştürülmesi gerekebilir. Farklı veri formatlarının bir bütün haline getirilerek tek bir veri formatına dönüştürülmesi verinin etkili bir biçimde analiz edilerek sağlıklı sonuçlara ulaşılmasında önemli bir rol üstlenebilir.

3.5.2.1. Veri Girişi, Düzeltme, Dönüştürme, Temizleme

Veri girişi veri yönetimi hazırlık aşamasında kodlanan verinin analiz sürecinde yazılım programına girilmesi olarak tanımlanabilir. Veri analizi sürecinde yararlanılan çoğu istatistik yazılım programının kendine özgü veri girişi yapılabilen veri düzenleyicisi (data editor) mevcuttur. Buna karşın farklı yazılım programları girişi yapılan veriyi kendi depolama formatında depolamaktadır. Örnek olarak SPSS programında veriler "sav" dosyası olarak depolanmaktadır ve bu dosyalar üzerinde çoğu zaman diğer istatistik programlar ile analiz yapılamamaktadır. Bu nedenle veri girişi yapılan verinin gerektiğinde diğer yazılım programlarında da yararlanılabilecek biçimde kayıt altına alınması önemlidir.

Aynı zamanda farklı yazılım programları farklı sayılarda veri biriminin kaydedilmesine olanak sağlamaktadır. Örneğin Microsoft Excel programı 65.000'e kadar gözlemin kaydedilmesine olanak sağlamaktadır (Bhattacherjee, 2012, s. 120). Ayrıca kayıp veri gibi veri girişi ya da veri toplama sürecinde karşılaşılan sorunların görsel olarak tespit edilmesi de son derece kolaydır. Şekil 35'te Microsoft Excel programında gerçekleştirilmiş bir veri girişine örnek verilmiştir (Adams ve diğerleri, 2007, s. 142);

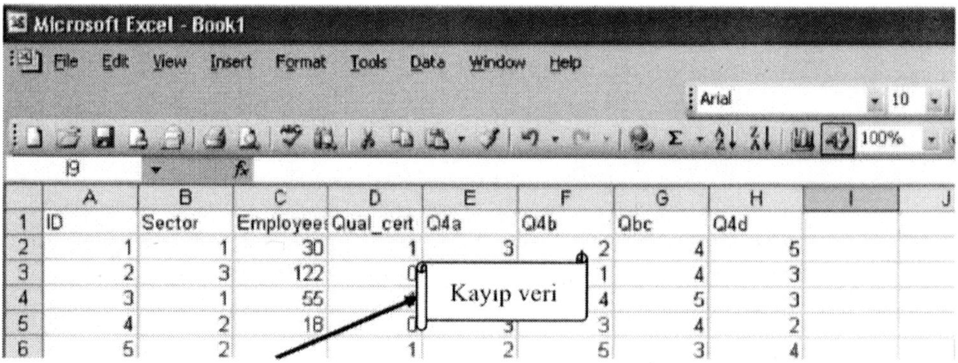

Şekil 35. Microsoft Excell programında örnek veri girişi

Kaynak: Adams ve diğerleri, 2007, s. 142.

Veri girişi özellikle tarama türü araştırmalarda sürecin önemli bir safhasını teşkil etmektedir. Veri girişi tarama türü araştırmalarda tarama aracı ile verinin toplanması ve analiz aşamaları arasında yer alan önemli bir safhadır. Tarama türü araştırmalar hiyerarşik bir yapıda farklı safhalarda gerçekleştirilmektedir ve veri girişi bu süreçte önemli bir aşama olarak kabul edilmektedir. Bir tarama türü araştırmanın aşamaları Şekil 36'da yer aldığı biçimde gerçekleşmektedir (Adams ve diğerleri, 2007, s. 129);

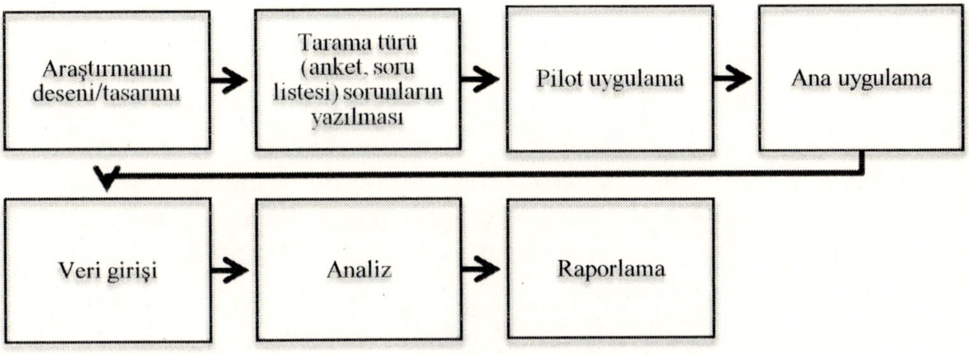

Şekil 36. Tarama türü araştırmalarda süreç

Kaynak: Adams ve diğerleri, 2007, s. 129.

Veri girişi verinin elde edildiği format temel alınarak farklı araçlarla gerçekleştirilebilmektedir. Örneğin tarama araştırmalarında katılımcılara sorulan soruların mümkün olduğunca kısa cevaplı olması veri girişinde harcanan zaman ve çabayı azaltan bir nitelik taşımaktadır (Ruane, 2005, s. 132). Özellikle büyük veri setleri üzerinden yapılan araştırmalarda ya da çok fazla örneklem üzerinden veri toplanmasını içeren araştırma süreçlerinde veri girişi oldukça fazla çaba ve zaman gerektirebilen bir husustur. Bu noktada araştırmacının veri girişinde farklı kişilerden yardım alması da söz konusu olabilir (Howitt, 2016, s. 61). Buna karşın veri girişinin farklı bireylerce gerçekleştirilmesi durumunda veri girişine dönük olarak bireylerin eğitilmesi ya da bilgilendirilmesi, bireylerin bu hususta güvenilir bir konumda olması ve bireylerin gerçekleştirdiği veri girişinin kontrol edilmesi önemlidir (Martin ve Bridgmon, 2012, s. 101).

Veri girişinde meydana gelen bir hatanın veri analizinde farklı sonuçların ortaya çıkmasına neden olacağı unutulmamalıdır. Veri girişi hatası veri işleme sürecine ilişkin hatalardan biri olarak kabul edilmektedir (Bethlehem, 1999, s. 125). Veri işleme hatası olarak da adlandırılan bu türde hatalar verinin toplanmasından sonra gerçekleşen hatalar sınıfına girmektedir (Corbetta, 2003, s. 80). Bu noktada veri girişinin doğru gerçekleştirilip gerçekleştirilmediğinin süreç sonunda kontrol edilmesi önemli bir husustur. Veri girişindeki hatanın ayrıca kodlama mı yoksa veri girişi sürecinde mi gerçekleştiği de ortaya konulmalıdır (Saunders ve diğerleri, 2016, s. 510). Veri girişinde hata bulunması durumunda hata düzeltilebilecek bir hata ise düzeltilmeli aksi takdirde kayıp veri olarak ele alınmalıdır (Christensen ve diğerleri, 2015, s. 359).

Veri girişinde en önemli hususlardan biri de verinin hatasız bir biçimde girişinin yapılmasıdır. Veri girişinde hataların ortadan kaldırılmasında ya da asgarî düzeye indirgenmesinde için farklı yöntemlerden yararlanılabilir. Örneğin aynı veri girişi iki farklı kişi tarafından gerçekleştirildikten sonra girişi yapılan veri setleri karşılaştırılabilir. Buna karşın bu uygulama oldukça fazla zaman alan bir yöntemdir. Veri setleri aynı zamanda mevcut yazılı doküman şeklindeki veri setleri ile kıyaslama yapılarak da gerçekleştirilebilir (Walliman, 2006, s. 111). Veri girişinin doğru bir biçimde gerçekleştirip gerçekleştirilmediği frekans değerlerinin alınması ya da uç değerlerin tespit edilmesi gibi farklı analiz yöntemleri ile de gerçekleştirilebilir (Robson, 2002, s. 398; Akt. Walliman, 2006, s. 111).

Veri girişinin doğru bir biçimde gerçekleştirilmemesi bir veri setinde uç değerlerin ortaya çıkmasının da önemli bir nedeni olabilir (Tabachnik ve Fidell, 2013, s. 73). Veri girişinde bilgisayar sistemlerinden ya da yazılım programlarından yararlanılması veri girişinin hatasız bir biçimde gerçekleştirilmesine katkı sağlayabilir (Howitt ve Cramer, 2017, s. 421). Veri girişinde faydalanılacak yazılım programları elde edilen verinin içeriği ve doğası temel alınarak farklılık arz edebilir. Örneğin kısa cevaplı sorulara verilen yanıtlara dönük veri girişinin gerçekleştirilmesinde Excel gibi programlardan yararlanılabilir (Park, 2006, s. 130).

Veri girişinde süreci kolaylaştırmak adına farklı yöntemlerden yararlanılabilir. Örneğin kodlama bu yöntemlerden biridir. Kodlama veri setinde yer alan değerlerin farklı sembollerle kodlanarak veri girişinin gerçekleştirilmesini ifade etmektedir. Bu noktada veri girişinde yer verilen kodların bir anahtar ile verilmesi önemlidir. Ayrıca kodlamaların hatırlanmaları kolay sembollerle gerçekleştirilmeleri de önemli bir husustur. Tablo 6'da verinin kodlanarak girilmesine bir örnek verilmiştir (Walliman, 2011, s. 115);

Tablo 6: Veri Tablosu

Sıra	Cinsiyet	Yaş	Eğitim	Gelir
1	1	4	3	4
2	2	5	3	6
3	2	3	4	4
4	2	5	5	3
5	1	6	3	5
6	1	4	2	2
7	1	3	5	4

Anahtar: Cinsiyet; erkek=1, kadın=2, yaş; 0-18=1, 19-25=2, 26-35=3, 36-45=4, 46-55=5, 56-65=6, 66 ve üstü=7, eğitim; 1=ilkokul, 2=ortaokul, 3=lise, 4=üniversite, 5=lisansüstü, gelir (yıllık); 20.000=1, 21.000-30.000=2, 31.000-40.000=3, 41.000-50.000=5, 51.000-60.000=5, 61.000 ve üstü=6.
Kaynak: Walliman, 2011, s. 115'den uyarlanmıştır.

Veri girişinin ve düzeltmelerin yapılması birbirini takip eden aşamalardır. Veriye ilişkin düzeltme işlemleri veri girişi gerçekleştirildikten sonra yerine getirilen işlemlerdir. Veri girişinin doğru yapılıp yapılmadığının kontrol edilmesi ve varsa hataların düzeltilmesi veri düzeltme işlemleri olarak ele alınabilir. Veri girişinde ne kadar titiz davranılırsa davranılsın süreçte çeşitli hatalar yapılmış olabilir. Örneğin yaş değişkeni girilirken değere eklenen fazladan bir sıfır ya da değerde gerçekte olup da eklenmeyen bir sıfır analiz sonuçlarının ve ortalama değerlerin farklı sonuçlar vermesine neden olacaktır.

Verinin sisteme doğru girildiğinin ortaya konulmasında en sık yararlanılan yöntemlerden biri veri girişinin farklı kişilerce gerçekleştirilmesidir. Buna karşın örneklem ya da katılımcı sayısının çok fazla olduğu araştırmalarda ya da veri toplama süreçlerinde aynı veri girişinin farklı kişilerce de olsa birkaç kez gerçekleştirilmesi zaman kaybı ya da zahmetli bir iş olarak nitelendirilebilir. Böyle bir durumda veri seti içinden örneklem alınarak sağlamanın yapılması işlevsel bir doğrulama yöntemi olarak ele alınabilir. Farklı araştırmalarda veri seti içinde değerlerin %10'unun örneklem olarak alınarak farklı bireylerce veri girişinin yapılmasının veri girişinde %99'a varan bir doğruluk oranına ulaşılmasını mümkün hale getirdiği saptanmıştır (Tavakoli ve diğerleri, 2006, ss. 147-148).

Veri girişi verinin analiz için hazırlanması sürecinin en önemli safhalarından birini teşkil etmektedir. Kodlama, veri girişi, kontrol ve doğrulama gibi işlemler veri hazırlama aşamasında gerçekleştirilen işlemlerden bazılarıdır (Cohen ve diğerleri, 2018, s. 339). Veri girişi bu sürecin en önemli aşamalarından birini teşkil etmektedir. Veri girişi farklı bireylerce de gerçekleştirilebilir. Bu noktada veri girişini gerçekleştirecek bireylerin veri girişine dönük eğitilmeleri ya da bilgilendirilmeleri önemlidir. Çünkü veri girişinde gerçekleşecek hataların verinin analiz aşamasına olumsuz yansımalarının olacağı ileri sürülebilir. Bu noktada veri girişinin veri yönetimi sürecinin önemli bir safhası olduğu unutulmamalıdır. Veri girişi ve veri girişine ilişkin düzeltmelerin yapılması veri yönetiminde veriden işlevsel bilgiye erişim sürecinde önemli bir konumda yer almaktadır. Bu yönüyle veri girişine ve veri girişinde gerçekleşen hataların tespit edilerek düzeltilmesine dönük işlemlere azamî özen gösterilmelidir.

Verinin girişi yapıldıktan ve veri setlerinde gerekli düzeltmeler gerçekleştirildikten sonra veri dönüşümü gerçekleştirilmelidir. Verinin dönüştürülmesi bazı araştırmacılar tarafından desteklenmekle birlikte bazıları tarafından eleştirilmektedir. Veri dönüşümünü destekleyen araştırmacılar analiz sonuçlarının ve kestirimlerin daha güçlü ve evrene genellenebilir bir nitelik taşıması için veri dönüştürmenin işlevsel bir aracı olduğunu iddia etmektedirler. Veri toplanırken temel olarak iki varsayım söz konusu olmaktadır. Bu varsayımlardan biri dağılımın normalliği, diğeri ise varyansların eşitliğidir. Bir veri setinde dağılımın normal olması toplanan verilerin rastsal bir dağılım göstermesini ve herhangi bir şemaya uymamasını ifade etmektedir. Varyans ise değişkenlik anlamına gelir. Bu kapsamda veri setinde eş değişkenliğin (homoscedasticity) sağlanması da verinin analiz için uygun bir nitelik taşıması açısından önemli kabul edilmektedir.

Bir veri setinde artık değerler ve uç değerler gibi değerler dağılımın normalliği ve varyansların eşitliği varsayımlarını bozan değerlerdir. Bu noktada verinin dönüştürülmesi eylemleri temel olarak bu varsayımları sağlamak amacıyla gerçekleştirilen işlemleri kapsamaktadır (Ribeiro-Oliveira, Santana, Pereira ve Santos, 2018, ss. 1-2). Buna ek olarak ters kodlama da bu kapsamda verinin dönüştürülmesi olarak kabul edilebilir. Ters kodlama belirli aralıklarla puan verilen- örneğin 1 ile 5 arası- ölçeklerde olumsuz ifadeler içeren maddelerin yazılım programında ters kodlanması işlemine verilen isimdir. Burada katılımcının verdiği 5 puan aslında 1'e, verdiği 1 puan ise aslında 5 puana karşılık gelmektedir. SPSS gibi sosyal bilimlerde sıklıkla başvurulan analiz araçları bu türden dönüşümleri çok kısa sürede etkili biçimde gerçekleştirebilmektedir.

Veri dönüştürme aynı zamanda verinin sunuluş biçimi ile ilgili dönüşümleri de içermektedir. Bu türde veri dönüştürme işlemlerine dönük olarak çeşitli sınıflandırmalar mevcuttur. Verinin sunuş biçimine ilişkin veri dönüşümü için iki farklı yöntemden bahsedilebilir: Söz dizimsel (syntactic) veri dönüşümü ve anlambilimsel (semantic) veri dönüşümü. Sözdizimsel veri dönüşümü herhangi bir dış kaynaklı bilgi ya da referans veriye ihtiyaç duymadan tablo biçiminde sunulmuş bir verinin başka bir sözdizimsel tabloya dönüştürülmesine karşılık gelmektedir. Buna karşın semantic dönüşüm sembollerden ziyade sembollerin ne anlama geldiğinin ortaya çıkartılmasına dönük dönüşümü ifade etmektedir (Ilyas ve Chu, 2019, s. 92). Tablo 7'de her iki veri dönüştürme biçimine örnek verilmiştir.

Tablo 7: Sözdizimsel ve Anlamsal Veri Dönüştürme Örnekleri

Sözdizimsel veri dönüşümü					Anlamsal veri dönüşümü	
Name		Name	Tel	Fax	TR	Türkiye
John	Tel: 0548616	John	0548616	0548624	CA	Kanada
	Fax: 0548624				CN	Çin
Mike	Tel: 0748456	Mike	0748456	0848696	IT	İtalya
	Fax: 0848696				DE	Almanya
Frank	Tel: 0948586	Frank	0948586	0145524	NL	Hollanda
	Fax: 0145524				DN	Danimarka
Julie	Tel: 0842576	Julie	0842576	0445684	UN	Birleşmiş Milletler
	Fax: 0445684				UK	Birleşik Krallık

Kaynak: Ilyas ve Chu, 2019, s. 92.

Verinin hazırlanması veri analiz sürecini kolaylaştıran bir husustur ve veri dönüşümü verinin hazırlanması sürecinde önemli bir aşamadır (Manikandan, 2010, s. 126). Özellikle nicel verilerle gerçekleştirilen araştırmalarda analiz öncesi veri dönüşümleri önemli bir konumda yer almaktadır (Osborne, 2002, s. 1). Veri dönüştürme veri setlerinde normalliğin sağlanamaması, uç değerlerin yer alması, veri setinde doğrusallığın ve eş değişkenliğin sağlanamaması durumunda önemli bir çözüm olarak kabul edilmektedir. Veri dönüştürme veri setinde yer alan sorunlarla başa çıkma hususunda işlevsel bir araç niteliği taşımakla birlikte her zaman tavsiye edilen bir işlem değildir. Bunun temel nedeni bir veri setinin yorumlanmasının veri setinde yer alan değerler üzerinden gerçekleştirilmesi, buna karşın dönüştürülmüş verinin yorumlanmasının zor olmasıdır.

Bir veri setinde gerçekleştirilen dönüşümlerin yorumlamayı zorlaştırması temel olarak değişkenin ölçülmesinde yararlanılan veri toplama aracı ile ilişkilidir. Eğer veri toplama aracı anlamlı ve yaygın bir biçimde yararlanılan bir veri toplama aracı ise veri setinde gerçekleştirilen dönüşümler doğru yorumlama için bir engel teşkil edebilir. Buna karşın değişkenin ölçüldüğü araç sık kullanılmayan ve belirli bir amaca dönük olarak uzmanlarca hazırlanmamış bir ölçek ise veri setinde gerçekleştirilecek dönüşümler yorumlamada herhangi bir soruna ya da zorluğa yol açmayacaktır (Tabachnick ve Fidell, 2013, s. 86).

Veride gerçekleştirilecek dönüşümler çoğu zaman verinin yorumlanabilir bir konuma getirilmesinde önemli bir konumda yer almaktadır. Çoklu veri setlerinin belirli kategorilere ayrılarak değerlendirilmesi bu duruma bir örnek olarak verilebilir (Bhattacherjee, 2012, s. 120). Örneğin yaş ile ilgili bir araştırmada yaş değişkeninin 1 ile 100 değer arasında bir aralıkla değerlendirilmesi oldukça güç olacaktır. Ancak yaş değişkeninin 1-15 ve 16-20 gibi farklı kategorilere ayrılarak kategorik bir değişken haline getirilerek dönüştürülmesi analiz sonucunda elde edilen bulguların değerlendirilmesine ve analiz sonuçlarının farklı yaş grupları temel alınarak karşılaştırılmasına olanak sağlaması açısından önemlidir. Bir araştırmada katılımcıların yıllık gelirlerinin sayısal değerler yerine alt, orta ve üst gelir grubu gibi farklı kategorilere ayrılarak ele alınması da bu türde bir veri dönüşümüne örnek olarak verilebilir.

Veri dönüşümünde farklı araçlardan ya da yöntemlerden yararlanılabilir ve yararlanılan araçlar ya da yöntemler veri dönüşüm sürecini ve veri kalitesini doğrudan etkileyebilen unsurlar olarak kabul edilmektedirler (Frost, 2011, s. 156). Nitel verilerin nicel verilere dönüştürülmesi de bir veri dönüştürme olarak kabul edilmektedir (Creswell, 2014, s. 273). Örneğin katılıcıların 10 farklı soruya verdikleri cevaplar sözel olarak nitel bir formatta kaydedilmiş olsa bile cevapların "olumlu" ya da "olumsuz" cevapların sayısı biçiminde nicel değerlerle ifade edilmesi nitel verilerin nicel verilere dönüştürülmesine bir örnek olarak verilebilir. Veri dönüştürme özellikle istatistiksel analizlerin gerçekleştirildiği araştırmalarda sıklıkla başvurulan bir işlemdir (Martin ve Bridgmon, 2012, s. 108).

Verinin dönüştürülmesi temel olarak verinin araştırma amaçlarına hizmet edecek biçimde yeniden yapılandırılması olarak da kabul edilebilir. Bu noktada veri dönüştürme analiz sonuçlarının daha sağlıklı bir biçimde elde edilmesinde etkin bir rol oynayabilir. Dönüştürme sürecinde en sık yararlanılan yöntemlerden biri yeniden kodlamadır (recoding). Yeniden kodlamanın araştırma açısından çeşitli avantajları söz konusudur. En önemli avantajlarından biri araştırmada yer verilen ya da veri toplama sürecinde hakkında veri toplanan kategorik değişkenlerin sayısının azaltılmasında etkin rol oynamasıdır. Örneğin bir araştırmada katılımcılar dört farklı değişken altında gruplandırılabilir ve bu gruplar şu şekilde ortaya konulabilir (Treiman, 2009, s. 73);

- Çok dindar
- Oldukça dindar
- Dindar değil
- Hiç dindar değil

Bu türde bir veri setinde son iki değişken "dindar değil" değişkeni altında tek bir kategorik değişken olarak ele alınabilir (Treiman, 2009, s. 73). Bu türde bir veri dönüştürme işlemi veri seti üzerinden analizlerin daha kolay gerçekleştirilmesine ve analiz sonuçlarının daha kolay yorumlanmasına katkı sağlayabilir. Veri dönüştürme sürecinde iki farklı değişkenin birleştirilerek tek bir değişken haline getirilmesi kadar farklı değişkenlerin birleştirilerek yeni değişkenlere dönüştürülmesi de mümkündür. Bu noktada bir grup seçmenin dört farklı grup altında toplanması bu türde bir veri dönüşümüne örnek olarak verilebilir (Treiman, 2009, s. 73);

- Cumhuriyetçi partiye üye olanlar
- Cumhuriyetçi partiye oy verenler
- Demokrat partiye üye olanlar
- Demokrat partiye oy verenler

Bu dört farklı değişken birleştirilerek "cumhuriyetçiler" ve "demokratlar" biçiminde iki değişkenli bir forma dönüştürülebilir (Treiman, 2009, s. 73). Bu türde bir dönüştürme yine aynı şekilde hem analiz sürecinin daha sade ve basit bir forma dönüşmesine katkı sağlayacak hem de araştırmacının analiz sonuçlarını daha kolay yorumlamasına olanak sunacaktır. Bir araştırmada değişken sayısı ya da değişkenin alt boyutlarının sayısı ne kadar fazla ise araştırmada analiz süreci bir o kadar zor bir sürece dönüşecektir. Ayrıca elde edilen analiz sonuçlarının yorumlanması da bu noktada araştırmacı için oldukça zorlaşacaktır.

Bir diğer veri dönüştürme biçimi veri setlerinde yer alan değerlerin aritmetik ortalamasının alınmasıdır. Aritmetik ortalamanın alınması özellikle değişkenler arasında bir ilişkinin arandığı araştırmalarda önemli bir konumda yer almaktadır. Örneğin yaş değişkeni ile gelir değişkeni arasında ilişkinin arandığı bir araştırmada aritmetik ortalama analizlerin gerçekleştirilmesinde önemli bir aracıdır (Treiman, 2009, s. 75). Aritmetik ortalama farklı değişkenlere ilişkin çok fazla katılımcıdan elde edilen veri setlerinde karşılaştırma yapılmasına olanak sağlaması açısından da önemlidir. Veri dönüştürme verinin analiz için hazırlanmasında önemli bir aşamadır. Veri hazırlama aşamasında veri dönüştürme işlemleri kayıt altına alınmalı ve veri dönüştürmeye dönük hangi işlemlerin gerçekleştirildiği raporlanmalıdır (McQueen ve Knussen, 2006, s. 379).

Verinin dönüştürülmesinde aritmetik ortalama kadar değişkenlerin orta değerlerinin alınması yönteminden de yararlanılabilir. Bir veri setinde orta değerler alınarak veri setlerinde birleştirmeler gerçekleştirilebilir. Örneğin bir grup katılımcının eğitim aldıkları yıl sayısı temel alınarak gruplandırılması orta değere dayalı olarak gerçekleştirilen bir bütünleştirmeye örnek teşkil edebilir. Bu noktada değişkenlere ilişkin değerlerin orta değerleri alınabilecek bir nitelik taşımaları, diğer bir ifade ile birden fazla değerden teşkil edilmeleri önemlidir. Değişkenlerin orijinal olarak şu şekilde sıralandığı temel alınabilir (Treiman, 2009, s. 74);

1. Hiç eğitim almamış
2. 1-4 arası ilköğretim eğitimi almış
3. 5-7 yıl ilköğretim eğitimi almış
4. 8 yıl ilköğretim eğitimi almış
5. 1-3 yıl ortaokul eğitimi almış
6. 4 yıl ortaokul eğitimi almış
7. 1-3 yıl lise eğitimi almış
8. 4 yıl lise eğitimi almış
9. 5 yıl ve üzerinde yükseköğretim eğitimi almış

Araştırmada yer verilen bu değişkenlere dönük olarak tamamlanan eğitim yılına ilişkin olarak bir orta değer alınarak değişkenlere ilişkin değerlerin azaltılması mümkündür. Bu şekilde bir veri azaltma veri dönüşümü olarak ele alınabilir. Veri azaltma verinin yorumlanabilir bir boyuta taşınarak veriden işlevsel bilgiye erişim sağlanmasında önemli bir aşama olarak kabul edilebilir. Bu noktada yukarıda bahsi geçen değişkenlere ilişkin değerler sadece orta değerler olarak yeniden sayısal sembollerle ifade edilebilir. Bu durumda dönüştürülmüş değerler şu şekilde sıralanacaktır (Treiman, 2009, s. 74);

1. 0
2. 2,5
3. 6
4. 8
5. 2
6. 4
7. 2
8. 4
9. 7

Veri dönüştürme veri analiz sürecini geliştirebileceği gibi uç değerler gibi veri analizini olumsuz etkileyen unsurların etkilerinin azaltılmasında da etkin bir rol oynayabilir. Veri dönüştürme süreci gerçekleştirildikten sonra da veri setinin normal dağılıp dağılmadığı test edilmelidir. Verinin dönüştürme sonrası da normal dağılım ya da en azından normale yakın bir dağılım göstermesi önemlidir

(Tabachnick ve Fidell, 2013, s. 86). Veri dönüştürme veri analizini ve verinin yorumlanmasını kolaylaştırması açılarından son derece önemlidir. Bu yönüyle veri dönüştürme işlemlerinin veri yönetiminde veri düzenleme aşamasının önemli bir ayağını teşkil ettiği ileri sürülebilir.

Veri düzenleme aşamasında yer verilen işlemlerden bir diğeri de verinin temizlenmesi işlemidir. Veri setlerinde hatanın meydana gelmesinin engellenmesi, hatanın bulunup ortadan kaldırılmasından çok daha sağlıklı bir uygulamadır. Buna karşın veri toplama süreci ne kadar titizlikle yerine getirilirse getirilsin veri setinde hatalar meydana gelebilecek ve böyle bir durumda hatanın düzeltilmesi analiz öncesi önemli bir gereklilik olacaktır. Veri temizliğinin önemli bir işlevi veride meydana gelen hataların nedenlerinin tespit edilmesi ve bu şekilde aynı hataların tekrarlanmasının önlenmesine yaptığı katkıdır (Chapman, 2015, s. 1). Veri temizleme işlemi veri kalitesinin en önemli bileşenlerinden birini teşkil etmektedir. Analiz edilen verinin hacmi ve elde edilen verinin çeşitliliği arttıkça veri temizleme süreci de buna paralel olarak daha çetin bir süreç haline dönüşmektedir. Bu doğrultuda veri temizleme sürecini daha ileriye boyuta taşıyacak ve süreci daha etkin hale getirecek çeşitli analitik araçlar geliştirilmektedir (Yu ve Chun, 2019, s. 1).

Veri temizleme süreci temel olarak iki tür eylemi kapsayan bir süreçtir; veri setinde yer alan hataların tespit edilmesi ve tespit edilen hataların düzeltilmesi. Hata düzeltme işlemleri veri setinde yer alan kayıp verilerin saptanması ve kayıp veri ile ilgili sorunların çözüme kavuşturulmasını kapsar. Bu işlem aynı zamanda uç değerlerin tespit edilmesi ve uç değerlere ilişkin gerekli işlemlerin yapılması gibi veri kalitesine doğrudan etki edebilecek eylemleri ve işlemleri de içermektedir (Chu, İlyas, Krishnan ve Wang, 2019, s. 2). Özellikle kayıp veriler ve uç değerler veri kalitesini doğrudan etkileyen unsurlar olarak ön plana çıkmaktadırlar. Uç değerler ve kayıp verilere dönük düzeltmelerin yapılmaması analiz sonuçlarını gerçek sonuçlardan oldukça farklı bir noktaya götürebilecek bir unsurdur. Bu yönüyle veri temizliği veriden işlevsel bilgiye erişim sürecinde önemli bir aracı rolü üstlenebilir.

Uç değerler veri setlerinde yer alan değerlerden aşırı düzeyde farklılık gösteren anormal değerler olarak tanımlanabilir ve uç değerler veri kalitesini ve veri setinin analizi için oluşturulan modelin kalitesini olumsuz etkilemektedir. Örneğin müşterilerin aylık telefon kullanma davranışlarına dönük olarak bir müşteri sınıflandırma modelinin oluşturulması bu duruma bir örnek olarak verilebilir. Bu araştırmada örneğin %5 gibi bir oranda müşterinin çok fazla yurtdışı seyahati yapması ve bu nedenle çok fazla telefon görüşmesi gerçekleştirmesi araştırma sonuçlarının farklı değerlendirilmesine zemin hazırlayabilir. Bunun en temel nedeni gerçekleştirilen telefon görüşmeleri açısından katılımcıların küçük te belirli bir kısmının yaptığı yurtdışı seyahatlerin araştırmada telefon görüşmesi sürelerine yaptığı etkinin göz ardı edilmesidir.

Bu şekilde elde edilen verilerle bir model teşkil edildiğinde müşterilerin çoğunluğu bir grupta yer alırken, çok azının ise farklı bir grup altında ele alınması söz konusu olacaktır. Örnek ele alındığında fazla yurtdışı seyahati yapan müşteriler telefon görüşmesi açısından farklı bir grupta yer alacaklardır. Burada fazla telefon görüşmesi gerçekleştirmelerinin temel nedeni ise yurtdışı seyahati değişkeni olacaktır. Bu durum analiz sonuçlarını olumsuz etkileyerek yanlış sonuçlara ulaşılmasına neden olacaktır. Bu nedenle uç değerleri ele almanın en etkili yolu analizden önce veri setlerinden çıkartılmaları olacaktır (Tang ve MacLennan, 2005, ss. 14-15).

Uç değerlerin sayısı analiz sonucunu etkilemeleri açısından önemli değildir. Tek bir uç değer bile analizde aralarında ilişki aranan iki değişken arasındaki korelasyon katsayısını etkileyebilecek bir nitelik taşımaktadır. Şekil 36'da yer alan A ve B saçılma diyagramları arasındaki korelasyon katsayısı değerindeki (r değeri) farklılık A saçılma diyagramında yer alan tek bir uç değerden kaynaklanmaktadır (Morling, 2018, s. 217);

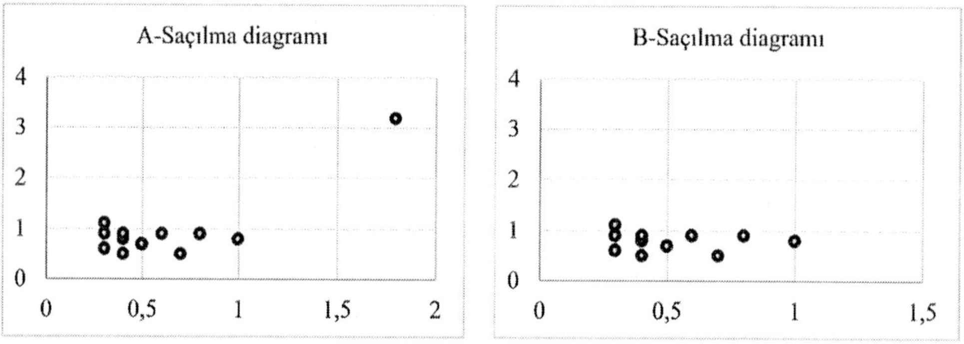

Şekil 37. Uç değerlerin analiz sonuçlarına etkisi

A diyagramında r=.37, B diyagramında r=.26

Kaynak: Morling, 2018, s. 217.

Özellikle örneklemin düşük tutulduğu araştırmalarda ya da çok az örneklemden veri toplanması durumunda uç değerlerin analiz sonuçlarına etkileri çok büyük olabilir (Morling, 2018, s. 218). Uç değer negatif ya da pozitif yönlü bir değer taşıyabilir. Her iki durumda da uç değerler bir veri setindeki ranj değerleri (en yüksek değer ile en düşük değer arasındaki fark) ve aritmetik ortalama gibi değerlerin farklı bir sonuç vermesine neden olabilir (Bryman, 2012, s. 714). Örnek olarak bir araştırmada belirli bir değişkene ilişkin 15, 15, 15, 18, 22, 21, 25, 36 değerlerinin ölçülmesi bu duruma bir örnek olarak verilebilir. Bu noktada bu veri setinde bir değerin 85 olması ranj değerinin 85-15=70 olarak hesaplanmasına neden olacaktır (Bhattacherjee, 2012, s. 122). Bu durum genel olarak elde edilen değerlere ilişkin analiz sonuçlarını ve dolayısıyla da bulguları çarpıtabilecek bir nitelik taşımaktadır. Uç değerler ister iki, ister daha fazla değişken arasındaki ilişkilerin arandığı araştırmalar ya da veri setleri olsun, her türlü veri setinde yer alabilecek değerlerdir ve bu değerler analiz sonuçlarının gerçekte olduğundan farklı ortaya çıkmasına neden olabilmektedir (Tabachnick ve Fidell, 2013, s. 72).

Tüm bu olumsuz etkileri dikkate alındığında veri setlerinde analiz öncesinde uç değerlerin tespit edilmesinin önemli bir işlem olduğu ileri sürülebilir. Uç değerler veri setlerinin incelenmesi gibi basit bir yöntemle saptanabilir (Given, 2008, s. 552). Veri toplama sürecinde ölçümü yapılan değişkenlere ilişkin bireysel farklılıklardan kaynaklanan uç değerlerin de yer alabileceği unutulmamalıdır. Çünkü bütün bireylerin mutlaka çok iyi ya da çok kötü olduğu alanlar söz konusu olabilir (Thompson, 2013, s. 14). Bu noktada her veri setinde uç değerlerin yer alabileceği bir gerçektir (Jackson, 2009, s. 151). Buna karşın veri setlerinde yer alan uç değerler bütün veri setinde çok sınırlı sayıda gerçekleşecektir (Vanderstoep ve Johnston, 2009, s. 309). Analiz sonuçlarının kestirisel gücünü arttırmak ve araştırma konusu ya da sorununa ilişkin daha sağlıklı sonuçlara ulaşmak açısından uç değerlerin veri setinden temizlendikten sonra analizlerin gerçekleştirilmesi önemli bir husustur.

Verinin düzenlenmesi ve temizlenmesi ile ilgili diğer bir önemli işlem kayıp verilere dönük işlemlerdir. Kayıp veri bütün araştırmalarda araştırma sonuçlarını olumsuz etkileyebilecek bir unsurdur. Veri setlerinde kayıp verinin bulunmasının çeşitli nedenleri söz konusu olabilir. Katılımcılar ölçme aracında belirli soruları önemsememeleri nedeniyle ya da bilerek belirli sorulara cevap vermeyebilirler. Aynı şekilde bazı katılımcılar araştırmanın belirli bir aşamasında araştırmadan ayrılabilir ya da çıkartılabilirler. Sebebi ne olursa olsun çoğu zaman veri setlerinde kayıp verinin ortaya çıkması son derece doğaldır (Cohen ve diğerleri, 2018, s. 753). Bu nedenle kayıp veriler tüm veri toplama süreçlerinin doğal bir bileşeni olarak kabul edilmelidirler.

Veri setlerinde ortaya çıkan kayıp değerlere dönük çeşitli işlemler gerçekleştirilerek kayıp değerlerden ötürü ortaya çıkan çeşitli sorunlar ortadan kaldırılabilir. Ortalama değer atama yöntemi kayıp değerlere ilişkin sorunların ortadan kaldırılmasında en yaygın olarak başvurulan kayıp değer atama yöntemlerinden biridir. Ortalama değer atama yönteminde belirli bir değişken için ölçülen bütün değerlerin ortalaması kayıp verilerin değeri olarak kabul edilmektedir. Kayıp değerlere ortalama değer atama yöntemi değişkenler arasında ilişkilerin arandığı araştırmalarda analiz sonuçlarına çok az, herhangi bir duruma ilişkin kestirim yapılmasını esas alan araştırmalarda ise analiz sonuçlarına hiçbir etki yapmamaktadır. Bunun temel nedeninin ortalama değer atama yönteminin veri setine yeni veri eklenmeden örneklem sayısının arttırılmasının olduğu ileri sürülebilir.

Bir veri setinde yer alan kayıp değerlere veri setinin ortalama değerinin atanması, veri setinde kaç tane kayıp değer yer alırsa alsın grup ortalamasından herhangi bir değişikliğe neden olmayacaktır. Herhangi bir araştırmada ya da veri toplama sürecinde örneklem, diğer bir ifade ile veri toplanan katılımcıların sayısının arttırılması, standart hatanın belirlenmesi sürecinde bölen sayısını arttırarak standart hatayı azaltan bir rol üstlenmektedir (Poolsawad, Kambhampati ve Cleland, 2011, s. 675). Ortalama değer atama yöntemi ile kayıp verilere değer atanması oldukça basit bir yöntemle gerçekleştirilmektedir. Bu yöntem aşağıda yer alan formülle ifade edilebilir;

$$\text{Ortalama Değer} = \frac{\textit{Her bir katılımcıya ait verinin toplam değeri}}{\textit{Katılımcı Sayısı}}$$

Ortalama değer atama yönteminde önemli bir husus başvurulan formüle dayalı olarak hesaplanan değerin her zaman tam sayı olarak çıkmayabileceği gerçeğidir. Bu durumu bir örnekle açıklamak gerekirse kayıp verinin atanmasında yaş değişkeni önemli bir örnek teşkil edebilir. Ortalama değer atama sürecinde verilen formülle hesaplanan değerin tam bir sayı olmaması durumunda ondalık değerlerin bir üst ya da bir alt rakama tamamlanması yoluna gidilebilir. Bu süreçte değerin bir üst mü yoksa bir alt değere mi tamamlanacağı hususunda hesaplama sonucunda ortaya çıkan değerin virgülden sonraki değeri belirleyici bir nitelik taşımaktadır. Eğer değer beş ve üzeri bir değer ise rakam bir üst rakama, beşin altında bir değer ise bir alt rakama tamamlama işlemi gerçekleştirilir. Örneğin bir grubun yaş ortalaması 44,4 çıktı ise kayıp veri de yaş 44, 44,6 çıktı ise 45 olarak kabul edilebilir.

Ortalama değer atama, temel analizlerin gerçekleştirilmesinden önce gerçekleştirilen bir işlemdir. Eğer katılımcılar hakkında diğer bilgiler mevcut değilse, ortalama değer atama yöntemi en etkili kayıp değer atama yöntemlerinden biri olarak kabul edilmektedir. Bir veri setinde yer alan kayıp değerlere ortalama değer atanması genel ortalamayı değiştirmeyecektir. Araştırmada katılımcıların farklı gruplarda yer almaları durumunda ortalama değerler grup ortalamaları ayrı ayrı alınarak da atanabilir. Bu türde bir uygulama özellikle gruplar arası karşılaştırmaları temel alan analizlerin gerçekleştirilmesi amaçlandığında uygun bir yöntem olarak kabul edilmektedir (Mertler ve Vannatta, 2005, Akt. Çokluk ve Kayrı, 2011, s. 291). Uç değerler ve kayıp değerlere ilişkin işlemlerin gerçekleştirilmesi veri yönetim sürecinde verinin hazırlık aşamasının önemli bileşenleri olarak kabul edilebilir. Bu işlemler ayrıca veri yönetimi süreçlerinde veri kalitesinin sağlanmasına da hizmet eden önemli bileşenlerdir. Veri kalitesinin etkili bir veri yönetimi sürecinin en önemli öncüllerinden biri olduğu kabul edildiğinde uç değerler ve kayıp değerlere ilişkin işlemlerin veri yönetimi açısından önemine dönük daha sağlıklı bir anlayış geliştirilebilir.

3.5.2.2. Veri Manipülasyonu

Veri manipülasyonu toplanan veriler üzerinde analiz ve yorumlamanın daha kolay gerçekleştirilebilmesi amacıyla yerine getirilen çeşitli dönüşümler olarak kabul edilebilir. Veri manipülasyonu temel olarak veri dönüştürme olarak ele alınabilir. Veri setinin birleştirilmesi, değişkenlerin birleştirilerek yeni ve tek bir değişkene dönüştürülmesi gibi hususlar veri manipülasyonuna örnek olarak verilebilir. Örneğin çok fazla sayıda katılımcıdan "yaş" değişkeni altında veri topladığını ve katılımcıların yaş değişkeninin 20 ile 80 ranjında değişiklik gösterdiğini temel alalım. Bu durumda analiz gerçekleştirilse bile yaş değişkeni üzerinden yaklaşık 80 değişik düzey belirlendiği için sağlıklı bir yorumlama ve değerlendirme yapılması oldukça zor olacaktır. Bu nedenle yaş değişkeninin belirli aralıklara alınarak kategorik değişken biçimine dönüştürülmesi sağlıklı bir uygulama olabilir. Örneğin yaş değişkeni 20-30, 31-40, 41-50, 51-60, 61-70 ve 71-80 aralıklarına alınarak değişken sayısı azaltılabilir. Bu şekilde analiz edilen verinin yaş değişkeni üzerinden yorumlanması daha kolay olacaktır. Veri toplama araçlarında yer alan ters kodlanması gereken maddelere ilişkin işlemler de veri manipülasyonu olarak ele alınabilir (Bhattacherjee, 2012, s. 120). Elde edilen yeni değişkenlerin etiketlenmesi, diğer bir ifade ile değişkenlerin birleştirilerek yeni değişkenin yeniden adlandırılması da bu sürecin bir parçasıdır (Martin ve Ballard, 2010, s. 7).

Veri manipülasyonunu temel olarak veri toplama sürecinde yararlanılan veri toplama aracında yeni değişkenler ve yeni alt boyutlar geliştirilmesini ifade etmektedir. Özellikle birbiri ile örtüşen değişkenlerin azaltılması analizde anlamlı sonuçların elde edilebilmesine olanak sağlayan etmenlerden biri olarak kabul edilebilir. Örneğin medenî duruma ilişkin belirlenen "bekâr", "eşinden ayrılmış", "dul", "evli" ve "bir partnerle yaşıyor" değişkenlerinin "evli" ve "bekâr" değişkenlerine dönüştürülmesi veri analizi neticesinde anlamlı bulgulara ulaşılmasına ve analiz sonuçlarının daha kolay yorumlanmasına imkân sağlayacaktır (Tavakoli ve diğerleri, 2006, s. 148).

Veri manipülasyonu veri yönetiminde verinin analize hazırlanması sürecinde önemli bir işlemdir. Bu noktada farklı analitik araçlardan ya da yazılım programlarından yararlanılması da mümkündür (Adiba, Castrejon-Castillo, Oviedo, Solar ve Zechinelli-Martini, 2016, s. 10). Örneğin sosyal bilimler araştırmalarında sıklıkla yararlanılan SPSS programında veri manipülasyonuna ilişkin işlemler oldukça kolay bir biçimde gerçekleştirilebilmektedir. Buna karşın programın kullanılması belirli bir düzeyde bir uzmanlık ve tecrübeyi gerekli kılabilmektedir. Böyle bir durumda Excel ya da Word dosyaları üzerinde veriye ilişkin değişimler ve dönüşümler veri toplayan ya da araştırmacı tarafından mekanik olarak da gerçekleştirilebilir. Bu tür dönüşümlere karar vermeden önce toplanan veriler çok titiz bir biçimde incelenmeli ve dönüşümlerin hangi veri setleri ya da değişkenler üzerinde gerçekleştirileceğine karar verilmelidir. Bu noktada toplanan verinin, veri manipülasyonuna izin verecek bir yapıda olması da önemli bir husustur (Inmon, 2002, s. 389).

Veri manipülasyonu veriden işlevsel bilgiye erişim sürecinde önemli bir konumda yer alır. Özellikle kestirim analizlerinde veri manipülasyonu veri setinin kestirim gücünü arttıran bir nitelik taşımaktadır (Refaat, 2007, s. 115). Veri manipülasyonu verinin hazırlanması aşamasının önemli bir bileşenidir (Pyle, 1999, s. 25). Veri manipülasyonu veri toplama süreci bitince başlar. Veri toplama süreci sona erdikten sonra ilk önce veri setleri ortak özellikleri bakımından incelenir. Daha sonra bu ortak özellikler temel alınarak veri setleri ya da verinin farklı boyutları belirli kavramlar ya da genellemeler çerçevesinde birleştirilir. Veri setlerinde yer alan bu türde ortak özelliklerin keşfedilmesi veriye dönük ilk keşifler olarak ele alınabilir.

Veri setlerinin incelenmesinde farklı bilgisayar programlarından yararlanılabilir ancak bu programlar kendi başlarına yaratıcı mekanizmalar olarak kabul edilemezler. Bu safhada veri setlerinde yer alan birimler ya da boyutlar arasındaki ortak niteliklere dönük değerlendirmeler araştırmacılar tarafından da ortaya konulabilir (Stebbins, 2008, ss. 325-326). Veri manipülasyonu verinin analize hazırlanması açısından son derece önemlidir. Etkili bir veri manipülasyonu verinin etkili bir biçimde analiz edilmesine ve veriden örgütsel düzeyde işlevsel bilgiye erişimin sağlanmasında önemli bir konumda yer almaktadır. Bu yönüyle veri manipülasyonu veri yönetimi süreçlerinin önemli bir bileşeni olarak kabul edilebilir.

3.5.2.3. Veri Birleştirme (Data Merging)

Bazı araştırmalarda veriler farklı bireyler tarafından toplanmakta ve birbirinden bağımsız olarak toplanmış verilerden işlevsel bilgiye erişim sağlamak adına verilerin birleştirilmesi gerekmektedir. Veri birleştirme farklı zamanlarda toplanmış verilerin birleştirilmesini de içermektedir. Örneğin belirli bir konuya ya da soruna ilişkin olarak çok farklı zamanlarda verilerin toplandığı boylamsal bir araştırmada veri birleştirme yönteminden yararlanılabilir. Verinin toplandığı zaman, araştırma açısından önemli bir değişken niteliği taşıyabileceğinden her veri toplama sürecinde veriler başlangıçta gerekli bilgilerin saklanabilmesi için ayrı dosyalara kaydedilir. Analiz aşamasında ise bu verilerin birleştirilerek analiz edilmesi önemlidir. Bu noktada verilerin birleştirilmesi sürecinde herhangi bir hatanın meydana gelmediğinden emin olmak amacıyla gerekli kontroller yapılmalıdır (Tavakoli ve diğerleri, 2006, s. 148).

Veri birleştirmenin önemli bir işlevi farklı zamanlarda yedeklenmiş verilerin birleştirme sürecinde varsa hatalarının saptanmasıdır. Buna karşın veri birleştirme sürecinin kendisinin de veride hataya neden olabileceği unutulmamalıdır. Örneğin veri birleştirme sürecinde aynı verinin sisteme iki kez girilmesi durumunda veri setinde hata meydana gelecektir. Bu durum veri birleştirme sürecinin en önemli sorunlarından birini teşkil etmektedir. Veri birleştirme ile ilgili diğer bir önemli sorun da farklı formatta ve farklı veri kaynaklarından elde edilen verilerin birleştirildiklerinde belirli niteliklerini kaybetmeleridir. Örneğin aynı veri toplama aracındaki maddelerde yer alan ifadelere farklı bölgelerde farklı katılımcıların farklı anlamlar yüklemesi söz konusu olabilir. Böyle bir durumda eğer veri toplama aracının uygulandığı bölge araştırmada bağımsız ve farklı bir değişken olarak temel alınmadıysa, veri setinde bölgeden kaynaklı değişkenliğin farklı değişkenlere yüklenmesi söz konusu olabilir (Chapman, 2015, s. 4). Bu durumda analiz sonuçlarının araştırmacıları yanlış yönlendirmesi muhtemeldir. Çünkü araştırmada elde edilen verilere ilişkin olarak ulaşılacak analiz bulguları olayların ve olguların nedenlerine ilişkin yanıltıcı bir nitelik taşıyabilecektir.

Veri birleştirme verinin analize hazırlanması aşamasında önemli bir işlemdir. Özellikle birden fazla araştırmacı tarafından çok fazla örneklem sayısı ile gerçekleştirilen araştırmalarda ya da veri toplama süreçlerinde elde edilen verilerin analiz öncesinde birleştirilmesi ve analiz sonuçlarının bir bütün olarak sunulması önemlidir. Veri birleştirme sürecinde titiz davranılmalıdır ve veri girişi birleştirme işleminden sonra kontrol edilmelidir. Verinin birleştirme sürecinde meydana gelen ve gözden kaçan hataların analiz sonuçlarını ve dolayısıyla araştırmacıyı yanlış yönlendireceği unutulmamalıdır. Bu noktada veri birleştirme sürecinde sürecin her aşamasının kontrol edilmesi ve birleştirme süreci sonunda farklı bireylerce kontrollerin sağlanarak sonuçların kıyaslanması veri birleştirme sürecinde hataların ortadan kaldırılmasında işlevsel bir rol üstlenebilir.

3.5.2.4. Veri Yedekleme (Data Back Up)

Veri yedekleme analiz öncesi hazırlıklarımın önemli bir işlemidir. Verinin yedeklenmesi veri kaybının önüne geçilebilmesi maksadıyla verinin kopyasının alınması ya da diğer bir ifade ile verinin yedek bir depolama cihazında korunması anlamına gelmektedir. Veri yedekleme veri yönetiminde önemli bir husus olarak kabul edilir çünkü yazılım ya da donamım sorunları nedeniyle her zaman veri kaybı söz konusu olabilmektedir (Gotseva, Gancheva ve Georgiev, 2011, s. 147). Veri kaybı bütün araştırmalarda karşılaşılabilecek bir sorundur. Veri kaybının önüne geçebilmek adına alınması gereken en önemli tedbir verilerin yedeklenmesidir. Veri yedekleme sürecinde göz önünde bulundurulması gereken çeşitli hususlar söz konusudur. Bu hususlar şu şekilde sıralanabilir (Akhtar, Buchholtz, Ryan ve Setty, 2012, ss. 1-5):

- İlk olarak hangi verilerin yedekleneceği saptanmalı ve bu doğrultuda kararlar alınmalıdır.
- Daha sonra verinin hangi aralıklarla yedekleneceği belirlenmelidir. Bazı araştırmalarda veri toplama süreci oldukça uzun bir zaman aralığında gerçekleşebilmektedir. Bu gibi durumlarda yedekleme işleminin belirli aralıklarla tekrarlanması veri kaybının önlenmesi açısından önemli bir uygulama olabilir.
- Verinin hangi kaynaklarda ya da veri depolama araçlarında yedekleneceğine karar verilmelidir. Bir araştırma sürecinde veriler bilgisayarlar, CD'ler, flash diskler gibi farklı veri depolama araçlarında yedeklenebilir. Bunlara ek olarak e-mail, g-mail gibi dijital araçlardan da verinin yedeklenmesinde yararlanılabilir.
- Son aşamada yedeklenen verinin ne kadar süre saklanacağı belirlenmeli ve bu doğrultuda kararlar alınmalıdır. Veri yönetimi sürecinde yedeklenen verinin saklanma süresine karar verilmesi gerekmektedir. Bu noktada yedeklenen veriler veri analizi süreci bitince silinebilir ya da verilerin belirli bir süreliğine saklanmasına karar verilebilir.

Veri yedekleme verinin hasar görmesi durumunda veri setinin orijinal biçimine erişim sağlaması açısından da önemlidir (Aiken ve Allen, 2004, s. 13). Veri toplama sürecinde ya da süreç sonunda kayıt altına alınan veriler yazılım ya da program sorunları nedeniyle hasar görebilir. Bu durum önemli bir veri kaybına neden olabilir. Bu şekilde verinin hasar görmesine karşın yedekleme orijinal veri setine erişimin teminat altına alınmasında etkin bir rol oynayabilir. Veri yedekleme sadece veri toplama ya da analiz aşamasında değil araştırmanın sonunda da gerçekleştirilmesi gereken bir işlemdir. Bu şekilde analiz sonuçlarının da veri olarak kayıt altına alınması önemlidir. Veri yedekleme dijital ortamlarda veri ambarlarında çeşitli nedenlerle veri kaybının yaşanması durumunda da verinin orijinal biçimi ile yeniden depolanmasına olanak sağlaması açısından önemlidir (Ponniah, 2001, s. 473).

Bütün bu işlevleri göz önüne alındığında veri yedekleme sadece veri toplama ve verinin analize hazırlanması aşamasının bir parçası olarak değil bütün veri yönetimi sürecinin önemli bir bileşeni olarak kabul edilmelidir. Veri toplama ve analiz aşamasında farklı safhalarda elde edilen verilerin ya da ulaşılan analiz sonuçlarının yedeklenmesi özellikle büyük örneklemli araştırmalarda önemli bir husustur. Verinin kullanıcıların erişimine açık olması önemlidir. Bu noktada özellikle dijital verilerin kaybolması durumunda veri yedekleme sunucuları gibi aracılardan yararlanılarak veriye erişim sağlanabilmekte ve bu şekilde kullanıcıların veriye erişimine olanak sağlanmaktadır (Sharma ve Singh, 2012, s. 249).

Verinin yedeklenmesi ve hasar görmesi durumunda veriye yeniden erişimin sağlanması veri yönetimi kadar veri işletim sistemleri açısından da önemlidir. Bu noktada bilgisayar, laptop ya da mobil cihazlar gibi cihazların veri yedekleme sistemlerine ya da yazılımlarına sahip olması önemli bir husustur (Nayadkar ve Parne, s. 8236). Veri toplama sürecinde verinin kayıt altına alınmasında veri yedekleme sistemlerine sahip araçlardan yararlanılması veri kaybının önüne geçilmesinde önemli bir rol oynayabilir. Özellikle veri toplama aşamasında meydana gelen kayıtların silinmesi araştırma açısından telafi edilemeyecek sonuçlara yol açabilir. Bu yönüyle veri kayıt sistemlerinin ya da programlarının veri yedekleme sistemlerine sahip olması, veri kaybının ortaya çıkması ya da verinin hasar görmesi durumunda orijinal verinin geri çağrılmasına olanak sağlaması araştırmacılar ya da veri toplayanlar açısından önemli bir husus olarak ele alınabilir.

Veri toplamanın oldukça uzun, çetin ve zahmetli bir süreç olduğu ileri sürülebilir. Bu süreçte veri kaybı herhangi bir araştırmada ortaya çıkabilecek en istenmedik sorunlardan biri olarak kabul edilebilir. Veri kaybını ortadan kaldırmak amacıyla gerçekleştirilen yedekleme işlemleri araştırmanın devamlılığı açısından son derece önemlidir. Verinin farklı veri depolama araçlarından yararlanılarak farklı ortamlarda birkaç kopyasının alınması ve bu kopyaların verinin içeriği ve boyutu değiştikçe güncellenmesi veri yönetimi süreçlerinin etkili ve sağlıklı bir biçimde yerine getirilmesinde önemli bir konumda yer alabilir.

3.5.2.5. Verinin Ön Analizi

Verinin ön analizi (preliminary data analysis) asıl analiz süreci öncesinde veriye uygulanan ve veri kalitesinin test edilmesi kadar veriye dayalı olarak hangi önermelerin ileri sürülebileceğine dönük olarak da yol gösterici bir nitelik taşıyacak analiz sürecidir. Ön analiz sürecinde veri toplama aracında ya da veri toplama sürecinde uyulması gereken kurallarda ve prosedürlerde gerçekleştirilen değişiklikler ortaya konulmalı ve varsa veride yer alan tutarsızlıklar saptanarak kayıt altına alınmalıdır. Ön analiz süreçlerinde göz önünde bulundurulması gereken en önemli nokta analiz sonucunda ulaşılan bulguların gerçek analiz süreçlerinde bir önyargıya neden olmasının önüne geçilmesidir. Gerçek analiz öncesinde veri setleri üzerinde gerçekleştirilen bu türden ön analizler veri yönetimi süreçlerinin etkili ve verimli bir biçimde yerine getirilmesinde denetleme rolü üstlenebilir. Ön analizin en önemli işlevlerinden biri de veri yönetimi sürecine ilişkin bir ara rapor niteliği taşımasıdır. Bu kapsamda ön analiz, yürütülen araştırma projesinin paydaşlarının bilgilendirilmesinde önemli bir rol oynayabilir (Tavakoli ve diğerleri, 2006, s. 148).

Verinin ön analizi farklı araçlarla gerçekleştirilebilir. Ölçüm yapılan nesneler ya da değişkenlere ilişkin gözlemler de bir ön analiz niteliği taşıyabilir. Bu türde gözlemler değişkenlere ve gözlem yapılan nesnelere ilişkin olarak değerlendirmeler yapılmasına olanak sağlayabilir (Walliman, 2011, s. 102). Çeşitli analiz araçları ile gerçekleştirilen ancak araştırmanın nihaî sonuçlarına dönüşmeyen analizler de verinin ön analizi olarak kabul edilebilir (Beins ve McCarthy, 2012, s. 139). Bu türde sonuçlar veriden elde edilen ön sonuçlar olarak ele alınabilir (Kain, 2004, s. 84). Verinin ön analizi gerçek analiz sürecine dönük olarak önemli bir aşamayı teşkil etmektedir. Analiz sürecinde başvurulacak temel bileşenlere de bu süreçte karar verilebilir. Örneğin nitel araştırmalarda katılımcılardan elde edilen cevaplar temel alınarak cevapların altında yer alacağı temalar oluşturulur. Verinin ön analizi ile nitel araştırmalarda yer verilecek temalara ilişkin bir ön değerlendirme yapılması sürecin sağlıklı bir biçimde yürütülmesi açısından önem teşkil edebilir (Howitt, 2016, s. 353).

Verinin ön analizi veri analizi öncesi araştırmacının bir yol haritası niteliği taşıyabilecek bulgulara ulaşmasına katkı sağlayabilir. Özellikle alan notları biçiminde elde edilen verilere dönük bir ön analizin gerçekleştirilmesi araştırma hipotezlerine dönük olarak bir ön değerlendirme yapılmasına olanak sağlayabileceği gibi belirli noktalarda katılımcılarla tekrar görüşmelerin gerçekleştirilip gerçekleştirilmeyeceğine karar verilmesi sürecinde de araştırmacılara yol gösterici bir nitelik taşıyabilir (Dawson, 2009, s. 110). Bu yönüyle ele alındığında elde edilen verilere ilişkin bir ön analizin gerçekleştirilmesinin araştırma sonuçlarına yön verebilecek bir nitelik taşıyabileceği ileri sürülebilir.

Verinin ön analizi veri analizinden arzu edilen sonuçların elde edilmesinde etkin bir rol oynayabilir. Örneğin katılımcıların gruplara ayrılarak gerçekleştirildiği araştırmalarda farklı grupların cinsiyet, yaş ve eğitim durumu gibi farklı değişkenler temelinde homojen bir nitelik taşıyıp taşımadığına ilişkin analizler bir ön analiz olarak kabul edilebilir (Frankel ve diğerleri, 2012, ss. 289-290). Bu şekilde veri setlerinde ya da katılımcıların ortak özelliklerinde araştırmanın sonuçlarını etkileyebilecek yapıların olup olmadığının tespit edilmesi mümkün olabilir. Ön analizler gruplar arasında hacim ya da başka nitelikler bakımından araştırma sonuçlarını olumsuz etkileyebilecek düzeyde farklılıklar olup olmadığının ortaya konulmasında da önemli bir konumda yer alabilir (Crano ve diğerleri, 2015, s. 268). Bir araştırmada gerçekleştirilen ön analizler bazı araştırmalarda araştırmanın kapsamını genişletebilecek bir nitelik de taşıyabilir (Bloor ve Wood, 2006, s. 97). Verinin bir ön analize tabi tutulması asıl analiz safhasına dönük alınacak kararlara da etki edebilir (Brewerton ve Milward, 2001, s. 45). Verinin ön analizinden elde edilen sonuçların araştırmanın paydaşları ile paylaşılması ve bu doğrultuda görüşlerinin alınması araştırma sürecine katkı sağlayabilecek önemli bir husustur (Tracy, 2013, s. 299).

Veri yönetimi sürecinde veriye dönük bir ön analizin gerçekleştirilmesi araştırma verilerinin özetlenmesi amacıyla gerçekleştirilen bir analizdir. Ön analiz aşamasında veriye dayalı olarak çıkarım yapılmasına ya da araştırma konusu ile ilgili nihaî bir sonuca ulaşılması amaçlanmaz. Bu nedenle veriye dönük ön analiz çoğunlukla tek değişkenli analiz türlerini kapsayan bir süreç olarak yürütülür. Başka bir ifade ile analizde yer alan değişkenler ön analiz aşamasında tek tek incelenir.

Değişkenlerin diğer değişkenlerle ilişkilerine dönük analizler yer almaz çünkü bu türde analizler asıl analiz aşamasında yer verilen analizlerdir. İki ya da daha fazla değişken arasındaki ilişkilerin ortaya çıkartılmasına dönük olarak gerçekleştirilen analizlerde iki ya da daha fazla değişken analiz sürecinde birlikte ele alınmak durumundadır çünkü amaç belirli karşılaştırmalar yaparak araştırma konusu ile ilgili belirli sonuçlara ulaşmaktır (Lutabingwa ve Auriacombe, 2007, s. 532). Verinin ön analizi verinin gerçek analiz sürecine hazırlanması aşamasının önemli bir bileşeni olarak kabul edilmeli ancak araştırma sonuçlarına ilişkin nihaî yargılara varmak bu sürecin bir parçası olarak algılanmamalıdır.

3.5.2.6. Veri Dokümantasyonu

Veri dokümantasyonu veri yönetiminde veri düzenleme aşamasının önemli bir bileşeni olarak kabul edilmektedir. Veri düzenleme aşamasında yerine getirilen dokümantasyon işlemleri veri yönetim süreçlerinde asıl veri analizi öncesi gerçekleştirilen bütün işlemlerin ve uygulamaların ve ortaya konulan ürünlerin kayıt altına alınmasına karşılık gelmektedir. Bu kapsamda veri yönetim sürecine dönük raporlar, paydaşlara yapılan sunumlar, süreçte gerçekleşen resmî yazışmalar, finansal veriler, süreçte alınan elektronik mailler, yıllık raporlar, araştırma ile ilgili bilgi paylaşımı yapılan web siteleri ve basında araştırmaya ilişkin çıkan haberler gibi çok farklı hususlar kayıt altına alınabilir (Bhattacherjee, 2012, s. 107). Veri dokümantasyonu hem veri toplama süreci sonunda hem de verinin düzenlenmesi aşamasında gerçekleştirilmesi gereken bir işlemdir. Bu şekilde süreçte yerine getirilen eylemlere ve uygulamalara dönük olarak sistemli bir kayıt tutulması söz konusu olacak ve paydaşların veri yönetimi süreçleri ile ilgili olarak sağlıklı bir biçimde bilgilendirilmelerine olanak sağlanacaktır.

Dokümantasyon veriye ilişkin betimleyici özet bilgileri içerdiğinden araştırmada yer verilen değişkenler gibi farklı bileşenlere dönük olarak verinin nihaî kullanıcılarının bilgilendirilmesinde de önemli işlevlere sahiptir (Refaat, 2007, s. 31). Veri dokümantasyonu gerçekleştirildiği veri yönetimi safhasına ilişkin olarak verinin nasıl elde edildiği, nasıl işlendiği ve elde edilen veri setlerine ilişkin betimleyici bilgiler gibi farklı bileşenler hakkında bilgi sağlayabilir. Dokümantasyon veriye ve veri yönetimi süreçlerine ilişkin betimsel nitelik taşıyan bilgileri içerir ve bu noktada sürece ilişkin paydaşların sorularının cevaplandırılmasında işlevsel bir konumda yer alabilir (Horton ve Kleinman, 2011, s. 2). Veri yönetimi sürecinde süreçte gerçekleştirilen işlemler, eylemler ve uygulamalara dönük olarak paydaşların ya da kullanıcıların bilgilendirilmesi önemli bir bileşen olarak kabul edilmektedir.

Veri düzenleme aşamasında gerçekleştirilecek veri dokümantasyon çalışmaları veride gerçekleştirilen dönüşümler, değişkenlerde gerçekleştirilen gruplandırmalar gibi verinin analiz sürecine hazırlanmasını amaçlayan tüm işlemleri ve uygulamaları kapsayabilir. Değişkenlerin yeniden kodlanarak farklı biçimde adlandırılmaları gibi detaylara bu aşamada gerçekleştirilen dokümantasyon işlemlerinde yer verilmelidir (Inmon, 2002, s. 120). Süreçte karşılaşılan sorunların da kayıt altına alınması söz konusu olabilir (Boulton ve Hammersley, 2006, s. 246). Veri dokümantasyonu temel olarak veriye ya da araştırmaya ilişkin tüm paydaşların dokümantasyon yapılan sürece ilişkin belirli düzeyde bir anlayış geliştirebilecekleri nitelikte hazırlanır (Little, 2003, s. 302). Bu yönüyle dokümantasyon veri setlerine ve veriden işlevsel bilgiye erişim sürecinde yer verilen işlemlere ve uygulamalara dönük gerekli olan betimlemeleri içeren bir uygulama olarak kabul edilebilir (Simsion ve Witt, 2005, s. 267).

Veri yönetiminin veri düzenleme aşamasında ya da diğer aşamalarında elde edilen ya da toplanan veri setleri üzerinde süreçte değişiklikler gerçekleştirilebilir. Bu yönüyle dokümantasyon araştırma sürecine ilişkin araştırma desenine ve veri hazırlık eylemlerine dönük bir anlayış geliştirilmesinde etkin bir rol oynayabilir

(Lee ve Forthofer, 2006, s. 39). Veri yönetiminin her safhasında gerçekleştirilecek dokümantasyon işlemleri araştırmacılar için hangi verilerin araştırma sorularının cevaplandırılmasına katkı sunabileceğine dönük değerlendirmelerde de işlevsel bir konumda yer alabilir. Bu yönüyle veri yönetim süreçlerinin farklı aşamalarında gerçekleştirilen dokümantasyon uygulamalarının veriye dönük betimsel bir etiketleme niteliği taşıdığı ileri sürülebilir.

3.5.3. Analiz ve Yaygınlaştırma Aşaması

Analiz ve yaygınlaştırma safhası elde edilen ya da belirli kaynaklardan toplanan verinin analiz edilerek işlevsel bilgiye dönüştürüldüğü safhadır. Bu aşama öncesinde toplanan ve gerekli düzenlemeleri yapılan verinin eksiksiz ve doğru olduğunun net bir biçimde ortaya konulması gerekmektedir. Çünkü veri toplama ve düzenleme aşamalarında çeşitli hataları içinde barındıran veri setlerinden yola çıkarak araştırma konusuna ya da sorununa ilişkin işlevsel bilgiye erişim sağlamak oldukça güç olabilir. Veri analizi süreci veriden işlevsel bilgiye veya nihaî sonuca ulaşma çabasının son aşamasıdır. Veri analizi asgarî düzeyde de olsa belirli bir uzmanlık gerektiren bir alandır. Verinin analiz edilmesi veri toplama ve düzenleme işlemlerinden çok daha karmaşık ve zorlu bir süreci ifade etmektedir. Bu kapsamda analiz ve yaygınlaştırma süreci öncesi araştırmacının aşağıda belirtilen hususlarda yeterli olması önemli bir husustur. Bu noktada araştırmacı (Sharma, 2018, s. 3);

- Veri analizi sürecinin nasıl gerçekleştirildiğine dönük yeterli bilgiye ve beceriye ve tecrübeye sahip olmalıdır.
- Veri analizi sürecinde bilgisayarı ve analiz sürecinde yararlanılacak yazılım programlarını etkili biçimde kullanabilmelidir.
- Nitel ve nicel analiz arasındaki farkları bilmeli ve uygulamada her iki analiz türü için nasıl bir yol izlendiği hususunda yeterliliğe sahip olmalıdır.
- Veriye ilişkin özet niteliğindeki istatistikleri, grafik biçimindeki sunumları ve olasılık tablolarını anlayıp yorumlayabilme yeterliliğine sahip olmalıdır.
- Keşifsel veri analizi süreçlerinin nasıl gerçekleştirildiğine dönük yeterli bilgiye sahip olmalıdır.
- Analiz sürecinde analiz araçları ya da yazılımları ile ortaya konulan güven aralıklarını ve "p" değerlerini yorumlayabilmelidir.

- Araştırma konusuna dönük olarak yayımlanmış kaynaklarda yer alan istatistiksel değerleri yorumlayabilmeli ve bu kaynaklarda yer alan verileri mevcut araştırma bulguları ile ilişkilendirebilmelidir.
- Özellikle istatistik içeren analizler için bilgisayardan ve istatistiksel analizlere dönük yazılımlardan etkili ve verimli bir biçimde yararlanabilmelidir.

Veri analizi ve yaygınlaştırma safhası veri yönetimi süreçlerinin üç ana aşamasından sonuncusunu ifade etmektedir. Bu yönüyle veri analizi ve yaygınlaştırma aşaması tüm veri yönetimi süreçlerinin ürünlerinin alındığı aşama olarak kabul edilebilir. Veri analizi sürecinde hangi analiz araçlarından faydalanılacağı, analiz sonuçlarının nasıl yorumlanacağı, araştırma sonuçlarının genellenebilirlik düzeyleri gibi hususlar verinin içeriği ve doğasına bağlı olarak farklılık arz edebilmektedir. Bu yönüyle ele alındığında veri analizi ve yaygınlaştırma aşamasında ulaşılan bulguların ya da işlevsel bilgilerin örgütsel sorunların çözümüne dönük olarak ne ölçüde bir değer ortaya koyduğu temel alınarak tüm veri yönetimi süreçlerinin etkililiği ve verimliliğine dönük olarak da sağlıklı bir değerlendirmenin yapılması mümkün olabilir.

3.5.3.1. Temel Veri Analizleri

Veri analizi veriden anlam çıkartmak ve veriyi yorumlanabilir bir boyuta taşımak adına gerçekleştirilen işlemleri ifade etmektedir (Field, 2009, s. 91). Temel veri analizleri elde edilen ya da toplanan veriyi anlamak ve mevcut veriye dönük olarak bütüncül bir bakış açısı yakalamak maksadıyla gerçekleştirilen işlemleri ifade etmektedir. Temel veri analizleri veriye dönük belirsizliklerin saptanması ve ortadan kaldırılmasına (Hair ve diğerleri, 2014, s. 113) ve verinin bütüncül bir yaklaşımla ele alınabilmesine olanak sağlarlar. Temel veri analizleri veriye ilişkin betimsel bilgiler sunmaktadır. Örneğin bir araştırmada yer alan katılımcıların sayısı, katılımcıların cinsiyete göre dağılımı ve araştırmada hakkında veri toplanan değişken sayıları gibi verilerin elde edildiği katılımcılara ya da kaynaklara vuruk analizler temel veri analizleri olarak ele alınabilir (Field, 2009, s. 435). Buna ek olarak tek değişken üzerinden elde edilen ortalamalar ve standart sapma değerleri gibi analiz sonuçları da temel veri analizi kapsamında değerlendirilebilir (Field, 2009, s. 608). Bu türde analizler değişkenlere dönük bir betimleme ve değerlendirme olanağı sunmakla birlikte değişkenler arasında karşılaştırmalar yapılmasına imkân vermemektedir.

Temel veri analizlerinde ilk önce araştırmada yer verilen katılımcılara ya da değişkenlere ilişkin betimsel analizler gerçekleştirilir. Bir araştırmada elde edilen veri setlerinde yer alan değerlerin frekans dağılımlarına dönük hazırlanan tablolar temel veri analizlerine bir örnek teşkil edebilir. Örneğin bir araştırmada katılımcıların bir değişkeni 15 farklı değerle puanlandırdıkları ve bu değerlerin 6, 4, 5, 6, 7, 9, 6, 3, 4, 6, 5, 8, 5, 7, 7 biçiminde gerçekleştiği esas alınırsa mevcut bu değerlere ilişkin olarak Tablo 8'de yer alan frekans tablosu hazırlanabilir (Heiman, 2011, s. 395);

Tablo 8: Frekans Tablosu

Puan	Frekans	Yüzde	Geçerli yüzde	Kümülatif yüzde
3,00	1	6,7	6,7	6,7
4,00	2	13,3	13,3	20,0
5,00	3	20,0	20,0	40,0
6,00	4	26,7	26,7	66,7
7,00	3	20,0	20,0	86,7
8,00	1	6,7	6,7	93,3
9,00	1	6,7	6,7	100,0
Toplam	15	100,0	100,0	

Kaynak: Heiman, 2011, s. 395.

Bir veri setinde yer alan merkezi eğilim ölçülerinin ortaya konulması da temel veri analizi olarak ele alınabilir. Merkezi eğilim ölçüleri mod, medyan ve aritmetik ortalamadır (Field, 2009, s. 20). Mod bir veri setinde en sık tekrarlanan değerdir. Örneğin 25, 20, 19, 17, 16, 16, 16, 14, 14, 11, 10, 9, 9 dağılımda mod 16'dır. Bazı veri setlerinde birden fazla mod değeri söz konusu olabilir. Örneğin 25, 24, 24, 23, 22, 20, 19, 19, 18, 11, 10 veri setinde 24 ve 19 mod değerleridir. Bu türde bir dağılıma iki doruklu (bimodal) dağılım adı verilmektedir. Mod değeri bir veri setinde yer alan dağılıma ilişkin çok fazla bilgi içermez. Bu yönüyle özellikle eğitim araştırmalarında çok sık yararlanılan ya da değerlendirilen bir değer değildir (Frankel ve diğerleri, 2012, s. 196). Mod bir veri setinde bir ya da birkaç değerin dağılımına ilişkin bilgi içerdiğinden veri setlerinde yer alan frekans dağılımlarına ilişkin detaylı bilgi vermez. Mod değeri sütun grafiği gibi farklı araçlarla gösterildiğinde, en yüksek mod değeri en yüksek sütun ile temsil edilen değere karşılık gelmektedir. Şekil 38'de uzaktan eğitim sürecinde öğrenci notlarına ilişkin bir dağılıma örnek verilmiştir (Lodico ve diğerleri, 2006, s. 79);

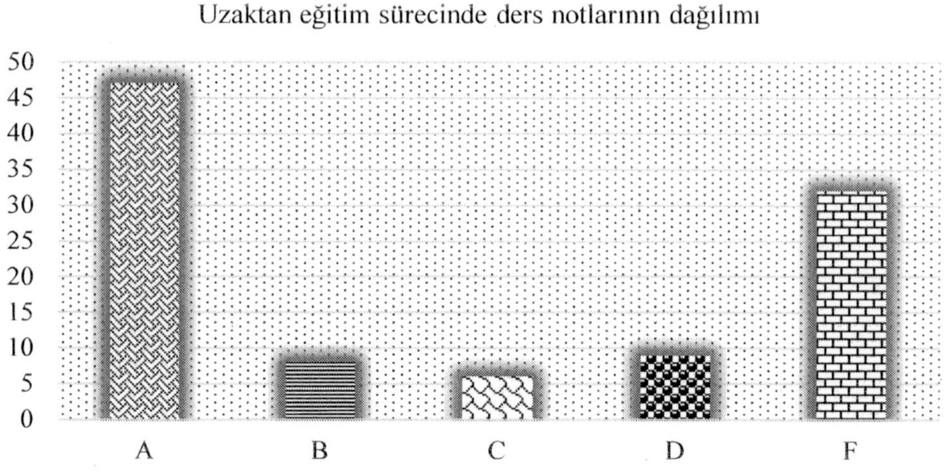

Şekil 38. Uzaktan eğitim sürecinde öğrenci notlarının dağılımı
Kaynak: Lodico ve diğerleri, 2006, s. 79.

Şekil 37 incelendiğinde veri setinde mod değerinin A olduğu gözlenmektedir. Diğer bir merkezi eğilim ölçüsü medyandır. Medyan bir dağılımda orta noktada yer alan değeri ifade etmektedir. Bir frekans dağılımında medyan değerinin altında ve üstünde eşit sayıda dağılım yer alır. Sıralama ya da aralık ölçekleri ile elde edilmiş veri setlerinde de medyan değerinin belirlenmesi mümkündür (Bernard, 2006, s. 562). Örneğin 40, 50, 55, 60, 70, 75 ve 90 değerlerinin yer aldığı bir veri setinde medyan değeri 60 değeridir. Bazı veri setlerinde değerlerin sayısı çift bir sayı olabilir. Bu durumda medyan iki orta değerin aritmetik ortalamasının alınmasıyla hesaplanabilir. Örneğin 40, 45, 50, 60, 70, 80 değerlerinin yer aldığı bir veri setinde medyan değeri 50 ve 60 değerlerinin aritmetik ortalaması olan 55 olarak kabul edilir. Medyan değeri uç değerlere karşı aritmetik ortalamaya göre daha az hassas bir değerdir. Örneğin 60, 60, 70, 90 ve 200 değerlerinin yer aldığı bir veri setinde medyan 70'dir. Buna karşın 60, 60, 70, 90 değerlerinin yer aldığı bir veri setinde medyan 65'dir (Stockemer, 2019, s. 80).

Bir diğer merkezi eğilim ölçüsü ise aritmetik ortalamadır. Aritmetik ortalama bir veri setinde yer alan değerlerin toplanarak veri setinde yer alan değer sayısına bölünmesi ile elde edilir (Lodico ve diğerleri, 2006, s. 79). Aritmetik ortalaması alınacak değerler bir frekans tablosunda yer almakta ise önce değer sıklık değeri ile çarpılır. Elde edilen değer frekans tablosunda yer alan sıklık değerlerinin toplamına bölünmesi ile aritmetik ortalama elde edilir. Tablo 9'da aritmetik ortalamanın bir frekans tablosundan elde edilmesine örnek verilmiştir (Lodico ve diğerleri, 2006, s. 80);

Tablo 9: Aritmetik Ortalamanın Bir Frekans Tablosu Üzerinden Elde Edilmesi

Çıktı alınan sayfa sayısı	Çıktı alan öğrenci sayısı	Çıktı alınan sayfa sayısı x Çıktı alan öğrenci sayısı
300	1	300
280	3	840
260	5	1,300
240	6	1,440
220	4	880
200	2	400
180	2	360
160	1	160
Toplam	24	5,680
Aritmetik ortalama=5,680/24=236,67		

Kaynak: Lodico ve diğerleri, 2006, s. 80.

Merkezi eğilim ölçüleri kadar merkezi dağılım ölçüleri de bir veri setine ilişkin sınırlı düzeyde de olsa betimsel bir değerlendirme yapılmasına olanak sağlayabilir. Merkezi dağılım ölçüleri veri setlerinde yer alan değerlerin nasıl bir dağılım gösterdiklerini ve birbirlerinden ne ölçüde farklılaştıklarını ortaya koyan ölçülerdir (Fallon, 2016, s. 18; Akt. Leavy, 2017, s. 111). Merkezi dağılım ölçülerinin en sık yararlanılanlarından biri standart sapmadır. Standart sapma bir veri setinde aritmetik ortalamadan meydana gelen sapmaları ya da aritmetik ortalama referans alındığında gerçekleşen değişkenliği ortaya koyan bir değerdir. Veri setinde yer alan değişkenlik fazla ise standart sapma değeri yüksektir. Veri setinde yer alan değerlerin aritmetik ortalama civarında kümelenmesi durumunda ise veri setine ilişin standart sapma değeri düşük gerçekleşecektir (Stockemer, 2019, s. 92).

Diğer bir merkezi dağılım ölçüsü varyanstır (Kothari, 2004, s. 131). Varyans karelerin toplamının değer sayısına bölünmesi ile elde edilen değere karşılık gelmektedir. Varyans değerinin karekökü ise standart sapmayı verir (Stangor, 2011, s. 121). Araştırmalarda sıklıkla yararlanılan diğer bir merkezi dağılım ölçüsü ise ranj değeridir. Ranj değeri bir veri setinde en düşük değer ile en yüksek değer arasındaki farkı ifade etmektedir (Gratton ve Jones, 2010, s. 222). Ranj değeri hesaplanması en basit olan merkezi dağılım ölçüsüdür. Ranj değerinin önemli bir avantajı veri setindeki değişkenliğe ilişkin olarak çok kısa bir zaman zarfında bilgi ya da fikir verebilmesidir. Ranj değerine ilişkin önemli bir sınırlılık ise değerin örneklemdeki dalgalanmalardan kolayca etkilenebilmesidir. Ranj değeri sadece iki değer temelinde bir değerlendirme olması nedeniyle hiçbir zaman veri setlerine ilişkin sabit ve istikrarlı bir değerlendirme olanağı vermez. Ranj değeri değişkenliğe ilişkin kabaca bir değerlendirme olarak kabul edilir ve ileri düzey araştırmalarda çoğunlukla değişkenliğe dönük uygun bir ölçüm olarak ele alınmaz (Kothari, 2004, s. 134).

Veri setlerine ilişkin temel düzeyde betimleyici analizler çok farklı analiz araçları ile gerçekleştirilebilir. Bu süreçte analiz sürecinde yararlanılan araçlardan ya da yazılımlardan da yararlanılabilir. Örneğin SPSS programı sosyal bilimler araştırmalarında sıklıkla yararlanılan bir yazılım programıdır. Yazılım programı mevcut veri setinin incelenmesine dönük olarak çok çeşitli görsel araçlar sunmaktadır. Bu araçlarsan biri de histogramdır. Histogram bir veri setindeki dağılımı görsel olarak ortaya koyan bir araçtır. Bir grup öğretmenin öğretmenlik meslekî yeterlilik sınavı puanları şu şekildedir. Öğretmenlerin 1'i 20-30 puan aralığında, üçü 31-40 puan aralığında, 5'i 41-60 puan aralığında, 2'si 61-80 puan aralığında ve biri de 81-100 puan aralığında puan almışlardır. Bu durumda bu değerlerin histogram üzerinde gösterimi Şekil 39'da yer aldığı biçimde gerçekleşecektir.

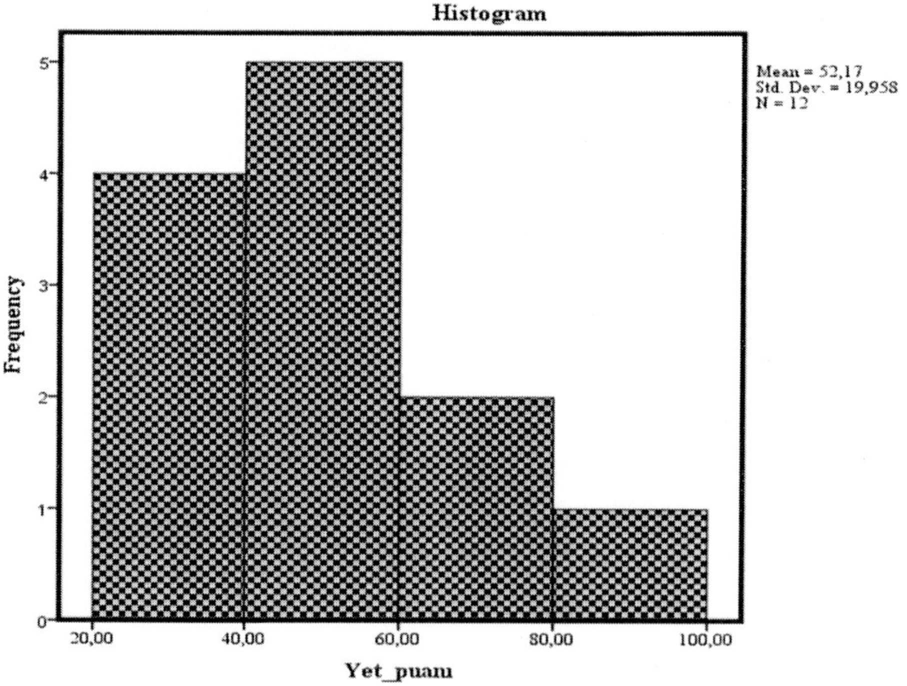

Şekil 39. Veri setlerinin incelenmesinde histogramdan yararlanılması

Histogramlar veri setlerine ilişkin temel düzeyde bir analiz olarak ele alınabilir. Veri setine ilişkin kabaca bir değerlendirme yapılmasında histogram işlevsel bir araç niteliği taşıyabilir. Buna karşın histogramın çizdirilmesinde SPSS programına ilişkin asgarî düzeyde de olsa bir bilgiye ve tecrübeye ihtiyaç vardır. Bu yönüyle örgütlerde veri yönetimi süreçlerinde bu türde analiz araçlarından yararlanabilecek personelin olması ya da belirli çalışanların bu konuda eğitilmesi önemli bir husus olabilir. Temel düzeyde betimleyici analizler için SPSS gibi karmaşık analiz araçlarına çoğu zaman gerek de duyulmayabilir. Microsoft Office programı da verinin temel düzeyde analiz edilmesi ve incelenmesi için çok önemli görsel araçlar sunabilmektedir. Örneğin histograma çok benzeyen çubuk grafikleri aynı işlevi görebilmektedir. Şekil 38'de yer alan histogramın çizdirilmesinde yararlanılan puanların 20-30 aralığının F, 31-40 aralığının D, 41-60 aralığının C, 61-80 aralığının B ve 81-100 aralığının A olduğu temel alınırsa aynı puan dağılımının çubuk grafiği Şekil 40'da yer aldığı biçimde gerçekleşecektir.

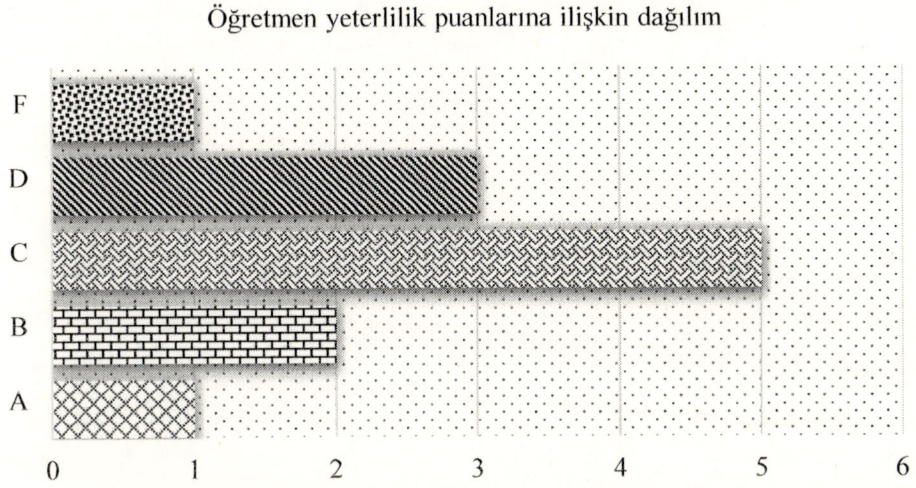

Şekil 40. Öğretmen yeterlilik puanlarının çubuk grafiği ile gösterimi

Verinin görsel araçlarla incelenmesi oldukça kolaydır. Büyük veri setlerinin görsel bir araçla sunulması veriye ilişkin temel düzeyde bir anlayışın geliştirilmesine katkı sağlayabilir. Bu türde görsel araçlarla analiz veri setlerinin bütün paydaşlar tarafından değerlendirilmesine olanak sağlayan bir nitelik kazandırabilir. Veri analizi ya da veri yönetimine ilişkin bilgi ve beceri düzeyi ne olursa olsun örgütsel düzeyde bütün paydaşların belirli görsel araçlarla sunulan verileri yorumlamakta zorluk çekmeyecekleri ileri sürülebilir. Verinin ön analizinde ya da veri setlerine ilişkin temel düzeyde değerlendirmelerde yararlanılabilecek görsel araçlar oldukça çeşitlidir. Bütün görsel araçlara yer verilmesi bu çalışmanın kapsamı dışındadır. Buna karşın verinin görsel olarak sunumuna ilişkin olarak pasta grafiklerine de bir örnek verilmiştir. Öğretmen yeterlilik puanları temel alınarak Şekil 41'de yer alan pasta grafiği ofis programında çizdirilebilir:

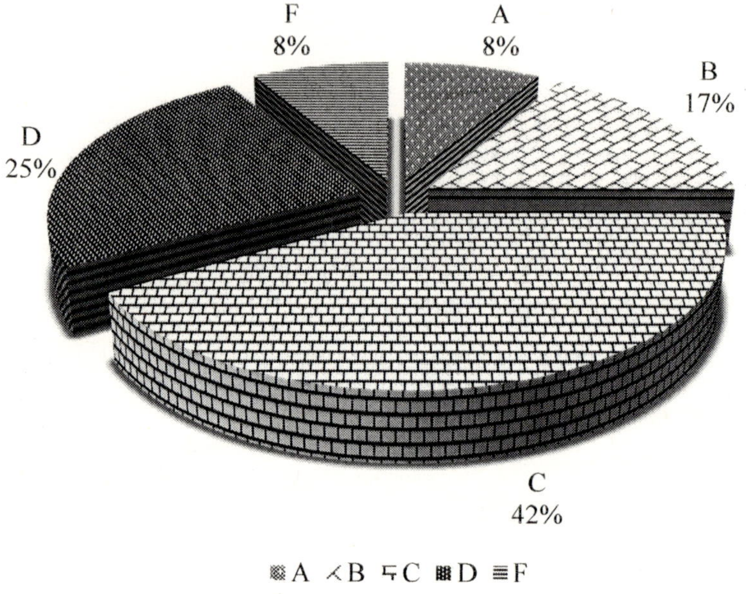

Şekil 41. Öğretmen yeterlilik puanlarının pasta grafiği ile gösterilmesi

Sosyal bilimlerde nicel veri analizinde sıklıkla yararlanılan SPSS gibi bazı yazılım programlarında tek değişkenli istatistiklere ilişkin betimsel istatistikler tablo biçiminde hızlı bir biçimde elde edilebilmektedir. Bu tür yazılım programlarında oluşturulan veriye ilişkin betimsel istatistik tabloları, veriye ilişkin betimsel bilgilerin bütün halinde incelenmesine olanak sağlamaktadır (Field, 2009, s. 656). Temel düzeyde de olsa veri analizlerinin gerçekleştirilmesinin belirli düzeyde bir bilgi birikimini ve beceriyi zorunlu kıldığı iddia edilebilir (Tavakoli ve diğerleri, 2006, s. 148). Bu bağlamda veri analizi aşamasının, bütün veri yönetimi süreçleri arasında en fazla uzmanlık gerektiren safha olduğu ileri sürülebilir. Bu aşamada örgütler veri analizi hususunda belirli bir yetkinliğe sahip çalışanlarından yararlanabilecekleri gibi örgüt dışından uzman yardımına da başvurabilirler. Buna karşın veri yönetimi süreçlerinin en sağlıklı biçimde örgütün mevcut insan kaynaklarından yararlanılarak gerçekleştirilebileceği de unutulmamalıdır.

Örgüt dışından uzman yardımının en temel sınırlılıklarından birinin uzmanın örgütsel değişkenlere ve farklı bileşenlere ilişkin yeterli düzeyde bir anlayışa sahip olmasının güç olmasıdır. Örgüt içi çalışanlar ise örgütte farklı bileşenlerin birbirleri ile etkileşimine dönük daha sağlıklı bir anlayışa sahip olacaklarından veri yönetimi süreçlerinde veriden örgütsel bir değer yaratılmasında örgüt dışı uzmanlara nazaran çok daha yeterli bir konumda yer alabilirler.

3.5.3.2. Verinin İlişkilendirilmesi

Verinin ilişkilendirilmesi farklı boyutlardan ele alınabilir. Verinin ilişkilendirilmesi aşaması ilk olarak verinin çok değişkenli bir analiz sürecine tabi tutularak değişkenler arası ilişkilerin ortaya konulması olarak ele alınabilir. Araştırmalar temel olarak iki farklı kategoride ele alınabilir; ilişkisel araştırmalar ve deneysel araştırmalar. İlişkisel araştırmalar farklı veri toplama araçları vasıtasıyla dış dünyadan verilerin herhangi bir değişikliğe tabi tutulmadan elde edilmesini kapsamaktadır. Deneysel araştırmalar ise manipüle edilen bir değişkenin araştırmada yer verilen diğer değişkenler üzerindeki etkisinin ortaya konulmasını temel alan araştırmalardır (Field, 2009, s. 12). Eğitim araştırmalarında çoğunlukla ilişkisel araştırmalardan yararlanılmaktadır. Bu noktada veriler araştırmanın amacına uygun veri toplama araçları ile toplanmakta, elde edilen veriler çok değişkenli analiz yöntemlerinden yararlanılarak analiz edilmekte ve analiz sonucunda ulaşılan bulgular ilgili birimlerle ya da kişilerle paylaşılmaktadır.

İlişki analizlerinde elde edilen bulgular R sembolü ile temsil edilen korelasyon değeri ile yorumlanır. Ayrıca elde edilen ilişkisel bulgular korelasyon matrisi adı verilen bir tablo ile sunulur. Korelasyon matrisinde araştırmada yer verilen ve aralarında ilişki aranan tüm değişkenlere yer verilir. Bu değişkenler arasındaki ilişkinin boyutu -1, +1 değerleri arasında bir değerle ortaya konulur. Tablo 10'da X_1, X_2 ve X_3 değişkenlerinin birbirleri ile olan korelasyon katsayılarının yer aldığı korelasyon matrisine yer verilmiştir (Tabachnick ve Fidell, 2013, s. 13);

Tablo 10: Üç Farklı Değişkene İlişkin Korelasyon Matrisi

		X_1	X_1	X_1
	X_1	1.00	.85	-.13
R=	X_2	.85	1.00	-.46
	X_3	-.13	-.46	1.00

Kaynak: Tabachnick ve Fidell, 2013, s. 13.

İlişki analizleri eğitim alanındaki araştırmalarda önemli bir konumda yer almaktadır. Farklı değişkenlerin aralarındaki ilişkilerin incelenmesi eğitim yönetimi süreçlerinde yer alan kararları doğrudan etkileyen bir nitelik taşımaktadır. Bu yönüyle eğitim örgütlerinde veri yönetimi süreçlerinde de ilişki analizleri önemli bir konumda yer alabilmektedir. İki ya da daha fazla değişken arasındaki korelasyonun gücü korelasyon katsayısı ile değerlendirilmektedir ve bu değer "r" ile temsil edilmektedir. Korelasyon katsayısı iki farklı değişken arasındaki ilişkinin gücünü, boyutunu ve yönünü ifade eden bir değerdir. İlişkisel araştırmalarda ilişkinin gücü +1 ve -1 değerleri arasında yer almaktadır. Bir ilişki analizi sonucu elde edilen +1 en yüksek pozitif ilişkiyi, -1 en yüksek negatif ilişkiyi ifade ederken korelasyon katsayısının 0 değeri vermesi değişkenler arasında ilişkinin olmadığı biçiminde yorumlanmaktadır. İlişki analizleri sonucunda elde edilen bulguların – ya da + değeri dikkate alınmadan 1 değerine yakın bir değer vermesi korelasyon katsayısının negatif ya da pozitif mükemmel ilişkiyi ortaya koyduğu, korelasyon katsayısı ±1 değerine yakın olduğunda X ve Y değişkenlerindeki değerlerin birbiri ile daha iyi eşleştiği iddia edilebilir (Heiman, 2011, s. 142).

İlişki analizlerinde iki değişken arasındaki ilişkinin gücü kadar yönü de önemlidir. İki değişken arasındaki ilişki pozitif ya da negatif yönlü olabilir. Bir değişkene ait değer artarken diğer değişkenin değerinin de bu doğrultuda artması pozitif yönlü bir ilişkiyi ifade etmektedir. Örneğin Şekil 42'de X ve Y değişkenleri arasında pozitif yönlü bir ilişkiden söz etmek mümkündür (Gogtay ve Thatte, 2017, s. 78);

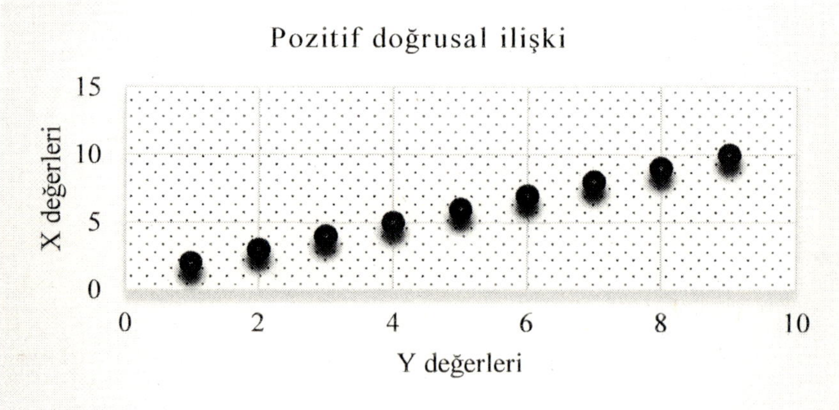

Şekil 42. İki değişken arasındaki pozitif doğrusal ilişki

Kaynak: Gogtay ve Thatte, 2017. S. 78.

Şekil 41'de yer alan değişkenler arasında pozitif yönlü doğrusal bir ilişki olduğu ileri sürülebilir. Çünkü X ve Y değişkenlerine ilişkin değerler birbirine paralel olarak artmaktadır. İki değişken arasında negatif yönlü bir ilişkiden de söz edilebilir. Böyle bir durumda bir değişkene ilişkin değer artarken diğer değişkene ilişkin değer azalmaktadır. Örneğin günlük televizyon izleme süresi arttıkça öğrencilerin sınav başarılarının azaldığını ortaya koyan bir araştırmada bu iki değişken arasındaki ilişki Şekil 43'te yer aldığı biçimde gerçekleşecektir (Heiman, 2011, s. 140);

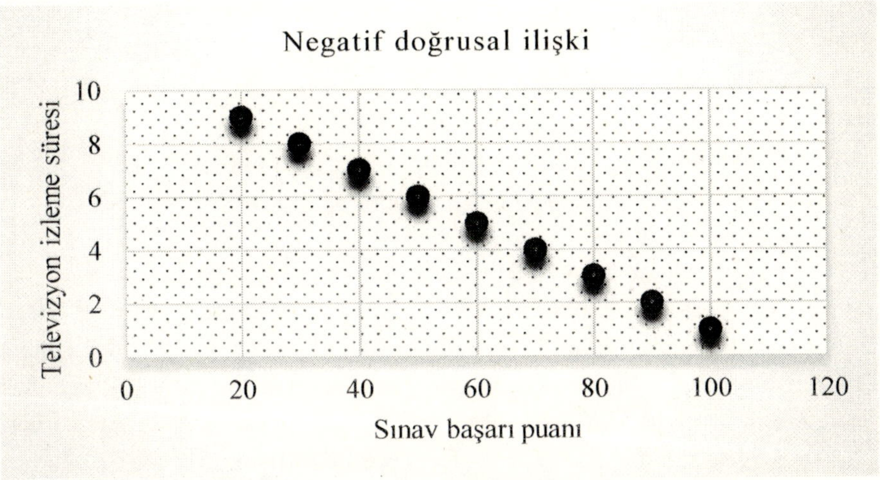

Şekil 43. İki değişken arasındaki negatif doğrusal ilişki

Kaynak: Heiman, 2011, s. 140.

Çoğu araştırmada eğer iki değişken arasında bir ilişki saptanırsa bu ilişkiler genellikle pozitif ya da negatif yönlü doğrusal ilişkiler olarak ortaya çıkmaktadır. Buna karşın bazı durumlarda iki değişken arasındaki ilişki doğrusal bir ilişki ortaya koymayabilir. Örneğin bir yerden başka bir yere yürüyerek gitme süresinin yaş değişkeni ile ilişkilendirildiği bir araştırmada doğrusal olmayan bir ilişki söz konusu olacaktır. Bir yerden başka bir yere yürüyerek gitme süresi küçük yaşlarda daha uzunken yaş ilerledikçe azalacak, ancak birey yaşlandıkça tekrar artacaktır. Bu tür ilişkiye U şekilli adı verilmektedir. Şekil 44'te U şekilli bir ilişkiye örnek verilmiştir (Heiman, 2011, s. 141);

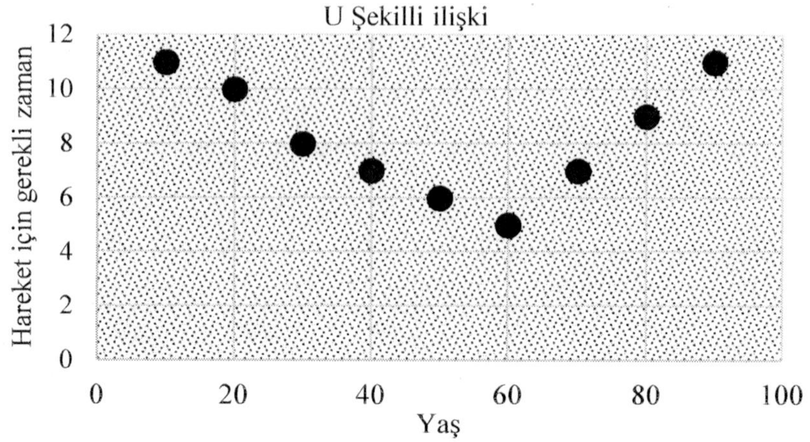

Şekil 44. İki değişken arasındaki doğrusal olmayan ilişki

Kaynak: Heiman, 2011, s. 141.

İki değişken arasındaki doğrusal olmayan ilişkiler ters U şekilli bir yapıda da olabilir. Örneğin alkol tüketimi ve kendini iyi hissetme arasındaki ilişki bu türde bir ilişkiye örnek olarak verilebilir. Alkol tükettikçe birey başlangıçta kendini iyi hissedecek, bu iyi hissetme durumu tüketilen alkol arttıkça belirli bir noktaya kadar artmaya devam edecek ancak belirli bir noktadan sonra birey kendini kötü hissetmeye başlayacak ve bu kötü hissetme durumu alkol tüketimi o noktadan sonra arttıkça artmaya devam edecektir. Bu iki değişken arasındaki ters U şekilli ilişki Şekil 45'te ortaya konulmuştur (Heiman, 2011, s. 141);

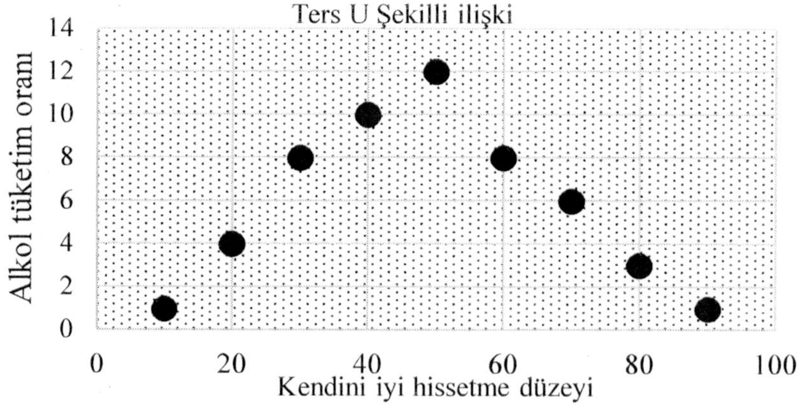

Şekil 45. İki değişken arasındaki ters U şekilli ilişki

Kaynak: Heiman, 2011, s. 141.

Veri yönetimi sürecinde ya da örgütsel düzeyde gerçekleştirilen araştırmalarda her zaman değişkenler arasında ilişkiler saptanamayabilir. Temel olarak iki değişken arasında ilişkinin saptanamaması da örgütsel açıdan önemli bir bulgu niteliği taşıyabilir. Böyle bir durumda değişkenlerin değerleri arasında herhangi bir ilişki saptanamaması nedeniyle saçılma diagramında değerler dağınık bir durumda yer alacaklar ve belirli bir yapı ortaya koymayacaklardır. Şekil 46'da değişkenler arasında bir ilişkinin saptanamaması durumunda ortaya çıkacak saçılma diyagramına bir örnek verilmiştir (Gogtay ve Thatte, 2017, s. 78);

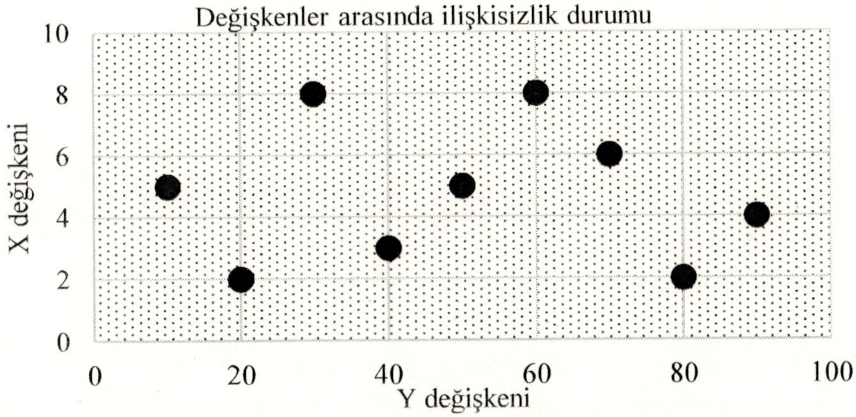

Şekil 46. İki değişken arasında ilişkinin saptanamaması durumu

Kaynak: Gogtay ve Thatte, 2017, s. 78.

İlişki analizlerinde ilişkinin yönü kadar büyüklüğü de önemli bir husustur. Alan yazında genel olarak .30 ve daha düşük değerdeki korelasyon katsayıları düşük ilişkiyi, .30 ve .70 arası korelasyon katsayıları orta düzey ilişkileri, .71 ve daha yüksek düzeyde hesaplanan korelasyon katsayılarının ise yüksek ilişkiyi ortaya koyduğu ileri sürülmektedir (Büyüköztürk ve diğerleri, 2013, s. 92). Heiman (2011, s. 155) .20'den düşük değer veren korelasyon katsayılarının zayıf, .40 değerine yakın korelasyon katsayılarının güçlü, .60 ve yukarısı korelasyon katsayılarının ise çok güçlü olarak değerlendirilmesi gerektiğini iddia etmektedir. Yazar ilişkisel analizlerde 1.00 değerine yakın korelasyon katsayısına ulaşmanın oldukça güç olduğunu, analiz sonucunda 1.00 değerine yakın bir korelasyon değerinin elde edilmesi durumunda veri girişinde ya da hesaplamalarda bir hata yapılıp yapılmadığının kontrol edilmesi gerektiğini ileri sürmektedir. Korelasyon katsayısı farklı değerler aldığında veri setinde yer alan değişkenlerin dağılımı saçılma diyagramında farklı biçimlerde ortaya çıkacaktır (Watkins, 2016, s. 35);

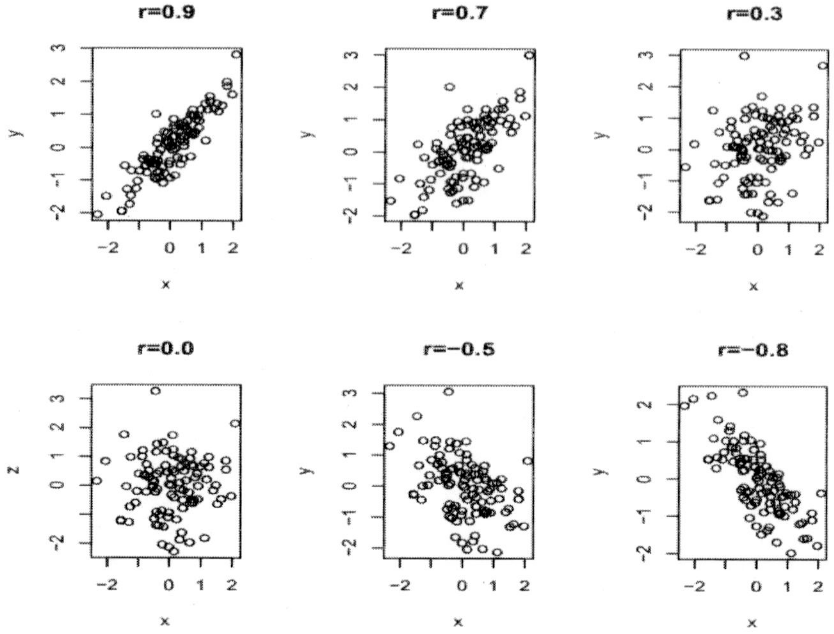

Şekil 47. Farklı korelasyon katsayılarını gösteren saçılma diyagramları

Kaynak: Watkins, 2016, s. 35.

Verinin ilişkilendirilmesi sürecinde yararlanılan çoğu çok değişkenli analiz yöntemi temel olarak tek değişkenli analiz yöntemlerinin farklı versiyonları olarak ele alınabilir. Örneğin tek bir yordayıcı değişkenin yer aldığı basit regresyon analizine birden fazla yordayıcı değişkenin eklenmesiyle çok değişkenli bir analiz sürecine geçiş gerçekleştirilebilir (Hair ve diğerleri, 2014, s. 4). Veri yönetim sürecinde veriden işlevsel bilgiye erişim sağlayabilmek amacıyla araştırmada yer verilen değişkenler arasındaki ilişkilerin ortaya konulması önemli bir husustur. İlişkisel araştırmaların sonuçları bir neden-sonuç bağlamı ortaya koymamakla birlikte değişkenler arasındaki ilişkilere dönük bir anlayışın geliştirilmesi veriden örgütsel karar süreçlerinde yararlanılabilecek işlevsel bilgiye erişim sağlanmasında önemli bir konumda yer alabilir.

Veri yönetiminin veri analizi safhasında ilişkisel veri analizlerinin önemli bir yer tuttuğu ve örgütsel süreçlerde işlevsel bilgiye erişim sürecinde önemli bir rol oynadığı ileri sürülebilir. Araştırma konusunun içeriği, doğası ve amaçları temel alınarak iki değişkenli ya da çok değişkenli ilişkisel analizler farklı araçlarla gerçekleştirilebilir. Özellikle ofis programında yer alan grafikler iki değişken arasındaki ilişkilerin görsel bir biçimde sunumunda etkilidir. Daha ileri düzey araştırmalarda SPSS gibi farklı araçlardan yararlanarak kestirisel ve ilişkisel analizler gerçekleştirilebilir. Bu noktada veri yönetimi sürecinde analiz aşamasının teknik açıdan en zor aşama olduğu ve bu aşamada uzman yardımına ihtiyaç duyulabileceği unutulmamalıdır.

3.5.3.3. Veri Erişim Prosedürleri

Veriye erişim sağlanması veri yönetiminin en önemli bileşenlerinden biri olarak kabul edilebilir. Bu yönüyle elde edilen verilerden örgütsel kararlarda ya da yönetsel süreçlerde işlevsel bir biçimde yararlanabilmek adına veriye erişim sağlanması önemli bir husustur. Veriye erişim sağlanması amacıyla yararlanılan araçlar veri depolarında ya da veri ambarlarında yer alan verilere erişimin hızlı bir biçimde gerçekleştirilmesine olanak sağlamalıdır. Bazı durumlarda belirli bir sorun alanına ilişkin farklı veri depolama araçlarından veri elde edilmesine ihtiyaç duyulabilir. Böyle bir durumda veriye erişimi sağlayan araçlar her türlü veri depolama aracından veri elde edilebilmesine olanak sağlayacak ve farklı formatlarda depolanmış verileri okuyabilecek niteliğe sahip olmalıdır (Ponniah, 2001, s. 421).

Veriye zamanında erişim sağlanması özellikle online sistemlerle hizmet veren örgütler açısından son derece önemlidir. Birden fazla online sistemle hizmet veren örgütlerin farklı veri kaynaklarından elde edilen ilişkili verileri bütünleştirerek kullanıcıların hizmetine sunmasına olanak sağlayan araçlardan veri erişimi hususunda etkin bir biçimde yararlanabilmeleri önemli bir konumda yer almaktadır (Berson ve Dubov, 2007, s. 26). Veri ambarlarında çok büyük boyutlarda verinin depolanabilmesi veriye erişim ve verinin etkili bir biçimde depolanması hususlarında örgütlerin etkili araçlardan yararlanmalarını gerekli kılmaktadır (Hobbs, Hillson, Lawande ve Smith, 2005, s. 113). Bu noktada örgütsel düzeyde veriye erişimin etkili bir biçimde gerçekleştirilmesine olanak sağlanması etkili bir veri yönetimi sürecinin önemli bir bileşeni olarak kabul edilebilir. Kullanıcılar açısından veriye erişimin kolaylaştırılmasına dönük tedbirlerin alınması veriden örgütsel süreçlerde etkin bir biçimde yararlanılmasında merkezi bir konumda yer alabilir. Bu hususta indeksler gibi farklı araçlar veriye erişimi kolaylaştıran bir nitelik taşıyabilir. İndeksler veri girişine dönük düzenlemelerin de daha az maliyetle daha kısa sürede gerçekleştirilmesine olanak sağlayabilir (Simsion ve Witt, 2005, s. 364).

Veri analiz edildikten sonra elde edilen sonuçlara erişimin kimlere açık olacağına ve bu erişimin nasıl sağlanacağına ilişkin hususların net bir biçimde ortaya konulması veri yönetimi sürecinin en önemli aşamasıdır. Elde edilen sonuçların paylaşılması ve farklı araçlarla erişime açılması son derece önemlidir çünkü elde edilen sonuçlar diğer bazı araştırmalarda ikincil veri kaynağı olarak işlev görebilmektedir. Bu yönüyle sonuçlar yeni araştırmalarda ya da farklı durumlara ya da sorunlara ilişkin örgütsel karar süreçlerinde işlevsel olabilecek bir niteliğe sahiptir. Veriye etkin bir biçimde erişimin sağlanması örgütün veri varlığından (data asset) etkin bir biçimde yararlanılmasının en önemli bileşenlerinden birini teşkil etmektedir (Aiken ve Allen, 2014, s. 342).

Örgütler çeşitli veri depolama araçları, dosyalama ve işletim sistemleri vasıtası ile kullanıcıların mevcut örgütsel verilere erişimini sağlayabilirler (Buffington, 2010, s. 12). Veriye erişimin sağlanması amacıyla gerçekleştirilen eylemlere ve uygulamalara dönük düzenlemeler (Held, 2001, s. 337) veriye erişim açısından son derece önemlidir. Bu noktada veriye erişim sağlanmasına dönük olarak çeşitli kurallar belirlenebilir (Marco ve Jennings, 2004, s. 31). Belirlenen bu türde kurallar veriye erişimin kontrol altına alınmasında önemli bir rol oynayabilir.

Veri girişine dönük olarak belirli kuralların belirlenmesi veri güvenliği açısından da son derece önemlidir. Veriye erişimle ilgili teknolojik gelişmeler ve her koşulda veriye erişim sağlayabilecek araçların geliştirilmesi veriye yetkisiz erişime zemin hazırlayan en önemli hususlardan biri olarak kabul edilebilir (Jonker ve Petkovic, 2008, s. v). Veriye yetkisiz erişimi kontrol altında tutabilmek adına yararlanılan çeşitli veri erişimi kontrol mekanizmaları mevcuttur (Ferrari, 2010, s. 4). Bu noktada veriye erişim sürecinde çeşitli ilkeler ve kurallar belirlenmeli ve bu ilkelere veri yönetimi süreçlerinde riayet edilmelidir. Öncelikle bir sistem içinde verinin sistem boyunca tüm birimlerce erişime açık bir nitelik taşıması önemlidir. Bu noktada verinin hangi depolama araçları ile ve hangi konumda depolanacağına karar verilmesi ve bu süreçte uygun araçlardan yararlanılması önemli bir husustur (Inmon, 2002, s. 152).

Veri erişimine ilişkin hususların netliğe kavuşturulması veri yönetiminin önemli bir bileşeni olarak kabul edilmektedir. Bu noktada veri erişimine ilişkin usul ve esasların belirlenmesi etkili bir veri yönetimi açısından önemli bir konumda yer almaktadır. Veri erişimine ilişkin ilkeler, usul ve esaslar veri erişim prosedürleri olarak tanımlanabilir. Veri erişim prosedürleri veri yönetimi sürecinde nihaî olarak elde edilen verilere erişimin hangi düzeyde sağlanacağının ortaya konulmasına karşılık gelmektedir. Veriye kimin ne ölçüde erişebileceğinin belirlenmesi gerekmektedir (Tavakoli ve diğerleri, 2006, s. 149).

Veriye erişimin kısıtlanması veri yönetim süreçlerinin önemli bir bileşeni olarak ele alınmakla birlikte araştırma sonucunda ulaşılan bulgulara ilgili birimlerce ya da paydaşlarca erişilebilirliğin sağlanması veri yönetimi sürecinde merkezi bir konumda yer almaktadır. Bazı durumlarda ekonomik nedenler veriye erişimin engellenmesinde etkin bir rol oynayabilmektedir. Buna karşın araştırmalarda araştırma sonuçlarının benzer araştırma sonuçları ile karşılaştırmalar yapılarak sunulması önem teşkil etmektedir. Böyle bir durumda finansal sorunlardan ötürü veriye erişimi engellenen kullanıcıların sağlıklı bir araştırma yürütmeleri oldukça güç bir hale gelebilir (Bhattacherjee, 2012, s. 1).

Veriye erişimde herhangi bir sınırlandırma söz konusu olmasa bile son zamanlarda veri depolama teknolojilerindeki gelişmelere dayalı olarak büyük veri setlerinden örgütsel açıdan bir değer teşkil edebilecek veriye ve anlamlı bilgiye erişim sağlamak oldukça güç hale gelmiştir. Öyle ki veriye erişimde sıklıkla yararlanılan klasik katalog tarama yöntemi popülerliğini yitirmek üzeredir. Bu nedenle örgüt açısından bir değer yaratabilecek veriye erişim sağlamak adına mevcut veri kaynaklarının bir araya getirilmesi ve bir araya getirilen bu veri kaynaklarından işlevsel bilgiye erişime imkân verecek yüksek performanslı sistemlerin geliştirilmesi gerekmektedir (Takcı ve Baktır, 2018, s. 123). Teknolojik gelişmelere bağlı olarak verinin hızlı bir biçimde üretilmesi, aynı hıza güncelliğini yitirmesi de veriden örgütsel değer yaratmak adına bu türde gelişmiş sistemlere olan ihtiyacı her geçen gün körüklemektedir.

3.5.3.4. Veri Dokümantasyonu

Kayıt tutma çoğu çalışma sürecinde ya da araştırmada en önemli bir uygulamalardan ya da eylemlerden biri olarak ele alınmaktadır. Kayıt tutma ya da dokümantasyon araştırmaların başarısında önemli bir yer tutmaktadır. Bir araştırma sürecinde tutulan kayıtlar araştırmacılara geçmişte araştırma ve analiz süreçlerinde karşılaştıkları sorunlara dönük öngörüde bulunma fırsatı sunmaktadır. Bu yönüyle ele alındığında dokümantasyon eylemlerinin araştırma süreçlerinde ortaya çıkabilecek muhtemel sorunların çözümünde referans kaynağı niteliği taşıyabileceği ileri sürülebilir (Yılmaz, 2006, s. 13).

Dokümantasyon veri analizi ve yaygınlaştırma aşamasında da önemli bir uygulama olarak kabul edilir. Veri yönetimi sürecinin diğer aşamalarındaki dokümantasyon uygulamalarında olduğu gibi veri yönetiminin analiz ve yaygınlaştırma aşamasında gerçekleştirilen dokümantasyon uygulamalarında da süreçte gerçekleştirilen tüm eylemlere ve uygulamalara dönük kayıtlar tutulur. Bu kapsamda araştırma için bir analiz özgeçmişinin oluşturulması esastır. Gerçekleştirilen analizlere ilişkin yazılı bir kaydın tutulması veri analizi sürecinde aynı analizlerin tekrarlanmasının önüne geçebilir ve bu şekilde araştırmacının zaman kaybına uğraması engellenebilir. Bu türden bir dokümantasyon aynı zamanda araştırmaya dönük, araştırmayı finansal açıdan destekleyen kurumları da kapsayacak şekilde tüm paydaşlara rapor sunulması süreçlerinde de etkili bir yöntemdir (Tavakoli ve diğerleri, 2006, s. 149).

Veri analizi ve yaygınlaştırılması aşamasında gerçekleştirilen eylemler kadar analiz sürecinde yararlanılan araçlar da dokümantasyonun kapsamına alınabilir (Elmasri ve Navathe, 2011, s. 312). Dokümantasyon yalnızca bir veri yönetimi sürecine ya da aşamasına ilişkin bilgilerin ya belgelerin kayıt altına alınması işlemi olarak ele alınmamalıdır. Dokümantasyon diğer veri yönetimi süreçlerinde olduğu gibi veri analizi ve yaygınlaştırılması aşamasında da bazı eylemleri kapsayan bir aşamadır. Veri analizi ve yaygınlaştırılması aşamasında gerçekleştirilen dokümantasyon süreci aşağıda yer alan işlemleri kapsamaktadır (Guzman ve Verstappen, 2009, s. 2);

- Analiz sürecinde yerine getirilen işlemlere ve uygulamalara dönük olarak ne türde bilgilere ihtiyaç olduğunun ortaya konulması ve bu bilgilerin nasıl elde edileceğinin belirlenmesi,
- Erişilen bilgilerin kayıt altına alınması ve kayıtların uygun ortamlarda depolanması,
- İlgili bireylerin ya da birimlerin kayıtlara erişimini kolaylaştırmak adına kayıtların düzenlenmesi,
- Ve asıl amaç olarak bilgi ve belgelerin ihtiyaç duyanların erişimine açılması.

Dokümantasyon veri yönetimi süreçlerinin önemli bir bileşeni olarak kabul edilmektedir. Bu yönüyle dokümantasyon eylemlerine ve uygulamalarına dönük bir standart getirilmesi ve dokümantasyon işlemlerinin bu standartlara dayalı olarak gerçekleştirilmesi önemlidir. Dokümantasyon sürecinde standart bir sistemin oluşturulamaması veri yönetimi süreçlerinde iletişim ve bilgi paylaşımında sorunların yaşanmasına zemin hazırlayabilir (Bhojaraju ve Koganurmath, 2003, s. 16). Veri dokümantasyonu veri yönetimi sürecinin hem veri düzenleme, hem de analiz ve yaygınlaştırma safhalarında yer alan bir uygulamadır. Veri yönetimi süreçlerinin farklı aşamalarında gerçekleştirilen eylemlerin ve işlemlerin kaydının tutulması özellikle çok fazla katılımcı içeren ve farklı araştırmacılar tarafından aynı anda yürütülen araştırmalarda araştırmayı yürütenler arasında koordinasyon, kontrol ve iletişimin sağlanması bakımından önemli bir konumda yer almaktadır.

Veri dokümantasyonu veri yönetim sürecine ilişkin bir üst verinin oluşturulmasıdır. Üst veri ise verinin içeriği, bağlamı, kalitesi ve yapısı gibi veriye ilişkin betimlemeleri ifade eder. Bu türde bir üst veri verinin belirli örgütsel sorunlar ya da araştırma konuları açısından ne ölçüde önemli olduğunun saptanmasında etkin rol oynar (Soler, Ort ve Steckel, 2016, s. 45). Dokümantasyon veri yönetimi sürecinde gerçekleştirilen tüm eylemler, uygulamalar ve veri setleri üzerinde gerçekleştirilen değişikliklere ilişkin bilgileri içermektedir. Bu yönüyle bir veri setinin örgütsel açıdan değerine ilişkin değerlendirmelerde dokümantasyon merkezi bir konumda yer almaktadır (Strasser ve diğerleri, 2002; Akt. Soler ve diğerleri, 2016, s. 44). Bu türde betimsel veriler özellikle büyük veri içinden belirli örgütsel sorunlara ya da konulara dönük işlevsel bilgiye erişim sağlanması sürecinde örgütsel açıdan değer ortaya koyabilecek verinin filtrelenmesinde işlevsel bir aracı rolü üstlenebilir.

3.5.3.5. Verinin Arşivlenmesi

Verinin arşivlenmesi verinin bir veri merkezine ya da yönetilen bir çevreye yerleştirilmesini ya da verinin belirli bir alanda ya da araçta depolanmasını ifade etmektedir (Soler ve diğerleri, 2016, s. 44). Veri bilimin ve bilimsel bilginin temelinde yatan bileşendir. Çünkü veri insanoğlunun doğayı anlaması için önemli bir araç konumundadır. Önemine karşın çoğu zaman veri elde edildikten kısa bir süre sonra farklı sebeplerle kaybolmakta ya da veriye ilişkin detaylar unutulmaktadır (Michener ve diğerleri, 1997; Akt. Whitlock, McPeek, Rausher, Rieseberg ve Moore, 2010, s. 145). Ayrıca araştırmacının ölümü, araştırma sonuçlarının teknik nedenlerden dolayı silinmesi gibi sebeplerden ötürü çoğu veri geniş kitlelerin erişimine ve kullanımına sunulamamaktadır. Bütün bu nedenlerden ötürü araştırma sonuçlarının, araştırma sonucunda ulaşılan bilgilerin ve bulguların arşivlenmesi bilimsel açıdan önemli bir husustur (Whitlock ve diğerleri, 2010, s. 145).

Verinin arşivlenmesi temel olarak elde edilen verinin depolanması ile ilişkilidir. Verinin arşivlenmesinde yararlanılan veri depolarına arşiv deposu adı verilmektedir (Elmasri ve Navathe, 2011, s. 323). Veri yönetim süreçlerinin diğer aşamalarında yer alan verilerin tersine arşivlenen veriler herhangi bir değişikliğe tabi tutulmayan verilere karşılık gelmektedir (Garcia-Molina, Ullman ve Widom, 2002, s. 511). Verinin arşivlenmesi veri tabanı gibi sistemlerde sistemsel hatalardan kaynaklanan veri kaybının önüne geçilmesinde de önemli bir konumda yer alır (Garcia-Molina, Ullman ve Widom, 2009, s. 843). Verinin arşivlenmesi farklı zamanlarda farklı amaçlarla veriden örgütsel bir değer yaratılmasına olanak sağlaması açısından da önemlidir.

Bilgisayar sistemleri ya da farklı yazılım programları günümüzde verinin arşivlenmesinde ve depolanmasında etkin bir rol oynamaktadır. Buna karşın bilgisayar ortamında verilerin saklanmasına ve depolanmasına ilişkin olarak günümüze değin çeşitli yöntemlere başvurulmuş ve farklı araçlardan yararlanılmıştır. Verilerin bilgisayar sistemlerinde depolanmasında başlangıçta farklı veri birimlerinin farklı dosyalarda depolandığı geleneksel veri depolama yöntemlerinden yararlanılmaktaydı. Bahsi geçen bu sistem *"dosya işletim sistemi"* olarak adlandırılmaktaydı. Depolanan verilerin hacim açısından büyük boyutlara ulaşması, verilere farklı kullanıcıların aynı anda erişiminin sağlanmasına dönük olarak ortaya çıkan ihtiyaç ve bunlara ek olarak verilerin veriye erişim sağlayanlara göre yeniden düzenlenmesi gibi gereklilikler geleneksel veri depolama yöntemlerinin yetersiz kalmasına zemin hazırlamıştır. Baykara (2015, s. 5) geleneksel veri depolama yöntemlerinin sakıncalarını şu şekilde sıralamaktadır:

- Veri tekrarı ve veri tutarsızlığı,
- Verinin paylaşılamaması,
- Uygulamalardaki her yeni gereksinimin ve değişikliğin yalnız uzman kişiler tarafından karşılanabilmesi,
- Veriye erişime ve istenen veriyi elde etmeye dönük güçlükler,
- Karmaşık veri saklama yapıları ve veriye erişim yöntemlerini bilme zorunluluğu,
- Bütünlük (integrity) sorunları,
- Güvenlik ve gizlilik sorunları,
- Tasarım farklılıkları ve standart eksiklikleri,
- Yedekleme, yeniden başlatma ve onarım gibi işletim sistemi sorunları.

Özellikle örgütsel düzeydeki büyük verinin arşivlenmesinde ve depolanmasında yaşanan sıkıntılar veri depolanmasında yeni ve etkili araçların ve sistemlerin geliştirilmesine zemin hazırlamıştır. Günümüzde verinin depolanmasında sıklıkla yararlanılan araçlardan biri veri tabanlarıdır. Veri tabanı verinin etkili bir biçimde depolanması, arzu edildiğinde veriye erişim sağlanması ve verinin güvenli bir biçimde saklanmasını temel alan veri depolama sistemlerini ifade etmektedir (Sharma ve diğerleri, 2010, s. 23). Veri tabanları geleneksel veri depolama yöntemlerinin sınırlılıklarını ortadan kaldırmak amacıyla geliştirilmiş sistemlerdir. Farklı veri türlerinin depolanması ve yönetimi için farklı veri tabanı sistemleri geliştirilmiştir. Örneğin uzamsal verilerin yönetimi ve depolanmasında yararlanılan veri tabanlarına uzamsal veri tabanları adı verilmektedir (Xu, Jager ve Kriegel, 1999, s. 263). Veri tabanları farklı işlevleri yerine getirebilmekte ve farklı formatlarda verinin depolanabilmesine olanak sağlayabilmektedir. Bu niteliği veri tabanlarının farklı biçimlerde tanımlanmasına neden olmaktadır (Gunjal ve Koganurmath, 2003, ss. 2-3):

- Birbiri ile ilişkileri ortaya konulmuş veri dosyalarının ve bu verilere dönük yorumların sistemli bir biçimde bir araya getirilmiş durumudur.

- Bilgisayar ortamında depolanan düzenli veriler topluluğudur.
- Bilgisayar ortamında saklanan ve sistematik erişim imkânı bulunan, yönetilebilir, yenilenebilir, taşınabilir, birbirleri arasındaki ilişkileri tanımlanmış bilgiler bütünüdür.
- Dijital ortamlarda sistematik bir yaklaşımla depolanmış ve veri işletim sistemleri vasıtası ile işlenebilecek bir nitelik taşıyan veri yığınlarıdır.

Veri tabanları verinin depolanması ve ihtiyaç duyulduğunda veriye erişimin sağlanması açılarından önemli araçlardır (Refaat, 2007, s. 10). Veri tabanları ile ilgili diğer bir önemli husus veri tabanı sistemleridir. Veri tabanı sistemleri birbiri ile ilişkili veri setlerini temel alarak bu veri setlerinin yönetilmesinde ve veriye erişimin sağlanmasında yararlanılan bir dizi yazılım programını kapsayan sistemleri tanımlamaktadır. Veri tabanı sistemlerinde farklı veri tabanı modellerinden yararlanılmaktadır. Bir veri tabanı modeli bir bilgisayar sisteminde kayıt altına alınmış bir dizi düzenlenmiş ve sıralanmış verinin betimlenmesini sağlayan modelleri ifade etmektedir (Powell, 2006, s. 5). Bilgi ve bilgisayar sistemlerindeki teknolojik gelişmelere paralel bir biçimde veri tabanı modellerinde de tarihsel süreç içerisinde çeşitli gelişmeler yaşanmıştır. Bu gelişmeler Şekil 48'de yer aldığı biçimde özetlenebilir (Powell, 2006, s. 7);

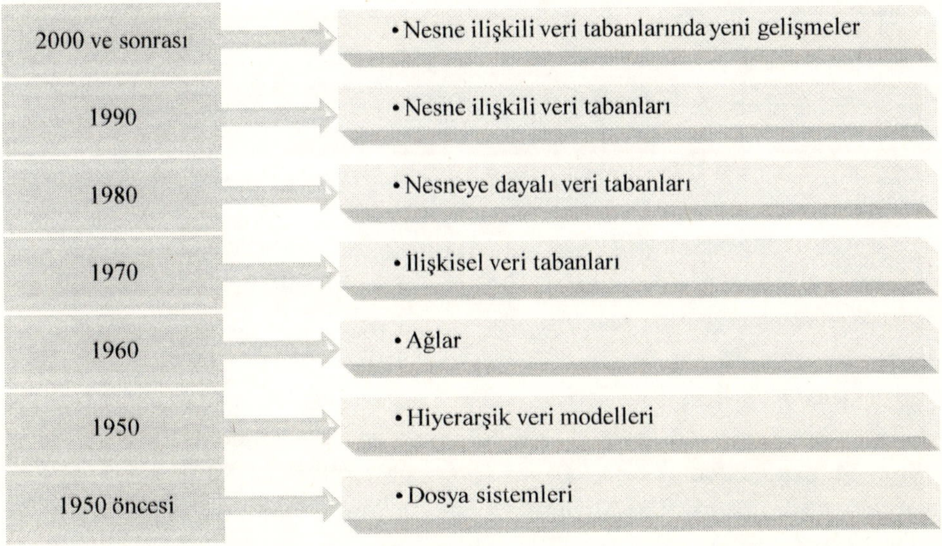

Şekil 48. Veri tabanı modellerinin tarihsel gelişimi

Kaynak: Powell, 2006, s. 7.

Veri tabanı sistemlerinde yer alan yazılım programları veri tabanında yer alan veri yapılarının ve veri depolarının tanımlanmasını, veri erişimine dönük prosedürlerin uygulanmasını ve veri tabanlarında yer alan verilerin yetkisiz giriş gibi olumsuz durumlardan etkilenmesinin önüne geçilmesini amaçlayan programlar olarak tanımlanabilir. Depolanan verinin içeriği ve doğası bakımından farklı veri tabanlarından bahsedilmesi mümkündür. Bu noktada en sık rastlanılan veri tabanları ilişkisel veri tabanlarıdır. İlişkisel veri tabanları her birine farklı isimlerin verildiği tablolardan oluşan veri tabanlarına karşılık gelmektedir. Her bir tablo belirli özelliklerin ve bu özelliklere ilişkin çok sayıda değerin yer aldığı sütunlar ve sıralardan meydana gelmektedir (Han, Kamber ve Pei, 2012, s. 10). Tablolarda her satır ve sütunda aynı bireylere ya da nesnelere ilişkin farklı verilere yer verilir. Tablolarda satırlar ve sütunlarda yer alan veriler birbiri ile ilişkileri tanımlanmış verilerdir (Darwen, 2010, ss. 15-17). Hakkında bilgi verilen nesneler de birbiri ile ilişkili olabilir. Tablo 11'de ilişkisel veri tabanı modeline bir örnek verilmiştir (Darwen, 2010, s. 18);

Tablo 11: İlişkisel Veri Tabanı İçeriği Örneği

Öğrenci Kayıt Sıra No	Öğrenci No	Adı	Soyadı	Kayıt Olunan Ders
1	256	Frederick	Wiper	C1
2	264	Juan	Anderson	C2
3	366	Daniela	Stan	C3
4	387	Iwona	Candall	C4
5	410	Christina	Weber	C5

Kaynak: Darwen, 2010, s. 18'de yer alan tablodan uyarlanmıştır.

Tablo 11'de ilk sütunda yer alan veriler öğrencilerin derse kayıt sıralarını ifade etmektedir. İkinci sütunda öğrenci numaraları, üçüncü ve dördüncü sütunlarda adları ve soyadları ve son sütunda ise öğrencilerin kayıt yaptırdıkları dersin kodu yer almaktadır. Sütunlarda ve satırlarda yer alan değişkenler ve değişkenlere ilişkin veriler birbiri ile ilişkileri tanımlanış verilerdir. Bu noktada ilişkisel veri tabanlarında yer alan verilerde bir bütünlüğün söz konusu olduğu iddia edilebilir. İlişkisel veri modellemelerine veri tabanlarında sıklıkla başvurulmaktadır. Veri tabanı modellerinde başvurulan diğer bir veri tabanı modeli hiyerarşik veri tabanı modelidir. Hiyerarşik veri tabanı modeli nesneler arasındaki ilişkilerin en sık rastlanılan formunun bir örgütün yönetsel şemasında olduğu gibi hiyerarşik bir tasarım olduğunu ileri sürmektedir (Johnson, 1997, s. 10). Şekil 49'da hiyerarşik bir veri modeline örnek verilmiştir (Johnson, 1997, s. 11);

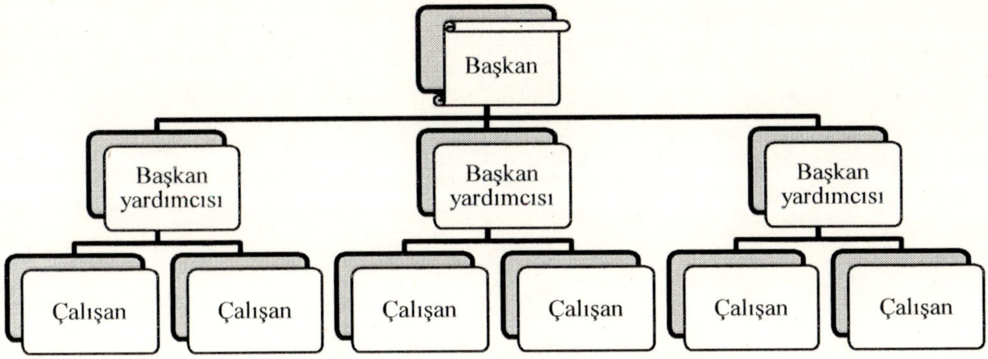

Şekil 49. Hiyerarşik veri tabanı modeli

Kaynak: Johnson, 1997, s. 11.

Veri tabanlarının tasarlanmasında çeşitli hususların göz önünde bulundurulması önemlidir. Bu noktada en önemli husus veri tabanının etkili bir biçimde yapılandırılmasıdır. Etkili bir yapılandırma veri tabanında veriye erişimin sağlıklı bir biçimde gerçekleştirilmesinde işlevsel bir konumdadır. Diğer bir önemli husus ise veri tabanlarında veri bütünlüğü hususudur. Veri bütünlüğü veri tabanlarında verinin kaybolmasının önüne geçilmesini ve verinin sadece işlevini tamamladığında ya da güncelliğini yitirdiğinde yetkili kişilerce yok edilmesini esas alan ilkelere ve kurallara karşılık gelmektedir (Powell, 2006, s. 17). Etkili bir biçimde tasarlandıklarında veri tabanları örgütsel düzeyde verinin depolanmasında ya da arşivlenmesinde önemli bir araç niteliği taşıyabilirler. Bu şekilde veri tabanları belirli veri setlerinden gelecekte de örgütsel bir değer ortaya konulmasını olanaklı kılabilirler.

Verinin elde edilmesi ve üretilmesinde yaşanan gelişmeler büyük hacimde verinin süreklilik arz edecek nitelikte üretilmesine zemin hazırlamıştır. Bu noktada verinin depolanması için de geleneksel veri depolarına ya da arşiv araçlarına ek bazı araçlara ihtiyaç duyulmuştur. Veri tabanları ile birlikte büyük hacimde verinin depolanmasında yararlanılan diğer araçlar veri ambarlarıdır. Veri ambarları farklı veri tabanlarından elde edilen verilerin bir araya getirilerek bir bütün haline dönüştürüldüğü veri kaynaklarına karşılık gelmektedir (Han ve diğerleri, 2012, s. 26). Başka bir ifadeyle veri ambarı, bir işletmenin ya da örgütün farklı birimlerince canlı sistemler vasıtasıyla bir araya getirilen verilerin, gelecekte örgütsel açıdan bir değer yaratabilecek vasıfta olanlarının farklı bir sistemde birleştirilmesinden teşkil edilen büyük ölçekli bir veri depolama aracıdır (Tantuğ, 2002; Akt. İşli, 2009, s. 3). Veri ambarları farklı veri kaynaklarından verileri periyodik olarak elde ederek birleştiren ve elde edilen verileri farklı boyutlar altında depolayan sistemleri ifade eder. Veri ambarları örgütsel düzeyde uzun yıllar boyunca elde edilmiş verilerin depolanmasını sağlaması açısından önemlidir. Veri ambarlarında yer alan veriler her zaman güncellenmez. Farklı kaynaklardan elde edilen veriler bütünler ya da kümeler halinde güncellenir (Rainardi, 2008, s. 1). Veri ambarlarının oluşturulması temel olarak oldukça basit bir şema ile ortaya konulabilir. Rainardi (2008, s. 4) bu süreci Şekil 50'de yer aldığı biçimde ortaya koymaktadır;

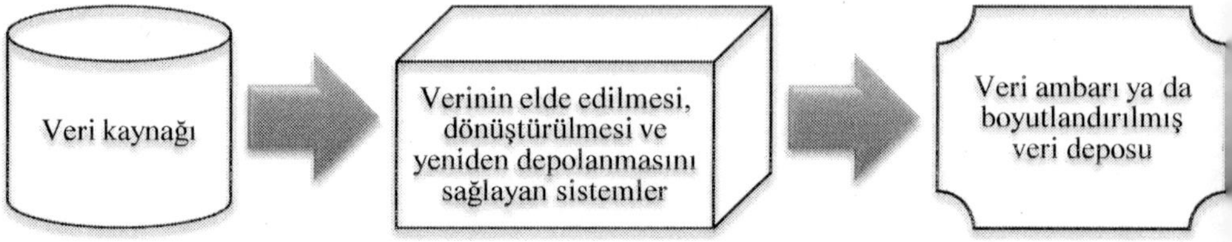

Şekil 50. Veri ambarı sisteminin en basit formu

Kaynak: Rainardi, 2008, s. 4.

Günümüzde özellikle dijital nitelikteki büyük verilerin depolanmasında ya da arşivlenmesinde veri ambarlarından sıklıkla yararlanılmaktadır (Mamoulis, 2012, s. 104). Veri ambarları örgütsel düzeyde büyük hacimli verilerin depolanmasında işlevsel bir konumda yer almaktadırlar. Veri ambarlarına örgütsel düzeyde elde edilmiş birçok veri depolanabilir. Örgütsel düzeyde farklı konulara ya da hususlara dönük olarak hazırlanmış analiz raporları ve örgütün performans göstergelerine ilişkin veriler veri ambarlarında depolanabilen veri türlerine örnek teşkil edebilir (Patel, 2012, s. 1). Veri ambarları örgütlerin depolanmış hafızaları olarak kabul edilebilirler. Bu kapsamda örgütlerin geçmiş performanslarına dayalı bilgiler içerdiklerinden veri ambarları, örgütsel düzeyde alınan kararlarda ve uygulamalarda örgüt yöneticilerinin belirli konularda sağlıklı öngörülerde bulunmalarına katkı sağlayabilir.

Veri tabanları ve veri ambarları temel olarak aynı işleve dönük tasarlanmış sistemlerdir ve her iki sistemde temel olarak büyük ölçekli verilerin depolanmasına hizmet ederler. Buna karşın veri tabanları ve veri ambarları tarihsel süreç içerisinde birbirlerini takip eden bir süreç içerisinde geliştirilmişlerdir. Tarihsel süreç içerisinde ilk önce veri tabanları ortaya çıkmıştır. Veri tabanları özellikle 1980'li yıllarda büyük bir gelişim göstermiştir. Bilgi teknolojilerinde ilk nesil olarak kabul edilen veri tabanları hızlı bir gelişim gösterip sıradan araçlar olmaya yüz tutunca veri depolama araçlarına dönük olarak bazı gelişmelerin yaşanmasına zemin hazırlamıştır.

Yeni gelişmelere temel teşkil eden diğer bir etmen ise veri tabanlarının yöneticilerin yönetsel karar alma süreçlerinde analiz edilerek kararlara yön verebilecek nitelikte veriler içermemesi idi. Ayrıca veri tabanlarından yalnızca veri işletim sistemleri ile ilgili belirli düzeyde bilgiye ve beceriye sahip bireyler tarafından aktif olarak yararlanılabilmekteydi. Bu durum bilgiyi üretenlere değil de onun kullanıcısı olan bireylere hitap eden sistemlerin geliştirilmesine olan ihtiyacı arttırdı. Bu ihtiyaç veri ambarlarının gelişiminde etkin rol oynadı (Gray ve Watson, 1998; Almeida, 1999; Akt. Çakın, 2006, s. 17). Bu noktada veri ambarlarının analiz edilmeye ve örgütsel karar süreçlerinde etkin bir biçimde yararlanılmaya uygun verilerin depolanması ihtiyacından ortaya çıktığı ileri sürülebilir. Bu nedenle tarihsel süreç içerisinde veri ambarlarının gelişimi veri tabanlarına nazaran çok daha yeni bir süreci ifade etmektedir. Veri ambarlarının tarihsel gelişim sürecinin Şekil 51'de yer aldığı biçimde ortaya konulabilir (Çakın, 2006, s. 17);

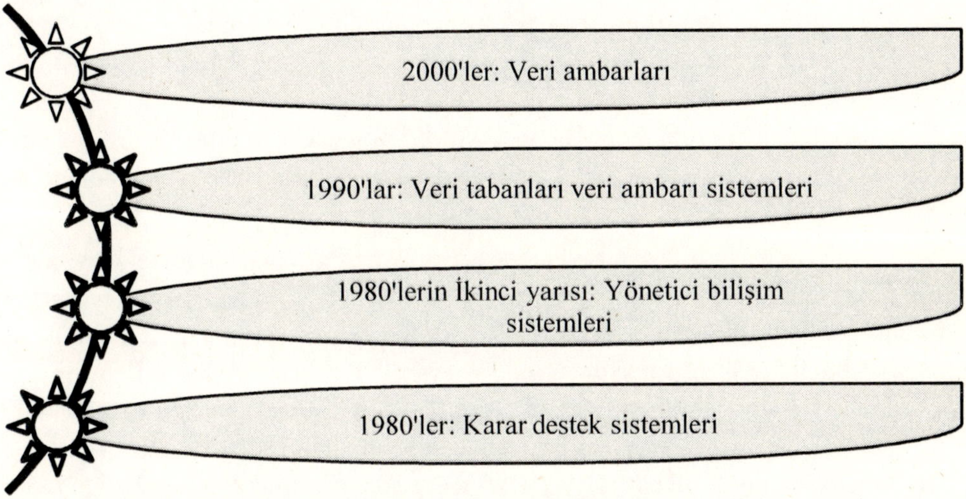

Şekil 51. Veri ambarı sistemleri ve veri ambarlarının gelişim süreci

Kaynak: Çakın, 2006, s. 17.

Veri ambarları örgütsel süreçlerde işlevsel olabilecek verilerin depolandığı depolama araçlarıdır. Bu yönüyle veri ambarları örgütsel karar süreçlerinde yöneticilere yol gösterici nitelikte verilerin depolanmasına olanak sağlarlar. Veri ambarlarında depolanan verilerin belirli nitelikleri söz konusudur ve bu nitelikler veri ambarlarında saklanan ya da depolanan verilerden örgütsel süreçlerde daha etkin bir biçimde yararlanılmasını olanaklı kılmaktadır. Veri ambarlarında saklanan verilerin niteliklerine ilişkin olarak şu hususlar sıralanabilir (Gülçe, 2010, s. 5; Tole, 2015, s. 22):

Konu odaklıdırlar: Veri ambarlarında depolanan veriler kullanıcı odaklı bir niteliktedirler. Bu yönüyle veriler kullanıcıların verileri analiz edebilmelerine imkân tanıyacak şekilde yapılandırılmıştır. Bu sebeple kullanıcının yararlanamayacağı veriler veri ambarları dışında tutulurlar.

Bütünleşiktirler: Veri ambarları farklı veri tabanlarından ve veri depolama sistemlerinden verilerin toplayarak bütünleşik bir yapıya kavuşturulmasını ve elde edilen verilerin kullanıcılar tarafından analiz edilip yorumlanmasına olanak sağlayacak bir niteliğe büründürülmesini temel almaktadırlar. Bu yönüyle veri ambarları, veri tabanları, excel ve text dosyaları gibi farklı veri kaynaklarından aynı türde ve aynı ölçüm birimine ait verileri birleştirerek kullanıcılara sunarlar.

Değişken değildirler: Veri ambarları belirli bir konu esas alınarak veri depolanmasını temel alan sistemlerdir. Veri ambarları veri işletim sistemleri değillerdir. Bu nedenle veri ambarlarına alınan veriler değişken bir nitelik taşımazlar.

Zaman değişkenli verilerdir: Veri ambarlarında depolanan veriler doğruluğu belirli bir zaman dilimi için geçerli verilerdir. Veri ambarlarında saklanan veriler geniş bir zaman aralığında depolanmak üzere ambarlara alınan verilerdir. Veri ambarlarında depolanan veriler farklı veri tabanlarından birleştirilerek alınan verilerden teşkil edilmektedir. Bu nedenle veri tabanlarında verilere ilişkin olarak gerçekleştirilen güncellemeler ya da değişiklikler veri ambarlarında yer alan verilerde de değişiklik ya da güncelleme yapılmasını gerekli kılmaktadır.

Veri ambarlarının sahip oldukları çeşitli vasıflar onları örgütsel ve yönetsel süreçlerin önemli bir bileşeni haline getirmektedir. Veri ambarlarının en önemli niteliklerinden biri konu odaklı olmalarıdır. Konu odaklı olmaları örgütlerde üst düzey yöneticilerin karar süreçlerinde işlevsel bir rol oynamalarında önemli bir konumda yer almaktadır. Diğer bir önemli özellikleri bütünleştirici bir nitelik taşımalarıdır. Farklı veri kaynaklarından elde edilen farklı içerik ve formattaki verilerin betimlenmesi ve bütünleştirilmesi veri ambarlarının en önemli özelliğidir. Bu süreç aynı zamanda veri ambarı tasarımının en büyük sorun alanlarından birini teşkil etmektedir. Değişmezlik veri ambarlarının diğer bir önemli özelliğidir. Bu özellik çok uzun vadeli olarak veri ambarlarında saklanan verilerde değişikliğe ya da verinin yok edilmesine izin verilmemesini ifade eder. Zaman değişkenli verileri barındırmaları ise veri ambarlarını diğer operasyonel veri tabanlarından ayıran en önemli özelliklerden biridir (Malinowski ve Zimanyi, 2008, ss. 41-42).

Veri ambarları belirli amaçlara dönük boyutlandırılmış ve işlenmiş verilerden meydana gelmeleri nedeniyle örgütsel açıdan önemli veri depoları olarak kabul edilmektedirler. Bu noktada örgütsel amaçlar doğrultusunda tasarlanan veri ambarları örgütsel veri ambarları (enterprise data warehouse) olarak adlandırılmaktadırlar. Örgütsel veri ambarları örgütlerin yönetsel süreçlerinde örgütsel etkililiği ve verimliliği arttırmak adına yönetim kademesinin örgütsel değer yaratabilecek verilere erişiminin sağlanmasında etkin bir rol oynayabilir. Örgütsel veri ambarlarında çok çeşitli bileşenlere ilişkin veriler depolanabilir. Silvers (2008, s. 7) örgütsel veri ambarlarında depolanabilecek verileri Şekil 52'de yer aldığı biçimde özetlemektedir;

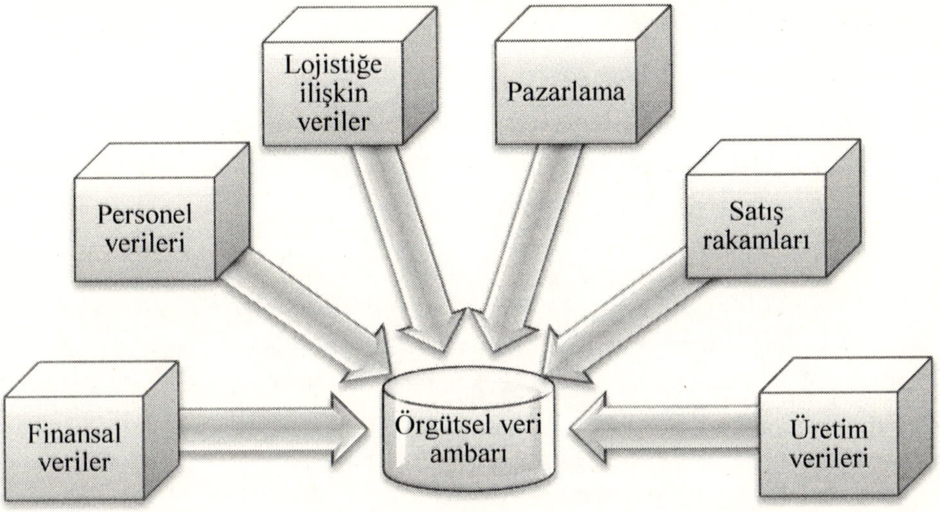

Şekil 52. Örgütsel veri ambarları

Kaynak: Silvers, 2008, s. 7.

Etkili bir biçimde tasarlandıklarında veri ambarları örgütlerin yönetsel süreçlerde ihtiyaç duyacakları veriye erişim için önemli bir araç niteliği taşıyabilirler. Belirli sorun alanlarına ya da konulara özgü verilerden teşkil edilmeleri ise veriden işlevsel bilgiye erişim sürecinde gerekli zaman ve çaba açısından veri ambarlarının önemli avantajlara sahip olmasında etkin bir rol oynayabilir. Buna karşın veri ambarlarından etkili ve verimli bir biçimde faydalanabilmek adına veri ambarlarının tasarımında çeşitli hususlara dikkat edilmelidir. Diğer bir ifade ile veri ambarlarının örgütsel verimliliğe ve etkililiğe katkı sağlayabilmesi için çeşitli niteliklere haiz olması gerekmektedir. Kimball ve Ross (2002, ss. 3-4) bu nitelikleri şu şekilde sıralamaktadırlar;

- Veri ambarı örgütsel veriye kolayca erişim sağlayabilmelidir.
- Veri ambarında saklanan örgütsel veriler arasında bir tutarlılık olmalıdır.

- Veri ambarlarında depolanan örgütsel veriler örgüt hakkında güvenilir veriler barındırmalıdır.
- Veri ambarları değişime ayak uyduracak biçimde esnek bir yapıda tasarlanmalıdır.
- Veri ambarları örgüte ilişkin verilerin güvenli bir biçimde saklanmasına olanak sağlamalıdır.
- Veri ambarları örgütsel yönetim süreçlerinde karar aşamasında sağlıklı kararların alınmasını destekleyici bir nitelik taşımalıdır.
- Örgütsel veri ambarlarında yer alan verilere örgüt paydaşlarınca erişim sağlanması ve bu verilerden ve sistemlerden örgüt paydaşlarının etkin bir biçimde faydalanması sağlanmalıdır.

Veri tabanları ve veri ambarları büyük miktarlarda örgütsel verinin depolanmasına olanak sağlaması açısından veri yönetimi süreçlerinin önemli bileşenleri olarak kabul edilebilirler. Her iki veri depolama aracı da örgütsel düzeyde verinin depolanmasında yararlanabilecek araçlardır. Buna karşın veri tabanları ve veri ambarları çeşitli nitelikleri itibari ile birbirlerinden ayrılmaktadırlar. Veri tabanlarını ve veri ambarlarını birbirlerinden ayıran özellikler şu şekilde sıralanabilir (Seker, 2015, s. 7; Gourshettiwar, Shirbhate ve Shete, 2016, s. 2):

- Veri tabanlarının en temel amacı bütün verileri saklamaktır. Buna karşın veri ambarları yalnızca özel bir nitelik kazandırılmış verilerin saklanmasını temel alır (Seker, 2015, s. 6).
- Veri ambarlarında yer alan veriler daha özel bit nitelik taşırlar ve daha detaylıdırlar. Farklı kaynaklardan elde edilen veriler farklı yazılımlar vasıtası ile doğrulanıp özetlendikten sonra veri ambarlarına aktarılır (Gourshettiwar ve diğerleri, 2016, s. 2)
- Veri ambarlarında saklanan veriler konu temelinde saklanan verilerden meydana gelmektedir. Bu nedenle veri ambarlarında saklanan veriler örgütsel açıdan müşteri, ürün veya satış gibi farklı değişkenler temel alınarak özelleştirilebilirler. Diğer bir ifadeyle veri ambarları bir amaca dönük verileri barındıran veri depolama araçlarını ifade etmektedirler.
- Veri ambarlarında depolanan veriler farklı etmenler göz önünde bulundurularak güncelleştirilebilirler. Veri tabanları veri ambarlarının veri kaynağı işlevi görmektedir. Bu nedenle veri ambarlarında yer alan verilerin güncelleştirilmesi sürecinde veri tabanlarında yer alan verilerde gerçekleştirilen güncellemeler hakkında bilgi sahibi olunması önemli bir husustur. Veri tabanlarında yer alan verilere dönük

güncelleştirmelerden haberdar olabilmek adına farklı algoritmalardan yararlanmak mümkündür.

- Veri ambarlarında yer alan verilerin kaynağını veri tabanları teşkil ettiğinden veri ambarlarında yer alan verilere dönük olarak doğrudan bir güncelleştirme gerçekleştirilmesi mümkün değildir. Veri ambarlarındaki güncellemeler veri tabanlarından elde edilen bilgiler temel alınarak gerçekleştirilmektedir. Bunun temel nedeni veri tabanlarından veri ambarlarına doğru tek yönlü bir veri akışının gerçekleşmesidir.
- Yönetsel karar süreçlerinde oynadığı rol nedeniyle veri ambarları örgütsel açıdan daha fazla öneme haiz veri depolama sistemleri olarak ele alınırlar. Buna karşın veri tabanları ilişkileri tanımlanmış verileri içermelerine rağmen örgütsel karar süreçlerinde işlevsel bir nitelik taşımayan verilerden meydana gelmektedirler. Buna karşın farklı analiz süreçlerinden yararlanarak veri tabanlarında depolanan verilerin de örgütsel bir değer yaratabilecek bir boyuta taşınması söz konusu olabilir.
- Veri ambarları veri tabanlarından elde edilen veriler temel alınarak teşkil edilseler de veri ambarları diğer veri tabanları için bir veri kaynağı niteliği de taşıyabilirler.
- Veri ambarları çeşitli veri tabanlarından elde edilmiş ancak örgütsel bir değer yaratmak adına işlenmiş ve amaca dönük bir nitelik kazandırılmış verilerin yer aldığı veri depoları olarak kabul edilebilirler. Bu niteliğiyle veri ambarlarının örgütsel karar süreçlerinde işlevsel ve yöneticilere yönetsel süreçlerde yol gösterici bir nitelik taşıyabilecek verileri barındırdıkları ileri sürülebilir. Veri ambarları örgütlerin hafızası konumunda yer alan veri depolarıdır ve depolanan verilerden örgütsel hususlara ilişkin olarak geleceğe dönük kestirimlerde bulunmak amacıyla yararlanılabilir. Bu nedenle veri ambarlarında depolanan verilerden örgütsel verimlilik adına yararlanılabileceği iddia edilebilir. Veri ambarları sağladıkları bazı yararlar nedeniyle örgütsel açıdan son derece önemli veri depoları olarak kabul edilmektedirler. Veri ambarlarının örgütsel açıdan yararları şu şekilde sıralanabilir;
- Veri ambarlarında yer alan veriler örgütsel karar alma süreçlerinde sağlıklı veriler temel alınarak değerlendirmeler yapılmasına imkânı sağlar. Bu niteliği ile veri ambarlarında yer alan veriler yönetsel süreçlerde karşılaşılabilecek bazı sorunların ortadan kaldırılmasına

katkı sunabilir (Shadid, Sheikh, Raza, Shah, Kamran, Anjum ve Javaid, 2016, S. 419).

- Veri ambarlarının örgütsel açıdan finansal getirileri söz konusudur (Silvers, 2008, s. 277). Veri ambarları yönetsel süreçlerde sağlıklı kararların alınmasına sağladıkları katkı vasıtasıyla örgütlerin finansal açıdan etkili bir biçimde yönetilmelerinde işlevsel bir konumda yer alabilirler.
- Veri ambarlarından elde edilen veriler geleneksel veri depolama araçlarına nazaran üretim örgütleri için pazar eğilimlerine dönük daha sağlıklı verilerin elde edilmesini sağlayabilir (Shahid ve diğerleri, 2019, s. 420).
- Veri ambarlarından örgütün geçmişine dönük olarak elde edilen veriler müşteri davranışlarına ilişkin geleceğe dönük öngörülerde bulunma hususunda yöneticilere yol gösterici bir nitelik taşıyabilir (Shahid ve diğerleri, 2019, s. 420).
- Veri ambarları verinin uzun süreler boyunca saklanmasını sağlayabilir (Kimball ve Ross, 2002, s. 59). Veri kullanıldıkça tüketilemeyen bir örgütsel varlıktır. Bu nedenle veri ambarları aynı veri setlerinden örgütsel düzeyde defalarca yararlanılmasına olanak sağlayabilirler.
- Veri ambarları eğitim örgütlerinde geçmişe ait ve güncel verilerin bütünleştirilerek kurum hakkında bütüncül bir bakış açısının geliştirilmesine katkı sağlayabilir (Shahid ve diğerleri, 2019, s. 420).
- Veri ambarları farklı örgütlere ilişkin verilerin tek bir merkezde toplanmasına olanak sağlamaları açısından örgütler için stratejik karar süreçlerinde bir yol haritası işlevi görebilirler (Shahid ve diğerleri, 2019, s. 421).
- Veri ambarları örgütsel açıdan bir değer yaratılamayacak kadar karmaşık verinin karar süreçlerinde işlevsel bir nitelik taşımasının sağlanabilmesi adına verinin sistematik bir yaklaşımla ele alınmasını sağlayabilir (Ifeanyi, Oghenevwoke, Uchenna, Amarachi, Chinedum ve Nwabueze, 2014, s. 454).
- Veri ambarları örgütlerin geçmiş bilgilerinden geleceğe dönük rekabet ortamında yararlanmalarına imkân tanır (Ifeanyi ve diğerleri, 2014, s. 454).
- Veri ambarları belirli örgütsel amaçlara dönük işlevsel bilgiye erişim sağlanmadınsa etkili araçlardır (Rainardi, 2008, s. 411).

- Veri ambarları örgütsel verilerin daha bütüncül ve işlevsel bir boyuta taşınmasına olanak sağlayan bir veri depolama sistemidir (Ifeanyi ve diğerleri, 2014, s. 454).
- Veri ambarları sağladıkları veri akışı ile örgütsel süreçlerin örgüt stratejisi ile daha uyumlu hale gelmesine katkı sunabilir (Ifeanyi ve diğerleri, 2014, s. 454).
- Veri ambarları kullanıcılarına çok boyutlu veriler üzerinde analiz yapma imkânı verir (Ifeanyi ve diğerleri, 2014, s. 454).
- Veri ambarları ihtiyaç duyulan verilere erişimi kolaylaştıran araçlardır (Ifeanyi ve diğerleri, 2014, s. 454).
- Veri ambarları bir örgütte gerçekleşen eylemlere ve uygulamalara dönük olarak süreklilik arz edecek biçimde veri elde edilmesini ve depolanmasını temel alan veri depolama araçlarıdır (Malinowski ve Zimanyi, 2008, s. ix). Bu yönüyle veri ambarları örgütler açısından bir örgütsel hafıza işlevi görebilir ve gelecekte gerçekleştirilecek örgütsel eylemler ve uygulamalar için yol gösterici bir nitelik taşıyabilir.
- Veri örgütlerin en önemli varlıklarından biri olarak kabul edilebilir (Gordon, 2007, s. 1). Veri ambarları örgütsel açıdan değer yaratabilecek verinin depolanmasına ve gerektiğinde veriye erişim sağlanmasına sağladığı katkı nedeniyle örgütsel ve yönetsel süreçlerin önemli bileşenlerinden biri olarak kabul edilebilir.
- Veri ambarları yöneticilerin yönetsel süreçlere ilişkin hususlara dönük daha sağlıklı bir anlayış geliştirmelerine zemin hazırlar (Ifeanyi ve diğerleri, 2014, s. 454).
- Veri ambarları örgütsel maliyeti azaltmaya dönük eylemlere ve uygulamalara katkı sunabilir (Ifeanyi ve diğerleri, 2014, s. 454).

Verinin arşivlenmesi yalnızca araştırma sonucunda elde edilen bulguların kayıt altına alınması ile sınırlı değildir. Başka bir deyişle verinin arşivlenmesi veriye ilişkin tüm bileşenlerin kayıt altına alınmasını kapsayabilir. Veri toplama sürecinde toplanan ve herhangi bir işleme ya da analizi tabi tutulmayan ham veriler, yazılım ya da analiz programlarına girişi yapılan veriler, verinin toplanması ya da elde edilmesi, analiz edilmesi ve yaygınlaştırılmasına dönük olarak ortaya konulmuş standart prosedürler, veri analizi sonucu ulaşılan bulgular ve bu bulgulara dayalı gerçekleştirilen yorumlamalar da veri arşivleme sürecinin nesneleri olarak ele alınabilir (Tavakoli ve diğerleri, 2006, s. 149).

Verinin arşivlenmesi veri yönetimi süreçlerinin en önemli aşamalarından birini teşkil etmektedir. Elde edilen bulguların ve bilgilerin zaman geçirilmeden arşivlenmesi veri yönetiminin etkin bir biçimde yerine getirilmesi açısından önemlidir. Verinin arşivlenmesi eylemleri ve uygulamaları süreklilik arz eden bir yapıda tasarlanmalıdır. Veri kaybını en aza indirgemek amacıyla arşivleme işlemi süreklilik arz eden bir uygulama olarak kabul edilmelidir.

Araştırma sonucunda elde edilen verilerin bir sorun ya da bağlam çerçevesinde nihaî bir ürün olmadığı, elde edilen bulguların ve bilgilerin meta analize dâhil edilecek veri niteliğinde olduğu, bu kapsamda elde edilen bilgiden yeni bilgilere ve bulgulara ulaşılabileceği unutulmamalıdır. Kullanıldıkça tüketilemeyen tek örgütsel varlık veridir. Bu yönüyle veri farklı zamanlarda farklı örgütsel sorunların çözümünde işe koşulabilecek bir değerdir. Bu yönüyle verinin etkili depolama araçlarında saklanması veriden farklı zamanlarda farklı hususlarda örgütsel bir değer yaratılmasında önemli bir konumda yer alabilir.

3.6. Veri Kalitesi ve Veri Yönetimi Açısından Önemi

Veri kalitesi veri yönetiminin en önemli bileşenlerinden birini teşkil etmektedir. Veri örgütsel açıdan önemli bir kaynak teşkil ettiğinden muhtemel kullanıcılar için erişimi sağlanan verinin kalitesi son derece önemlidir. Bu nedenle veri güncel ve eksiksiz olmalı, belirli bir örgütsel amaca ulaşılmasını sağlayacak biçimde hatasız olmalı, anlaşılmasını güçleştirecek düzeyde karmaşık olmamalı, tutarlı olmalı ve veriye erişi mümkün olmalıdır (Gordon, 2007, s. 4). Veri kalitesinin sağlanması veri yönetim süreçlerinin en önemli önceliklerinden biri olarak kabul edilmelidir. Çünkü veri yönetiminde veri kalitesine ilişkin sorunlar örgütsel açıdan zaman kaybına ve maddi kayıplara neden olabilmekte ve çeşitli fırsatların kaçırılmasına zemin hazırlayabilmektedir (Olson, 2003, s. 1).

Veri kalitesinin teminat altına alınması etkili bir veri yönetimi sürecinin en önemli bileşenlerinden birini teşkil etmektedir. Bu nedenle veri kalitesinin sağlanmasına dönük tedbirlerin alınması veri yönetimi eylemlerinin ve uygulamalarının önemli bir öğesi olarak ele alınmalıdır. Veri yönetimi sürecinde veri kalitesini etkileyen çeşitli hususlar söz konusudur. Aalders (2002, s. 204) veri kalitesini etkileyebilecek hususları Şekil 53'te yer aldığı biçimde ortaya koymaktadır;

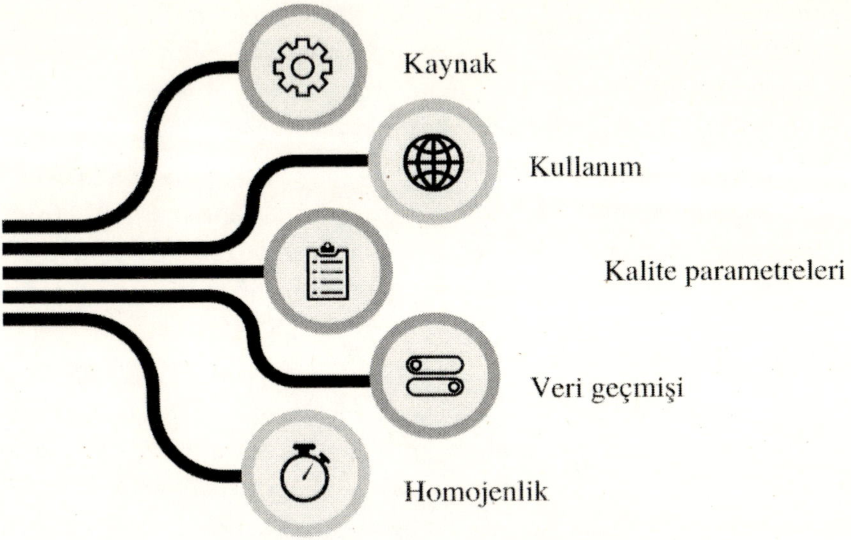

Şekil 53. Veri kalitesinin bileşenleri

Kaynak: Aalders, 2002, s. 204.

Veri kaynağı verinin elde edildiği ya da toplandığı kaynağı ifade eder. Veriyi üreten ve saklanmasından sorumlu olan kurum, verinin hangi yöntemlerle elde edildiği, verinin elde edilme amacı ve verinin üretilmesi sürecinde etkin rol oynayan bireyler gibi hususlar veri kaynağının bileşenleri olarak ele alınabilirler. Kullanım ya da yarar veri setinin daha önce farklı kullanıcılar tarafından belirli amaçlar doğrultusunda kullanılıp kullanılmadığı ve verinin bu süreçte ele alınan konuya ya da soruna ilişkin olarak işlevsel bir rol oynayıp oynamadığı ile ilişkilidir.

Veriden farklı amaçlar için yararlanılması ve verinin bu süreçte işlevsel bir rol oynaması veri kalitesine dönük önemli bir gösterge olarak ele alınabilir. Kalite parametreleri verinin bütünlüğü, doğruluğu, tutarlılığı gibi faktörleri ifade eder (Aalders, 2002, s. 204). Verinin güvenilirliği de diğer bir önemli parametredir (Lee, Pipino, Funk ve Wang, 2006, s. 57). Veri geçmişi verinin elde edilmesi, işlenmesi ve analiz edilmesi süreçlerinde ne gibi işlemlerden geçtiği ve bu süreçlerde hangi araçlardan yararlanıldığı ile ilişkilidir. Veri seti üzerinde gerçekleştirilen seçimler, dönüşümler, değişiklikler, genellemeler, güncellemeler gibi geçerliliğe ve tutarlığa ilişkin testler ve öğeler veri kalitesini doğrudan etkileyebilecek unsurlardır. Homojenlik ise veri kalitesine ilişkin parametrelerin veri setinde yer alan her bir birim için geçerli olup olmadığının ortaya konulmasını ifade eder (Aalders, 2002, ss. 204-205).

Veri kalitesi kavramı çok basit bir yaklaşımla tanımlanabilir. Veri kullanım amacına hizmet ediyor ise kaliteli veri olarak tanımlanabilir. Bu noktada veri kalitesinin tanımlanmasında diğer bazı kavramlar da önemli rol oynamaktadır. Örneğin veri kalitesinde temel alınan en önemli bileşenlerden biri verinin doğru ya da isabetli (integrity) olmasıdır. Gordon (2003, ss. 24-27) verinin doğru ve isabetli olması için gerekli nitelikleri şu şekilde sıralamaktadır;

- *Verinin hatasız (accurate) olması:* Verinin hatasız olmasını, veri setlerinin mümkün olduğunca hatadan arındırılmasını ifade etmektedir. Örneğin isimler, soy isimler, telefon numaraları ya da mail adresleri gibi veri setlerinde yer alan en küçük hatalar önemli sorunlara yol açabilecek hatalardır.
- *Verinin uygun zamanlı olması (timeliness):* Bazı durumlarda verinin zamanında elde edilmesi hatasız olmasından daha değerli olabilir. Örneğin bir şirketin farklı birimlerince gerçekleştirilen satış rakamları temel alınarak birimlerin her ayın 15'inde ödüllendirileceği temel alınırsa şirketin farklı birimlerince gerçekleştirilen satış rakamlarının her ayın 15'ine kadar elde edilmesi sürecin sağlıklı işlemesi açısından önem teşkil etmektedir. Ayın 15'ine yetiştirilemeyen veriler de hatasız veriler olabilir ama bu durum verinin elde edilme amacı temel alındığında işlevsiz bir niteliktir.
- *İlişkililik (relevance):* Belirli örgütsel amaçlara dönük ya da belirli örgütsel sorunların çözümünde aracı niteliği taşıyabilecek veriler örgütsel açıdan bir değer ortaya koyabilecek verilerdir.
- *Bütünlük (completeness):* Bir örgüttte ana ekipmanların tamiri ile ilgili harcamaların düzenli olarak kayıt altına alındığını varsayalım. Farklı birimler verileri eksiksiz girerken bir ya da birkaç birimde tamir harcamalarının düzenli olarak sisteme girilmemesi birimlere dönük harcama giderleri ile ilişkili finansal değerlendirmelere olanak sağlarken örgütün tamamına ilişkin sağlıklı değerlendirmelerin yapılamamasına neden olabilir.
- *Verinin anlaşılabilir olması:* Verinin anlaşılabilir olması farklı kullanıcılar için farklı anlamlar taşımamasını ifade eder. Örneğin çevrimiçi ürün satan bir firmanın veri tabanının ürün iade ya da ürün değişikliği başvurusu yapan müşterilerin siparişlerine yeni bir sipariş numarası atadığını ele alalım. Bu veri örgütün muhasebe departmanı için oldukça büyük kolaylık sağlarken, bu hususta herhangi bir açıklamanın veri tabanında yer almaması durumunda iş alanı ile ilgili bir analistin araştırmasını tamamen yanlış yönlendirebilir.

- *Verinin güvenilir olması:* Veri farklı kaynaklardan doğru ve eksiksiz olarak elde edilse bile verinin işlenmesinde ve depolanmasında yararlanılan uygulamalardan kaynaklı hatalar veri setlerinde çeşitli değişikliklere neden olabilir. Bu türde veriler, belirlenen örgütsel amaçlara hizmet etmeyecek ve örgütsel sorunların çözümünde işlevsiz bir nitelik taşıyacaktır.

Veri kalitesinin tanımlanmasında temel alınan en önemli bileşen verinin kullanışlılığıdır. Verinin örgütsel bir sorunun çözümünde ya da yönetsel bir karar sürecindeki işlevselliği veri kalitesi kavramının merkezinde yer alan bir husustur (Aalders, 2002, s. 202). Veri yönetiminde veri kalitesinin sağlanması örgütlerin etkili ve verimli bir biçimde işlevlerini yerine getirmeleri açısından son derece önemlidir. Veri kalitesinin diğer bir önemli bileşeni ise verinin güncel bir nitelik taşımasıdır. Örgütün güncel verilere sahip olmaması örgüt paydaşlarının ya da müşterilerin örgütle ya da örgütün ortaya koyduğu ürünlerle ilgili olarak yanlış yönlendirilmesine zemin hazırlayabilir (Gordon, 2007, s. 4). Teknolojik gelişmelere bağlı olarak içinde bulunduğumuz bilgi çağında bilgi çok hızlı bir biçimde üretilmekte ve aynı hızda güncelliğini kaybetmektedir. Bu noktada güncel verilerin elde edilmesi, depolanması ve verinin güncelliğinin süreklilik arz edecek biçimde tesis edilmesi günümüzde veri yönetimi süreçlerinin en çetin sorunlarından birini teşkil etmektedir.

Veri kalitesi ilişkili diğer bir önemli bileşen erişilebilirliktir (Herzog, Scheuren ve Winkler, 2007, s. 7). Örgütsel karar süreçlerinde veriden etkili bir biçimde yararlanabilmek için öncelikle ilişkili veriye erişimin sağlanması gerekmektedir. Bu noktada veriye erişimin sağlanabilmesi veri yönetiminde veri kalitesinin önemli bir öğesi olarak ele alınabilir (Gordon, 2007, s. 4). Bu nedenle veriye erişimin zamanında ve etkili bir biçimde sağlanması veri yönetimi süreçlerinin en önemli amaçlarından birini teşkil etmelidir. Yöneticiler her gün örgütsel düzeyde birçok karar almak durumunda kalmaktadırlar. Yönetsel süreçlerde çoğu karar rutin eylemlere ve uygulamalara dönük olarak alınmakla birlikte örgütsel etkililiği ve verimliliği doğrudan etkileyebilecek stratejik kararların alınması da gerekebilmektedir. Bu noktada alınan kararların veriye dayalı bir yaklaşımla gerçekleştirilmesi örgütsel düzeyde sağlıklı kararların alınmasında etkin bir rol oynayabilir.

Veri kalitesine ilişkin diğer bir boyut tutarlılıktır (Batini ve Scannapieca, 2006, s. 30). Tutarlılık veri setinde yer alan birimlerin ya da değerlerin birbiri ile uyumlu olmasını ifade eder. Tutarsızlık ise depolama araçlarında yer alan verilerin birbiri ile çelişmesine ya da veriler arasında uyumsuzluğun olmasına karşılık gelmektedir (Shi ve diğerleri, 2019, s. 2). Örgütsel düzeyde depolanan veriler arasında tutarsızlıkların söz konusu olması veri kalitesini doğrudan olumsuz etkileyebileceği gibi tutarsızlıklar veriye dayalı olarak gerçekleştirilen karar süreçlerinin sağlıklı bir biçimde yerine getirilmesinde önemli bir engel teşkil edebilir. Bu durum temel amacı örgütsel karar süreçlerinde rol oynayabilecek işlevsel bilgiye erişim olan veri yönetimi eylemlerinin ve uygulamalarının amaçlarına ulaşmasını oldukça güçleştirecektir.

Veri kalitesi veri yönetimi süreçlerinin merkezinde yer alan bir husustur. Bu yönüyle veri kalitesi etkili bir veri yönetim sürecinin ayrılmaz bir parçası olarak kabul edilebilir. Veri kalitesi veriden işlevsel bilgiye erişim sürecinin en önemli bileşeni konumundadır. Bu nedenle veri kalitesi veri yönetim süreçlerinin tüm aşamalarında göz önünde bulundurulması gereken bir husustur. Veri yönetimi sürecinde çeşitli eylemler ve uygulamalar veri kalitesini olumsuz etkileyebilir. Bu etki veri kalitesinin farklı parametrelerinde kendini gösterebilir. Olson (2003, s. 43) verinin doğruluğunu (accuracy) etkileyen bazı hususlar sıralamaktadır. Bu hususlar Şekil 54'te yer aldığı biçimde özetlenebilir;

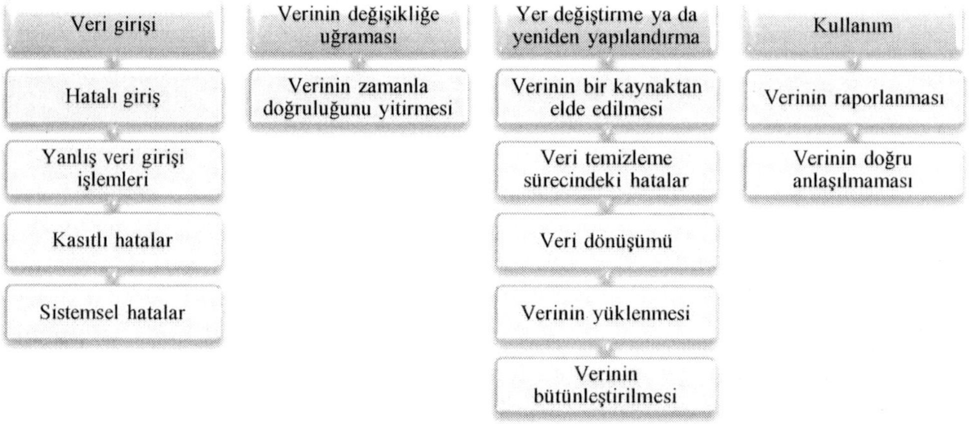

Şekil 54. Verinin doğruluğunu etkileyen unsurlar

Kaynak: Olson, 2003, s. 43.

Yanlış veri girişi verinin doğruluğunu olumsuz etkileyen en önemli faktörlerden biridir. Özellikle verinin elle girilmesi gerektiği durumlarda veri girişinde hatalar söz konusu olabilmektedir (Maydanchik, 2007, s. 11). Veri girişine ilişkin yanlış bir sürecin takip edilmesi de hatalı verinin en temel nedenlerinden biri olarak kabul edilebilir. Örneğin çok teknik bir konuda katılımcıların düşüncelerini mevcut seçenekler vasıtası ile ortaya koymalarını temel alan bir araştırmada katılımcıların cevapları kendilerinin yazmaları ortaya çıkacak yazım hataları gibi hataların ortadan kaldırılmasına katkı sağlayabilir (Olson, 2003, s. 46). Bazı durumlarda katılımcıların veri elde edilmesi sürecinde gerçeğin saklanması gibi nedenlerle kasıtlı olarak doğru cevapları vermemeleri söz konusu olabilir (s. 48). Ayrıca veri girişinde sistemsel bazı hatalar da verinin doğruluğunu olumsuz etkileyen bir unsur olabilir. Verinin değişikliğe uğraması da verinin doğruluğunu etkileyen önemli bir nedendir. Örgütsel düzeyde çalışanlarla ilgili veriler bu duruma bir örnek tekil edebilir. Çalışanların adresleri, medenî durumları, tamamladıkları eğitim programları ve telefon numaraları gibi veriler sıklıkla değişebilir. Bu tür verilerde gerekli güncellemelerin yapılmaması hatalı veri için önemli bir kaynak konumundadır (s. 50).

Verinin elde edilmesi ve işlenmesi süreçlerinde gerçekleşen bazı hatalar da verinin doğruluğunu olumsuz etkileyebilir (Maydanchik, 2007, s. 14). Verinin bir kaynaktan diğerine aktarılması sürecinde, veride analiz için gerekli dönüşümlerin gerçekleştirilmesi esnasında, verinin yüklenmesi ve yeni kaynağında bütünleştirilmesi süreçlerinde meydana gelen hatalar da hatalı verinin önemli nedenleri arasında gösterilebilir (Olson, 2003, ss. 58-62). Buna ek olarak veri analizi süreçlerinde verinin temizlenmesi işlemleri gerçekleştirilmektedir. Örneğin uç değerler gibi değerlerin analiz öncesi veri setinden çıkartılması verinin temizlenmesine bir örnek teşkil edebilir. Verinin temizlenmesi sürecinde gerçekleşen bazı bireysel ya da sistemsel hatalar hatalı verinin en temel nedenlerinden biri olarak ele alınabilir (Maydanchik, 2007, s. 17). Verinin doğruluğunu olumsuz etkileyen son değişken ise verinin kullanılması ya da veriden yararlanılması süreçlerinde gerçekleşen hatalardır. Örneğin bir veriye örgütsel bir raporda yer verilmesi sürecinde meydana gelen hatalar ve veriden yararlanma sürecinde verinin yanlış anlaşılarak yanlış yorumlanması verinin doğruluğunu olumsuz etkileyen unsurlardan bazılarıdır (Olson, 2003, s. 62).

Veri kalitesi etkili veri yönetim sürecinin en temel bileşenlerinden birini teşkil etmektedir. Bu nedenle veri kalitesinin sağlanmasına dönük eylemler ve uygulamalar veri yönetimi süreçlerinin ayrılmaz bir parçası olarak tasarlanmalıdır. Veri kalitesi veri yönetimi süreçlerinin hem en temel öncülü hem de en önemli ürünü konumundadır. Veri kalitesi olmadan işlevsel bilgiye erişim oldukça güçleşecek ve veri yönetimi uygulamaları amacına ulaşamayacaktır. Veri kalitesi aynı zamanda veri yönetimi süreçleri sonunda örgütsel bir değer olarak kaliteli verinin elde edilmesi, depolanması ve yönetsel süreçlerde işe koşulması önünde de önemli bir engel teşkil edecektir. Veri kalitesi örgütsel düzeyde veri yönetimi açısından son derece önemlidir. Veri kalitesinin veri yönetimi açısından önemine dair şu hususlar sıralanabilir;

- Veri örgütsel açıdan işlevsel bilgiye erişim sürecinde kaynak ya da hammadde niteliği taşımaktadır. Bu nedenle işlevsel bilgiye erişim sağlamanın en temel öncüllerinden biri veri kalitesinin garanti altına alınmasıdır (Gordon, 2007, s. 5).
- Kaliteli veri önemli bir örgütsel değerdir ve örgütlerin rekabet gücüne önemli katkılar sunabilir (Herzog ve diğerleri, 2007, s. 10).
- Örgütsel süreçlerde veri akışı önemlidir. Bu noktada örgütsel düzeyde veri kalitesine dönük sorunlar örgütsel düzeyde bir güven ortamının teşkil edilmesine önemli bir tehdit olarak kabul edilebilir. Veri kalitesi sorunu çalışanların iş doyumu gibi örgütsel sağlık açısından önemli bazı bileşenleri olumsuz etkileyebilir (Herzog ve diğerleri, 2007, s. 10).
- Veri kalitesi örgütlerin paydaşlarının ihtiyaçlarına etkin bir biçimde cevap verilebilmesinde etkin bir rol oynar (Batini ve Scannapieca, 2006, s. 2).
- Kaliteli veri örgütlerin müşteri memnuniyetinin sağlanmasında işlevsel bir konumda yer alır (Lee ve diğerleri, 2006, s. 9).
- Kaliteli veri örgütler için kazanç ve kâr sağlayan bir etmendir (Lee ve diğerleri, 2006, s. 9).
- Kaliteli veri farklı örgütlerin belirli örgütsel hususlara ya da sorun alanlarına dönük olarak işbirliğine katkı sağlayabilir (Batini ve Scannapieca, 2006, s. 2).

Veri kalitesinin teşkil edilmesi ve devamlılığının sağlanması veri yönetimi süreçlerinin merkezinde yer alır. Veri yönetiminde veri kalitesinin teminat altına alınması veri yönetimi süreçlerini yerine getiren bireylerin sorumluluğundadır. Bu noktada veri yönetimi süreçlerinde veri kalitesinin garanti altına alınması adına profesyonel bir yardım da alınabilir. Veri yönetimi süreci birçok eylemi ve uygulamayı kapsayan bir süreçtir ve bu yönüyle veri yönetimi süreçlerinde veri kalitesine dönük tedbirlerin alınması süreci gerçekleştirenlerin tek görevi değildir. Buna karşın veri kalitesi veri yönetimi süreçlerinin etkili ve verimli bir biçimde yerine getirilmesinde etkin bir rol oynar. Bu nedenle veri yönetimi süreçlerinde veri kalitesine dönük eylemler ve uygulamalar hususunda uzmanlardan yardım alınması sürecin daha sağlıklı bir biçimde gerçekleştirilmesinde başat rol oynayabilir (Olson, 2003, s. 70).

3.7. Veri Yönetimine Katkı Sunabilecek Disiplinler

Veri taşıdığı farklı nitelikler nedeniyle yönetimi oldukça güç bir örgütsel varlıktır. Buna karşın veri diğer örgütsel varlıklardan farklı olarak kullandıkça tükenmeyen ve örgütsel amaçlar doğrultusunda defalarca kullanılabilecek bir örgütsel değerdir. Bilgi ve iletişim teknolojilerindeki gelişmeler gün geçtikçe üretilen ve depolanan verinin hem formlarını çeşitlendirmekte, hem de hacmini arttırmaktadır. Bu durum örgütsel açıdan hem bir avantaj hem de bir sınırlılık olarak ele alınabilir. Verinin çeşitliliği ve hacmindeki artış etkili bir biçimde yararlanıldığında veriden daha büyük bir değer yaratmak adına işlevsel bir nitelik taşıyabilir. Buna karşın verideki artan çeşitlilik ve hacim veriden örgütsel bir değer ortaya konulmasını güçleştirebilir. Ancak her geçen gün verinin hacmindeki ve çeşitliliğindeki artışa rağmen verinin işlenmesi ve ele alınmasında yararlanılan araçlar da bu doğrultuda gelişim göstermektedir. Bu noktada veri yönetimi süreçlerinde yararlanılabilecek araçlar ve aracılar da gelişme göstermektedir. Bu çalışmada veri yönetimi süreçlerinde örgütsel düzeyde yararlanılabilecek ve süreçleri kolaylaştırabilecek bazı disiplinler hakkında özet niteliğinde bilgilere yer verilmiştir.

3.7.1. Veri Görselleştirme

Bilgi çağı insanların günlük yaşantılarında bile çok büyük miktarlarda veriyle karşı karşıya kalmalarına neden olmaktadır. Bireylerin günlük yaşantılarında büyük miktarlarda veriye maruz kalmalarının en temel nedenlerinin küreselleşme ve bilgi teknolojilerindeki gelişmeler olduğu ileri sürülebilir. Bazı yazarlar tarafından karşı karşıya kalınan bu büyük miktarlarda veri ve bilgi "bilgi kirliliği" olarak adlandırılmaktadır. Araştırmacılar tarafından "bilgi kirliliği" olarak tanımlanan olgu özünde veri kirliliğidir. Bireyler her gün hem işleri hem de aile yaşantıları ile ilgili büyük miktarlarda veriyi işlemek ve farklı veri kaynaklarından gelen verileri anlamlandırmak zorunda kalmaktadırlar. Bu nedenle insanlar karşı karşıya kaldıkları büyük miktarlarda veriyi basit ve etkili bir biçimde sunacak ve sunulan verilerin anlamlandırılmasını kolaylaştıracak araçlara ihtiyaç duymaktadırlar (Mazza, 2009, s. 1).

Veri görselleştirme bir disiplin olarak verinin etkili bir biçimde görsel bir forma dönüştürülmesi ile ilgilenir (Sarkar, 2008, s. ix). Veri görselleştirme veri üzerinde analitik akıl yürütmeyi kolaylaştırmak maksadıyla bilimsel olarak verinin görsel bir forma dönüştürülmesini merkezine alan teknikleri, veri görselleştirme araçlarını ve teknolojik araçları kapsayan bir disiplin olarak tanımlanmaktadır (Spence, 2001; Akt. Myatt ve Johnson, 2011, s. 5). Bu yönüyle veri görselleştirmenin veri üzerinde analitik yorum yapılmasını kolaylaştıran bir niteliğe sahip olduğu ileri sürülebilir. Bütün görsel verilerin en temel amacı veriye vuruk kavrayışı arttırmaktır. Bu nedenle veri görselleştirme ya da görsel veriler yalnızca sayısal değerlerin görsel araçlarla temsil edilmesi olarak kabul edilmemelidir. Veri görselleştirme aynı zamanda verinin görsel olarak yapılandırılmasında hangi verilerin temel alınacağına ve değerlendirmelerin hangi veriler üzerinden gerçekleştirileceğine dönük eylemleri de kapsamaktadır (Wolfe, 2015, s. 347).

Veri görselleştirme oldukça sistematik ve bilimsel bir işlemdir. Bu noktada veri görselleştirme süreçlerinde temel olarak veri dönüşümü sağlayan yazılımlar ve algoritmalardan yararlanılmaktadır (Schroeder ve Martin, 2005, s. 3). Veri görselleştirme veri yönetimi süreçlerinde ele alınan verinin yorumlanmasını kolaylaştırması nedeniyle işlevsel bir araç niteliği taşıyabilir. Buna karşın verinin görsel bir forma dönüştürülmesinin belirli düzeyde bir teknik bilgi ve beceriyi gerekli kılabileceği unutulmamalıdır.

Özetlemek gerekirse veri görselleştirme verinin yararlanıcılar bakımından yorumlanmasını kolaylaştırmak maksadıyla verinin grafik, şekil ya da resim gibi farklı görsel araçlarla sunumunu ifade etmektedir. Görsel veriler ise veri görselleştirme eylemleri sonucunda elde edilen elde edilen ürünlere karşılık gelmektedir. Görsel veriler belirli bir konuya, soruna ya da olay akışına ilişkin bileşenlerin daha kolay anlaşılmasına olanak sağlar. Veri görselleştirme günümüzde verilerin sunumunda önemli bir disiplin olarak kabul edilmektedir ve bilgisayar teknolojilerindeki gelişmeler veri görselleştirme sürecinin gelişimine katkı sağlamıştır (Sadiku, Shadare, Musa ve Akujuobi, 2016, s. 11). Görsel veriler özellikle hacim olarak büyük boyutlardaki nicel değerlerin sembolik bir boyuta indirgenerek özetlenmesinde ve nicel değerlerin verinin kullanıcıları açısından daha kolay kavranır bir forma dönüştürülmesinde etkin bir rol oynayabilir. Veri görselleştirme verinin somut bir forma dönüştürülmesini sağlar (Iliinsky, 2010, s. 13). Verinin somutlaştırılması veriye ilişkin daha sağlıklı bir değerlendirme yapılmasına ve büyük boyutlardaki verinin daha bütüncül bir yaklaşımla incelenebilmesine olanak sağlar.

3.7.1.1. Görsel Veri Araçları

Veri görselleştirme süreçlerinde yararlanılan çok farklı yazılımlar ve programlar mevcuttur. Farklı yazılım ve analiz programları farklı görsel veri araçlarından yararlanılmasını mümkün kılmaktadır. Yararlanılacak görsel veri araçlarının belirlenmesinde üzerinde çalışılan verinin içeriği, doğası ve hacmi belirleyici bir rol oynayabilir. Bütün görsel veri araçlarına yer verilmesi bu çalışmanın kapsamı dışındadır. Buna karşın çalışmanın devamında verinin görsel bir biçimde sunulmasında sıklıkla yararlanılan bazı araçlara örnekler verilmiştir.

3.7.1.1.1. Bar Grafikleri

Bar grafikleri veri görselleştirme süreçlerinde en sık başvurulan araçlardan biridir. Bar grafiklerinde değerleri ortaya konulmuş değişkenlere ait puan değerlerini içeren bir X ekseni mevcuttur ve bu X ekseni üzerinde dikey bir bar yer almaktadır. Bar grafiklerinde barlar birbirine paralel ve yan yana yer alacak biçimde yerleştirilirler, buna karşın barlar bitişik değillerdir (Heiman, 2011, s. 39). Bar grafiğindeki yer alan barların uzunluğu barın temsil ettiği değişken değerinin büyük ya da küçük olmasına bağlı olarak değişkenlik gösterir. Bir başka ifadeyle barın yüksekliği ya da uzunluğu değişken değerinin yüksek, kısalığı ise değişken değerinin küçük olması ile bağlantılıdır. Farklı ölçeklerle elde edilen verilerin bar grafikleri ile temsil edilmesi mümkündür. Tablo 12'de bir sınıftaki öğrenciler bir sınavdan aldıkları puanlar temel alınarak sınıflandırılmıştır.

Tablo 12: Bir Sınıftaki Öğrencilerin Bir Sınavdan Aldıkları Puanlara Göre Sınıflandırılması

Puan düzeyi	Kategoride bulunan öğrenci sayısı (frekans)
A	3
B	5
C	7
D	4
F	2

Tablo 12'de ilk sütunda öğrencilerin aldıkları puan değerlerinin karşılıkları yer almaktadır. İkinci sütunda ise sınıfta kaç öğrencinin ilk sütunda belirtilen puan aralığında bir puan aldığı ortaya konulmuştur. Ortaya konulan veri seti içerdiği veri birimi ya da değeri açısından son derece sınırlı sayıda birim ya da değer içermektedir. Bar grafikleri genellikle büyük boyutlardaki verinin görsel olarak sunumunda etkili araçlardır. Buna karşın örnek veri seti bar grafiklerinde verinin özetlenmesine örnek teşkil etmesi açısından verilmiştir. Tablo 12'de yer alan verilerden yola çıkarak Şekil 55'te yer aldığı biçimde bir bar grafiği çizdirilebilir.

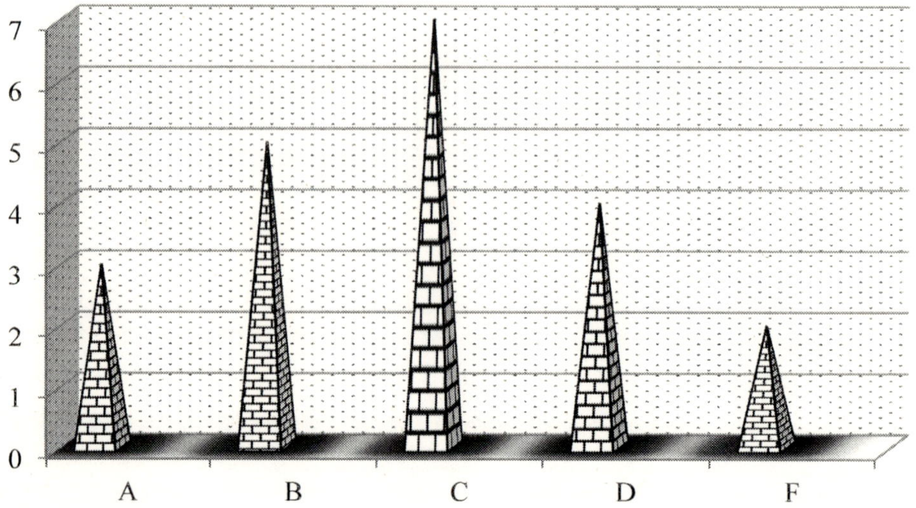

Şekil 55. Tablo 12'de yer alan veriler temel alınarak çizdirilen bar grafiği

Bar grafikleri özellikle büyük hacimli verilerin görsel olarak sunumunda etkili araçlardır. Veri yönetimi süreçlerinde büyük çaplı veri setlerinin somut bir forma dönüştürülerek incelenmesinde önemli işlevleri yerine getirebilirler. Bar grafikleri nicel verilerin bir bütün olarak temsil edilmesini sağlayarak veri analizi ve yorumlanması süreçlerini daha kolay bir forma dönüştürebilirler. Özellikle çok büyük veri birimlerinden ya da değerlerden teşkil edilen veri setlerinin bir bütün olarak sunumunda bar grafikleri son derece etkili araçlar olarak kabul edilmektedirler. Büyük boyutlarda verinin bir bütün olarak değerlendirilmesine olanak sağlaması nedeniyle bar grafikleri verinin görsel sunumunda son derece etkili araçlar olarak ele alınmakta ve bu yönüyle bar grafiklerinden raporlarda yaygın bir biçimde yararlanılmaktadır.

3.7.1.1.2. Yığın Grafikleri

Yığın grafikleri temel olarak bar grafiklerinin farklı bir formu olarak kabul edilebilirler. Yığın grafiklerinde değişkenler hem barlarda farklı renklerde hem de farklı barlarda farklı değişkenler temel alınarak görsel bir forma dönüştürülebilmektedir. Yığın grafikleri bar grafiklerine ek olarak daha fazla boyuta sahip veri setlerini görsel bir forma dönüştürebilirler. Tablo 13'te bir lisede üç farklı yılda üniversitede hukuk, tıp ve mühendislik tercih eden öğrenci sayılarına ilişkin değerler verilmiştir.

Tablo 13: Bir Fen Lisesinde Belirli Yıllarda En Çok Tercih Edilen Dört Üniversiteye İlişkin Veriler

Yıl	Tıp	Mühendislik	Hukuk
2020	14	20	11
2021	12	9	21
2022	15	16	7
2023	10	12	19

Tablo 13 incelendiğinde veri setinin iki boyutlu bir yapıda olduğu, öğrenci sayılarının hem yıllara hem de farklı alanlara ilişkin olarak gruplandırıldığı gözlenmektedir. Bu yönüyle veri setinin iki boyutlu bir nitelik taşıdığı ileri sürülebilir. Veri setinde yer alan boyutlar üniversitede tercih edilen bölümler ve tercih yapılan yıllardır. Tablo 13'te yer alan veriler temel alınarak Şekil 56'da yer alan yığın grafiği ofis programında çizdirilebilir.

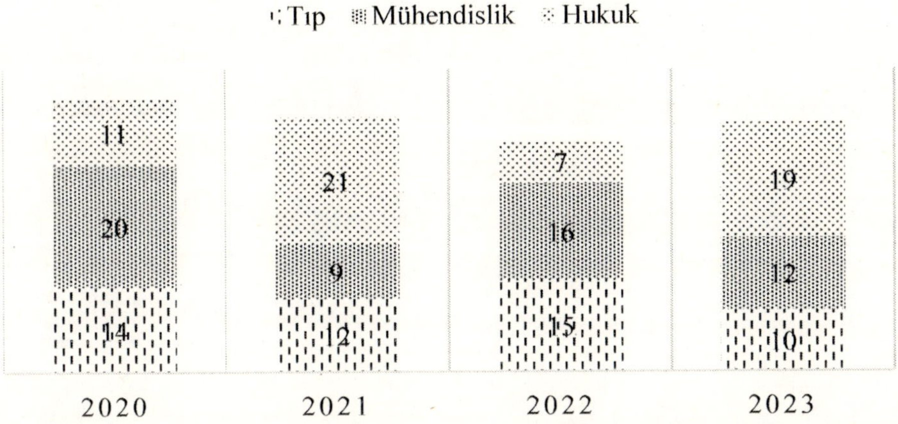

Şekil 56. Tablo 13'te yer alan veriler temel alınarak oluşturulan yığın grafiği

Yığın grafikleri birden fazla boyutu olan verilerin görsel bir biçimde sunulmasında oldukça etkili araçlardır. Bu yönüyle yığın grafikleri büyük boyutlarda verinin kısa zamanda az bir çabayla yorumlanmasına olanak sağlayabilir. Ayrıca yığın grafikleri büyük boyutlarda veriye ilişkin bütüncül bir bakış açısının geliştirilmesinde de önemli bir rol oynayabilir. Yığın grafikleri farklı boyutlarda veriye ilişkin değerlerin barlarda farklı renkler ya da uzunluklarla temsil edilmesine olanak sağlaması bakımından da önemli veri görselleştirme araçları olarak kabul edilmektedirler.

3.7.1.1.3. Frekans Poligonları

Bir veri setinde değer sayısı çok fazla olduğunda bar grafiğindeki barlar son derece ince ve karmaşık bir yapı alacaktır. Bar grafikleri için temel alınan asgari düzeyde bir değer sayısı sınırı belirlenmemiştir, buna karşın örneğin 50 değer içeren bir dağılımda frekans poligonlarının bar grafiklerine göre daha sağlıklı bir görselleştirme ortaya koyacağı ileri sürülebilir. Frekans poligonları X ekseninde puanların yer aldığı düzlemde nokta olarak belirtilen değerlerin birleştirilmesi sonucu elde edilir (Heiman, 2011, s. 40). Frekans poligonu belirli bir araştırmada dağılımların sıklığını ortaya koyabilir. Tablo 14'te bir araştırmada katılımcıların son 5 yıl içinde kaç kez hastaneye gittikleri ile ilgili dağılımlar yer almaktadır.

Tablo 14: Katılımcıların Son Beş Yılda Hastaneye Gitme Sıklıklarını

Katılımcılar	Hastaneye gitme sayısı
Mertcan	1
Sezen	6
Yurdagül	2
Hanefi	4
Mihriban	3
Burcu	7
Erhan	8
Sinan	10
Ali	14
Esra	5
Elif	6
Şeyma	14
Sami	2

Tablo 14'te yer alan veriler bar grafikleri ile görselleştirilselerdi katılımcı sayısı kadar bara grafikte yer verilmesi gerekirdi. Bu durumda veri görselleştirme temel amacı olan verinin yorumlanmasının basite indirgenmesine hizmet etmezdi. Bu gibi bir durum söz konusu olduğunda frekans poligonları diğer görsel veri araçlarımın sağlayamadığı bazı avantajlara sahip olabilir. Frekans poligonları daha büyük boyutlarda veri setlerine ilişkin daha sağlıklı bir görsel sunum sağlayabilirler. Şekil 57'de Tablo 14'te yer alan veriler temel alınarak hazırlanmış frekans poligonu yer almaktadır.

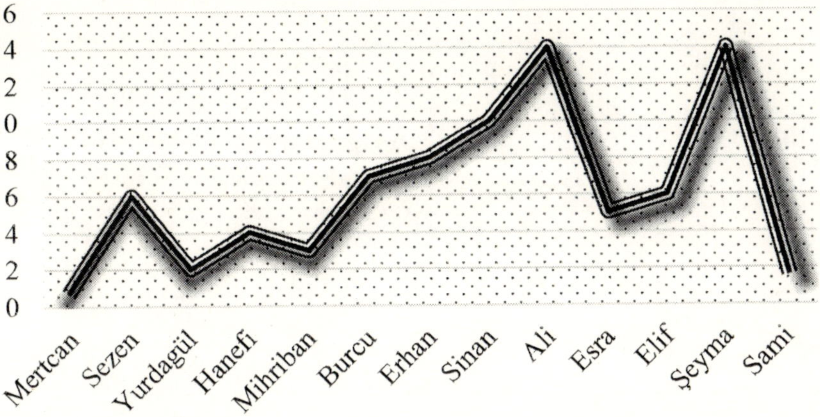

Şekil 57. Tablo 14'te yer alan veriler temel alınarak oluşturulan frekans poligonu

Frekans poligonları bir değişkene ilişkin farklı zamanlarda verinin toplandığı boylamsal araştırmaların verilerinin görsel bir biçiminde sunumunda da etkilidir. Veri yönetimi süreçleri açısından ele alındığında verinin elde edilmesi ve veriden yararlanılması süreçlerinde her zaman veri hususunda uzman bireylerin örgütsel düzeyde mevcut olmayabileceği dikkate alındığında verinin daha kolay anlaşılabilir ve yorumlanabilir bir boyuta taşınmasında frekans poligonlarının önemli bir aracı niteliği taşıyacağı ileri sürülebilir. Boylamsal araştırma verilerinin görsel bir biçimde sunumunda sağladığı avantajlar nedeniyle frekans poligonlarından veri görselleştirme süreçlerinde sıklıkla yararlanılmaktadır.

3.7.1.1.4. Saçılma Diyagramları

Saçılma diyagramı özellikle nicel verilerin görsel bir forma dönüştürülmesinde yaygın bir biçimde yararlanılan görsel veri araçlarından biridir. Saçılma diyagramı iki nicel veri seti arasında ilişkinin, yapının ya da herhangi bir eğilimin olup olmadığının tespit edilmesinde işlevsel bir araçtır. Saçılma diyagramında dikey ve yatay olmak üzere ikili bir eksen mevcuttur. Bu iki eksen, iki farklı veri seti arasındaki ilişkiyi ortaya koyar ve bu ilişkinin görsel bir formda incelenmesine olanak sağlar. Saçılma diyagramları ile incelenen en önemli husus iki farklı nicel değişken arasında ilişki olup olmadığı ve bir ilişki söz konusu olması durumunda ilişkinin yönüdür. "İlişkinin yönü" iki sayısal verinin birlikte artma, birlikte azalma ya da biri artarken diğerinin azalması gibi değişkenliklere karşılık gelmektedir. İki farklı eksende yer alan değerlerden biri artarken diğeri de artıyorsa, ilişki pozitif yönlü bir ilişkiyi, biri artarken diğeri azalıyorsa negatif yönlü bir ilişkiyi ortaya koymaktadır (Han ve Kamber, 2006, s.

60). Örneğin Tablo 15'te bir grup öğrencinin günlük ders çalışma sürelerinin saat biriminde değerleri ile 100 tam puan üzerinden bütün derslerden aldıkları puanların ortalamalarının yer aldığı tablo verilmiştir.

Tablo 15: Bir Grup Öğrencinin Günlük Ders Çalışma Süreleri ve Bütün Derslerden Not Ortalamaları

Öğrenci No	Günlük Ders Çalışma Süresi (Saat Olarak)	Not Ortalaması
1	2	50
2	4	63
3	5	65
4	5	69
5	6	76
6	6	77
7	10	85
8	12	88
9	12	96
10	13	100

Tablo 15'te yer alan veri seti çok daha fazla değişken ve değer temel alınacak biçimde tasarlanabilir. Bu yönüyle saçılma diyagramları farklı değişkenlerin birbirleri ile ilişkilerinin ortaya konulmasında işlevsel bir konumda yer alabilir. Saçılma diyagramlarında değerler birer nokta olarak temsil edildiklerinden büyük sayıda değer içeren veri setlerinin görsel olarak sunumunda etkili araçlardır. Buna ek olarak veri setinde yer alan birimlerin belirli değerler çevresinde kümelenmesine dönük yapıları net bir biçimde ortaya koyması açısından saçılma diyagramları bir veri setinde yer alan değerlerin belirli bir yapı ortaya koyup koymadığının tespit edilmesinde etkili araçlardır. Şekil 58'de Tablo 15'te yer alan veriler temel alınarak oluşturulan saçılma diyagramı yer almaktadır.

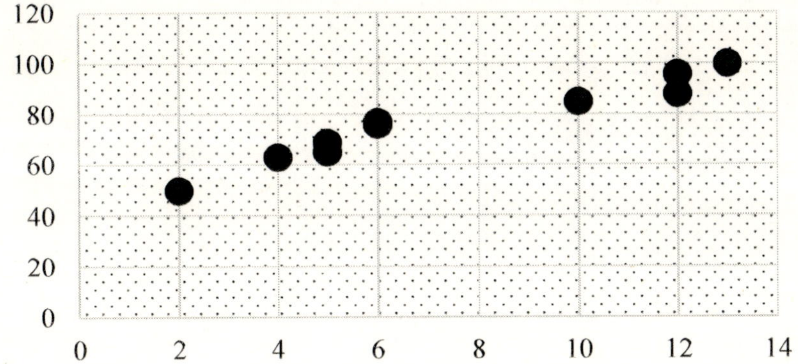

Şekil 58. Tablo 15'te yer alan veriler temel alınarak çizdirilen saçılma diyagramı

Şekil 57'de yer alan saçılma diyagramında zemin üzerinde yer alan siyah noktalar değişken değerlerinin kesiştiği noktaları ifade etmektedir. Diyagramın sol tarafında yukarıdan aşağıya doğru sıralanan değerler öğrencilerin puanını, yatay konumda yer alan değerler ise ders çalışma sürelerini ifade etmektedir. Saçılma diyagramları verinin yorumlanmasını son derece basite indirgeyen araçlardır. Şekil 57'de yer alan saçılma diyagramı incelendiğinde her iki değişken değerinin birlikte arttığı yorumu yapılabilir. Diğer bir ifade ile ders çalışma süreleri ile notlar arasında pozitif bir ilişkinin olduğu ileri sürülebilir. Saçılma diyagramları büyük veri setlerinde yer alan farklı yapıların ortaya konulmasında etkili görsel araçlardır.

3.7.1.1.5. Pasta Grafiği

Pasta grafiği karmaşık olmayan basit istatistik verilerinin görsel bir forma dönüştürülmesinde etkili bir araçtır. Örneğin bir okulun öğretime, araştırmaya ve yönetsel eylemlere ayırdığı zaman pasta grafiğinden yararlanılarak görsel bir biçimde sunulabilir. Pasta grafikleri çoklu grupların kıyaslanmasına imkan tanıyacak şekilde çoklu pasta grafikleri biçiminde de tasarlanabilmektedir. Buna karşın çoklu pasta grafiklerinin yorumlanması ve grafikler üzerinden grupların karşılaştırılması zor olduğundan çoğu zaman tercih edilmemektedirler (Kozak, Hartley, Wnuk ve Tartanus, 2015, s. 282). Pasta grafikleri temelinde daire grafiklerinin üç boyutlu biçimi olarak kabul edilebilir. Pasta grafiklerinin dilimli pasta grafiği gibi farklı formları da söz konusudur. Özellikle kategorik değişkenlere ilişkin değerlerin görsel bir biçimde sunulmasında pasta grafikleri etkili araçlardır. Tablo 16'da bir yabancı dil kursunda bulunan ve bir yıl boyunca eğitim alan bir grup öğrencinin birlikte toplam devamsız gün sayılarının mevsimler temel alınarak gruplandırılmasına yer verilmiştir.

Tablo 16: Öğrencilerin Mevsimlere Göre Toplam Devamsız Gün Sayıları

Mevsimler	Toplam Devamsız Gün Sayısı
İlkbahar	100
Yaz	130
Sonbahar	90
Kış	55

Tablo 16'da yer alan veriler bir grup öğrencinin devamsızlık gün sayılarının toplanarak mevsimler değişkeni altında gruplandırılması vasıtasıyla elde edilmiştir. Bu noktada değişkenler ve değerler farklı araştırmalar için çeşitlendirilebilir. Buna ek olarak veri setlerinde çok daha fazla birime ya da değere de yer verilebilir. Tablo 16'da yer alan verilerin dilimlenmiş pasta grafiği ile gösterimi Şekil 59'da verilmiştir;

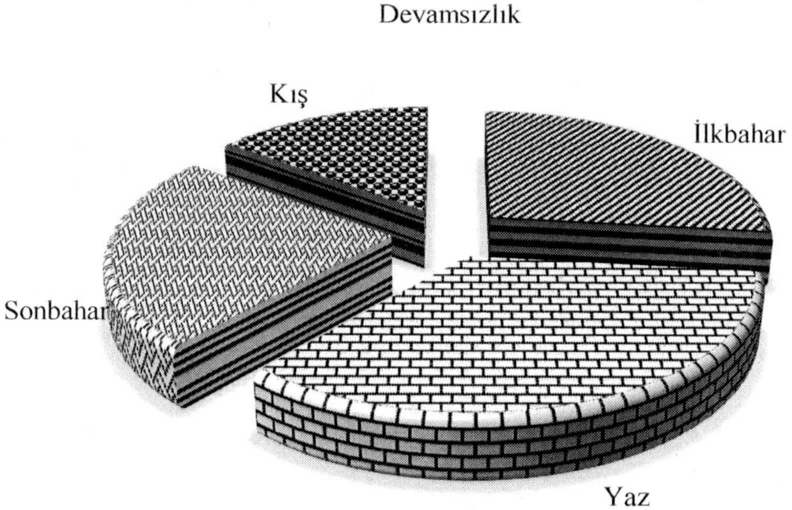

Şekil 59. Tablo 16'da yer alan veriler temel alınarak oluşturulan pasta grafiği

Pasta grafikleri büyük çapta elde edilen ancak birkaç kategorik değişken altında toplanabilen verinin görsel bir forma dönüştürülmesinde etkilidir. Büyük veri setleri bu şekilde son derece basit bir yapıya kavuşturularak kolay bir biçimde yorumlanabilir. Özellikle veri elde etme ve işleme süreçlerini yürütenlerle veriden örgütsel düzeyde değer yaratılması sürecinde yer alacak ancak veri ve analizi hususunda çok fazla bilgiye ve tecrübeye sahip olmayan paydaşlar arasında veriye dönük ortak bir anlayışın ve farkındalığın teşkil edilmesinde görsel veriler önemli bir konumda yer alabilir. Bu yönüyle veri görselleştirmenin veri yönetimi süreçlerini en azından verinin yorumlanması boyutunda daha basit bir yapıya kavuşturduğu ileri sürülebilir. Verinin yorumlanmasına sağladığı katkı nedeniyle görsel veriler veri yönetimi süreçlerinde veri yönetimi eylemleri ve uygulamalarını gerçekleştiren bireylerle üst yönetim arasından veriye dönük ortak bir anlayışın teşkil edilmesinde ve örgütsel düzeyde veriye ilişkin iletişim ve etkileşimin sağlıklı bir boyuta taşınmasında önemli bir rol üstlenebilir.

3.7.2. İstatistik

İstatistik büyük hacimde nicel verilerin elde edilmesi, analizi, yorumlanması ve sunumu ile ilgilenen matematiğin bir alt dalıdır (Wackerly, Mendenhall ve Scheaffer, 2008, s. 1). İstatistik belirsizlik durumlarında karar süreçlerine yol göstermeyi amaçlayan bir disiplindir. İstatistik deneysel ve tarama türü araştırmalarda planlama ve analiz sonucunda çıkarımlar yapılmasını temel alan bir çalışma alanıdır. İstatistik bir grup birey ya da katılımcı ile ilişkili birikimli nicel verinin elde edilmesine, analiz edilmesine ve yorumlanmasına dönük bir disiplindir. İstatistik nicel verileri temel alan bir disiplin olmakla birlikte istatistik terimi aynı zamanda bir örneklem grubundan belirli ilkelere ve kurallara dayalı olarak hesaplanan nicel ölçüm değerini de ifade eden bir kavramdır (Sahai ve Khurshid, 2001, s. 55).

İstatistik belirli bir örneklem grubunun özelliklerinin ya da niteliklerinin hesaplanması ve ölçülmesi vasıtası ile elde edilen veri ile ilgilenen bilimsel bir çalışma alanıdır (Stuart ve Ord, 1991; Akt. Wackerly ve diğerleri, 2008, s. 1). İstatistik temel olarak tesadüfi yöntemlerle elde edilen verinin analizi ile ilgilenir (Rice, 1995; Akt. Wackerly ve diğerleri, 2008, s. 1). İstatistik karar verme süreçlerinde yararlanmak amacıyla verinin elde edilmesi, analiz edilmesi ve yorumlanması vasıtası ile olayların ya da durumların betimlenmesini esas alan disiplindir (Waller, 2008, s. ix). Örgütsel düzeyde olayların ya da durumların betimlenmesi bahsi geçen olaylar ve durumlarda sağlıklı kararların alınmasına katkı sunabilir. Bu yönüyle istatistik örgütsel bileşenlerin ve örgütsel etkililiğe ve verimliliğe etki eden faktörlerin ortaya konulmasında ve betimlenmesinde işlevsel bir rol oynayabilir.

İstatistik konusunun detaylı bir biçimde ele alınması bu çalışmanın kapsamı dışındadır. Ancak istatistik kavramına dönük olarak temel düzeyde de olsa bir anlayışın geliştirilmesi veri yönetimine dönük olarak bir anlayışın geliştirilmesinde önem teşkil edebileceğinden istatistikle ilgili bazı temel kavramların açıklanmasında yarar görülmektedir. Bu noktada istatistiğin en temel bileşenleri hakkında kısaca bilgilere yer verilmiştir. Bu temel bileşenler istatistiğe ilişkin asgarî düzeyde de olsa bir anlayışın geliştirilmesinde önemli bir konumda yer alabilir.

İstatistiğin en temel bileşenlerinden biri olasılık kavramıdır. Günlük yaşantıda olasılık bir olayın gerçekleşmesine dönük bireysel düşüncelerin nicel ölçümü olarak ifade edilebilir. Bir olayın gerçekleşme durumunun bu türde bir yaklaşımla açıklanması anlamlı ve pratik bir yaklaşımdır ancak olasılığın bağlamı, nasıl hesaplandığı ve çıkarım yapılmasında olasılıktan nasıl yararlanıldığına ilişkin daha net bir bakış açısına ihtiyaç vardır (Wackerly ve diğerleri, 2008, s. 20). Olasılık bir olayın gerçekleşme durumuna ilişkin nicel bir değerlendirmedir. Bu yönüyle olasılık bir olayın gerçekleşip gerçekleşmeme durumuna ilişkin belirsizlik düzeyini de ortaya koyan sayısal bir değer olarak tanımlanabilir (Sahai ve Khurshid, 2001, s. 55).

Olasılık bir olayın gerçekleşme durumuna ilişkin ihtimalin sayısal bir ifadesidir. İstatistikte olasılık "P" ile sembolize edilir ve olasılık değeri 1 ile 0 değerleri arasında bir değerle ifade edilir. Olasılık değerlerinin yüzdelerle ifade edilmesi de mümkündür. Bir olayın gerçekleşme olasılığı 0 olarak ölçüldüyse bu bulgu olayın kesinlikle gerçekleşmeyeceği, 100 bulunduysa olayın kesinlikle gerçekleşeceği anlamına gelmektedir. İstatistikte temel olarak olasılık değerleri 0 ve 1 değerleri arasında kabul edilir (Waller, 2008, s. 81).

İstatistikle ilgili diğer bir önemli bileşen çıkarımdır (inference). İstatistiksel çıkarım istatistik biliminin en temel amacıdır (Wackerly ve diğerleri, 2008, s. xiii). En kapsamlı ve en temel biçimde açıklandığında istatistiğin amacı deney ve gözlem gibi farklı araçlarla elde edilen verilere dayalı olarak bir değişkenin bilinmeyen parametrelerine ilişkin çıkarımlarda bulunmaktır (Knight, 2000, s. 173). İstatistik nicel verilere dayanarak çıkarımlar yapılmasına olanak sağlar. Nicel veriler temel alınarak yapılan çıkarımlar ise örgütsel olaylara ve durumlara dönük kararların alınmasında referans niteliği taşıyabilir. Bu yönüyle istatistik veri yönetimi süreçlerinin etkin bir biçimde gerçekleştirilmesinde merkezi bir konumda yer alır.

İstatistikle ilgili diğer bir önemli kavram evrendir. İstatistikte evren (population) belirli bir ortak niteliğe sahip nesnelerin, ölçümlerin ya da katılımcıların tümünü ifade eder. İstatistikte evren kavramı bireylere ya da nesnelere odaklı değil, gözlemlere ya da ölçümlere odaklı bir kavramdır. İstatistikte evrene ilişkin değerler tanımlanmış belirli bir niteliğe ilişkin evrende yer alan tüm birimlerden elde edilen olası tüm ölçümleri ifade eder (Sahai ve Khurshid, 2001, s. 203). Evren ölçüm yapılan değişkene ilişkin özellikleri ortak bir biçimde taşıyan tüm birimleri içine alan bir kavramdır. Çoğu araştırmada tüm evrene ulaşmak mümkün değildir, ancak ele alınan konuya ya da soruna dayalı olarak son derece sınırlı bir evrene sahip araştırmalar da söz konusu olabilir. Eğer bir değişkene ilişkin ölçümler evrendeki tüm birimlere ulaşılarak gerçekleştirilirse buna "tam sayım" adı verilmektedir.

İstatistikle ilgili diğer bir önemli kavram örneklemdir. İstatistikte örneklem evreni temsil ettiği varsayılan bir grup birim üzerinden ölçümler yapılarak olay ya da durumlara ilişkin çıkarımlar yapmayı ve kararlar almayı temel alır. Örneklem evrenden elde edilir ve evren araştırmadaki değişkenler açısından araştırmacıyı ilgilendiren tüm birimleri kapsar. Örneklemden elde edilen ölçümlerden yararlanılarak evrene ilişkin çıkarımlarda bulunulur. İstatistik örneklemden elde edilen ölçümlerin evreni kapsayacak biçimde ele alınmasını içerdiğinden ulaşılan verilerin doğruluğu her zaman tam olarak kanıtlanamaz (Waller, 2008, s. 81). Örneklem büyüklüğü evrene ilişkin ulaşılan çıkarımların doğrululuğuna katkı sunabilir. İstatistikte örneklem büyüklüğü önemli bir husustur ve bu nedenle araştırmalarda örneklem büyüklüğünün belirlenmesinde farklı yöntemlerden yararlanılmaktadır (Wackerly ve diğerleri, 2008, s. 696).

İstatistikle ilgili kavramlar bu çalışmada bahsi geçenlerle sınırlı değildir. Buna karşın bu temel kavramlar istatistiğe dönük temel düzeyde bir anlayışın geliştirilmesine katkı sunabilir. İstatistik veriden anlamlı ve işlevsel bilgiye erişim sürecinde önemli bir konumda yer alır. Bu açıdan bakıldığında istatistik özellikle büyük veriden örgütsel değer yaratma sürecinde araştırmacılara ve örgüt yöneticilerine önemli kolaylıklar sunabilir. Nicel verilerden yararlanarak örgütsel durumlara ya da olaylara dönük betimlemeler, çıkarımlar ya da kestirimler yapmak mümkündür. Bu yönüyle istatistik veri yönetimi süreçlerinin en işlevsel araçlarından biri olarak kabul edilebilir.

3.7.3. Veri Madenciliği

Veri madenciliği bilgisayar sistemlerinde depolanmış büyük miktarlarda verinin analiz edilmesine karşılık gelmektedir. Veri madenciliği keşifsel bir veri analiz yöntemidir (Olson ve Delen, 2008, s. 3). Veri madenciliği büyük veri setleri içinde işlevsel bilginin keşfedilmesi, verinin anlamlı bilgilere dönüştürülmesi olarak da tanımlanabilir (Helberg, 2002; Akt. McCue, 2007, s. 25). . Witten ve Frank (2005, s. xxiii) veri madenciliğini sahip olunan veriler içinde gizli kalmış, önceden bilinmeyen ancak örgütsel açıdan işlevsel bir nitelik taşıyabilecek bilginin keşfedilmesi ya da ortaya çıkartılması süreci olarak tanımlamaktadırlar. Veri madenciliği bir veri analiz yöntemidir ve temel amacı veriden yararlanarak anlamlı bilgileri keşfetmek ya da ortaya çıkarmaktır. Veri madenciliği sürecinde veri temel alınarak bütünleştirme, özetleme, sınıflandırma, ilişkili verileri keşfetme, değişimleri analiz etme gibi farklı analiz eylemleri gerçekleştirilebilir.

Gelişen teknolojiler birçok disiplinde büyük miktarlarda verinin elde edilmesini, üretilmesini ve depolanmasını süreklilik arz edecek bir yapıya kavuşturmuştur. Verinin büyük miktarlarda elde edilmesi ve depolanabilmesi insanoğlu için işlevsel bilgiye erişim sağlama hususunda önemli bir potansiyel olarak kabul edilebilir. Buna karşın büyük miktarlarda veriden geleneksel veri analiz yöntemleri ile işlevsel bilgiye erişim her geçen gün daha büyük zorlukları beraberinde getirmektedir. Bu durum veriden işlevsel bilgiye erişim sağlayabilmek için veri madenciliği yöntemleri ve araçlarına olan ihtiyacı arttırmakta ve veri madenciliğini araştırma ve gelişmenin merkezine yerleştirmektedir (Ye, 2002, s. xix).

Teknolojik gelişmelere dayalı olarak veri muazzam boyutlarda üretilmekte ce depolanmaktadır. Teknolojik gelişmeler aynı zamanda verinin güncelliğini hızlı bir biçimde yitirmesine zemin hazırlamaktadır. Bütün bu gelişmeler örgütsel düzeyde veriye dayalı olarak çeşitli sorunların ortaya çıkmasına neden olmaktadır. Günümüzde birçok örgüt "veri felci" ile mücadele vermektedir. Veri felci örgütlerin hangi verinin örgüt için anlamlı ya da işlevsel olduğuna karar veremeyecek kadar büyük miktarlarda veriye sahip olduklarında ortaya çıkan bir durumdur. Ayrıca örgütsel düzeyde çoğu zaman örgüt yöneticilerinin öngörüleri örgütsel kararlarda somut gerçeklerden daha belirleyici bir konumda yer almaktadır (Nemati ve Barko, 2004, s. 16). Örgütsel veri madenciliği örgütsel karar süreçlerinde veri madenciliği yöntemlerinin ve tekniklerinin veriden işlevsel bilgiye erişim sürecinde işe koşulmasını sağlayarak örgütsel düzeyde sağlıklı kararların alınmasına katkı sunabilir (Nemati ve Barko, 2001; Akt. Nemati ve Barko, 2004, s. 16).

Örgütsel karar süreçlerindeki işlevselliği dikkate alındığında veri madenciliğinin veri yönetimi açısından önemli bir aracı ya da kolaylaştırıcı niteliği taşıyacağı ileri sürülebilir. Hangi ölçekte olursa olsun bütün örgütlerin elde ettikleri ve depoladıkları veri miktarı her geçen gün artmaktadır. Bu durum örgütlerin geleneksel veri analiz yöntemleri ile veriden işlevsel bilgiye erişim sağlamalarını güçleştirmektedir. Büyük veriden işlevsel bilgiye erişim sağlanması geleneksel veri işleme ve analiz yöntemleri ile mümkün değildir. Bu durum büyük veriden işlevsel bilgiye erişim sağlanmasında etkile ve verimli bir çalışma alanı olarak veri madenciliğinin ortaya çıkmasına zemin hazırlamıştır. Günümüzde örgütsel veri madenciliğinin yararlandığı yöntemler ve araçlar vasıtası ile veri yönetimi süreçlerinde işlevsel bilgiye erişim sağlanmasında etkin bir rol oynadığı ileri sürülebilir.

3.7.3.1. Veri Madenciliği Süreci

Veri madenciliği büyük veri setleri içinden daha önce bilinmeyen, gizli kalmış ve potansiyel olarak işlevsel olabilecek bilginin gün yüzüne çıkartılması ya da keşfedilmesi sürecidir. Bu niteliği nedeniyle veri madenciliği "veri tabanlarında bilgi keşfi" (knowledge discovery in databases, KDD) süreçlerinin önemli bir bileşenidir. Veri madenciliği kümeleme, verinin özetlenmesi, sınıflandırma, veri setleri arasındaki bağımlılık ilişkilerinin ortaya konulması, değişimlerin analiz edilmesi ve veri setlerindeki tutarsızlıkların ortaya konulması gibi farklı yöntemlerden, tekniklerden ve analiz araçlarından yararlanmaktadır (Prabhu ve Venkatesan, 2007, s. 17).

Veri tabanlarında bilgi keşfi sürecinde veri madenciliği önemli bir araç konumundadır. Veri madenciliği bu süreçte farklı veri tabanlarından elde edilen verinin bütünleştirilerek anlamlı bütünler haline getirilmesinde işlevsel bir konumda yer alır. Bu niteliği ile veri madenciliği büyük veri içinde örgütsel karar süreçlerine yansıtılabilecek işlevsel bilgiye erişim sağlanmasında en temel ve en etkili aracılardan biri olarak kabul edilmektedir. Veri madenciliği veri tabanlarında bilginin keşfedilmesinde önemli bir rol üstlenmektedir. Veri tabanlarında bilgi keşfi son derece sistematik ve bilimsel bir süreci ifade etmektedir. Veri tabanlarında bilgi keşfi süreci Şekil 60'da yer alan aşamaları kapsamaktadır (Bramer, 2007, s. 2);

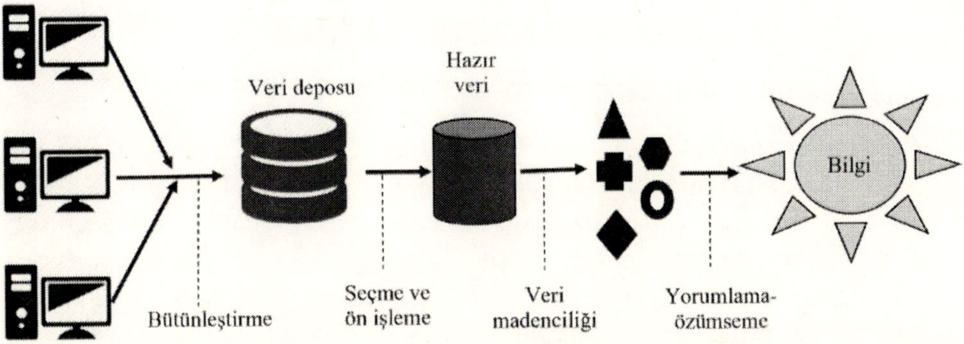

Şekil 60. Veri tabanlarında bilgi keşfi süreci

Kaynak: Bramer, 2007, s. 2.

Veri madenciliği veri tabanlarından ya da büyük hacimde yer alan veriler arasından bilgi keşfi sürecinde önemli bir aracı niteliği taşımaktadır. Bu yönüyle veri madenciliği veri yönetimi süreçlerinde de örgütsel karar süreçlerine katkı sağlayabilecek ve örgütsel açıdan bir değer ortaya koyabilecek bilgiye erişim sürecinde önemli bir konumda yer alabilir. Veri madenciliği büyük veri içinden bilgi keşfi sürecinde bir aşama olmakla birlikte kendi içinde de son derece sistematik aşamalardan meydana gelmektedir. Bu yönüyle veri madenciliği farklı aşamalarda gerçekleştirilen bir süreci ifade etmektedir. Sahu, Shrma ve Gondhalakar (2011, s. 116) veri madenciliği sürecini dokuz aşamalı bir süreç olarak tasarlamışlar ve süreci Şekil 61'de yer aldığı biçimde özetlemişlerdir:

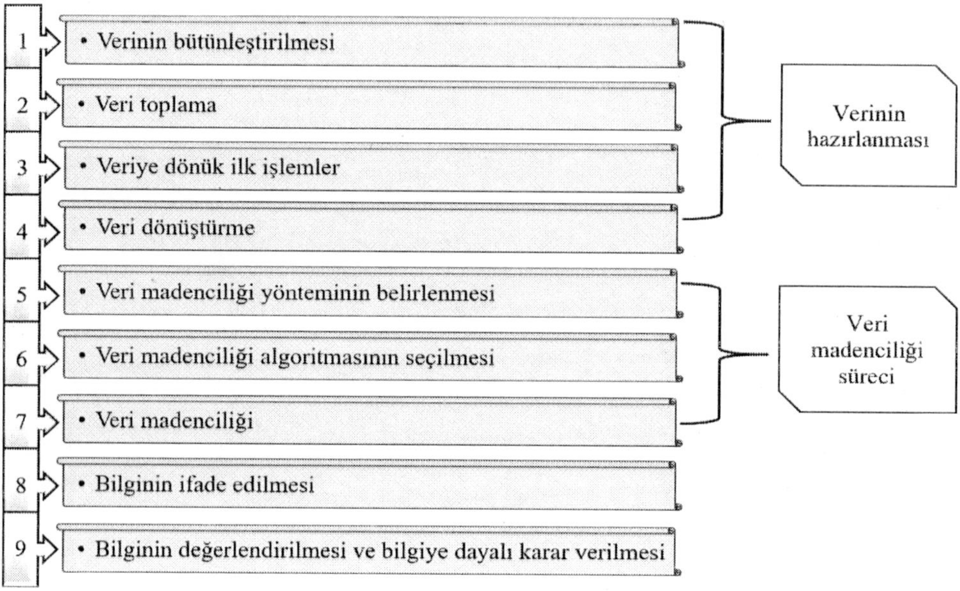

Şekil 61. Veri madenciliği süreci

Kaynak: . Sahu ve diğerleri, 2011, s. 116.

Veri madenciliğinde ilk aşama farklı veri kaynaklarından elde edilen verilerin bütünleştirilmesidir. Bütünleştirme içerik ve anlam bakımından benzer verilerin bir araya getirilmesi sürecidir. Bu türde bir bütünleştirme farklı veri formlarında yer alan ancak anlam ve işlev açısından benzerlik gösteren verilerin tek bir forma dönüştürülmesini de içerebilir. Ne kadar gelişirse gelişsin veri analiz araçları yalnızca aynı türde verilerin analiz edilmesine ve işlenmesine olanak sağlamaktadır. Bu yönüyle farklı kaynaklarda dağınık olarak yer alan verinin belirli bir örgütsel amaca vuruk bir nitelik taşıyacak biçimde bütünleştirilmesi veri madenciliğinde önemli bir konumda yer alır. Bütünleştirilen veriler arasından ikinci bir seçim yapılması ve doğrudan amaca dönük değer taşıyabilecek verinin elde edilmesi ise veri toplama olarak nitelendirilebilir.

Verinin toplanmasından sonra süreçte veriye dönük gerçekleştirilecek işlemler yer alır. Veri temizleme, kayıp veri ve uç değerler analizi gibi işlemler bu sürecin bir parçası olarak ele alınabilir. Veri dönüştürme verinin belirlenen analiz aracı ile analiz edilmesine olanak sağlayacak bicinde dönüşümünün sağlanmasını ifade etmektedir. Bir sonraki aşamada veri madenciliği sürecinde yararlanılacak yönteme karar verilmelidir. Elde edilen verinin içeriği ve doğası ve veri madenciliğinin uygulama amaçları gibi farklı değişkenler temel alınarak farklı veri madenciliği yöntemlerinden yararlanılabilir. Belirlenen yönteme dayalı olarak veri madenciliği algoritmasına karar verilir. Son olarak veri madenciliği uygulama aşamasına geçilerek örgütsel açıdan bir değer ortaya koyabilecek ve örgütsel karar süreçlerine yansıtılabilecek işlevsel bilgiye erişim sağlanır. Elde edilen bilgiden örgütsel bir değer ortaya konulmasında ve örgütsel karar süreçlerinde bir referans olarak yararlanılır.

3.7.3.2. Veri Madenciliğinin Avantajları

Bilgisayar teknolojilerindeki son gelişmeler günlük yaşamda verinin hem üretilmesi hem de tüketilmesini ileri bir düzeye taşımıştır. Bu durum veri tabanlarında ve veri ambarlarında büyük miktarlarda verinin depolanmasına zemin hazırlamış ancak sürekli hacmi artan verinin analiz edilmesine dönük sorunları da beraberinde getirmiştir. Veri madenciliğinin amacı büyük veri setlerinde gömülü olarak bulunan anlamların ortaya çıkartılmasıdır (Zhu ve Davidson, 2007, s. x). Bu yönüyle veri madenciliğinin işlevsel bilgiye erişim sağlaması nedeniyle örgütsel açıdan önemli bir araç niteliği taşıdığı ileri sürülebilir. Veri madenciliği ikincil verilerle gerçekleştirilen analizlerde de son derece etkili bir veri analizi aracı olarak kabul edilmektedir. Veri madenciliğinin araştırmacılar ve örgüt yöneticileri açısından çok önemli avantajlar sağladığı ileri sürülebilir. Veri madenciliğinin avantajlarına dönük olarak şu hususlar sıralanabilir;

- Bilgi çağında her gün çok büyük hacimde veri üretilmekte ve depolanmaktadır. Aynı biçimde örgütlerde her gün müşteri işlemlerine ilişkin olarak büyük miktarlarda veri üretmekte ve bu verileri büyük veri ambarlarında kayıt altına almaktadırlar (Bramer, 2007, s. 2). Büyük verinin geleneksel bilgi işletim sistemleri ile analiz edilmesi mümkün değildir. Bu noktada veri madenciliği büyük verinin analizine olanak sağlaması açısından önemli veri analiz araçlarına sahiptir (Bramer, 2007, s. 4).

- Veri madenciliği eyleme geçirilebilir bilgiye erişim sağlaması açısından örgütsel verimliliğe katkı sunabilecek bir niteliğe sahiptir (Olson ve Delen, 2008, s. 7).
- Veri madenciliği örgütsel operasyonların daha etkili ve verimli bir biçimde yerine getirilmesinde de önemli bir aracı işlevi görebilir (Olson ve Delen, 2008, s. 8).
- Veri madenciliği örgütler açısından finansal öngörülerde bulunulmasında önemli bir aracıdır (Bramer, 2007, s. 3).
- Bilgi çağında dünya veri açısından zengin buna karşın bilgi açısından yoksuldur. Veri madenciliği veriden bilgiye erişim sağlama hususunda araştırmacılara etkili araçlar sunmaktadır (Han ve diğerleri, 2012, s. 5).
- Veri madenciliği belirli bir örgüte ya da çalışma alanına ilişkin birikimli veriler üzerinde analizler yapma olanağı sunar (McCue, 2007, s. 3). Birikimli veriler üzerinden analizlerin gerçekleştirilmesi belirli örgütsel durumlara ya da sorunlara ilişkin olarak daha sağlıklı kararların alınmasına katkı sunabilir.
- Veri madenciliği algoritmaları sınıflandırma, kestirim, ilişki analizi ve kümeleme analizi gibi farklı analizlere dönük etkili araçlar içermektedir (Bramer, 2007, s. 4).
- Veri madenciliği veriden faydalanarak işlevsel bilgilerin ortaya çıkartılmasını amaçlamaktadır (Williams, 2011, s. 3). Bu niteliğiyle veri madenciliği özellikle veri tabanlarında ve veri ambarlarında yer alan ikincil verileri temel alarak gerçekleştirilen analizlerde önemli bir konumda yer almaktadır.
- Veri madenciliği ham veriden örgütsel değer yaratabilecek bilgiye erişim sağlanmasında etkili bir yöntemdir (Abbass, Sarker ve Newton, 2002, s. 48).
- Veri madenciliği örgütsel öğrenme ve örgütsel bilgi yönetimi gibi önemli örgütsel bileşenlere katkı sunabilir (Nemati ve Barko, 2004, s. 12).
- Veri madenciliği makine öğrenme sistemlerinin geliştirilmesinde merkezi bir konumda yer almaktadır. Veri madenciliğinin bu işlevi verinin kişisel ihtiyaçlar boyutuna indirgenmesinde önemli bir rol oynamıştır. Makine öğrenmeye bir örnek olarak internet arama motorları verilebilir. İnternet arama motorları belirli bir konuya dönük

olarak araştırmacıya girdiği anahtar kelimeleri temel alarak arama yapma olanağı sunmaktadır (Han ve diğerleri, 2012, s. 2).

- Örgütsel veri madenciliği veriden eyleme geçirilebilir bilgiye erişim sağlayarak örgütsel rekabet ortamında örgütlere önemli bir avantaj sağlayabilir (Nemati ve Barko, 2001; Akt. Nemati ve Barko, 2004, s. 12).
- Veri madenciliğinin diğer bir önemli işlevi örgütsel açıdan değer yaratabilecek verilerin bütünleştirilmesini sağlayarak veri depolama sürecini daha etkin ve daha az maliyetli bir süreç haline getirmesidir (Pujari, 2008, s. 1).
- İşlevsel bilgi örgütsel sorunların çözümünde merkezi bir konumda yer alır. Veri madenciliği eldeki verilerden anlamlı yapıların keşfedilmesine imkân tanıyarak örgütsel sorunların çözümünde işlevsel bir araç niteliği taşıyabilir (Witten ve Frank, 2005, s. 5).
- Veri madenciliği finans, tıp, üretim ve perakende sektörü gibi çok farklı alanlarda işlevsel bir biçimde yararlanılabilecek bir veri analizi araçları sunar (Bramer, 2007, s. 3).
- Veri yönetimi öğrenci seçme süreçleri gibi eğitim ile ilgili alanlarda da işlevsel bir niteliğe sahip olabilir (Prabhu ve Venkatesan, 2007, s. 54).

Yararlanılan çalışma alanları temel alındığında veri madenciliğinin oldukça geniş kapsamlı bir etki alanına sahip olduğu ileri sürülebilir. Bu noktada verinin üretilip depolanmasını içeren tüm disiplinlerde veri madenciliğinden etkin bir biçimde yararlanılabileceği iddia edilebilir. Günümüzde finans, bankacılık, devlet kurumları, iş dünyası, biyoloji, istihbarat, fen bilimleri ve mühendislik gibi birçok alanda veri madenciliğinden yararlanılması mümkündür (Williams, 2011, s. 3).

Veri madenciliği büyük veriden örgütsel karar süreçlerine yansıtılabilecek bilginin ortaya çıkartılmasında en etkili yöntemlerden biridir (Han ve diğerleri, 2012, s. 2). Günümüzde veri depolama teknolojilerindeki gelişmeler elde edilen ya da üretilen her türlü verinin depolanmasına olanak sağlamaktadır. Bu durum işlevselliği dikkate alınmaksızın her alanda büyük hacimde verinin depolanmasına zemin hazırlamaktadır. Verinin büyüklüğü veriden işlevsel bilgiye erişimin önündeki en büyük engellerden biridir. Bu noktada veri madenciliği geleneksel veri işleme ve analiz yöntemlerinin büyük veriden işlevsel bilgiye erişim sağlanması hususundaki sınırlılıklarını ortadan kaldırabilecek bir niteliğe sahiptir.

Kâr amacı güden örgütler açısından da veri madenciliği son derece önemli bir veri analizi yöntemi konumundadır. Kâr amacı güden örgütlerde veriye dayalı yönetim önemli bir yönetim yaklaşımı olarak ele alınmaktadır. Çünkü bütün ticarî örgütlerin çevrelerinde gerçekleşen olayları takip etmeye, performanslarına dönük bir öz değerlendirme yapmaya ve bu doğrultuda edindikleri bilgileri temel alarak vizyonlarını şekillendirmeye ihtiyaçları vardır. Bu durum örgütlerin müşteri ihtiyaçlarına etkin bir şekilde cevap verebilmesi açısından son derece önemlidir. Bu nedenle kâr amaçlı örgütlerde çalışma alanına ilişkin bilgilerin toplanması ve bu bilgilerin raporlanması süreklilik arz eden döngüsel bir süreçtir (Maheshwari, 2015, s. 1). Bu aşamada veri madenciliği örgütlerin bağlı bulundukları çalışma alanına (üretim, hizmet gibi) ilişkin büyük çaplı verilerden işlevsel bilgiye erişim sağlamalarına katkı sunabilir.

Veri madenciliği bilgisayar teknolojileri ile iç içe bir uygulamadır. Yararlandığı etkili yöntemler ve analiz araçları vasıtası ile veri madenciliği günümüz örgütleri açısından önemli bir konumda yer almaktadır. Veri madenciliği temel olarak bilgi teknolojilerindeki araçlardan yararlanılarak gerçekleştirilmektedir. Buna karşın veri madenciliği belirli analitik araçların bir örgütün verisi üzerinde uygulanmasından öte bir yapıya sahiptir. Özellikle yararlanılacak veri madenciliği yöntemlerinin seçiminde insan aklına ihtiyaç duyulmaktadır. İnsan aklı veri madenciliği eylemleri ve uygulamaları ile örgütsel sorunların ilişkilendirilmesinde merkezi bir konumda yer alabilir. Bu yönüyle veri madenciliği eylemleri ve uygulamaları örgütsel düzeyde belirli sorunlar temel alınarak gerçekleştirilebilecek uygulamalar olarak kabul edilirler (Olson ve Delen, 2008, s. 8). Bu yönüyle veri madenciliğinin örgütsel sorunlara dönük olarak esnek bir biçimde tasarlanabilecek analiz aşamalarını içerdiği ileri sürülebilir. Veri madenciliği bilgi teknolojilerinde yaşanan gelişmelerin doğal bir sonucu olarak ortaya çıkmıştır (Han ve Kamber, 2001, s. 1).

Veri madenciliği büyük veri içinden örgütsel değer yaratabilecek ve örgütsel karar süreçlerine yansıtılabilecek işlevsel bilgiye erişim sağlanmasına sunduğu katkı nedeniyle örgütsel veri yönetimi süreçlerinin önemli bir bileşeni olarak kabul edilebilir. Veri yönetimi süreçlerinin temel amacı da veriden örgütsel düzeyde etkin bir biçimde yararlanılmasının sağlamaktır. Bu noktada özellikle verinin işlenip analiz edilerek örgütsel açıdan değer ortaya koyabilecek veriye erişim sağlanması hususunda geleneksel veri analiz yöntemleri örgütsel düzeyde depolanan verinin hacmi ve hızı gibi nitelikleri nedeniyle yeterli olmayabilir. Veri madenciliğinin sunduğu veri analiz araçları büyük çapta depolanan örgütsel veri arasından karar süreçlerine katkı sunabilecek veriye erişim sağlanması ve bu verinin analiz edilerek bilgiye dönüştürülmesinde önemli bir rol oynayabilir. Veri madenciliği sağladığı analiz araçları ile örgütsel veri yönetiminde büyük veri içinden işlevsel bilgiye erişim sağlanmasında etkin bir rol oynayabilir.

3.7.4. Bilgi Teknolojileri

İçinde bulunduğumuz bilgi çağında bilgi ve iletişim teknolojileri dünya ekonomisinde önemli bir konumda yer almaktadır ve bilgi ve iletişim teknolojileri örgütsel performans açısından önemli bir girdi olarak kabul edilmektedir (OECD, 2004, s. 13). Günümüzde birçok örgütte bilgi teknolojileri büyüme ve gelişmenin desteklenmesi ve sürdürülebilir bir niteliğe kavuşturulmasında etkin bir rol oynamaktadır (Grembergen, De Haes ve Guldentops, 2004, s. 1). Bilgi örgütler açısından son derece önemli bir değerdir ve gerekli bilgilere sahip olunduğunda bilgiden her zaman bir örgütsel değer ortaya konulması ya da bilginin ekonomik bir girdiye dönüştürülmesi mümkündür. Bilgi örgütler açısından hem nihaî bir ürün hem de bir kaynaktır (Charlton, 2009, s. 24). Bilgi teknolojilerindeki gelişmeler örgütler açısından çok önemli avantajlara sahip olmakla birlikte yönetsel açıdan belirli zorlukları beraberinde getirmektedir. Bu zorluklar şunlardır (Charlton, 2009, s. 55);

- Örgütün kontrolü dışında bir bilgi havuzu oluşmaktadır ve bu bilgi havuzuna çalışanların sınırsız erişimi bilgi üzerindeki kontrolü güçleştirmektedir.
- Bilgi teknolojilerindeki gelişmeler otoritenin yöneticilerden bilgiyi ve bilgi teknolojilerini kontrol altında tutabilen teknik açıdan yeterli bireylere doğru kaymasına neden olmaktadır.

Bilgi teknolojileri örgütün etkililiğine ve verimliliğine doğrudan katkı sunabilecek bir alandır. Buna karşın örgütlerin yönetim kademesinden teknik açıdan sorumlu kişilere kadar her düzeyde bilgi teknolojilerine asgarî düzeyde de olsa hâkim olmaları ve bilgi teknolojilerinden örgütsel ve yönetsel süreçlerde nasıl yararlanılabileceğine dönük olarak bir anlayış geliştirmeleri önemlidir. Bilgi teknolojileri günümüzde her alanda başat değer haline gelmiştir. Bilgi teknolojilerindeki gelişmeler eğitim alanında da değişken bir çevrenin oluşmasına zemin hazırlamış ve eğitim alanında paydaşların rollerini sorgulamalarına, eğitimin mekânsal değişkenlerine ilişkin yeni tasarımlara zemin hazırlamıştır (Kumari, 2000, s. 1). Günümüzde bilgi teknolojileri örgütlerin yapısı ve işleyişi gibi çok önemli örgütsel bileşenler üzerinde belirleyici bir rol oynamaktadır (Barrett, 2006, s. 40). Buna ek olarak örgütlerdeki bilgi teknolojileri ve insan faktörü arasındaki etkileşim örgütsel düzeyde bir değişim için önemli bir aracı niteliği de taşımaktadır (Barrett, 2006, s. 43).

Bilgi teknolojilerindeki gelişmeler ve bilgi teknolojilerinin örgütsel düzeyde başat değer haline gelmesi "bilgi teknolojileri yönetiminin" ortaya çıkmasına temel teşkil etmiştir. Bir örgütte bilgi teknolojilerinin etkin bir biçimde yönetimi bilgi teknolojilerinden örgütsel boyutta etkin bir biçimde yararlanılmasına katkı sunabilir. Etkili bir bilgi teknolojileri yönetimi önemli bir örgütsel bileşendir. Bilgi teknolojilerinin örgütsel düzeyde etkili ve verimli bir biçimde yerine getirilebilmesi için bilgi teknolojilerinin örgütsel düzeyde yönetiminde yer alacak bireylerin rollerinin ve sorumluluklarının net bir biçimde ortaya konulması gerekmektedir. Bilgi teknolojilerinin yönetimi süreçlerinde rollerin ve görevlerin net bir biçimde ortaya konulmasında ve bu rollere ve sorumluluklara ilişkin paydaşların etkin bir biçimde bilgilendirilmesinde örgüt yöneticilerine önemli görevler düşmektedir (Grembergen ve diğerleri, 2004, s. 21).

Bilgi teknolojileri örgütsel düzeyde veri yönetiminde önemli işlevlere sahip olabilir. Bilgi teknolojileri veriden bilgiye erişim sürecinde, verinin depolanmasında, örgütün paydaşlarının veriye erişiminin sağlanmasında, örgüt içinde bilgi ve iletişim teknolojilerinden yararlanarak iletişim ve etkileşimin arttırılmasında önemli bir rol oynayabilir. Bu yönüyle bilgi teknolojileri veri yönetimi süreçlerinin önemli bileşenleri ve araçları niteliği taşıyabilir. Bilgi ve iletişim teknolojileri veri yönetimi süreçlerini kolaylaştıran bir nitelik taşıyabilir. Buna ek olarak bilgi teknolojileri veri yönetimi süreçlerine ve ürünlerine dönük olarak örgütsel düzeyde tüm paydaşların bilgilendirilmesinde de önemli işlevleri yerine getirebilir. İletişimi arttıran işlevleri temel alındığında bilgi ve iletişim teknolojileri örgütsel düzeyde veri yönetimi süreçlerinin koordinasyonunun ve kontrolünün sağlanmasında da önemli bir konumda yer alabilir. İşlevleri temel alındığında bilgi teknolojilerinin veri yönetimi eylemleri ve uygulamaları için önemli bir araç niteliği taşıdığı ileri sürülebilir.

3.7.5. Veri Tabanları

Veri tabanı belirli tek bir konu çerçevesinde düzenli bir biçimde bir araya getirilmiş veriler olarak tanımlanabilir. Bilgisayar programında bir verinin girişi ya da işlenmesine olanak sağlayan programa "veri tabanı sistemi" ya da "veri tabanı yönetim sistemi" adı verilmektedir. Veri tabanlarının tanımlanmasında "düzenli" ifadesi önemli bir konumdadır. Aksi takdirde farklı veriler ya da evrakların depolandığı her türlü sistem veri tabanı olarak kabul edilebilirdi (Derclaye, 2005, s. 3). Bir veri tabanı birbiri ile ilişkili verilerin bir araya getirilmesi ile teşkil edilir. Veri ise gerçek dünyaya ilişkin kayıt altına alınabilir gerçeklikleri kapsamaktadır ve bu gerçekliklere ilişkin bilgilerin anlamları gizlidir. Örneğin isimler ve telefon numaralarının kaydedildiği bir telefon rehberinin dijital bir ortama aktarılması ve kayıt altına alınması bir veri tabanı niteliği taşıyabilir. Veri tabanlarının kendine has belirli özellikleri söz konusudur. Bu özellikler şu şekilde sıralanabilir (Elmasri ve Navathe, 2000, s. 4);

- Bir veri tabanı gerçek dünyanın belirli düzeyde bir yansıması ya da mini bir dünya olarak kabul edilebilir. Gerçek dünyada yer alan gerçekliklere ilişkin değişiklikler veri tabanlarına da yansıtılır.
- Bir veri tabanı belirli bir içsel anlam bakımından birbiri ile tutarlı verilerden meydana gelir. Rastgele bir araya getirilmiş veriler bir veri tabanı oluşturamaz.
- Bir veri tabanı belirli bir amaç için tasarlanır, inşa edilir ve farklı verilerle donatılır. Veri tabanları belirli kullanıcılara hitap eder ve belirli bir grup kullanıcının ilgisini çekecek uygulamalar içerir.

Bir veri tabanının tasarımında ve inşa edilmesinde en önemli husus belirli bir veri modelinin belirlenerek tasarımın bu doğrultuda gerçekleştirilmesidir. Belirlenen veri modeli veri tabanında yer verilecek veri setlerinin içeriği, doğası ve niteliklerini temel alarak belirlenmelidir. Bu noktada belirleyici bir rol oynayabilecek diğer bir önemli husus veri tabanının oluşturulmasındaki amaçtır (Churcher, 2007, s. xxiii). Veri tabanları her zaman belirli amaçlara hizmet etmek amacıyla tasarlanır ve inşa edilirler. Veri tabanları sağladıkları çeşitli avantajları dolayısıyla günümüz dijital dünyasının ayrılmaz parçaları olarak kabul edilmektedir. Derclaye (2005, ss. 7-8) veri tabanlarının avantajlarını şu şekilde sıralamaktadır;

- Veri tabanlarına hatasız ve oldukça hızlı bir biçimde veri girişi yapılabilmektedir. Çoğu veri tabanı programının veri girişini hızlandıran özellikleri vardır.
- Veri tabanlarına veri girişinin yapılması, mevcut verilerin silinmesi ya da veri setleri üzerinde değişiklikler yapılması son derece kolaydır.
- Veri tabanlarında kayıtlara erişim sağlamak oldukça kolaydır.
- Veri tabanlarında veriye erişim sağlamak ve veriyi sınıflandırmak için belirlenen kriterleri özelleştirmek mümkündür.
- Veri tabanlarında farklı kategorik veriler üzerinde çalışma yapmak mümkündür.
- Veri tabanı programları veri tabanlarında yer alan veriler üzerinde farklı hesaplamalar yapılmasına olanak sağlamaktadır.
- Farklı kullanıcıların veri tabanlarında yer alan veriye aynı anda erişim sağlaması mümkündür.
- Veri tabanlarında yer alan veriler ve bilgiler farklı amaçlara vuruk olarak kullanılabilir bir niteliktedir.

- Veri tabanlarında farklı birimler için farklı raporların hazırlanması mümkündür.
- Veri tabanları farklı programlara veri ihraç edilmesini ya da farklı programlardan veri ithal edilmesini olanaklı kılmaktadır. Diğer bir ifade ile veri tabanları farklı programlar tarafından kullanılabilecek verilerin depolanmasını sağlamaktadır.

Veri tabanları örgütsel düzeyde verinin sistemli bir biçimde kayıt altına alınmasında işlevsel bir rol oynayabilir. Elbette diğer tüm bilgisayar sistemlerinde olduğu gibi veri tabanlarında da çeşitli sorunlarla karşılaşılabilmektedir. Veri tabanlarında karşılaşılan en önemli sorunlar anahtar sözcüklerin ve verinin sınıflandırıldığı kategorilerin yanlış bir biçimde belirlenmesi ve veri tabanlarında veri tekrarıdır (Churcher, 2007, ss. 1-5). Veri tabanları karşılaşılan çeşitli sorunlara rağmen büyük miktarlarda örgütsel verinin belirli bir veri modeli temel alınarak sistematik olarak depolanmasına olanak sağlaması açısından önemlidir. Veri tabanları birbiri ile ilişkili verilerden teşkil edildiğinden belirli amaçlar doğrultusunda veriye erişim sağlama hususunda da araştırmacı ve yöneticilere önemli kolaylıklar sağlayabilir. Bu yönüyle veri tabanları veri yönetim süreçlerinin hem verinin elde edilmesinde hem de işlenen verinin ya da analiz sonuçlarının kayıt altına alınmasında, veri yönetimi süreçleri sonucunda ulaşılan örgütsel açıdan anlamlı bilgilerin paydaşların erişimine açılmasında önemli işlevleri yerine getireceği ileri sürülebilir.

3.7.6. Veri Ambarları

Bir veri ambarı bir veri kaynağından veriyi çıkartan, temizleyen, işleyen ve çok boyutlu bir veri depolama aracına aktaran, aktarılan veriyi besleyerek karar süreçlerinde yararlanılmak üzere kullanıcıların erişimine olanak sağlayan bir sistem olarak tanımlanabilir (Kimball ve Caserta, 2004, s. 23). Veri ambarları da veri tabanları ile benzer işlevleri yerine getirmek üzere tasarlanmış veri depolama araçlarıdır. Buna karşın veri tabanları ve veri ambarları arasında çeşitli farklılıklar söz konusudur. Veri tabanları ile veri ambarları arasındaki en temel farklılık veri tabanlarında verilerin ilişkisel bir nitelik taşıyacak biçimde yığınlar halinde depolanması, veri ambarlarında ise verinin belirli bir düzen içinde, analize uygun bir nitelikte daha sınırlı bir yaklaşımla depolanmasıdır. Veri tabanları veri ambarları için veri kaynağı niteliği taşırlar. Veri ambarları farklı veri tabanlarından elde edilen verilerin birleştirilerek bir bütün haline getirildiği veri depolarını ifade etmektedir (Han ve diğerleri, 2012, s. 26). Veri ambarlarının kendilerine özgü çeşitli özellikleri söz konusudur. Bu özellikler şu şekilde sıralanabilir (Nagabhushana, 2006, s. 26);

- Veri ambarları analitik amaçlarla çoklu veri kaynaklarından elde edilen veriden yararlanılabilecek biçimde tasarlanmış veri tabanları olarak kabul edilebilirler.
- Veri ambarları daha az kullanıcı için daha çok etkileşime izin verecek biçimde tasarlanan sistemlerdir.
- Veri ambarlarından etkin bir biçimde yararlanılması yoğun okuma gerektirir.
- Veri ambarlarının içeriği periyodik olarak güncellenir. Özellikle veri ambarlarına eklenen veriler güncellemeye tabi tutulur.
- Veri ambarları belirli bir bilgiye ilişkin tarihsel bir bakış açısı geliştirebilmek için hem güncel hem de geçmiş verileri barındırırlar.
- Veri ambarlarına büyük çaplı tablolardan yararlanılabilir.

Veri ambarları veri tabanlarına göre daha özelleştirilmiş ya da bireyselleştirilmiş verileri barındırırlar. Bu yönüyle veri ambarlarında yer alan verilerin örgütsel açıdan daha fazla amaca dönük bir nitelik taşıdığı ileri sürülebilir. Veri ambarları kendilerine has özellikleri nedeniyle veri tabanlarından ve diğer veri depolama sistemlerinden ayrılmaktadırlar. Veri ambarlarının temel nitelikleri birkaç ana nitelik etrafında toplanacak biçimde ele alınabilir. Veri ambarlarını diğer veri depolama araçlarından ayıran temel nitelikler şu şekilde sıralanabilir (Inmon, 2002, ss. xv-xvi);

- Veri ambarları diğer uygulamalardan farklı bir yaklaşımla inşa edilirler. Bu duruma dönük bir farkındalık veri ambarları ile ilgili yaşanacak sorunlarla mücadelede önemli bir unsur niteliği taşıyabilir.
- Veri ambarları büyük hacimde verinin depolanmasında ve büyük hacimli verinin yönetiminde işlevsel bir rol oynayabilir.
- Veri ambarları diğer veri işleme araçları için temel teşkil eder.
- Veri ambarları yeniden yapılandırılabilir ve veri ambarlarından tekrarlı bir biçimde yararlanılabilir.
- Veri ambarlarında yer alan veri yeni ortaya çıkan örgütsel amaçların, durumların ya da sorunların ele alınmasında hemen yararlanılabilecek bir nitelik taşır.
- Veri ambarlarında yer alan veriler arasında gerektiğinde bir bağdaştırma gerçekleştirilebilir.

Veri ambarları veri tabanlarına ve diğer dijital veri depolama sistemlerine nazaran daha özel veriler içerdiklerinden örgütsel karar süreçlerine yön verebilecek ve örgütsel düzeyde daha sağlıklı kararların alınmasına zemin hazırlayabilecek nitelikte veri depoları olarak ele alınabilirler. Bu yönüyle ele alındığında veri ambarlarında yer alan verilerin örgütsel veri yönetimi süreçlerinde sağlıklı bir veri kaynağı niteliği taşıyabileceği ileri sürülebilir. Veri ambarlarında yer alan verilerin belirli örgütsel amaçlar ya da sorunlarla ilişkilendirilmeleri diğer veri depolama araçlarında yer alan verilere nazaran çok daha kolay olacağından veri ambarlarının örgütsel veri yönetimi süreçlerini kolaylaştıran ve hızlandıran unsurlar olacağı iddia edilebilir. Temel olarak veri ambarları çeşitli amaçlar doğrultusunda tasarlanan ve inşa edilen veri depolama sistemleridir. Veri ambarlarının amaçlarına ilişkin olarak şu hususlar sıralanabilir;

- Veri ambarları örgütsel karar süreçlerine en etkin biçimde katkı sağlayabilmek adına örgütün veri varlıklarının yayımlanmasını ya da erişime açılmasını amaçlamaktadır (Kimball ve Caserta, 2004, s. 22).
- Bütün veri ambarlarının en temel amacı örgütsel karar süreçlerine destek sağlamaktır. Bu yönüyle veri ambarlarının başarısı da örgütsel karar süreçlerine sağladıkları desteğin düzeyi ile ortaya konulabilir (Kimball ve Caserta, 2004, s. 22).
- Veri ambarlarının en temel amaçlarından biri de ilişkili ya da örgütsel açıdan değer ortaya koyabilecek veriye erişimi kolaylaştırmaktır (Inmon, 2002, s. 19).

Amaçları dikkate alındığında veri ambarlarının temel olarak tek bir amaca dönük olarak tasarlandıkları ve inşa edildikleri ileri sürülebilir. Veri ambarları örgüt yöneticilerine önemli bir örgütsel değer olarak veri varlıklarından örgütsel karar süreçlerinde etkin bir biçimde yararlanma olanağı sunmaktır. Veri ambarlarının amaçları dikkate alındığında örgütsel açıdan önemli işlevleri yerine getirmek amacı güden sistemler oldukları ileri sürülebilir. Veri ambarlarının örgütsel işlevleri hakkında şu hususlar sıralanabilir (Singh ve Malhotra, 2011, s. 113):

- Veri ambarlarından yararlanılarak farklı veri kaynaklarından elde edilen farklı disiplinlere ilişkin verilere dönük bir veri modeli oluşturulabilir. Bu durum verinin analiz edilip rapor haline getirilmesini kolaylaştırmaktadır.
- Veriler veri ambarlarında depolanmadan önce veri setlerinde yer alan tutarsızlıklar rapor haline getirilir. Bu durum ileriki zamanlarda verinin analizine dönük önemli kolaylıklar sağlar.

- Veri ambarlarında veriler uzun vadeli olarak saklanabilirler ve erişime açık bir yapıda bulunabilirler. Bu durum örgütsel karar süreçlerinde veri ambarlarından süreklilik arz edecek biçimde yararlanılmasını sağlar.
- Veri ambarları örgütsel performans verileri ve sıra dışı örgütsel durumlara ilişkin verilerin örgütsel açıdan değer taşıyabilecek bir niteliğe kavuşturulmasında işlevsel bir nitelik taşırlar.
- Veri ambarları araştırmacılara belirli bir amaca ya da soruna dönük verilere bütüncül bir biçimde erişim olanağı sunarlar. Bu nitelikleriyle veri ambarları örgütsel açıdan farklı araştırmalara da zemin hazırlayabilirler.

Veri ambarları örgütlerin önemli bir örgütsel varlık olarak veriden örgütsel karar süreçlerinde etkin bir biçimde yararlanmalarında merkezi bir konumda yer alırlar. Belirli değişkenlere ya da sorun alanlarına dönük olarak özelleştirilmiş verileri içermeleri nedeniyle veri ambarları örgütsel karar süreçlerinde yol gösterici bir nitelik taşıyabilecek verilere hızlı bir biçimde erişim sağlanmasını olanaklı kılabilirler. Bu noktada veri ambarlarının örgütsel düzeyde veri yönetimi süreçlerinin de önemli bir bileşeni niteliği taşıyabileceği ileri sürülebilir. Veri ambarları veri yönetim süreçlerinde hem değer ortaya koyabilecek veriye erişim sağlanmasında hem de işlevsel nitelik taşıyabilecek verinin uzun vadeli bir biçimde saklanmasında önemli bir aracı niteliği taşıyabilir.

3.7.7. Veri Marketleri (Data Marts)

Veri marketleri nihaî kullanıcıların veriye doğrudan erişim sağladıkları ve sahip oldukları analitik veri üzerinde kontrol gücüne sahip oldukları alan olarak tanımlanabilir. Veri marketlerinde yer alan veriler genellikle belirli bir grup kullanıcının ihtiyaçları ve beklentileri doğrultusunda yapılandırılır. Bir örgütte farklı bölümlerin her birinin farklı veri marketleri söz konusudur. Finans bölümünün veri marketi kendine özgüdür. Yine aynı şekilde pazarlama bölümünün veri marketi farklıdır. Her bir veri marketinin veri kaynağı veri ambarıdır. Veri marketlerinin tasarlanmasında ve inşa edilmesinde yararlanılan teknolojiler veri ambarlarının tasarımında ve inşasında yararlanılan teknolojilerden farklıdır. Her bir veri marketi veri ambarına nazaran oldukça az bir veriye sahiptir. Veri marketlerinde yer alan veriler özetlenmiş ve bütünleştirilmiş verilerdir (Inmon, Strauss ve Neushloss, 2008, s. 13).

Veri marketleri örgütsel düzeyde belirli bölümlerin gereksinimlerine cevap verecek biçimde yapılandırılan alanlardır (Inmon, 2002, s. 17). Veri marketleri bir veri ambarının inşa edilmesinde ilk adım olarak kabul edilebilir. Bu noktada veri marketleri veri ambarlarına nazaran daha az veri içerdiğinden veri marketlerinde yer alan verilere erişim sağlamak çok daha kolaydır. Veri marketlerinin bir araya getirilmesi ile veri ambarları inşa edilebilir. Bu noktada dikkat edilmesi gereken en önemli husus veri marketlerine alınan verinin içeriği ve doğasıdır. Çok farklı verilerin veri marketlerine alınması veri ambarlarının tasarımında verinin bütünleştirilmesi sürecinde önemli sorunlara yol açabilir (Amin, Kang ve Becich, 2010, s. 56). Veri marketleri örgüt içinde belirli bir birimin ya da bölümün ihtiyaçlarına cevap verecek biçimde yapılandırılmış verileri içermektedirler. Veri marketleri kendilerine has özelliklere sahiptir. Bu özellikler şu şekilde sıralanabilir (Kimball ve Caserta, 2004, s. 21);

- Veri marketlerinde yer alan veriler veri kaynaklarında yer alan veriler temel alınarak oluşturulur. Örgütün farklı birimlerinin veriye karşı bakış açısı verinin şekillendirilmesinde etkin bir rol oynamaz.
- Veri marketlerinde yer alan veriler belirli bir temaya ilişkin en detaylı verilerdir.
- Veri marketleri bir merkezden kontrol edilebildiği gibi dağıtılmış, ademî merkeziyetçi bir yapıda da tasarlanabilirler.

Veri marketleri veri ambarlarına dönük sağlıklı bir anlayışın geliştirilmesinde önemli bir rol oynarlar. Veri marketlerinin inşa edilmesi veri ambarlarına nazaran çok daha az zaman ve maliyet gerektirdiğinden veri marketleri çoğu zaman örgütsel düzeyde veri ambarlarının alternatifi olarak kabul edilmektedirler. Buna karşın veri marketleri veri ambarlarına bağlı ve onlara yardımcı unsurlar olarak işlev görmektedirler. Veri marketleri veri ambarlarında yer alan verilerin özetlenmiş ve belirli amaçlar doğrultusunda bütünleştirilmiş formu olarak ele alınabilirler. Bu yönüyle veri marketleri daha sınırlı sayıda kullanıcıya hizmet etmek amacıyla tasarlanmış sistemlerdir (Nagabhushana, 2006, s. 30).

Veri marketleri birbirinden bağımsız bir biçimde çalışan farklı birimler tarafından teşkil edilebilir. Bir örgütte birbirinden farklı bölümler tarafından oluşturulan veri marketleri de birlikte bir veri ambarının oluşturulmasını sağlayabilir (Singh ve Mahluta, 2011, s. 113). Bu noktada veri ambarları örgütsel düzeyde veri depoları, veri marketleri ise bölüm düzeyinde veri depoları olarak kabul edilebilir (Todman, 2000, s. 63). Veri marketleri veri ambarlarında yer alan verilerden oluşturulabilir. Diğer bir taraftan farklı bir örgütteki farklı birimler birbirinden bağımsız veri ambarları oluşturabilir ancak birbirinden bağımsız bu farklı veri marketlerinin veri ambarı olarak nitelendirilmesinde çeşitli sorunlar ortaya çıkabilir. Bu sorunlar şu şekilde sıralanabilir (Inmon ve diğerleri, 2008, s. 20);

- *Verinin uzlaştırılması ya da bütünleştirilmesi oldukça güçtür:* Bir örgütte bir önceki ayın gelirlerinin ne olduğuna ilişkin soruya muhasebe, finans ve pazarlama birimlerinin cevapları farklı olabilir. Bu türde verilerin bütünleştirilmesi oldukça güç olabilir.

- *Alıntıların çoğalması:* Veri marketlerinin sayısı az olduğunda veriye dönük alıntıların kontrol altında tutulması mümkün olabilir. Buna karşın veri marketleri çoğaldıkça alıntıların kontrol altına alınması oldukça güç bir hal alacaktır.

- *Değişimin yaygınlaştırılması:* Veri marketlerinin sayısı arttıkça veri setlerinde meydana gelen değişimlerin farklı birimler arasında yaygınlaştırılması güç bir duruma gelebilir. Örneğin bir örgütün finans biriminin veri marketinde gerçekleştirilen bir değişiklik pazarlama ve satış bölümleri gibi farklı birimlerdeki veri marketlerinde de değişiklik yapılmasını gerekli kılmaktadır. Veri marketlerinin sayısı çoğaldıkça değişimin yaygınlaştırılması ve kontrol altında tutulması da o derece güç bir hale gelecektir.

- *Veri marketlerinden yeni veri marketleri inşa edilememesi:* Veri marketlerinin inşa edilmesi genellikle birbirinden bağımsız olarak yürütülmesi gereken eylemlerdir. Bu noktada bir veri marketinden yararlanılarak diğer bir veri marketinin tasarlanması ve inşa edilmesi mümkün değildir.

Veri marketleri ve veri ambarları temel olarak örgütsel düzeyde verinin depolanması işlevlerini yerine getirmektedirler. Temel amacın verinin depolanması olmasına karşın veri tabanları ve veri ambarları depoladıkları verinin yapısı, içeriği ve doğası bakımından birbirlerinden ayrılmaktadırlar. Bu nedenle veri ambarları ve veri marketleri çeşitli nitelikleri nedeniyle birbirlerinden ayrılmaktadırlar. Seker (2015, s. 8) veri ambarları ve veri marketleri arasındaki farkları Tablo 17'de yer aldığı biçimde özetlemektedir;

Tablo 17: Veri Ambarları ve Veri Marketleri Arasındaki Farklılıklar

Özellik	Veri ambarı	Veri marketi
Ölçek	• Uygulama bağımsız • Merkezi ve bütün örgütü ilgilendiren veriler • Planlı	• Özel DSS uygulamaları • Kullanıcıya özel • Organik • Plansız
Veri	• Tarihsel, detaylı ve özet, hafifçe denormalize edilmiş	• Kısmen geçmişe ait, detaylı ve özetlenmiş, yüksek oranda denormalize edilmiş
Konusu	• Çok farklı konulardan	• Kullanıcıyı ilgilendiren özel bir konudan
Kaynakları	• Çok sayıda iç ve dış veri kaynağından	• Kısıtlı iç ve dış kaynaklardan
Diğer	• Esnek, veri yönelimli, uzun ömürlü, büyük ölçekte, tek ve karmaşık yapıda	• Kısıtlı, proje yönelimli, kısa ömürlü, küçük başlayıp büyüyen, çok karmaşık, yarı karmaşık ya da karmaşık yapıda

Kaynak: Seker, 2015, s. 8.

Veri marketleri özellikle farklı birimlerden meydana gelen büyük ölçekli örgütlerde veri yönetimi süreçlerinde etkin bir araç niteliği taşıyabilirler. Örgütsel düzeyde veri ambarlarında yer alan verilerin örgütün farklı bölümleri için işlevsel bir nitelik taşıyabilecek bir boyuta taşınmasında veri marketleri önemli işlevleri yerine getirebilir. Farklı bölümler düzeyinde özelleştirilmiş veriler içermeleri nedeniyle veri marketleri farklı bölümler düzeyinde alınacak kararlara yön verecek bir nitelik taşıyabilirler.

Veri marketlerinde yer alan veriler örgütsel düzeyde sağlıklı bir biçimde uzlaştırılabilir ya da bütünleştirilebilirse örgütsel düzeyde stratejik kararlara da yön verebilecek bir niteliğe sahip olabilirler. Veri marketleri belirli bölümlere dönük özel verileri içerdiklerinden bölüm düzeyinde ortaya çıkan sorunların çözümünde işlevsel bilgiye hızlı bir biçimde erişim sağlanmasında etkin bir rol oynayabilirler. Veri marketleri bir örgütte bölüm ya da birim düzeyinde gerçekleştirilecek veri yönetimi süreçlerinin önemli bir bileşeni olarak kabul edilebilirler.

3.7.8. Makine Öğrenme

Makine öğrenme örnek veri üzerinden otomatik olarak yapı tanıma ya da yapay zekâya dayalı olarak karar verebilme süreçlerine dönük karmaşık işlemler süreci olarak tanımlanabilir. Makine öğrenme genel olarak bilgisayar tabanlı algoritmaların öğrenme algoritmalarına uygulanması olarak kabul edilebilir (Dua ve Du, 2011, s. 7). Günümüzde büyük veri çağına girilmektedir ve her saniye sadece Youtube'a bir saatlik video yüklenmekte, bir günde yüklenen içeriğin izlenmesi ise 10 yıl kadar sürmektedir. Bu büyük *"veri seli"* verinin analiz edilmesinde otomasyon sistemlerine olan ihtiyacı arttırmaktadır. Bu ihtiyaca cevap verebilecek disiplin ise makine öğrenmedir.

Makine öğrenme veri setlerinde farklı yapıları otomatik olarak tespit edebilen, tespit edilen yapılardan gelecekteki veri setlerine dönük olarak kestirimlerde bulunabilen ya da belirsizlik durumlarında karar süreçlerine yön verebilen bir dizi yöntem olarak tanımlanabilir (Murphy, 2012, s. 1). Makine öğrenme sayısal ya da sembolik birçok yaklaşımdan ya da yöntemden yararlanan geniş kapsamlı bir disiplindir (Saitta, Giordana ve Cornuejols, 2011, ss. 122-123).

Belirli bir veri setinde farklı yapıları ortaya koymak oldukça güçtür. Örneğin alınan bir e-postanın gerekli mi yoksa gereksiz mi olduğunun ortaya konulabilmesi için incelenmesi gerekir. Bir e-postanın gereksiz olup olmadığı, içinde geçen tek bir kelimeye dayalı olarak belirlenemez. Buna karşın belirli kelimelerin bir arada kullanılması ya da kullanılma sıklığı gibi farklı faktörler temel alınarak bir e-postanın gerekli ya da gereksiz (spam) olduğu belirlenebilir. Bu türde otomasyon bir biçimde verilen kararlar makine öğrenme olarak kabul edilmektedir.

Makine öğrenme bu yönüyle çok önemli işlevleri yerine getirmektedir, çünkü makine öğrenme veriyi bilgiye dönüştürebilmektedir (Harrington, 2012, s. 5). Makine öğrenme özellikle büyük verilerden otomatik yazılım sistemleri ile işlevsel bilgiye erişim sağlaması açısından önemli bir çalışma alanıdır. Makine öğrenme doğrudan bir programlamaya başvurmadan makinelerin öğrenmesini sağlamayı amaçlayan çalışmaları ifade etmektedir (Mohammed, Khan ve Bashier, 2017, s. xxi)

Makine öğrenme süreçlerinde farklı öğrenme eylemlerinden yararlanılmaktadır. Bu eylemler temel olarak dört ana grup altında toplanmaktadır; sembol temelli, bağlantısal temelli, davranış temelli ve bağışıklık sistemine dayalı eylemler. Sembol temelli makine öğrenme bilinen sembollere dayalı olarak bütün bilgilerin sembollerle temsil edilebileceği, makine öğrenmenin yeni semboller ve yeni bilgiler üretebileceği varsayımına dayanır. Sembol temelli öğrenmede kararlar tümdengelim biçiminde çıkarımlara dayalı olarak alınır. Bağlantısal temelli makine öğrenme insan beynindeki nöronlar arası bağlantıların taklit edilmesini esas alır. Bağlantısal temelli makine öğrenmede kararlar sistemler eğitildikten ve veri setlerindeki yapılar ortaya konulduktan sonra alınır.

Davranış temelli öğrenme davranışların betimlenmesine dönük çözümler olduğu ve öğrenmenin sorun çözmeye odaklı bir yaklaşımla ele alınması gerektiği varsayımına dayanır. Bağışıklık sistemine dayalı öğrenme sistemlerin yabancı nesnelerle karşılaşması sonucu öğrenmenin gerçekleştiğini ve makine öğrenme algoritmalarının bu şekilde veri setlerindeki farklı yapıları tanıyabildiklerini savunur (Dua ve Du, 2001, s. 7).

Makine öğrenme temel olarak makine öğrenme algoritmalarının veri setleri ile eğitilmeleri vasıtası ile gerçekleştirilen ve algoritmaların veri setlerinde yer alan yapıları belirleyerek öğrenmenin gerçekleşmesini temel alan sistemlere karşılık gelmektedir. Makine öğrenme, makine öğrenme uygulamalarının geliştirilmesi vasıtası ile gerçekleştirilen bir sistemdir. Makine öğrenme uygulamalarının geliştirilmesi son derece sistematik bir süreci ifade etmektedir. Makine öğrenme uygulamalarının geliştirilmesi çeşitli aşamalarda gerçekleştirilir. Bu aşamalar şu şekilde sıralanabilir (Harrington, 2012, ss. 11-13);

- *1) Veri toplama:* Veri çok farklı kaynaklardan, çok farklı yöntemlerle toplanabilir. Bu noktada veri toplama yöntemleri neredeyse sınırsızdır. Veri toplama sürecinde gerekli zamanı ve çabayı azaltmak için herkesin erişimine açık verilerden yararlanılabilir.
- *2) Girdi verisini hazırlama:* Veri toplandıktan sonra verinin kullanılabilir bir formatta olup olmadığı kontrol edilmelidir. Verinin kullanılabilir olmasından kasıt makine öğrenme sürecinde yararlanılacak algoritmalar tarafından kullanılabilir olup olmadığı ile ilişkilidir. Bu noktada algoritmalara dönük olarak özel bir formatlamaya ihtiyaç duyulabilir.
- *3) Girdi verisinin analiz edilmesi:* Bu aşama birinci ve ikinci aşamada elde edilen verilerin incelenmesi olarak kabul edilebilir. Bu aşamada sisteme girilen veriler incelenerek eksik veri olup olmadığı gibi çeşitli hususlara dönük incelemeler yapılır. Bu aşamada veri aynı zamanda çeşitli yapıları barındırıp barındırmadığı açısından da incelenebilir. Diğer veri setlerinden büyük ölçüde farklılık gösteren veri setleri ortaya konulabilir. Bir üretim sistemi ile ilgili bir çalışma yapılıyor ise ve verinin nasıl olması gerektiğine dönük belirli düzeyde bir farkındalık söz konusu ise bu aşama herhangi bir işlem yapılmadan geçilebilir. Bu aşama makine öğrenme gibi bir otomasyon sisteminde insan

müdahalesini gerektirmektedir ve genellikle otomasyon sistemleri ile ilgili bir çalışmada insan müdahalesi istenmeyen bir durumdur. Buna karşın bu aşama istenmeyen ya da işlevsiz verinin tespit edilmesine olanak sağlayabilir.

- *4) Algoritmanın eğitilmesi:* Bu aşama makine öğrenmenin gerçekleştiği aşamadır. Bu aşamada algoritma birinci ve ikinci aşamada elde edilen temiz veri ile beslenir ve bunun sonucunda bilgiye erişim sağlanır. Erişim sağlanan bu bilgi belirli bir formatta depolanır ve makine öğrenmenin takip eden diğer iki aşamasında makine tarafından kullanılır.
- *5) Algoritmanın test edilmesi:* Bu aşama bir önceki aşamada erişim sağlanan bilginin kullanıma konulduğu aşamadır. Bir makine öğrenme algoritmasının değerlendirilmesi algoritmanın ne kadar etkili bir biçimde çalıştığının ortaya konulmasını içerir. Öğretmenli öğrenmede algoritmanın değerlendirilmesinde yararlanılan önceden bilinen çeşitli değerler söz konusudur. Öğretmensiz öğrenmede algoritmanın değerlendirilmesinde çeşitli ölçülerden yararlanılabilir. Her iki değerlendirme süreci de tatmin edici bir boyutta gerçekleşmezse üçüncü aşamaya dönülerek veri üzerinde çeşitli değişimler ve dönüşümler gerçekleştirilebilir.
- *6) Algoritmadan yararlanılması:* Bu aşamada makine öğrenme algoritması gerçek yaşam koşullarına ilişkin bir duruma ya da soruna tatbik edilir. Bu aşama aynı zamanda algoritmanın sağlıklı bir biçimde işleyip işlemediğinin de yeniden test edildiği bir aşamadır. Bu aşamada yeni verilerle karşılaşılabilir ve 1-4. aşamalara tekrar geri dönülebilir.

Makine öğrenme belirli veri setlerine dayalı olarak makine öğrenme algoritmalarının eğitilmesini esas alır. Bu yönüyle sağlıklı ve temiz verinin makine öğrenme süreçlerinde önemli bir konumda yer aldığı ileri sürülebilir. Makine öğrenme sürecinde dört farklı öğrenme modelinden ya da teknikten bahsedilebilir. Makine öğrenme sürecinde yararlanılabilecek teknikler ve bu teknikler için gerekli veriler Şekil 62'de ortaya konulmuştur (Mohammed ve diğerleri, 2017, s. 7);

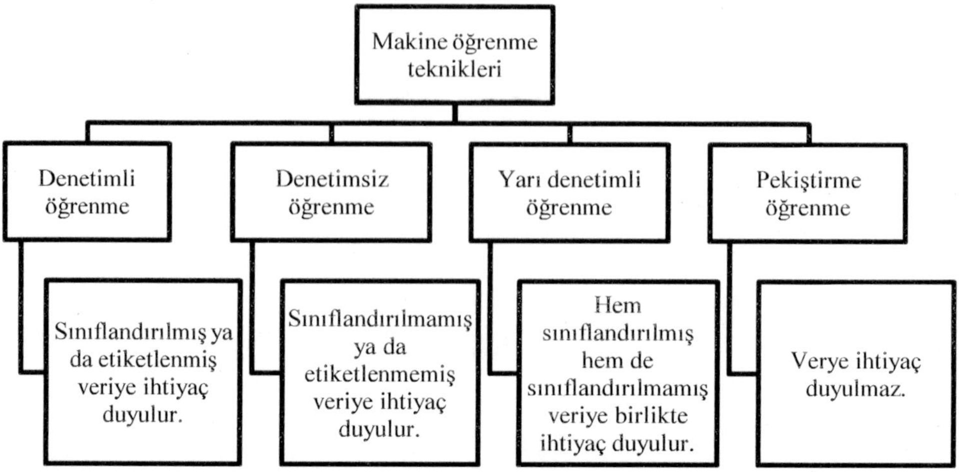

Şekil 62. Makine öğrenme teknikleri

Kaynak: Mohammed ve diğerleri, 2017, s. 7.

Denetimli öğrenme algoritmaya birbiri ile eşleştirilmiş ve etiketlenmiş bir dizi verinin sunulması ile gerçekleşen öğrenme biçimidir. Algoritmaya sunulan verilere *"girdi (input) verileri"*, algoritmadan alınan verilere *"çıktı (output) verileri"* adı verilir. Algoritmaya eşleştirilmiş olarak sunulan girdi-çıktı verileri setine ise *"eğitim veri seti"* adı verilir. En basit şekliyle bu yapıda her bir girdi verisinin eğitim veri seti ilişkili bir değeri söz konusudur. Örneğin bu değer bir bireyin boyu ya da kilosu olabilir. Bu değerlere özellikler, nitelikler ya da ortak değişkenler adı verilir. Girdi verisi bir resim, yazı, e-posta mesajı ya da zaman serisi gibi karmaşık yapıda bir nesne olabilir. Çıktı değişkeni ise genellikle kategorik ya da nominal bir değişkendir (Murphy, 2012, s. 2). Kısaca denetimli öğrenme algoritmaya bir dizi verinin sunulması ve bu şekilde eğitim veri seti ile algoritmanın öğrenmesini temel alan öğrenme biçimidir.

Denetimsiz öğrenme ise algoritmanın dış bir geri bildirim sağlanmadan elde ettiği yeni veri yapılarını sınıflandırmayı öğrenmesini temel alan bir öğrenme biçimidir (Sammut ve Webb, 2011, s. 28). Denetimsiz öğrenmede algoritmaya daha önceden bilinen bir bilgi sunulmaz. Denetimli öğrenmede olduğu gibi makine öğrenme algoritmasına herhangi bir etiketlenmiş veri seti sunulmaz (Sammut ve Webb, 2011, s. 28). Denetimsiz öğrenmede sınıflandırma ya da regresyonda olduğu gibi bir hedef değişken yoktur. Basit bir ifadeyle denetimli öğrenmede algoritmaya "X değeri için Y değerinin alabileceği değerleri tahmin et" komutu verilir. Bu noktada X değerleri algoritmaya önceden belirlenmiş değerler olarak sunulur. Denetimsiz öğrenmede ise algoritmaya "X değerleri için bizlere ne söyleyebilirsin?" sorusu sorulur. Örneğin "X değerlerinden yararlanılarak oluşturulabilecek en iyi altı grup nedir?" sorusu denetimsiz öğrenmeye bir örnek teşkil edebilir. Aynı şekilde "X değerlerine dayalı olarak elde edilebilen en iyi üç özellik nedir?" sorusu da denetimsiz öğrenmeye bir örnek teşkil edebilir (Harrington, 2012, s. 205).

Yarı denetimli öğrenme denetimli öğrenme sürecinde etiketlenmiş veriden yararlanma sürecinde ortaya çıkan sorunların ortadan kaldırılması amacıyla geliştirilmiş bir makine öğrenme modelidir (Dua ve Du, 2011, s. 45). Yarı denetimli öğrenmenin en temel özelliği veri setlerinin hem etiketlenmiş hem de etiketlenmemiş verilerden teşkil edilmesidir. Etiketlenmiş ve etiketlenmemiş veri setlerinden teşkil edilen veri setinden verilerin sınıflandırılmasına dönük bir model oluşturulması maksadıyla yararlanılmaktadır. Yarı denetimli öğrenme modelinin amacı, gelecekte algoritmaya sunulan yeni veri setlerini sadece etiketlenmiş veriden yararlanan denetimli öğrenme modeline nazaran daha iyi sınıflandıracak bir model oluşturulmasıdır (Mohammed ve diğerleri, 2017, s. 10). Yarı denetimli öğrenme modeli denetimli ve denetimsiz öğrenmenin bütünleştirilmesini temel alan bir makine öğrenme modeli olarak kabul edilebilir (Herrmann ve Ultsch, 2008, s. 139). Hem etiketlenmiş hem de etiketlenmemiş veriden faydalanması nedeniyle yarı denetimli öğrenme "etiketlenmiş ve etiketlenmemiş veride öğrenme" olarak da adlandırılmaktadır (Sammut ve Webb, 2011, s. 892).

Diğer bir makine öğrenme modeli ise pekiştirme öğrenme modelidir. Öğrenme sürecinde etkililiği arttırmak ya da riskleri azaltmak amacıyla çevreden alınan verinin ve gözlemlerin öğrenme sürecine dâhil edilmesini kapsayan bir öğrenme modelidir (Mohammed ve diğerleri, 2017, s. 11). Pekiştirme öğrenme bir öğrenme algoritmasına belirli bir çevredeki sınırsız sayıda kaynaktan veri alınmasını temel alır (Dua ve Du, 2011, s. 45). Pekiştirme öğrenme makine öğrenme süreçlerinde diğer öğrenme modellerine nazaran daha az yararlanılan bir öğrenme modelidir. Pekiştirme öğrenme makine öğrenme süreçlerinde belirli zamanlarda verilen ceza ve ödül sinyallerinin öğrenmeyi ne ölçüde etkilediğine dönük bir öğrenme modelidir. Bir makine öğrenme modeli olarak pekiştirme öğrenme makine öğrenmeyi tıpkı bir bebeğin yürümeyi öğrenmesi gibi bir yaklaşımla ele alır (Murphy, 2012, s. 2). Pekiştirme öğrenme belirli bir soruna ya da konuya ilişkin olarak ödülü maksimum düzeye çıkarmak, riski de minimum düzeye indirgemek maksadıyla çevre ile etkileşim sonucu gerçekleşen gözlemlerden yararlanılmasını amaçlamaktadır. Pekiştirme öğrenme modelinde aracı (agent) adı verilen akıllı programların ortaya konulmasında dört aşamalı bir süreçten yararlanılmaktadır. Bu aşamalar şu şekilde sıralanabilir (Mohammed ve diğerleri, 2017, s. 11);

- Girdi durumu aracı tarafından gözlemlenir.
- Aracının bir eylemi gerçekleştirmesi için karar fonksiyonundan yararlanılır.
- Eylem gerçekleştirildikten sonra aracı çevreden bir ödül ya da pekiştireç alır.
- Elde edilen ödülle ilgili durum-eylem çiftine ilişkin bilgi depolanır.

Makine öğrenme içinde bulunduğumuz büyük veri çağında bilginin işlenmesi ve örgütsel açıdan bir değer ortaya koyabilecek bir forma dönüştürülmesinde etkin bir rol oynayabilir. Makine öğrenme araçları ve algoritmaları büyük veri içinde işlevsel bilgiye erişim sürecinde harcanan hem zamanı hem de çabayı asgarî düzeye indirgeyebilir. Bu şekilde makine öğrenme araçları örgütsel düzeyde sağlıklı kararların alınmasına katkı sunmakla birlikte örgütsel sorunlara dönük olarak hızlı karar alınmasını da olanaklı hale getirebilir. Tüm bu nitelikleri ve işlevleri dikkate alındığında makine öğrenmenin veri yönetim süreçlerinin önemli bir bileşeni olduğu ve veri yönetimi süreçlerinde haiz olduğu önemi gelecekte daha da arttıracağı ileri sürülebilir. Makine öğrenme büyük verinin hacmindeki artışa dayalı olarak büyük veriden etkin bir biçimde yararlanılmasında ve büyük veri setleri içinden işlevsel bilgiye erişim sağlanmasında merkezi bir konumda yer alabilir.

3.8. Veri Yönetiminde Karşılaşılan Zorluklar

Veri yönetimi diğer yönetim süreçleri ile benzerlikler göstermekle birlikte verinin kendisinin sahip olduğu çeşitli nitelikler nedeniyle diğer yönetim süreçlerinden farklılaşmaktadır (Henderson ve Earley, 2017, s. 23). Veri yönetimi süreçleri çeşitli zorlukları beraberinde getirmektedir. Özellikle verinin hacmi ve hızındaki muazzam artış, veriye erişim ve veri analizinde yararlanılan araçlardaki teknolojik gelişmelere dayalı olarak ortaya çıkan teknik beceriler gibi hususlar veri yönetimi eylemlerini ve uygulamalarını oldukça güç gerçekleştirilen eylemlere ve uygulamalara dönüştürmektedir. Veri önemli bir örgütsel kaynak olmakla birlikte sahip olduğu nitelikler nedeniyle yönetimi diğer örgütsel varlıkların yönetiminden farklılık arz etmektedir. Bu farklılığa dönük sağlıklı bir farkındalığın ya da anlayışın gerçekleştirilememesi veri yönetimi süreçlerinde örgütsel düzeyde sorunların yaşanmasına zemin hazırlamaktadır. Veri yönetiminde karşılaşılan sorunlara ilişkin çok fazla bileşen ya da husus sıralanabilir. Buna karşın bu çalışmada veri yönetiminde karşılaşılabilecek en temel sorunlara ilişkin bilgilere yer verilmiştir.

3.8.1. Veri Yönetimine İlişkin Bilgi ve Tecrübe

Veri yönetimi belirli düzeyde bir bilgi ve tecrübeyi gerekli kılmaktadır. Bu nedenle veri yönetimi süreçlerini gerçekleştirecek bireylerin ya da örgütlerin uzman yardımına ya da bu hususta uzman kişilerce eğitilmiş personele ihtiyacı söz konusu olabilir. Veri yönetiminde ayrıca belirli düzeyde bir tecrübe de süreçlerin etkili bir biçimde gerçekleştirilmesinde önemli rol oynayabilir. Aksi takdirde örgütlerde veri yönetimi eylemleri ve uygulamaları deneme yanılma yoluyla yerine getirilmek zorunda kalınabilir (Tavakoli ve diğerleri, 2006, s. 141). Bu durum veri yönetimi süreçlerini olumsuz etkileyebileceği gibi veri yönetimi süreçlerinin örgütsel açıdan maliyetini de arttırabilir. Veri yönetimi oldukça sistematik bir süreci ifade etmektedir. Öncelikle veriden işlevsel bilgiye erişim sağlanması ve erişim sağlanan bilginin örgütsel karar süreçlerine yansıtılarak örgütsel değer yaratılması söz konusudur. Hem veriden işlevsel bilgiye erişim süreci hem de elde edilen bilginin örgütsel süreçlere yansıtılması belirli düzeyde bir bilgi birikimini ve tecrübeyi gerekli kılabilir.

Veri etkili bir biçimde kullanıldığında önemli örgütsel kazanımlar elde edilmesini sağlayabilir. Buna karşın veriden örgütsel değer ortaya konulması diğer örgütsel varlıklardan yararlanılarak bir kazanım elde edilmesinden çok daha güçtür. Öncelikle veri dinamik bir örgütsel varlıktır. Ayrıca soyuttur ve veriden somut bir kazanım elde edilebilmesi için işlenmesi gerekmektedir. Bu yönleriyle veri diğer örgütsel varlıklardan önemli ölçüde ayrılmaktadır. Verinin somut bir değere dönüştürülmesinde belirli düzeyde bir uzmanlığa ihtiyaç duyulabilir. Bu noktada örgütler veri yönetimi hususunda uzmanlaşmış çalışanlara sahip olmayı önemli bir örgütsel değer olarak kabul etmelidirler. Örgütlerde veri yönetimi süreçlerinin uzmanlar ya da bu hususta eğitilmiş bireyler tarafından yürütülmesi ve bu kişilerle düzenli toplantıların yapılması örgütlerin sahip oldukları veri ve bu verilerin nasıl elde edildiğine dönük örgütsel düzeyde bir farkındalık yaratılmasında etkin bir rol oynayabilir (Tavakoli ve diğerleri, 2006, s. 142).

3.8.2. Verinin Diğer Örgütsel Varlıklardan Farklılıkları

Örgütlerin fiziksel varlıkları gösterilebilir, varlıkları somut olarak ortaya konulabilir ve bir yerden başka bir yere taşınabilirler. Örgütlerin finansal varlıkları ise çeşitli bilançolardan yararlanılarak bir dengede tutulmaya çalışılır. Buna karşın veri farklıdır. Veri somut bir örgütsel varlık değildir. Fiziksel bir nitelik taşımamasına rağmen veri uzun süreli bir örgütsel varlıktır ve hiçbir zaman tamamıyla işlevselliğini yitirmez. Buna karşın verinin örgütsel açıdan değeri zamanla değişiklik arz edebilir. Verinin kopyalanması ve bir yerden başka bir yere taşınması kolaydır. Ancak verinin tamamen zarar görmesi ya da kaybolması durumunda yeniden üretilmesi kolay değildir.

Veri kullanıldığında tükenen bir örgütsel varlık olmadığından örgütsel açıdan kaybedilmeden çalınması da mümkündür. Veri dinamik bir varlıktır ve veriden farklı amaçlar için yararlanılabilir. Hatta bir veri setinin aynı anda birçok kişi tarafından kullanılması da mümkündür ki bu durum örgütün fiziksel varlıkları için geçerli değildir. Verinin farklı amaçlar için kullanılması daha fazla verinin üretilmesine neden olur. Bu durum örgütleri daha büyük hacimlerde verileri yönetmek durumunda bırakmaktadır (Henderson ve Earley, 2017, s. 23).

Verinin sahip olduğu çeşitli nitelikler ve diğer örgütsel varlıklardan farklılıkları yönetim süreçlerini zorlaştırmaktadır. Öncelikle veri soyut bir örgütsel varlıktır. Farklı formlarda ya da farklı kaynaklarda birbiri ile ilişkili ya da birbirinden bağımsız bir formda yer alabilmektedir. Verinin bu türden diğer örgütsel varlıklardan farklılıkları verinin yönetilmesini oldukça karmaşık ve zorlu bir süreç haline getirmektedir. Gray (1996, s. 10) veri yönetiminde verinin niteliklerinden kaynaklanan bazı sorunları şu şekilde sıralamaktadır;

- Öncelikle veri çok farklı biçimde modellenmiş olabilir. Örneğin mekânsal (spatial), zamansal (temporal) ya da görsel (visual) veri gibi farklı veri formlarından ya da modellerinden bahsedilebilir. Verinin içeriği ve doğasındaki bu türde farklılıklar geleneksel veri tabanı sistemleri ile verinin bütünleştirilmesini oldukça güçleştirmektedir.
- Farklı kaynaklarda yer alan verinin bütünleştirilmesi de aynı şekilde oldukça güçtür.
- Verinin örgütlerde işlenmesi ve veri akışına dönük eylemlerin ve uygulamaların takip edilmesi ve yönetilmesi oldukça zorlu bir süreci ifade eder.

Veri dinamik bir örgütsel varlıktır. Özellikle büyük veri üzerinde gerçekleştirilen veri yönetimi süreçlerinde verinin dinamik bir nitelik taşıması veri yönetimi açısından önemli bir sorun teşkil edebilir. Bu türde dimamizmi üst düzeyde bir örgütsel varlık olarak verinin yönetimi ilişkisel veriler üzerinden veri yönetiminin gerçekleştirildiği klasik veri yönetimi uygulamaları ile başarılı bir biçimde yerine getirilemeyebilir (Keim, Kohlhammer, Ellis ve Mansman, 2010, s. 20). Verinin hızlı bir biçimde üretilmesi ve aynı hızda işlevselliğini yitirmesi verinin dinamizmini arttırmaktadır ve bu durum verinin diğer örgütsel varlıklara nazaran yönetimini oldukça güç bir duruma getirmektedir.

Verinin taşıdığı farklı nitelikler veriye maddî bir değer biçilmesini zorlaştırmaktadır. Maddî değeri ortaya konulmadan verinin örgütün başarısına katkısının saptanması da oldukça güçtür. Örgütsel bir varlık olarak verinin bahsi geçen farklı nitelikleri örgütün ne kadar veriye sahip olduğunun ortaya konulması ve verinin hatalı bir biçimde kullanılmasının önüne geçilmesi gibi veri yönetimine dönük sorunları da beraberinde getirmektedir. Bunlara ek olarak gereksiz veriler nedeniyle ortaya çıkan risklerin yönetimi ve veri kalitesine ilişkin standartların tanımlanması ve uygulanması gibi veri yönetiminin diğer bazı önemli bileşenlerine dönük olarak da sorunlar ortaya çıkabilmektedir (Henderson ve Earley, 2017, s. 23).

Verinin örgütsel değerinin ölçülmesine ilişkin sorunlara rağmen verinin örgütsel bir varlık olarak bir değer taşıdığı herkes tarafından kabul edilen bir gerçektir. Örgütlerin sahip oldukları veriler kendilerine özgüdür. Bu nedenle örgütsel düzeyde sahip olunan verinin kaybolması ya da yok olması durumunda verinin tekrar yerine konulması neredeyse imkânsız ya da son derece maliyetli olabilir. Veri aynı zamanda bir örgütün kendisini tanımak için yararlandığı bir aracıdır. Bu yönüyle veri diğer örgütsel varlıkları betimleyen bir üst örgütsel değer ya da varlıktır (meta-asset). Bu niteliği verinin örgütün kendine bir dönük sağlıklı bir anlayış geliştirmesinde merkezi bir konumda yer almasına neden olmaktadır (Henderson ve Earley, 2017, s. 24). Bu nedenle bir üst değer olarak verinin etkili ve verimli bir biçimde yönetilmesi örgütün işleyişine dönük bir öz farkındalık yaratılmasında da işlevsel bir konumda yer alabilir. Büyük veri örgütsel amaçlara vuruk işlevsel bilgiye erişim sürecinde daha etkili bir aracı niteliği taşır. Buna karşın analiz edilmesi, diğer bir ifade ile büyük verinin işlenerek örgütsel karar süreçlerine yansıtılabilecek işlevsel bilgiye erişim sağlanması çok daha güçtür (Qi, 2020, s. 131).

Verinin diğer örgütsel varlıklardan diğer bir önemli farkı verinin elde edildiği kaynakların çeşitliliğidir. Veriden örgütsel bir değer yaratabilmenin en önemli öncüllerinden biri de farklı kaynaklardan elde edilen verilerin bütünleştirilerek örgütsel amaçlar doğrultusunda işlevsel bir niteliğe kavuşturulabilmesidir. Verinin örgütsel bir varlık olarak farklı kaynaklardan elde edilebiliyor olması veri yönetimi açısından önemli bir sorun teşkil edebilir (Keim ve diğerleri, 2010, s. 19). Farklı kaynaklardan elde edilen verinin bütünleştirilerek anlamlı bir bütün haline getirilmesi oldukça zor bir süreçtir. Farklı kaynaklardan elde edilen verilerin ilişkilendirilerek örgütsel değer yaratmak adına bir bütün haline getirilmesi önemli ölçüde bir tecrübeyi ve bilgi birikimini gerekli kılabilir.

Hem örgüt içinde hem de örgütler arasında yönetsel süreçlerde veri ve bilgi önemli bir rol oynar. Örgütler arasındaki alışverişler aynı zamanda önemli ölçüde bir veri ve bilgi paylaşımını da içermektedir. Bilgi ve veri paylaşımının çoğu elektronik araçlar vasıtası ile gerçekleştirilmektedir. Örgütün içinde ya da örgütler arasında gerçekleşen bu bilgi ve veri akışı, bilgi ve veri paylaşımı dışında diğer bazı amaçlara da hizmet edebilir. Örgütsel veriler örgütün işleyişine dönük önemli bilgiler sunabilir. Örgüt açısından oynadığı önemli rol nedeniyle veri dikkatli bir biçimde yönetilmeli ve süreçlere azamî özen gösterilmelidir (Henderson ve Earley, 2017, s. 24). Verinin örgüt içinde dinamik ve sürekli bir akış içinde olduğu unutulmamalıdır. Örgüt içinde bir veri kaynağından elde edilen veriler yeni verilerin üretilmesinde işlevsel olabilmektedir ve bu şekilde veri üretimi süreklilik arz edecek bir niteliğe kavuşmaktadır (Keim ve diğerleri, 2010, s. 19). Verinin dinamik yapısının ve değişkenliğinin veri yönetimi süreçlerinin de buna paralel olarak dinamik ve esnek bir yapıda tasarlanmasını gerekli kılacağı ileri sürülebilir.

3.8.3. Veriye Değer Biçme Sorunu

Bir örgütsel varlığın ekonomik değeri temel olarak iki farklı yaklaşımla ele alınmaktadır: Varlığın değişim değeri (value of exchange) ve varlığın kullanım değeri (the value of use) (Enders, 2018, s. 4). Örgütsel bir varlığın değerini belirlemenin en temel yöntemi, varlığın elde edilmesi sürecinde ortaya çıkan maliyet ile örgütsel varlıktan elde edilen değer arasındaki fark temel alınarak belirlenmektedir. Bir üretim örgütünde üretilen ürünler gibi bazı örgütsel varlıkların değerinin belirlenmesi oldukça kolaydır.

Ticareti yapılan ürünlerin örgütsel değerinin hesaplanması da kolaydır çünkü bu değer ürünün satın alınması için harcanan finansman ile satışından elde edilen gelirin farkı ortaya konularak saptanabilir. Fakat veri için bu hesaplamalar oldukça güç ve karmaşıktır, çünkü verinin maliyeti ya da getirisine ilişkin her zaman geçerli net standartlar söz konusu değildir. Bir örgüte ilişkin veriler sadece o örgüte ait veriler olarak kabul edildiklerinden verinin elde edilmesinde harcanan örgütsel giderler ve verinin değer ortaya koyabileceği örgütsel değişkenler veriye bir değer biçilmesinde aracı niteliği taşıyabilir (Wagget ve diğerleri, 2005, s. 24). Örgütsel düzeyde veriye bir değer biçilmesinde aşağıda sıralanan hususlar belirleyici bir nitelik taşıyabilir (Henderson ve Earley, 2017, s. 24);

- Verinin elde edilmesi ve depolanmasına dönük maliyet,
- Verinin kaybolması durumunda tekrar elde edilmesi için gerekli maliyet,
- Veri kaybının örgüt üzerine muhtemel etkileri,
- Veriye ilişkin risklerin ortaya koyabileceği potansiyel maliyetler,
- Veriye ilişkin risklerin azaltılması ya da ortadan kaldırılmasının örgütsel açıdan maliyeti,
- Verinin geliştirilmesine dönük maliyet,

- Kaliteli verinin örgüte sağladığı yararlar ya da kazançlar,
- Örgütün rakiplerinin örgütün sahip olduğu veriye sahip olmak için göze alabilecekleri maliyet,
- Verinin satılması durumunda örgüte sağlayabileceği maddî getirinin düzeyi,
- Veriden yenilikçi yaklaşımlarla yararlanılması durumunda verinin örgüte sağlayabileceği maddî kazancın düzeyi.

Veri bilgiye erişim sürecinde bir hammadde niteliği taşımaktadır. Veriden bilgiye erişim sürecinde faydalanılan yazılım ve donanım programları araç, süreç sonunda elde edilen bilgi ise nihaî üründür (Moody ve Walsh, 1999, s. 2). Bu noktada verinin örgütsel açıdan değeri verinin örgütsel karar süreçlerinde yararlanılabilecek işlevsel bilgiye erişim sürecinde ne düzeyde etkili ve verimli olduğu ile ilişkilendirilebilir. Veri işlevsel bilgiye erişim sürecinde bilgi işleme sistemleri için bir kaynak niteliği taşımaktadır. Şekil 63'te basitçe ortaya konulan bu süreç bilgi işletim sistemleri vasıtası ile veriden bilgi elde edilmesini ortaya koyan süreçtir (Moody ve Walsh, 1999, s. 2);

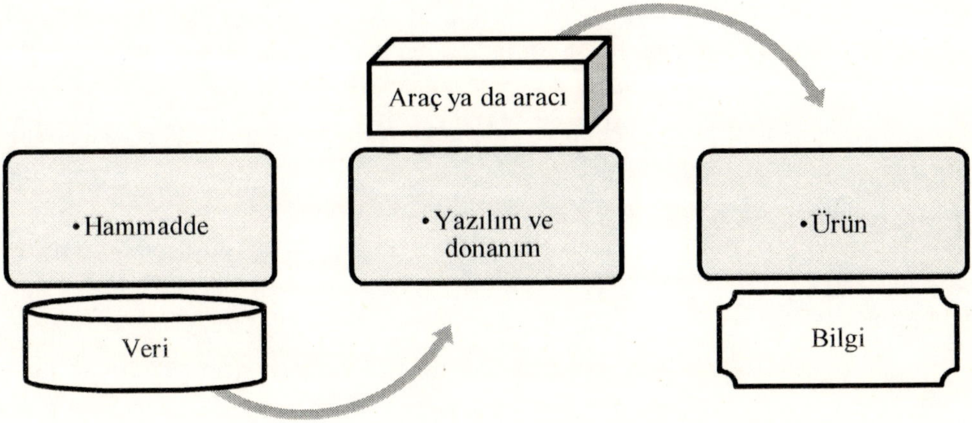

Şekil 63. Bilgiye erişim süreci

Kaynak: Moody ve Walsh, 1999, s. 2.

Verinin örgütsel açıdan değerinin ortaya konulmasında verinin elde edilmesi sürecinde yararlanılan araçların etkililiği de önemli bir rol oynayabilir. Buna karşın verinin örgütsel açıdan değerinin ortaya konulmasında veriden bilgiye erişim sürecinde yararlanılan yazılım ve donanım programlarının maliyetinden ziyade depolanan verinin örgütsel açıdan değeri temel alınır (Moody ve Walsh, 1999, s. 3). Veriden işlevsel bilgiye erişim sağlandıktan sonra ulaşılan bilginin örgütsel amaçlara ne ölçüde hizmet ettiğine dönük değerlendirmeler ve elde edilen bilgiden en etkin bir biçimde yararlanılmasına dönük belirlenen örgütsel stratejiler veriden yaratılan örgütsel değerin düzeyinin ortaya konulmasında işlevsel bir nitelik taşıyabilir.

Veriye değer biçilmesi ile ilgili en temel sorunlardan biri verinin değerinin bağlamsal bir nitelik taşımasıdır. Diğer bir ifade ile bir örgüt için değerli olan veri diğer bir örgüt için herhangi bir öneme sahip olmayabilir. Hatta verinin değeri geçici de olabilir. Bir örgüt için geçmişte önemli bir değer taşıyan verinin günümüzde örgütsel açıdan herhangi bir değeri söz konusu olmayabilir. Buna karşın örgüt içinde belirli türde veriler zamandan bağımsız olarak her zaman belirli düzeyde bir değer taşıyabilir. Örneğin bir üretim örgütünün müşterilerine ilişkin veriler örgüt için tutarlı bir biçimde her zaman değerlidir. Hatta zamanla örgütün müşteri davranışlarına ilişkin birikimli olarak elde ettiği veriler zaman geçtikçe örgüt için daha önemli hale gelebilir (Henderson ve Earley, 2017, s. 24). Bu durum büyük veri kavramının da ortaya çıkmasına zemin hazırlamıştır. Verinin örgütsel açıdan zamanla değer kazanabilmesi örgütleri mevcut şartlara dayalı olarak işlevsellik düzeylerine bakılmaksızın tüm verileri depolamaya sevk etmiştir. Büyük veri örgütsel açıdan önemli bir kaynak niteliği taşımakla birlikte büyük veriden örgütsel bir değer ortaya konulması da örgütsel veri yönetimi açısından önemli bir sorun olarak kabul edilmektedir.

Veri yönetimi açısından ele alındığında verinin finansal değerinin ortaya konulması veriye dönük sağlıklı kararların alınabilmesi açısından önemlidir çünkü örgütler sahip oldukları mal varlıklarının değerini maddî olarak ortaya koyma ihtiyacı hissederler (Aiken ve Billings, 2014; Akt. Henderson ve Earley, 2017, s. 25). Veri değerleme sürecinden aynı zamanda örgütte bir değişim yönetimi aracı olarak da yararlanılabilir.

Veri değerleme sürecinde uzmanların ya da paydaşların yardımlarından yararlanılması örgütün sahip oldukları veriye ilişkin bir anlayış değişikliğine gitme ve veri yönetimi süreçlerinde örgütsel düzeyde bir değişim ve dönüşüm gerçekleştirme hususlarında yol gösterici bir nitelik taşıyabilir (Henderson ve Earley, 2017, s. 25). Uzman yardımı büyük veri setlerinden uygun analiz araçları ile işlevsel bilgiye erişimin etkili bir biçimde sağlanmasında da önemli bir konumda yer alabilir. Veriden örgütsel karar süreçlerine yansıtılabilecek eyleme dönük bilgiye erişim kadar bu bilgiye zamanında erişim sağlanması da önemli bir husustur. Uzman yardımı veriden değer ortaya koyabilecek bilgiye erişim sürecini kısaltan bir aracı olarak da değerlendirilebilir.

3.8.4. Veri Kalitesi

Büyük miktarlarda verinin elde edilmesi ve depolanması veri yönetimi süreçlerini ve veri kalitesinin bilimsel bir yaklaşımla ele alınmasını oldukça güç bir hale getirmiştir (Sun ve Wang, 1997, s. 208). Veri kalitesi veri yönetiminin etkili bir biçimde yerine getirilmesinde önemli bir rol oynar. Bu yönüyle ele alındığında veri kalitesinin veriden örgütsel gelişim adına yararlanabilme hususunda işlevsel bir konumda yer aldığı ileri sürülebilir (Batini, Barone, Mastrella, Maurino ve Ruffini, 2007, s. 1).

Veri kalitesinin sağlanması veri yönetimi süreçlerinin en önemli sorunlarından birini teşkil etmektedir. Buna ek olarak veri kalitesinin sağlanması veri yönetimi süreçlerinin nihaî bir sonucu ya da ürünü olarak veri yönetiminin tüm aşamalarında göz önünde bulundurulması gereken bir husustur. Diğer bir ifadeyle veri kalitesinin sağlanmasına dönük eylemler ve uygulamalar verinin elde edilmesinden veriden örgütsel amaçlar doğrultusunda yararlanılmasına kadar tüm veri yönetiminin tüm safhalarında yer alacak biçimde tasarlanmalıdır. Sun ve Wang (2007, s. 209) veri yönetiminde verinin kalitesinin sağlanmasına dönük eylemlerin ve uygulamaların Şekil 64'te yer alan veri yönetimi süreçlerinin tümünde yer alacak biçimde tasarlanması gerektiğini ileri sürmektedirler;

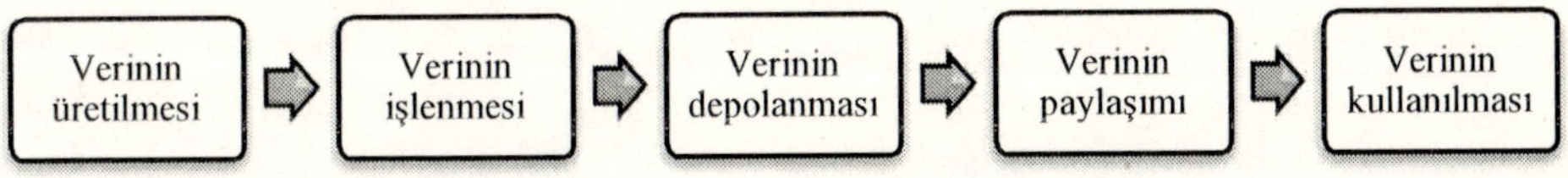

Şekil 64. Veri kalitesinin yönetiminde mantıksal süreçler

Kaynak: Sun ve Wang, 2007, s. 209.

Veri kalitesi veri yönetiminde merkezî konumda yer alır. Örgütler veri yönetimi süreçlerini veriden örgütsel amaçlar adına yararlanabilmek amacıyla gerçekleştirirler. Eğer örgütler örgütsel amaçların gerçekleştirilmesinde sahip oldukları veri varlığına güvenemezlerse verinin elde edilmesi, işlenmesi, depolanması ve verinin erişime açılması gibi eylemlerin ve işlemlerin hiçbirinin bir anlamı kalmayacağı ileri sürülebilir. Verinin örgütün amaçlarına hizmet edip etmediğine karar verilmesi sürecinde örgütler verinin tüketicileri ile işbirliği yapmalı ve veri kalitesine ilişkin parametrelerin belirlenmesi ve tanımlanmasında paydaşların fikirlerinden yararlanmalıdırlar (Henderson ve Earley, 2017, s. 25). Verinin örgütsel açıdan değerinin verinin kalitesi temel alınarak belirlendiği, yalnızca kaliteli verinin örgütlerin gelirlerini ve kârlılığını arttırabildiği, ayrıca yalnızca kaliteli verinin müşteri memnuniyeti gibi örgütsel verimliliğe ve etkililiğe ilişkin parametrelere olumlu katkı sunarak örgütlerin rekabet gücünü arttıran bir nitelik taşıdığı unutulmamalıdır (Lee ve diğerleri, 2006, s. 9).

Veri kalitesinin tanımlanmasında başat parametre verinin örgütsel amaçlar doğrultusunda işlevsel olup olmadığı ve verinin örgüt için kullanışlı olup olmadığıdır. Verinin örgütsel açıdan yararı ise verinin örgütsel bir öğrenmeye, bu öğrenmenin de örgütsel bir değere dönüşüp dönüşmediği ile ölçülmektedir. Örneğin bir ürünün geliştirilmesinde müşteri davranışlarına ilişkin veriler önemli bir konumda yer alabilir ve müşteri davranışlarına ilişkin veriler ürün kalitesinin arttırılarak örgütsel bir değere dönüştürülmesine katkı sunabilir. Kalitesiz ya da düşük kalitede veri örgütsel düzeyde yanlış kararların alınarak müşteri memnuniyetine ilişkin yanlış stratejilerin belirlenmesine zemin hazırlayabilir (Henderson ve Earley, 2017, s. 25). Düşük kalitede ya da kalitesiz verilerin çoğunun örgütü olumsuz etkilediği (Giannoccaro, Shanks ve Dark, 1999; Akt. Laranjeiro, Soydemir ve Bernardino, 2015, s. 2) ve kalitesiz verinin örgütler üzerinde hem sosyal hem de ekonomik negatif etkilerinin olduğu çeşitli araştırmalarla ortaya konulmuştur (Redman, 1998; Loshin, 2011; Akt. Laranjeirove diğerleri, 2015, s. 2).

Veri kalitesinin sağlanması veri yönetimi süreçlerinde önemli bir yer tutar. Çünkü kalitesiz ya da düşük kalitede verinin örgütsel açıdan bir maliyeti ya da finansal açıdan zararı söz konusudur. Amerika Birleşik Devletleri'nde veri kalitesine ilişkin sorunların kurumlar ve kuruluşlarda her yıl 600 milyar dolarlık bir zarara yol açtığı tahmin edilmektedir (Batini ve diğerleri, 2007, s. 1). Buna karşın veri kalitesine ilişkin finansal zararlar gizli ve dolaylı zararlar olduğundan tam zararın net olarak ortaya konulmayacağı ancak şirketlerin ödedikleri cezalar gibi veri kalitesine ilişkin sorunlardan kaynaklanan zararların net bir biçimde ortaya konulabileceği ileri sürülmektedir. Veri kalitesindeki sorunlar örgütsel açıdan maddî kayıplara neden olabilmektedir. Kalitesiz ya da düşük kalitede verinin neden olabileceği zararlara ilişkin hususlar şu şekilde sıralanabilir (Henderson ve Earley, 2017, ss. 25-26);

- Bazı süreçlerde yaşanan verimsizlikler nedeniyle süreçlerin tekrarlanmak zorunda kalınması,
- Örgütsel düzeyde yetersizliklerin ortadan kaldırılması süreçlerinde ortaya maliyetler,
- Örgütsel yetersizlikler ve düşük verim,
- Örgütsel çatışma,
- Düşük iş doyumu,
- Müşteri memnuniyetsizliği,

- Örgütsel fırsatların kaçırılması ya da örgütsel fırsatlardan etkin bir biçimde yararlanılamaması,
- Örgütsel yeniliklerde yaşanan yetersizlikler,
- Uyum sağlamaya dönük maliyetler,
- Veri kalitesizliği nedeniyle örgütün ödemck zorunda kaldığı para cezaları,
- Örgütsel imaj sorunları nedeniyle ortaya çıkan zararlar.

Veri örgütsel açıdan işlevsel bilgiye erişim sürecinde hammadde ya da kaynak niteliği taşır. Bu yönüyle veri kalitesinde yaşanan sorunlar sağlıklı bilgiye erişim açısından sorun teşkil edebileceği gibi bilgi kaybına da yol açabilmektedir (Brankovic ve Giggins, 2007, s. 177). Veri kalitesinin örgütsel açıdan önemi açıktır. Kaliteli veri müşteri memnuniyeti, yüksek verimlilik, örgütsel risklerin azaltılması, örgütsel fırsatların değerlendirilmesi, örgütsel gelirin arttırılması ve müşterilere, ürünlere, süreçlere ve fırsatlara dönük sağladığı sağlıklı bakış açısı gibi örgütsel etkililik ve verimliliğe doğrudan etki eden birçok hususta belirleyici bir role sahiptir (Henderson ve Earley, 2017, s. 26). Veri kalitesi örgütsel açıdan son derece önemlidir. Çünkü kalitesiz veri örgütsel açıdan sadece değersiz veri olarak ele alınmamalıdır. Kalitesiz veri örgütsel değerlendirmeleri ve kararları da olumsuz etkileyebilecek ve örgütsel süreçleri yanlış yönlendirebilecek bir niteliğe sahiptir (Muller, 1999, s. 45). Bu nedenle kalitesiz veri örgütsel açıdan işlevsiz veri olarak değil örgüt açısından bir tehdit unsuru olarak ele alınmalıdır.

Veri kalitesinin teminat altına alınmasında örgütsel düzeyde veri kalitesinin yönetimine dönük eylemler ve uygulamalar önemli bir rol oynamaktadır. Buna karşın veri kalitesinin yönetimi veri yönetiminin tek bir aşamasında gerçekleştirilen eylemlerden ve uygulamalardan ziyade veri yönetiminin her bir safhasında gerçekleştirilen eylemlere ve uygulamalara karşılık gelmektedir. Bu yönüyle veri yönetimi süreçlerinin her aşamasında gerçekleştirilen veri kalitesine dönük eylemlerin ve uygulamaların tüm veri yönetimi süreçlerinin sonunda ulaşılacak nihaî veri kalitesini doğrudan etkileyeceği ileri sürülebilir (Henderson ve Earley, 2017, s. 26). Bu nedenle veri kalitesinin sağlanmasına ya da teminat altına alınmasına dönük tedbirler veri yönetimi süreçlerinin her aşamasında azamî özen gösterilmesi gereken hususlar ya da süreçler olarak ele alınmalıdırlar.

Veri kalitesine dönük örgütsel düzeyde standartların belirlenmesi ve süreçlerin bu standartlar doğrultusunda gerçekleştirilmesi veri kalitesinin sağlanması açışından önem teşkil edebilir. Veri kalitesine ilişkin olarak çok fazla parametre ya da değişken sıralanabilir. Ancak "dört C" (complete, coherent, correct, accountable) olarak adlandırılan verinin eksiksiz, tutarlı, doğru ve hesap verilebilir olması temel parametreler ya da değişkenler olarak ele alınabilir (McCallum, 2013, s. 226). Veri kalitesine dönük parametreler örgütsel düzeyde depolanan verinin içeriği ve doğası temel alınarak çeşitlendirilebilir. Veri yönetiminden örgütsel bir değer ortaya konulması sürecinde veri kalitesine dönük bir standardın belirlenmesi ve bu standardın karşılanmasına dönük eylemlere ve uygulamalara azamî özen gösterilmesi önemli bir husustur.

3.8.5. Kaliteli Veri için Planlama

Planlama veri yönetimi süreçlerinin her aşaması için geçerli bir uygulamadır. Bu noktada hem veriye hem de veri stratejisine ilişkin planlamalar önemli bir konumda yer alır. Veriye ve veri stratejisine ilişkin planlamalar yalnızca örgütsel düzeyde değil, örgütün ait olduğu iş alanını da kapsayacak biçimde ele alınmalıdır (McCallum, 2013, s. 150). Planlama veri yönetimi süreçlerinin başarısı açısından merkezî konumda yer alan bir kavramdır. Özellikle kaliteli veriye dönük planlama veri yönetimi süreçlerinin belirlenen amaçlara hizmet etmesinde etkin bir rol oynayabilir. Veri kalitesine ilişkin planlama verinin diğer örgütsel varlıklardan farklılıkları nedeniyle çeşitli zorlukları beraberinde getirebilir. Öncelikle veri dinamik ve çok hızlı değişen bir niteliğe sahiptir. Bu noktada veri kalitesine dönük planlama da buna paralel olarak esnek bir yapıda tasarlanmalı ve planlama süreçleri değişen durumlara ayak uydurabilmelidir.

Veriden örgütsel bir değer yaratılması tesadüfen gerçekleşen bir durum değildir. Veri yönetiminde veri kalitesinin sağlanması çok çeşitli etmenleri dikkate alarak planlama yapılmasını gerekli kılmaktadır. Bu hususta örgütlerin öncelikle verinin elde edilmesini ya da üretilmesini nasıl kontrol edebileceklerine dönük sağlıklı bir anlayış geliştirmeleri önem teşkil etmektedir. Bu hususlara vuruk sağlıklı bir bakış açısının geliştirilmesi veri yaşam döngüsünün her aşamasında veri yönetimine dönük etkili kararların alınmasında önemli bir rol oynayabilir. Veri yönetimi süreçlerinde alınacak bu kararlar sistemsel bir düşünce tarzını gerekli kılar çünkü bu kararlar aşağıda yer alan hususlara dikkat çekmektedir (Henderson ve Earley, 2017, s. 26);

- Verinin normalde birbirinden bağımsız olarak ele alınabilecek örgütsel bileşenleri nasıl birleştirebileceği,
- Örgütsel eylemlerle ve uygulamalarla bu eylemleri ve uygulamaları teknolojinin nasıl desteklediği,
- Örgütsel sistemlerin yapısı ve tasarımı ve bu sistemlerin ürettikleri ve depoladıkları verilere dönük bileşenlerin nasıl belirleneceği,
- Veriden örgütsel stratejilerin geliştirilmesinde nasıl yararlanılabileceği.

Veri kalitesine dönük örgütsel düzeyde gerçekleştirilecek planlama süreçlerinde ilk aşamada veri kalitesine dönük ilkeler ve standartlar ortaya konulmalıdır. Daha sonra verinin bu ilkeler ve standartlar temel alınarak nasıl bir değerlendirmeye tabi tutulacağına dair değerlendirmeler yapılmalı ve süreçler tasarlanmalıdır. Son olarak belirlenen ilkeler ve standartlar mevcut veriler üzerinde uygulanarak veri kalitesine dönük sonuca ulaşılmalıdır (Maydanchik, 2007, s. 55). Veri kalitesinin sağlanmasına ilişkin planlama oldukça sistematik ve bilimsel bir yaklaşımı gerekli kılmaktadır. Veri kalitesinin planlanması veri yapısı, veri modellemesi ve veri yönetimine ilişkin diğer tasarım bileşenlerine stratejik bir yaklaşımı esas alır. Bu noktada örgütsel düzeyde işbirliği ve liderliğin sağladığı destek gibi unsurlar önemli rol oynayabilir. Veri kalitesine ilişkin planlama sürecinde karşılaşılabilecek en önemli sorunlar örgütsel baskılar, zaman ve maliyet baskısı gibi hususlardır. Bu süreçte örgütsel amaçların uzun vadeli ve kısa vadeli amaçlar olarak sınıflandırılması sağlıklı kararların alınmasına ve veri kalitesine ilişkin sağlıklı bir planlama yapılmasına katkı sunabilir (Henderson ve Earley, 2017, s. 26).

3.8.6. Üst Veri ve Veri Yönetimi

Örgütlerin sahip oldukları veriyi örgütsel bir varlık olarak etkili biçimde yönetebilmeleri için güvenilir üst veriye ihtiyaçları vardır. Veri yönetiminde üst veri yalnızca iş alanına ilişkin teknik ve operasyonel verileri değil, veri yapısı, veri modelleri, veri güvenliği gereksinimleri, veri bütünleştirme standartları ve operasyonel süreçler gibi veri yönetimi bileşenlerine ilişkin verileri de kapsamaktadır. Bir örgütte yer alan üst veri örgütün hangi verilere sahip olduğu, paydaşlara ve müşterilere hangi tür verileri sunduğu, verileri hangi kaynaklardan elde ettiği, örgüt içinde verinin nasıl bir hareket izlediği, veriden kimlerin yararlanıp yararlanamadığı ve verinin kalitesine ilişkin bilgileri içerir (Henderson ve Earley, 2017, s. 27). Bu yönüyle üst veri örgütün sahip olduğu verilerin betimsel bir özeti niteliği taşımaktadır.

Üst veri aynı zamanda veri tabanlarında yer alan verileri betimleyerek veriye ilk erişim esnasında kullanıcılara verinin işlevselliğine dönük bilgiler sunabilir. Bu niteliği ile üst veri veri yönetimi süreçlerinde elde edilecek ikincil verilerin seçiminde önemli bir aracı niteliği taşıyabilir (Pinolia, Ceri, Martinenghia ve Nanni, 2018, s. 1). Üst veri veriye ilişkin veri niteliği taşıdığından üst verinin kalitesi betimlediği veri setine dönük değerlendirmelere temel teşkil edebilir. Bu noktada üst veri hangi verilerin elde edileceği, verinin hangi kaynaklarda aranacağı ve elde edilen verilerin nasıl bütünleştirileceği gibi veri yönetiminin önemli bileşenlerine yön veren bir nitelik taşır. Bu doğrultuda üst veri kalitesi veri yönetimi süreçlerinin etkili ve verimli bir biçimde yerine getirilmesinde etkin rol oynar. Üst veri ile ilgili kalite sorunlarının veri yönetimi süreçlerine olumsuz yansımalarının olacağı ileri sürülebilir.

Veri soyut bir kavramdır. Bu yönüyle veriye ilişkin tanımlamalar ve verinin bağlamına ilişkin betimlemeler örgütsel verilere ilişkin sağlıklı bir anlayışın geliştirilmesinde önemli bir konumda yer almaktadır. Üst veri verinin, veri yaşam döngüsünün ve veri içeren karmaşık sistemlerin anlaşılabilir bir boyuta taşınmasında önemli bir aracı niteliği taşımaktadır. Üst veri ile ilgili önemli bir sorun üst verinin de bir tür veri olması ve yönetilmeye ihtiyaç duymasıdır. Veri yönetiminde etkisiz olan örgütlerin üst veri yönetiminde tamamen yetersiz olacakları ileri sürülebilir. Üst veri yönetimi genel olarak veri yönetimi süreçlerinde etkililik ve verimlilik için iyi bir başlangıç niteliği taşımaktadır (Henderson ve Earley, 2017, s. 27). Çünkü üst veri verinin elde edilmesi de dâhil olmak üzere veri yönetiminin tüm aşamalarına doğrudan etki eden bir nitelik taşır. Örneğin verinin depolandığı veri ambarlarının içeriğine ilişkin üst veriler mevcuttur. Bu yönüyle üst veri ilişkili verinin takip edilmesinde önemli bir noktada yer alır (Ponniah, 2001, s. 28). Önemli işlevlerine rağmen üst verinin yönetimi oldukça güçtür. Üst verinin yönetimini güçleştiren hususlar şu şekilde sıralanabilir (Ponniah, 2001, s. 196);

- Farklı yazılım programlarının üst veri oluşturmaya ilişkin farklı uygunluk kriterleri söz konusudur. Farklı veri ambarlarından elde edilen veriler üzerinden bir veri yönetimi süreci gerçekleştirilecekse farklı formlarda yer alan üst verinin uyumlu hale getirilmesi önemli bir sorun teşkil edebilir.
- Üst verinin standartlarına ilişkin hiçbir çalışma alanında net ilkeler ve kurallar yoktur.
- Bütün veri ambarlarında üst verinin kontrol altında tutulması ve üst verinin içeriğine ilişkin tek bir formatın hâkim kılınması oldukça güçtür.
- Çok çeşitli kaynaklardan beslenen büyük veri ambarlarında yer alan üst veriler için belirli tek bir standardın yakalanması oldukça güçtür. Bunun temel nedeni olarak üst veriye ilişkin birbiri ile çelişen standartların mevcut olması, farklı veri formları, verinin tanımlanmasına dönük farklılıklar, verinin nitelikleri, değeri ya da verinin elde edildiği ölçüm birimleri gibi hususlar gösterilebilir.

Veri yönetimi süreçlerinde örgütsel açıdan bir değer ortaya koyabilecek verinin seçiminde özellikle hacim açısından büyük boyutlarda yer alan büyük veri içinde üst veri amaca uygun verilere erişimin sağlanmasında önemli kolaylıklar sağlayabilir. Bu nedenle veri yönetimi süreçleri üst verinin yönetimini de kapsayacak biçimde tasarlanmalıdır. Üst verinin yönetiminde ortaya çıkacak çeşitli nitelik sorunlarının veri yönetimi süreçlerini işlevsiz kılabileceği unutulmamalıdır. Üst veri veri yönetimi süreçlerinin daha verimli ve etkili bir forma dönüştürülmesinde etkin bir rol oynayabilir. Veriye ilişkin veri niteliği taşıması ve veri setlerini betimlemesi gibi işlevleri nedeniyle üst veri veri yönetimi süreçlerinde örgütsel değer yaratabilecek verinin tespit edilmesinde önemli bir konumda yer almaktadır.

3.8.7. Veri Yönetiminin Birimler Arası Niteliği

Veri yönetimi oldukça karmaşık bir süreci ifade eder. Bir örgüt içinde veri yönetimi veri yaşam döngüsünün farklı aşamalarından sorumlu olan farklı birimlerdeki farklı takımlar tarafından gerçekleştirilmektedir (Henderson ve Earley, 2017, s. 27). Bu durum farklı birimler arasında veri yönetimine ilişkin bir koordinasyonu zorunlu kılmaktadır. Bir örgüt içinde birimler arasındaki koordinasyon örgütün verimliliğine doğrudan etki eden bir unsurdur (Carr, Kaynak ve Muthusamy, 2008, s. 55). Bu durum veri yönetimi süreçleri için de geçerlidir. Veri yönetimi süreçlerinde birimler ya da bölümler arası koordinasyonun sağlanamaması süreçlerin etkili ve verimli bir biçimde yerine getirilmesinde önemli bir engel teşkil edebilir. Sağlıklı iletişim diğer tüm yönetsel süreçlerde olduğu gibi veri yönetimi süreçlerinde de etkililik ve verimlilik açısından önemli bir rol oynayabilir.

Veri yönetimi süreçlerinin bölümler arası bir yapıda tasarlanması ve örgütün farklı birimleri arasında veri yönetimi hususunda bir koordinasyonun ve işbirliğinin sağlanması süreçlerin sağlıklı bir biçimde yerine getirilmesinde etkin bir rol oynayabilir. Bu noktada veri yönetimi süreçlerinde farklı birimler arasında koordinasyonu sağlayacak ve birimler arası çalışacak bir takım oluşturulabilir. Bu durum oluşturulan takımın veri yönetimi konusunda farklı öncelikleri olan birimlerle ve farklı kaynaklar temel alınarak işlevini yerine getirmesi anlamına gelmektedir (Kettley ve Hirsh, 2005, s. 5). Özellikle çok farklı birimleri ya da bölümleri bünyesinde barındıran büyük ölçekli kurum ve kuruluşlarda bu türde birimler arası bir takımın işlevsel bir biçimde çalışması veri yönetimi süreçlerinde önemli bir sorun olarak ortaya çıkabilir. Oluşturulan takımın çok farklı veri marketlerine sahip ve veriden farklı beklentileri olan bölümler arasında sağlıklı bir iletişimi ve koordinasyonu teşkil etmesi oldukça güç olabilir.

Bütün bu güçlüklere ek olarak veri yönetimi sistemsel düzeyde tasarım becerilerini, yazılım ve donanım sistemlerine ilişkin yüksek düzeyde teknik becerileri, sorunları anlamak adına veri analizi süreçlerine dönük becerileri, veriyi yorumlamak için analitik beceriler gibi çok farklı becerileri gerekli kılan bir süreçtir. Ayrıca veri yönetimi süreçte tanımlamalar ve veri modelleri üzerinde bir uzlaşı sağlamak adına dil becerilerini ve örgütsel amaçlara ulaşmak için fırsatlardan yararlanabilmek adına stratejik düşünmeyi gerektiren bir uygulamadır.

Veri yönetimi süreçlerinde en büyük sorunlardan biri bahsi geçen bu becerilere sahip bireyleri bir araya getirmek, bir araya getirilen bireyler arasında uyumu ve işbirliğini sağlamak ve birbirinden bağımsız bireyleri ve takımları veri yönetimi süreçlerinin ortak amaçlarına yönlendirebilmektir (Henderson ve Earley, 2017, s. 27). Bu yönüyle veri yönetiminde örgütsel düzeyde farklı becerilere sahip çalışanların bir araya getirilmesi ve aralarındaki koordinasyonun sağlanmasının önemli olduğu ileri sürülebilir. Veri yönetiminde koordinasyon aynı zamanda karar süreçlerinin de farklı birimler arasında koordineli bir biçimde yerine getirilmesinde önemli bir konumda yer alabilir. Veri yönetimi örgütsel düzeyde doğru kişilerin doğru zamanda bilgilendirilmesi açısından önemlidir (Brous, Janssen ve Vilminko-Heikkinen, 2011, s. 1). Buna karşın doğru bilgilendirmelerin zamanında gerçekleştirilebilmesi için veri yönetimi süreçlerinde örgütsel düzeyde etkili bir iletişim ve etkileşimin tesis edilmiş olmasının önemli bir husus olduğu ileri sürülebilir.

3.8.8. Zaman Sorunu

Veri yönetiminde en büyük sorunlardan biri de zaman sorunudur. Veri yönetimi süreçlerinde farklı formatlarda verinin analiz sürecinde hazırlanmasına dönük düşük düzeyli analiz işlemleri oldukça fazla zaman alan eylemlere dönüşebilir. Veri yönetimi süreçlerinde verinin elde edilmesi ya da analiz edilmesi öncesinde birçok işlemin gerçekleştirilmesi gerekmektedir. Örneğin elde edilecek ya da üretilecek veriye ilişkin sağlıklı bir ön değerlendirme yapılması ve birbiri ile ilişkili veri formatlarının ya da kaynaklarının bütünleştirilmesi bu türden işlemlere örnek olarak verilebilir. Bu türde hazırlık niteliği taşıyacak ve veri yönetimi süreçlerinde verinin analiz öncesi hazırlanmasına dönük işlemler araştırmacılar ya da veri yönetimi süreçlerini yürütecek bireyler açısından oldukça fazla zaman alan eylemlere dönüşebilir (Keim ve diğerleri, 2010, s. 35).

Veri yönetimi oldukça uzun ve zahmetli bir süreçtir. Veri yönetimi verinin elde edilmesi ya da üretilmesinden verinin örgütsel karar süreçlerine entegre edilmesine kadar oldukça zorlu eylemleri kapsamaktadır. Verinin elde edilmesi ve analizi bile başlı başına oldukça fazla zaman alabilir. Süreçlerde gerçekleşen hatalar silsile yoluyla diğer süreçlere de yansımaktadır. Örneğin analiz aşamasında hatalı bir verinin tespit edilmesi geriye dönük birçok analizin ve veri hazırlama işleminin tekrar gerçekleştirilmesini gerekli kılabilir. Bazı durumlarda hataların düzeltilmesinde de işlemlerin elle gerçekleştirilmesi durumunda kalınabilmektedir. Bu gibi durumlarda süreçler hem zaman alıcı hem de maliyetli olabilmektedir (Varga, 2010, s. 122). Bu noktada veri yönetimi süreçlerine önemli bir zaman ayrılması gerektiği ve süreçlerin uzman ya da en azından eğitimli bireylerce gerçekleştirilmesinin veri yönetimi süreçlerine harcanan zamandan etkin bir biçimde yararlanılmasına katkı sunabileceği ileri sürülebilir.

3.8.9. Kurumsal Bir Bakış Açısının Oluşturulması

Veri yönetimi örgüt içinde var olan verinin kapsamı ve etki alanına ilişkin sağlıklı bir bakış açısının ortaya konulmasını gerekli kılmaktadır. Bir örgüt içinde yer alan veri örgütün alt birimlerine, hatta alt birimler altında yer alan daha belirli bölümler altında depolanmış olabilir. Bir örgüt içinde yer alan veriler örgütsel operasyonların yan ürünü olarak kabul edildiklerinden veriye dönük planlama acil bir ihtiyaç olarak kabul edilmez. Bir örgüt içinde yer alan veriler bile birbirinden çok farklı bir nitelik taşıyabilir. Çünkü veriler bir örgüt içinde çok farklı birimlerde ortaya çıkabilir ya da üretilebilirler. Aynı kavram bir örgüt içinde farklı birimlerde farklı biçimlerde temsil edilebilir Örneğin aynı veri ürün, satış ya da üretim bölümleri için farklı anlamlar taşıyabilir (Henderson ve Earley, 2017, s. 27). Bu noktada örgütün farklı birimleri arasında mevcut verilerin anlamına ilişkin bütüncül bir bakış açısının geliştirilmesi oldukça güç bir konuma gelebilir. Verinin anlamına dönük kurumsal düzeyde ortak bir bakış açısının geliştirilmesi veriden örgütsel karar süreçlerinde etkin bir biçimde yararlanılmasında ve örgüt stratejisinin veriye dayalı bir yaklaşımla belirlenmesinde önemli bir sorun teşkil edebilir.

Veri örgütsel düzeyde önemli bir değişim aracı niteliği taşıyabilir. Örgütlerde değişime dönük ortak bir bakış açısının teşkil edilmesi örgütsel süreçlerde önemli bir koordinasyon aracısı niteliği taşır (Soberon, Sanchez-Chaparro, Urquijo ve Preira, 2020, s. 5). Bu nedenle örgütsel düzeyde veriye ve veri yönetimine ilişkin ortak bir kurumsal bakış açısının geliştirilebilmesi veri yönetiminin etkili bir biçimde yerine getirilmesinde önemli bir rol oynayabilir. Buna karşın verinin taşıyabileceği farklı formlar ya da anlamlar veri yönetimi süreçlerinde veriye dönük kurumsal düzeyde bütüncül bir bakış açısının geliştirilmesinde ve farklı birimlerdeki verinin bütünleştirilmesinde önemli sorunları beraberinde getirebilir. Paydaşlar bir örgüte ilişkin verinin tutarlı olmasını ve verinin farklı kullanıcılar tarafından yararlanılabilecek düzeyde bütüncül bir nitelik taşımasını beklerler. Ancak bu şekilde veriden örgütün dikey ya da yatay farklı birimlerince örgütsel karar süreçlerinde etkin bir biçimde yararlanılmasına zemin hazırlanabilir (Henderson ve Earley, 2017, s. 27). Bu nedenle örgütsel veri yönetimine ilişkin örgütsel düzeyde ortak bir anlayışın geliştirilmesi süreçlerin etkili ve verimli bir biçimde yerine getirilmesinde merkezî bir konumdadır.

3.8.10. Veri Yönetimine İlişkin Hesap Verebilirlik

Günümüzde örgütler örgüt içinde üretilen veriler kadar dış kaynaklardan elde edilen verilerden de yararlanmaktadırlar. Bu noktada örgütler veriden yararlanma hususunda ulusal ve örgütün faaliyet alanı ile ilgili yasal düzenlemelere uymak durumundadırlar. Bir veriyi üreten bireyler genellikle o veriyi daha sonra başkalarının kullanacağını unutmaktadırlar. Buna ek olarak veriden örgütsel düzeyde nasıl yararlanılacağına ilişkin olarak da bir anlayışın geliştirilememiş olması süreçlerin etkin bir biçimde yürütülmesinde önemli bir engel teşkil etmektedir. Veriden örgütsel amaçlar doğrultusunda nasıl yararlanılabileceğine dönük sağlıklı bir anlayışın geliştirilmesi veri yaşam döngüsünün sağlıklı bir biçimde yönetimine katkı sunarak örgütsel düzeyde kaliteli verinin elde edilmesinde önemli bir aracı rolü üstlenebilir (Henderson ve Earley, 2017, s. 28). Veri yönetimine ilişkin hesap verebilirlik veri kalitesi, verinin korunması, verinin güvenliği ve gizliliği gibi veri yönetiminin farklı bileşenlerini temel alarak yürütülebilir. Verinin korunmasına dönük hesap verebilirlik özellikle bulut ekosistemleri gibi verinin depolanmasını sağlayan sistemlerde yer alan verinin korunmasında önemli bir bileşen olarak kabul edilmektedir (Felici, Koulouris ve Pearson, 2013, s. 327).

Veri yönetimi sürecinde sürece dâhil edilen tüm veriler için bir hesap verebilirlik mekanizmasının oluşturulmasına veri yönetimi politikalarında ya da stratejilerinde yer verilmelidir. Hesap verebilirlik veri yönetimi süreçlerinde verinin ve süreçlerde gerçekleştirilen eylemlerin ve uygulamaların denetlenebilirliğini ve kontrol altında tutulabilmesini sağlayan önemli bir etmendir. Bu noktada veri yönetimi süreçlerinde hesap verebilirliğe dönük rollerin net bir biçimde ortaya konulması ve bu rolleri üstlenen bireylere gerekli yetkilerin verilmesi önemli bir husustur (Berson ve Dubov, 2007, s. 111).

Veri yönetimi süreçlerinin veri ile ilgili olarak bütünlük, şeffaflık, güvenlik, standardizasyon ve değişim yönetimi gibi birçok bileşeni kapsadığı, hesap verebilirliğin de bu bileşenlerden biri olduğu unutulmamalıdır (Khatri ve Brown, 2010, s. 164; Akt. Siddiqa ve diğerleri, 2016, s. 164). Örgütlerde veri yönetimi süreçlerinde hesap verebilirlik mekanizmalarının teşkil edilememesi ve hesap verebilirliğin önemine dönük olarak sağlıklı bir anlayışın geliştirilememesi veri yönetimi süreçlerinde veri ve veri yönetimi süreçleri üzerinde kontrolün kaybedilmesine zemin hazırlayabilir. Hesap verebilirlik sürecin her aşamasında gerçekleştirilen eylemlerin ve uygulamaların etkili bir biçimde yürütülmesine ve süreç sonunda kaliteli verinin elde edilmesine olanak sağlayarak örgütsel süreçlerin işleyişine katkı sunabilir.

Veri yönetiminde hesap verebilirlik veri yönetiminin her aşamasında yer alacak biçimde tasarlanmalıdır. Veri yönetimi sürecinde hesap verebilirlik sadece kaliteli veriye erişim sağlamak ve bu veriden örgütsel değer yaratmak ile sınırlandırılmamalıdır. Örgütsel düzeyde üretilen ya da elde edilen verinin yanlış amaçlarla kullanılması da söz konusu olabilir. Bu noktada örgütlerin mevcut verilerin güvenliğine dönük hesap verebilir bir nitelik taşımaları da veri yönetiminin önemli bir bileşeni olarak ele alınabilir. Hesap verebilirliğin veri yönetiminin önemli bir bileşeni konumuna getirilmesi veri güvenliği açısından da önemli bir konumda yer alabilir (Henderson ve Earley, 2017, s. 28).

Hesap verebilirlik diğer bütün yönetsel süreçlerde olduğu gibi veri yönetiminin de önemli bir parçası olarak kabul edilmeli ve hesap verebilirlik mekanizmaları veri yönetimi süreçlerine entegre edilmelidir. Hesap verebilirlik mekanizmaları veri yönetimi süreçlerinin etkili bir biçimde gerçekleştirilmesini sağlayabilir. Bu tür mekanizmaların mevcut olmaması ise veri kalitesinin garanti alınması gibi veri yönetiminin en temel unsurları üzerinde olumsuz bir etki yaratabilir. Kısaca hesap verebilirlik diğer tüm yönetsel süreçlerde olduğu gibi veri yönetimi süreçlerinin de ayrılmaz bir parçası olarak kabul edilmeli ve veri yönetimi süreçleri bu anlayış temelinde tasarlanmalıdır. Veri yönetiminde yer verilen eylemlere ve uygulamalara dönük standartların ve ilkelerin belirlenmesi, yerine getirilen eylemlerin ve veri yönetimi süreçleri sonunda ortaya konulan ürünlerin hesap verilebilir bakış açısı ile değerlendirilmesinde başat rol oynayabilir.

3.8.11. Veri Yaşam Döngüsü

Diğer örgütsel varlıklar da olduğu gibi verinin de bir yaşam döngüsü söz konusudur (Henderson ve Earley, 2017, s. 28). Veri yaşam döngüsü bilimsel araştırma süreçlerinin önemli bir parçası olarak kabul edilmekte ve önemini her geçen gün daha da arttırmaktadır (Wissik ve Durco, 2015, s. 95). Veri yönetimi süreçlerini etkili bir biçimde yerine getirebilmek adına örgütler veri yaşam döngüsüne dönük sağlıklı bir anlayış geliştirmeli ve veri yaşam döngüsünün yönetimine dönük planlar hazırlamalıdırlar.

İyi yönetilen veri örgütün veriden nasıl yararlanabileceğinin de ortaya konulacağı stratejik bir yönetimi temel almalıdır. Veri yönetimine stratejik bir yaklaşım ise örgütün hem veri varlıklarını etkili bir biçimde tanımlaması hem de veri yönetimine dönük gereksinimlerini net bir biçimde ortaya koyması ile mümkün olabilir. Örgütsel düzeyde veri yönetimine ilişkin belirlenen politikalar verinin kullanım alanları, kalitesi ve güvenliği gibi farklı parametreleri kapsayacak biçimde tasarlanmalıdır (Henderson ve Earley, 2017, s. 28). Bu şekilde geniş kapsamlı bir bakış açısı ile ele alınmayan politikalar veri yönetiminin etkin bir biçimde yerine getirilmesinde önemli bir engel teşkil edebilir.

Veri yaşam döngüsü veri yönetiminin merkezinde yer alır. Buna karşın veri yaşam döngüsünün ele alınması basit bir süreç değildir. Bunun temel nedeni farklı veri türleri için farklı veri yaşam döngüsü modellerinin teşkil edilebilmesidir. Örneğin büyük veri için tasarlanan veri yaşam döngüsü modeli büyük verinin hacim, hız ve çeşitlilik gibi niteliklerini temel alarak tasarlanmalıdır (Pouchard, 2016, s. 176). Büyük verinin niteliklerini temel alarak büyük veri için farklı yaşam döngüsü modelleri tasarlanabilir (Alshboul, Wang ve Nepali, 2015, s. 2). Veri farklı kaynaklarda çok çeşitli formlarda yer alabilmektedir. Bu durum farklı veri formları için farklı veri yaşam döngüsü modellerinin ortaya atılmasına neden olmaktadır. Bu durum veri yönetimi süreçlerinde standart eylemlerin ve uygulamaların tasarlanmasında önemli bir sorun teşkil edebilir.

Veri yaşam döngüsü ile ilgili önemli bir sorun da veri yaşam döngüsünün örgütsel düzeyde üretilen ürünlere ilişkin yaşam döngüsü ile ilişkisiz olmasının göz ardı edilmesidir. Veri yaşam döngüsünün örgütsel bir gelişim sürecine vuruk döngü ile bir bağlantısı söz konusu değildir. Veri yaşam döngüsünün tanımlanması ve betimlenmesi kolaydır. Çünkü veri yaşam döngüsü temel olarak verinin üretilmesi ya da elde edilmesi, taşınması, dönüştürülmesi, depolanması, erişime açılması ya da ortadan kaldırılmasına karar verilmesi gibi süreçleri kapsamaktadır (McGilvray, 2008; Akt. Henderson ve Earley, 2017, s. 28).

Veri yaşam döngüsü boyunca veri temizlenebilir, çeşitli dönüşümlere tabi tutulabilir, birleştirilebilir, boyutu arttırılabilir ya da kümeler haline getirilebilir. Örgütsel düzeyde veri kullanıldıkça genellikle bu durum yeni verilerin üretilmesine zemin hazırlar. Bu nedenle veri nadiren durağan bir yapıdadır. Bu durum veri yönetiminde veri yaşam döngüsünün farklı aşamalarının birbiri ile karşılıklı ilişki içinde ele alınmasını ve veri yönetimi süreçlerinin bu doğrultuda tasarlanmasını gerekli kılmaktadır (Henderson ve Earley, 2017, s. 28).

Farklı veri türleri için tasarlanan veri yaşam döngüsü modelleri veri için örgüt düzeyinde ortak bir anlayışın teşkil edilmesinde önemli bir rol oynar. Veri yaşam döngüsü veri ve yönetimi için örgüt içinde ve dışında ortak bir terminolojinin oluşturulmasında merkezî bir konumda yer alır (Ofner, Straub ve Osterle, 2013, s. 474). Buna karşın bir örgütte veri yaşam döngüsünün ayrıntıları oldukça karmaşık bir nitelik taşıyabilir çünkü veri sadece bir yaşam döngüsüne değil aynı zamanda bir soya ya da silsileye de sahiptir (Henderson ve Earley, 2017, s. 28). Verinin elde edildiği kaynaktan kullanıma sunulduğu kaynağa kadar uzanan sürece *"veri zinciri"* adı verilmektedir (Curry, 2016, s. 29).

Veri yaşam döngüsü kadar veri zincirine ilişkin olarak da örgütsel düzeyde bir anlayışın geliştirilmesi önemli bir husustur. Veri zincirine ilişkin bir anlayışın geliştirilebilmesi ise verinin elde edildiği kaynakların, verinin örgüt içinde yatay ya da dikey hareketlerinin ve verinin elde edilmesi ve kullanılması süreçlerinde veride meydana gelen değişim ve dönüşümlerin dokümantasyonu ile mümkün olabilmektedir.

Bir örgütte veri yaşam döngüsü ve veri zinciri birbirleri ile kesişmektedir ve bu nedenle her ikisi de birbiri ile ilişkili olarak ele alınmalıdır. Bir örgütte veri yaşam döngüsü ve veri zincirine ilişkin ne düzeyde sağlıklı bir anlayış geliştirilebilirse veri yönetim süreçleri de o ölçüde etkili bir biçimde yerine getirilebilir (Henderson ve Earley, 2017, s. 28). Örgütsel düzeyde veri yaşam döngüsü ve veri zincirine ilişkin ortak bir anlayışın geliştirilememesi veri yönetimi süreçlerinde önemli sorunları beraberinde getirebilir. Veri yönetimi süreçlerinin etkin bir biçimde yerine getirilmesi için örgütsel bir varlık olarak veriye dönük sağlıklı bir anlayışın geliştirilmesi, örgütsel bir varlık olarak verinin çok iyi tanımlanması önemli bir konumda yer almaktadır.

3.8.12. Farklı Türde Veriler

Veri farklı parametreler temel alınarak farklı biçimlerde ele alınabilmektedir. Örneğin elde edilen ölçeğin ya da aracın içeriğine ve doğasına göre verilerin nicel ya nitel veri, kategorik ya da sürekli veri, sıralama, aralık ya da oran ölçeklerinden elde edilen veriler gibi farklı gruplar altında ele alınması mümkündür (Afzal ve Rizwi, 2013, s. 103). Veri, verinin elde edilmesi sürecinde başvurulan yöntemler temel alınarak da gözleme dayalı veri ve deneysel veri gibi farklı biçimlerde kategorik hale getirilebilir. Benzer biçimde veri yönetimi süreçlerinde birincil, diğer bir ifade ile araştırmacı tarafından doğrudan toplanan veriler ya da ikincil veri olarak nitelendirilen farklı amaçlar için farklı araştırmacılar tarafından daha önceden toplanan verilerden de yararlanılabilir. Verinin bir örgütsel varlık ya da değer olarak çok farklı türleri veri yönetimi süreçlerinde önemli bir zorluk olarak ortaya çıkabilir.

Farklı veri yaşam döngüsü süreçlerine ve gereksinimlerine ihtiyaç duyan çok farklı formlarda verilerin mevcudiyeti veri yönetiminin en temel sorunlarından birini teşkil etmektedir. Bütün yönetim sistemleri yönetilen nesneleri ya da birimleri kategorik bir yapıda ele alma eğilimi göstermektedirler. Örgütsel düzeyde depolanan verilerin ise işlemsel veri, referans verisi, üst veri ve olay verisi gibi farklı biçimlerde kategorik bir forma dönüştürülmesi mümkündür. Ayrıca veri nasıl işlendiği ve nasıl depolandığı gibi farklı değişkenlerden yararlanılarak da gruplandırılabilir. (Henderson ve Earley, 2017, ss. 29-30). Farklı veri türleri farklı gereksinimlere ihtiyaç duyduğundan, farklı riskleri bünyesinde barındırdığından ve örgütsel düzeyde farklı işlevlere sahip olduğundan veri yönetim süreçlerinde yararlanılan araçlar temel olarak verinin sınıflandırılmasına ve kontrol edilmesine odaklanmaktadırlar (Bryce, 2005; Akt. Henderson ve Earley, 2017, s. 30). Bir örgütte farklı formlarda verinin mevcudiyeti veri yönetimi süreçlerinin farklı biçimlerde yürütülmesini gerekli kılmaktadır (Henderson ve Earley, 2017, s. 30). Bu durum veri yönetimi süreçlerinde örgütsel açıdan önemli sorunlara neden olabilmektedir. Veri yönetimi veri yaşam döngüsünün yönetimine karşılık gelmektedir. Farklı türde verilerin farklı yaşam döngülerine sahip olması veri yönetiminde tüm veri formları için geçerli standart eylemlerin ve uygulamaların ortaya konulmasını engellemektedir.

3.8.13. Veri ve Risk

Veri sadece örgütsel açıdan değer taşıyan bir varlık değildir. Veri örgütsel açıdan çeşitli riskleri de içinde barındırır. Öncelikle düşük kalitede veri yanlış bilgilere zemin hazırlayabileceğinden örgütsel açıdan bir risk teşkil etmektedir. Buna karşın yanlış yorumlanabilmesi ya da yanlış amaçlarla kullanılabilmesi nedeniyle de veri örgütsel açıdan bir tehdit unsuru olabilir (Henderson ve Earley, 2017, s. 30). Özellikle büyük verinin ortaya koyduğu güvenlik sorunları veri gizliliğinin korunmasına dönük önemli sorunlara yol açabilir. Bu türde güvenlik sorunları örgütsel itibarın zedelenmesi gibi çok önemli sorunlara zemin hazırlayabilir (Kitchin, 2015, s. 475). Buna ek olarak büyük veri, veriye kimin sahip olduğu ve veriye ilişkin telif hakkı gibi hususların takibini güçleştirmektedir. Örgütler elde ettikleri verileri sahiplenmektedirler. Buna karşın telif hakları gibi unsurların örgütlere veri yönetimi süreçlerinde önemli sorunlar açabileceği unutulmamalıdır (Cole, Nelson ve McDaniel, 2015, s. 2).

Veri önemli bir örgütsel varlıktır ancak örgütler sadece kalitesi yüksek veriden bir değer ortaya koyabilirler. Verinin erişilebilir, tutarlı, ilişkili, eksiksiz, doğru, zamanlı, kullanışlı ve anlamlı olması gibi hususlar veri kalitesi ile ilişkilendirilebilecek nitelikler arasında gösterilebilir. Buna karşın örgütsel düzeyde çoğu zaman karar süreçlerinde bilinenler ve bilinmesi gerekenler arasında bir bilgi açığı söz konusu olmaktadır. Bu durum örgütsel açıdan sağlıklı kararların alınmasını engellemektedir. Örgütsel düzeyde var olan bilgi açığı ise örgütsel etkililiği ve verimliliği olumsuz etkileyebilmektedir. Bu kapsamda sadece örgütsel düzeyde kaliteli verinin önemine dönük bir farkındalık geliştirebilmiş örgütler veri kalitesine dönük tedbirler almaktadırlar (Henderson ve Earley, 2017, s. 30). Buna karşın veri kalitesini kontrol altında tutmak oldukça güçtür. Özellikle uzun süredir varlığını sürdüren büyük çaplı veri tabanlarında veri kalitesinin sağlanması oldukça zorlu olabilir (Maydanchik, 2007, s. ix). Çünkü veri dinamik bir varlıktır ve içinde bulunduğumuz bilgi çağında veri geçerliliğini çok hızlı bir biçimde yitirmektedir. Bu noktada örgütsel veri tabanlarında verinin güncelliğinin sağlanması veri yönetimi süreçleri açısından önemli bir sorun teşkil edebilir.

3.8.14. Veri Yönetimi ve Teknoloji

Veri yönetimi eylemleri ve uygulamaları oldukça geniş kapsamlı bir nitelik taşımaktadır ve teknik bazı becerilere sahip olmayı zorunlu hale getirmektedir. Günümüzde elde edilen verilerin neredeyse tamamı elektronik ortamlarda depolanmaktadır. Bu durum veri yönetimi süreçlerinin teknolojik gelişmelerden doğrudan etkilenmesine neden olmaktadır. Başlangıcından bu yana veri yönetimi süreçleri teknoloji yönetimi ile paralel bir gelişim seyri izlemiştir. Bu miras günümüzde de devam etmektedir.

Birçok örgütte yeni teknolojik altyapının oluşturulması ile daha güvenilir veriye sahip olma isteği arasında bir çatışma söz konusudur. Bu iki uygulama birbiri ile çatışan olgular olarak ele alınmakla birlikte esasında birbiri için gerekli olan bileşenler olarak ele alınmalıdırlar (Henderson ve Earley, 2017, s. 31). Bilgi teknolojilerindeki gelişmeler örgütsel düzeyde elde edilen ve depolanan verilerin giderek daha fazla dijital bir nitelik taşımasına neden olmaktadır. Bu durum veri yönetimine dijital veri yönetimi boyutunun eklenmesine zemin hazırlamıştır. Dijital veri yönetimi ise beraberinde başka sorunları getirmiştir. Dijital verilerin yönetimi ile ilgili sorunlara ilişkin olarak şu hususlar sıralanabilir (Kennan ve Markauskaite, 2015; Akt. Chigwada ve diğerleri, 2017, s. 3);

- Dijital teknolojilerin çok hızlı bir biçimde eskimesi,
- Dijital teknolojilerin çok kolay bir biçimde bozulabilmesi ya da işlevini yitirebilmesi,
- Dijital verilerin yönetimine ilişkin uygulamaya dönük ilkelerin ve kuralların örgütsel düzeyde var olmaması,
- Örgütsel düzeyde dijital verilerin yönetimine ilişkin gerekli finansmanın ve insan kaynağı desteğinin sağlanamaması,
- Dijital veri teknolojilerinin kullanımına dönük örgütsel düzeyde bir altyapının olmaması.

Başarılı veri yönetimi süreçleri teknolojiye ilişkin sağlıklı kararların alınmasını gerekli kılmaktadır ancak teknolojinin yönetimi veri yönetiminden oldukça farklıdır. Bu noktada örgütlerin öncelikle teknolojinin veri üzerindeki etkilerine dönük bir farkındalık geliştirmeleri gerekmektedir. Bu durum örgüt düzeyinde teknolojiye ilişkin alınacak kararların veriye ilişkin alınacak kararları etkilemesinin önüne geçilmesi açısından önemlidir. Temel olarak veriye dönük ya da veriden örgütsel değer elde etme süreçlerinde alınacak kararlara teknolojik gelişmeler değil, veriden örgütsel değer yaratma sürecinde veriden daha etkin bir biçimde yararlanılmasında teknolojinin rolüne ilişkin değerlendirmeler yön vermelidir (Henderson ve Earley, 2017, s. 31). Bu türde değerlendirmeler veri yönetiminde yararlanılabilecek teknolojilerin düzenli olarak takip edilmesini ve bu teknolojilerin kullanımına dönük becerilerin geliştirilmesini gerekli kılmaktadır.

Özellikle büyük verinin yönetiminde yararlanılan teknolojiler yapılandırılmış ve yapılandırılmamış farklı veri türlerini barındırması nedeniyle verinin analiz edilmesinde ve yapılandırılmasında farklı teknolojilerin geliştirilmesini gerekli kılmaktadır (Storey ve Song, 2017, s. 50). Örgütlerin veri yönetimi süreçlerini etkin bir biçimde yerine getirebilmeleri ve veriden örgütsel bir değer ortaya koyabilmeleri için veri yönetiminde yararlanılabilecek teknolojileri sağlıklı bir biçimde takip edebilmeleri ve bu teknolojileri veri yönetimi süreçlerine, eylemlerine ve uygulamalarına sağlıklı bir biçimde entegre edebilmeleri gerekmektedir. Veri yönetimi süreçlerine gelişen teknolojilerin transferinde yaşanacak sorunlar veri yönetiminden arzu edilen örgütsel değerin ortaya konulması açısından önemli bir engel teşkil edebilir.

3.8.15. Veri Yönetiminde Liderlik ve Bağlılık

Veri bir örgütte örgütsel amaçların yerine getirilmesinde önemli bir konumda yer alır. Veri ve bilgi örgütsel karar süreçlerini doğrudan etkileyen bir niteliğe sahiptir. Buna karşın örgütsel bir varlık olan veri geçerlilik, kalite, yineleme, verinin kontrolü ve veriye erişim sağlanması gibi çeşitli sorunları da beraberinde getirmektedir. Veri yönetimi örgütlerin örgütsel bir varlık olarak veriden faydalanmalarını sağlayan bir süreçtir. Bu yönüyle veri yönetimi veri yönetimine ilişkin ilkeleri, kuralları, işleyişi, rolleri, sorumlulukları ve performans göstergeleri gibi çok çeşitli boyutları kapsayan bir süreçtir. Veri yönetiminin bu çok boyutlu yapısı örgütsel liderliği veri yönetimi için önemli bir değişken haline getirmektedir (Putro ve Herbert, 2016, s. 1). Veri yönetiminin çok boyutlu ve karmaşık yapısı veri yönetiminde örgütsel düzeyde bir liderliğe olan ihtiyacı önemli bir konuma getirmektedir. Veri yönetimi süreçlerinde liderlikten yeterli desteğin sağlanamaması veri yönetiminden örgütsel amaçlara hizmet edecek bir değerin ortaya konulmasını engelleyecek bir unsur olarak kabul edilebilir.

Bir örgütün organik olarak büyümesi ve gelişmesinde verinin rolüne ilişkin liderlik düzeyinde bir farkındalık veri yönetiminin etkili ve verimli bir biçimde yerine getirilmesinde merkezî bir konumda yer alır. Birçok örgüt verinin örgütsel açıdan değerine dönük bir anlayışa sahip olmakla birlikte çoğu örgütün veriye dayalı bir nitelikten çok uzakta olduğu ileri sürülebilir. Hatta birçok örgüt hangi veriye sahip olduğu ve bu veriden örgütsel amaçlar doğrultusunda nasıl faydalanabileceği hususlarında bir anlayışa dahi sahip değildir. Örgütler veri ve bilgi teknolojilerini birbirlerine karıştırmakta ve her ikisini de yanlış yönetmektedirler (Henderson ve Earley, 2017, s. 31). Veri diğer varlıklar gibi örgütsel değer ortaya koyabilecek bir varlık iken bilgi teknolojileri veri ve bilginin üretilmesi ve saklanmasında yararlanılan araçları ifade etmektedir (Beebwa, Marwa, Chacha ve Dida, 2019, s. 34). Diğer bir ifade ile veri örgütsel değer yaratmak için bir kaynak niteliği taşırken bilgi teknolojileri bu kaynaktan etkin bir biçimde yararlanılmasını sağlayan araçlardır.

Örgütsel bir değer ortaya koyabilecek bir varlık olarak veriye dönük sağlıklı bir anlayış eksikliği veri yönetiminde önemli bir sorun olarak ortaya çıkmaktadır. Örgütler veriye stratejik bir örgütsel varlık olarak yaklaşmamaktadırlar. Bu durum örgütlerin veri yönetimine ilişkin eylemlerin ve uygulamaların önemine dönük sağlıklı bir değerlendirme yapmalarını engellemektedir. Bu türde bir yaklaşım örgütlerin veri yönetimi süreçlerini zorlaştırmakta ve veri yönetimi süreçlerinde örgütsel başarıyı olumsuz etkilemektedir. Bu noktada veri yönetiminde liderliğin desteği ve süreçlere tüm paydaşların katılımının sağlanması veri yönetiminin başarısında belirleyici bir role sahiptir (Henderson ve Earley, 2017, s. 31). Özellikle büyük verinin yönetiminde liderlik önemli bir konumda yer alır. Büyük verideki değişimlere ayak uydurma hususunda sergilenen liderlik önemli bir rol oynar (Lukic, 2015, s. 296).

Veri yönetimi süreçleri ne kolay ne de basit süreçlerdir. Etkili ve verimli veri yönetimi eylemleri ve uygulamaları vizyon, planlama ve değişime dönük bir istekliliği zorunlu kılmaktadır. Veri yönetimi süreçleri belirli zorlukları barındıran süreçlerdir. Bu noktada öncelikle bilgi teknolojilerindeki gelişmelerin değil örgütün faaliyet alanındaki gelişmelerin veri yönetimi süreçlerine yön vermesine önem verilmelidir (Henderson ve Earley, 2017, s. 31). Örgütsel düzeyde bir liderlik veri yönetimi eylemlerinin ve uygulamalarının doğru alanlara yönlendirilmesine katkı sunabilir. Liderliğin desteğinin olmayışı veri yönetimi süreçlerinden arzu edilen örgütsel değerin ortaya konulmasında önemli bir engel teşkil edebilir.

3.8.16. Büyük Verinin Yönetimi

Günümüzde veri depolama sistemlerindeki gelişmeler büyük veri kavramının ortaya çıkmasına zemin hazırlamıştır. Bilgi çağında örgütsel düzeyde depolanan büyük hacimli veriler farklı faaliyet alanlarındaki örgütleri ve ekonomileri derinden etkilemeye başlamıştır. Verinin hacmindeki artışa paralel olarak büyük verinin analiz edilmesinde yararlanılan araçlardaki gelişmeler büyük veriden örgütsel değer ortaya konulmasına olanak sağmakla birlikte büyük veriden örgütsel değer ortaya konulması halen bazı zorlukları beraberinde getirmektedir (Almeida ve Calistru, 2013, s. 11). Büyük verinin çeşitli nitelikleri büyük verinin yönetimini zorlu bir süreç haline getirmektedir. Büyük verinin yönetimini zorlaştıran nitelikleri şu şekilde sıralanabilir;

- *Heterojenlik:* Büyük verinin en önemli niteliklerinden biri heterojen yapıda veri formlarından meydana gelmesidir. Verinin farklı formlarda çeşitlilik arz etmesi örgütsel süreçlere dönük daha sağlıklı bir anlayışın geliştirilmesine katkı sunabilmektedir. Bununla birlikte büyük verideki çeşitlilik verinin analiz edilerek veriden işlevsel bilgiye erişim sürecinde önemli sorunları beraberinde getirebilmektedir. Öncelikle veri analizi yapan araçların çoğu belirli ölçüde veride bir homojen nitelik aramaktadır. Diğer taraftan veri formlarındaki çeşitlilik veri analizi kadar verinin depolanmasında da önemli sorunlara zemin hazırlayabilmektedir (Oguntimilehin ve Ademola, 2014, s. 436). Bu tür sorunlar veride anlamlı ve işlevsel bilgiye erişim sürecinde önemli bir sorun teşkil edebilir (Warden, 2011, s. 25).
- *Büyük veride gizlilik:* Büyük verinin ortaya çıkardığı en önemli sorunlardan biri de gizliliğin sağlanmasında yaşanan sorunlardır. Günümüzde farklı devlet kurumları ya da özel kurumlar tarafından çok büyük miktarlarda veriler depolanmakta ve bu verilerin gizliğinin sağlanması önemli bir sorun olarak ortaya çıkmaktadır (Craig ve Ludloff, 2011, s. 4). Gizlilik büyük verinin yönetiminde karşılaşılan en önemli sorunlardan birini teşkil etmektedir (Wolfert, 2017, s. 9).
- *Veri mülkiyeti:* Veri mülkiyeti de büyük veri yönetimi ile ilişkilendirilebilecek önemli bir sorundur. Büyük verinin mülkiyeti kişisel haklar ve çıkarlarla ilgili sorunların ortaya çıkmasına zemin hazırlayabilir (Davis ve Patterson, 2012, s. 19).
- *Zamanlılık (timeliness):* Büyük verinin hacminin neden olduğu önemli bir sorun da hızdır. Büyük verinin hacmi ne kadar büyükse veriyi analiz etmek için gerekli olan süre de buna bağlı olarak artacaktır. Bu durum veriden işlevsel bilgiye erişim sürecinde işlevsel bilgiye zamanında erişim konusunda önemli sorunlara neden olabilir (Oguntimilehin ve Ademola, 2014, s. 436).

Büyük verinin üç önemli özelliği hacim, çeşitlilik ve hızdır. Bu en temel üç özelliği büyük verinin yönetimini olumsuz etkileyen ve süreçleri zorlaştıran en önemli etmenlerdendir (Adiba ve diğerleri, 2016, s. 3). Buna karşın büyük verinin nitelikleri onu örgütsel açıdan işlevsiz ya da önemsiz yapmaz. Büyük veri hem bilimsel hem de ekonomik açıdan değerlidir. Bilimsel araştırmalarda verinin büyüklüğü araştırma sonuçlarının doğruluğunu olumlu etkileyen bir unsur olarak kabul edilir. Büyük verinin birçok avantajı olduğu ileri sürülebilir. Buna karşın büyük veri birçok zorluğu da beraberinde getirmektedir Verinin hacmi veri yönetimi süreçlerinde önemli bir sorun teşkil edebilir (Oguntimilehin ve Ademola, 2014, s. 437). Büyük verinin yönetimi veri yönetimi açısından önemli bir zorluk olarak ön plana çıkmaktadır. Büyük veri örgütsel açıdan daha büyük bir değer taşıyabilir. Buna karşın büyük veriden örgütsel değer ortaya konulması çok daha karmaşık bir süreçtir. Bu yönüyle büyük veri veri yönetimi süreçlerini daha zorlu bir hale getirebilir.

Büyük veriyi etkili bir biçimde yönetebilmek için öncelikle büyük verinin işlenmesine dönük sürece hâkim olmak gerekmektedir. Büyük veriden işlevsel bilgiye erişim sürecinde diğer veri türlerinin işlenmesi süreçlerinden farklı eylemlere ve uygulamalara yer verildiği unutulmamalıdır. Büyük verinin işlenmesinde vurgu farklı işlemler üzerine yoğunlaşabilmektedir. Örneğin büyük verinin işlenmesi sürecinde bütünleştirme oldukça önemli bir konumda yer almaktadır. Büyük verinin işlenmesi süreci Şekil 65'te yer alan aşamaları kapsamaktadır (Chen ve diğerleri, 2013, s. 158);

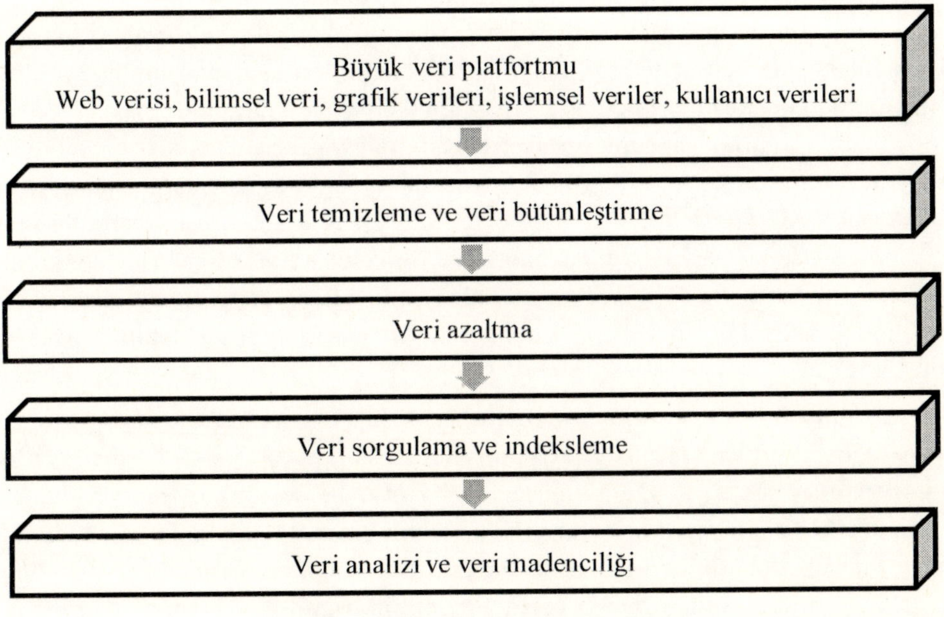

Şekil 65. Büyük veri işleme süreci

Kaynak: Chen ve diğerleri, 2013, s. 158.

Büyük verinin analizinde büyük verinin nitelikleri temel teşkil eder. Bu yönüyle en önemli aşamalardan biri farklı kaynaklardan elde edilen verinin anlamlı bir bütün haline getirilmesidir. Büyük veri çok farklı kaynaklardan elde edilebilir. Bu noktada verinin elde edileceği kaynaklara karar verilmesi de veri yönetimi süreçlerinde başlı başına bir sorun teşkil edebilir. Büyük verinin yönetiminde karşılaşılan sorunlar yalnızca verinin elde edilmesi ve bütünleştirilmesi ile sınırlı değildir. Büyük verinin nitelikleri büyük verinin modellenmesinde, görselleştirilmesinde, depolanmasında ve büyük veriden anlam çıkartılması süreçlerinde de önemli sorunlara zemin hazırlayabilmektedir (Rossi ve Hirama, 2015, s. 176). Bu yönleriyle büyük verinin yönetiminin diğer veri yönetimi süreçlerinden farklı işlemleri ve uygulamaları gerekli kılabileceği, büyük veri üzerinden yürütülecek veri yönetimi süreçlerinde daha fazla tecrübeye ve teknik bilgiye ihtiyaç duyulacağı ileri sürülebilir. Büyük veri etkili bir biçimde yönetildiğinde örgütsel açıdan önemli bir değer niteliği taşıyabilir. Büyük verinin yönetimine ilişkin sorunların ortadan kaldırılması durumunda büyük verinin örgütsel karar süreçlerinde daha sağlıklı değerlendirmelerin yapılmasına zemin hazırlayacağı iddia edilebilir.

3.9. Veri Yönetiminin Önemi

Bir iş alanına ya da örgüte ilişkin kaynaklar söz konusu olduğunda genellikle örgütlerin insan kaynakları, finansal kaynakları, tesisleri ya da ekipmanları akla gelmektedir. Çünkü örgüt yöneticileri zamanlarının çoğunu bu örgütsel kaynakların yönetimine harcamaktadırlar. Örgütün bahsi geçen kaynaklarına yaptığı yatırımların geri kazanımlarının hesaplanması da oldukça kolaydır. Buna karşın konu örgütsel kaynaklar olduğunda gözden kaçan önemli bir kaynak söz konusudur. Bu kaynak bilgidir. Bilgi örgütün üst yöneticilerinin her zaman erişimine açık bir kaynaktır ve örgütsel karar süreçlerini doğrudan etkileyen bir niteliğe sahiptir. Örgüt düzeyinde alınan tüm önemli kararların temelinde örgütsel düzeyde sahip olunan bilginin yattığı ileri sürülebilir (Gordon, 2007, s. 1).

Örgütsel düzeyde bilginin temelini ise sahip olunan veri kaynakları teşkil etmektedir. Veriden örgütsel açıdan işlevsel bilgiye erişim süreci olarak tanımlanabilecek veri yönetiminin önemli bir örgütsel kaynak olarak veriden ve bilgiden etkin biçimde yararlanılmasında önemli bir aracı olduğu iddia edilebilir. Etkili bir veri yönetimi süreci etkili bir örgütsel yönetim açısından merkezî bir konumda yer alır. Bu kapsamda veri yönetiminin örgütler açısından önemine ve işlevlerine dönük olarak çeşitli hususlar sıralanabilir. Bu hususlardan bazıları şu şekildedir;

- *Veri yönetimi süreçleri yerine getirilmeden bir örgüt içindeki bilgi sistemleri arasında uyum sağlanamaz:* Bir örgüt içinde bilgi işletim sistemlerinin uyum içinde çalışabilmesi için, bilgi işletim sistemlerinde yer alan verilerin tanımlanması ve birbiri ile ilişkilerinin ortaya konulması gerekmektedir (Gordon, 2007, s. 55).
- *Veri yönetimi gerçekleştirilmeden bilgi, bilgi işletim sistemleri arasında paylaşılamaz:* Bir örgüt bünyesinde yer alan bilgi işletim sistemlerinin teknik açıdan birbirine bağlanması mümkün olsa dâhi, birbirinden tamamen farklı kaynaklarda yer alan, birbiri ile uyumsuz verilerin bilgi işletim sistemleri arasında paylaşılması mümkün değildir (Gordon, 2007, s. 55).
- *Veri yönetiminde SPSS gibi etkili analiz araçlarından yararlanılabilmektedir (Byrne, 2002, s. 96):* Veri yönetiminde veri analizi gibi oldukça zorlu süreçler yer almaktadır. Buna karşın yazılım programlarındaki teknolojik gelişmeler veri yönetimi süreçlerini oldukça kolay bir yapıya büründürmektedir. Bu durum bir örgütsel varlık olarak veriden örgütsel bir değer ortaya konulmasını daha ulaşılabilir bir konuma getirebilir.
- *Veri yönetimi verinin örgüt içinde farklı birimlerde tekrarlı bir biçimde depolanmasını engelleyebilir:* Veri yönetimi örgütsel düzeyde yararlanılan farklı veri tabanlarında yer alan verilerin kontrol altında tutulmasını sağlar. Bu şekilde benzer ya da aynı verilerin farklı veri tabanlarında ya da veri depolarında tekrarlı biçimde depolanmasının ya da saklanmasının önüne geçilebilir (Simsion ve Witt, 2005, s. 500).
- *Veri örgütsel açıdan önemli bir değerdir:* Veri bir örgütte müşterilere, ürünlere ya da hizmetlere dönük bir farkındalığın ve sağlıklı bir anlayışın teşkil edilmesinde önemli bir konumda yer alır. Veri örgütsel süreçlerde yeniliklerin gerçekleştirilmesine ve stratejik amaçların yerine getirilmesine hizmet edebilir (Henderson ve Earley, 2017, s. 17).
- *Veri yönetimi süreçleri yerine getirilmediği takdirde örgüt içinde iletişim kopukluğu ve bilgi kaybı söz konusu olacaktır:* Etkili bir veri yönetimi süreci örgüt içinde bilgi paylaşımında da etkin bir rol oynar. Örgüt içinde bilgi paylaşımının ortadan kalkması, belirli bir zaman diliminde belirli işlevlerin yerine getirilmesinde ihtiyaç duyulacak bilgilere erişimin sağlanmasını engelleyebilir (Gordon, 2007, s. 55).
- *Veri ve bilgi bir örgüt için sadece geleceğe dönük bir değer yaratma açısından değil aynı zamanda günlük işleyişe dönük de bir değer ortaya*

koyma açısından önem teşkil edebilir: Veri ve bilgi örgütsel açıdan bir kan akışı ya da yakıt olarak kabul edilebilir. Veri ve bilgi örgütsel işleyişe katkı sunarak örgüt açısından ekonomik bir değer ortaya koyabilir (Henderson ve Earley, 2017, s. 17).

- *Veri yönetiminin gerçekleştirilmemesi örgüt düzeyinde verinin gereksiz bir biçimde yeniden tanımlanmasını ve kodlanmasını zorunlu hale getirebilir:* Birbiri ile uyumsuz bilgi sistemleri arasında bilgi paylaşımı bir ihtiyaç ise tek seçenek bilgi sistemlerinde depolanmış verilerin uyumunu sağlamak amacıyla yeniden kodlamanın gerçekleştirilmesidir. Kodlama eylemi bilgi kaynağından etkilenen bir eylemdir. Buna ek olarak verinin bu yeniden kodlanma sürecinde belirsiz ve yanlış tanımlamalar sebebiyle yeni sisteme yanlış kodlanması gibi bir tehlike de söz konusudur (Gordon, 2007, s. 55).
- *Veri örgütlerin rekabet gücünü arttıran bir unsurdur:* Müşterileri, ürünleri, eylemleri, uygulamaları ve hizmetleri ile ilgili kaliteli ve güvenilir veriye sahip örgütler, örgütsel uygulamalara ve bileşenlere dönük olarak daha sağlıklı kararlar alabilirler (Henderson ve Earley, 2017, s. 17).
- *Etkili bir veri yönetimi süreci veriden yararlanılması ve verinin paylaşımı ile ilgili süreyi asgarî düzeye indirebilir:* Etkili veri yönetimi uygulamaları farklı veri tabanları ve bilgi işletim sistemleri ile uyumlu verinin analizi ve üretimi için ihtiyaç duyulacak zamanı ve çabayı asgarî düzeye indirebilir. Aksi takdirde yeni bilgi işletim sistemleri ve veri tabanları için her seferinde veriye ilişkin yeni tanımlamaların ve biçimlendirmelerin gerçekleştirilmesi gerekecektir (Gordon, 2007, s. 55).
- *Veri yönetimindeki başarısızlık örgütsel açıdan sermayenin yönetimindeki başarısızlık kadar tehlikelidir:* Veri yönetimindeki başarısızlık örgütlerin önemli fırsatları kaçırmasına ve ekonomik zarara uğramasına neden olabilir (Henderson ve Earley, 2017, s. 17).
- *Veriye erişime ve veriden örgütsel düzeyde yararlanılmasına ilişkin sürenin ve çabanın artması örgütün rekabet gücünü azaltabilir:* Eğer bir örgütte işlevsel bilgiye erişimde aksamalar ve gecikmeler yaşanır, ya da bu süreçte bilgi kaybı söz konusu olursa bu durum örgütün verimliliği ve etkililiği üzerinde olumsuz bir etkiye neden olabilir.
- *Veri yönetimi aynı zamanda örgütsel düzeyde bilgi paylaşımına atfedilen önemi arttırarak örgüt içinde farklı birimler arasındaki*

iletişimi güçlendirmektedir (Ardıç, 2018, s. 31): Bilgi iletişimin en temel bileşenidir. İletişim bilgi akışı vasıtası ile gerçekleştirilir. Bu kapsamda veri yönetimi bilgi akışının sağlıklı bir biçimde işlemesine zemin hazırlayarak örgütsel iletişimin kalitesine doğrudan bir katkı sunabilir.

- *Veri yönetimi örgütlerin veriye dayalı olarak yönetilmesi açısından da önemli bir öncüldür:* Bir örgütün veriye dayalı yönetilmesi yönetsel süreçlerde sağlıklı kararların alınmasına katkı sunarak örgütsel işleyişin verimliliğini arttırabilir. Buna karşın bir örgütün veriye dayalı olarak yönetilebilmesi öncelikle sağlıklı veri yönetimi eylemleri ve uygulamaları ile gerçekleştirilebilir (Henderson ve Earley, 2017, s. 21).
- *Veri yönetimi örgütsel düzeyde karar alma mekanizmasını güçlendirerek zaman kazanılmasını sağlayabilir (Ardıç, 2018, s. 31):* Veri yönetimi büyük veriden işlevsel bilgiye erişimi sağlayan önemli bir araçtır. Bu noktada veri yönetimi örgütsel düzeyde en sağlıklı kararların mümkün olan en kısa sürede alınmasını sağlayarak yönetsel süreçlere ve örgütün verimliliğine önemli katkılar sunabilir.
- *Veri yönetimi örgüt içinde diğer yönetsel süreçlerin de etkililiğine katkı sunabilir:* Veri yönetimi bir örgütsel değer olarak sadece örgütün veri varlığının yönetimi ile ilişkili değildir. Veri yönetimi örgütün tüm yönetsel süreçlerine katkı sunabilecek bir süreçtir (Marco ve Jennings, 2004, s. 10).
- *Veri yönetimi örgütsel açıdan üst verinin ve verinin değerine ilişkin bir farkındalığın ve anlayışın geliştirilmesine katkı sunabilir:* Veri yönetimi veriden değer elde edilmesine sunduğu katkı nedeniyle örgütsel düzeyde bir varlık olarak verinin değerine ilişkin sağlıklı bir anlayışın geliştirilmesine katkı sunabilir. Bu durum veri yönetimi süreçlerinde oynadığı rol nedeniyle üst verinin önemine ilişkin olarak da bir farkındalığın oluşmasına zemin hazırlayabilir.
- *Otomasyon sistemleri veri yönetiminde veriden bilgiye erişim sürecini daha az maliyetli bir konuma getirebilir:* Teknolojik gelişmeler veri yönetiminde yararlanılabilecek araçların da gelişimine katkı sunmaktadır. Otomasyon sistemleri veriden değer yaratılmasını daha kolay ve daha az maliyetli bir yapıya büründürerek veriden daha az maliyetle ekonomik bir değer yaratılmasına katkı sunabilir (Paton, 2007, s. 3). Bu durum verinin örgütsel açıdan daha etkili bir değer haline gelmesine zemin hazırlayabilir.

- *Teknolojik gelişmeler veri yönetimi süreçlerini giderek daha da kolaylaştırmaktadır (Cheng ve Yu, 2012, s. 112):* Teknolojik gelişmeler veri yönetimi süreçlerinde yararlanılan tekniklerin ve araçların gelişimine katkı sunmaktadır. Bu durum veriden örgütsel bir değer ortaya konulmasını kolaylaştıran bir nitelik taşıyabilir.
- *Veri yönetimi bilgiden en etkin şekilde yararlanılmasını olanaklı kılan bir süreçtir (Ardıç, 2018, s. 31):* Veri yönetimi örgütsel düzeyde depolanan verilerden örgütsel bir değer ortaya koyabilecek işlevsel bilgiye erişim sağlanmasına katkı sunarak, örgütsel bir varlık olarak veriden maksimum düzeyde yararlanılmasını sağlayabilir.

Veri yönetimi örgütün sahip olduğu veri varlığından etkin bir biçimde yararlanılmasını sağlar. Veri yönetimi veriden örgütsel bir değer ortaya koyarak örgütün etkililiğine ve verimliliğine sunduğu katkı nedeniyle örgütsel işleyişin sağlığı açısından önemli bir uygulama olarak kabul edilmektedir. Veri yönetimi örgütsel karar süreçlerinde rehber niteliği taşıyabilecek işlevsel bilgiye erişim açısından önemli bir aracı olması nedeniyle örgütlerde veriye dayalı yönetim süreçlerinin etkin biçimde gerçekleştirilmesinde de merkezî bir konumda yer alabilir. Yönetsel süreçlerde veriye dayalı bir yaklaşım ise yönetsel süreçlerde daha sağlıklı kararların alınmasına katkı sunarak örgütlerin stratejik amaçlarını gerçekleştirmelerinde işlevsel bir aracı niteliği taşıyabilir. Örgütsel düzeyde veri yönetimi örgütün sahip olduğu veri varlığının kontrol altında tutulmasında ve veriye örgütsel amaçlar doğrultusunda işlevsel bir nitelik kazandırılmasında önemli bir rol oynayabilir.

3.10. Sonuç

Sonuç olarak içinde bulunduğumuz bilgi çağında veri en önemli örgütsel varlıklardan biri olarak kabul edilebilir. Çünkü veri örgütsel açıdan bir değer ortaya koyabilecek bilgiye erişim sürecinde önemli bir kaynak niteliği taşımaktadır. Günümüzde verinin büyük boyutlarda üretilmesi ve depolanması veriden faydalanma hususunda önemli avantajları beraberinde getirmektedir. Buna karşın önemli bir zorluk ise inanılmaz boyutlara varan veri hacminin veriden işlevsel bilgiye erişimi güçleştirmesidir. Teknolojik gelişmelere bağlı olarak verinin elde edilmesi ve üretilmesine dönük yararlanılan araçlardaki gelişmeler verinin inanılmaz bir hızda üretilip yine aynı hızda güncelliğini yitirmesine neden olmakta ve bu durumda veriden örgütsel bir değer ortaya konulmasını güçleştirmektedir.

Günümüzde verinin büyük boyutlarda üretilmesi ve depolanması büyük veri kavramının ortaya çıkmasına neden olmuştur. Teknolojik gelişmeler verinin üretilmesi ya da elde edilmesine dönük teknolojileri geliştirmekle kalmamış verinin depolanmasında yararlanılan araçların da bu doğrultuda gelişimini sağlamıştır. Bu durum boyutları ne olursa olsun tüm örgütlerin büyük hacimde veriyi depolamalarını olanaklı kılmıştır. Büyük veri örgütsel bir değer ortaya koyma adına önemli bir potansiyele sahip olmakla birlikte veriden örgütsel süreçlere tatbik edilebilecek işlevsel ve eyleme vuruk bilgiye erişimi de güçleştirmiştir. Büyük veri verinin daha sistematik ve bilimsel bir yaklaşımla ele alınmasını bir zorunluluğa dönüştürmüştür. Bu durum da veri yönetimi kavramının ortaya çıkmasına zemin hazırlamıştır.

Veri yönetimi veriden örgütsel karar süreçlerine yansıtılabilecek işlevsel bilgiye erişim sağlama ve bu şekilde veriden örgütsel bir değer ortaya koyma sürecinde merkezî bir konumda yer alır. Bu yönüyle veri yönetimi büyük veri setleri içinden anlamlı bütünlere ulaşılmasında etkin bir rol oynar. Veri yönetimi örgüt yöneticilerine karar süreçlerinde yol gösterici bir nitelik taşıyabilecek bilgiye erişim sağlanmasında en önemli aracılardan biri olarak kabul edilebilir. Veri yönetimi ayrıca verinin örgütsel bir varlık olarak kabul edilmesine, verinin diğer maddî kaynaklar ve finansal varlıklar gibi ekonomik bir değer taşıyabileceğine dönük bir farkındalığın ve anlayışın teşkil edilmesinde de önemli bir rol oynayabilir.

Karar bütün yönetsel süreçlerin merkezinde yer alır, çünkü tüm yönetsel süreçler bir karar ile başlar ve bir kararla sona erer. Yöneticiler örgütsel düzeyde bir eyleme ya da uygulamaya dönük bir karar alırlar. Daha sonra bu karara dönük planlama yaparlar ve planları uygulamaya koyarlar. Süreç sonunda uygulamaların etkililiğine dönük bir değerlendirme yapılır. Bu değerlendirme de temel olarak uygulamaların etkili ya da etkisiz olduğuna dönük bir karar olarak nitelendirilebilir. Uygulamanın etkili olduğuna karar verilirse uygulama devam ettirilir. Uygulama etkisiz bir uygulama olarak kabul edilirse ya yeni bir uygulamaya karar verilir ya da mevcut uygulama üzerinde gerekli değişiklikler yapılır. Tüm bu süreçler dikkate alındığında karar süreçlerinin yönetim süreçlerinin merkezinde yer aldığı ileri sürülebilir. Bu doğrultuda sağlıklı kararların etkili bir yönetimin en temel öncüllerinden biri olduğu iddia edilebilir. Veri yönetimi örgütsel düzeyde sağlıklı kararların alınmasında işlevsel bir nitelik taşıyabilecek bilgiye erişim sürecinin en temel aracılarından biridir.

İşlevleri dikkate alındığında verinin örgütsel etkililiği ve verimliliği doğrudan etkileyen bir yapıya sahip olduğu, örgütsel yönetim süreçlerinin sağlıklı biçimde işleyişi açısından önemli bir konuma sahip olduğu ileri sürülebilir. Buna karşın verinin etkili bir örgütsel varlık niteliği taşıyabilmesi etkili yönetimi ile doğrudan ilişkilidir. Veri yönetimi örgütsel düzeyde bir varlık olarak veriden en etkin biçimde yararlanılmasında ve verinin örgütsel bir değere dönüştürülmesinde aracı rolü üstlenir. İçinde bulunduğumuz bilgi çağında veri bilgiye erişim sağlanmasında yegâne kaynak niteliği taşımaktadır. Bu nedenle veri örgütlerin rekabet ortamında ayakta kalmalarında işlevsel bir konumda yer alabilir. Veri yönetimi ise veriden karar süreçlerine yansıtılabilecek eyleme dönük bilgiye erişim sağlanmasına sistematik ve bilimsel bir yaklaşımı temsil eder. Bu yönüyle veri yönetimi küresel rekabet ortamında örgütlerin ayakta kalmasında, örgütsel etkililiğin ve verimliliğin teşkil edilerek bu kavramlara sürdürülebilir bir nitelik kazandırılmasında önemli bir rol oynayabilir.

YARARLANILAN KAYNAKLAR

Aalders, H. J. G. L. (2002). *The registration of quality in a GIS.* W. Shi, P. F. Fisher ve M. F.Goodchild (Eds), Spatial Data Quality (ss. 199-211) içinde. London: Taylor & Francis. Erişim adresi: https://epdf.pub/spatial-data-quality.html

Abadi, D. J., Boncz, P. A. ve Harizopoulos, S. (2009). Column-oriented database systems. Proceedings of the VLDB Endowment 2(2):1664-1665. DOI: 10.14778/1687553.1687625

Abbass, H. A., Sarker, R. A. ve Newton, C. S. (2002). *Data mining: A heuristic approach.* Hershey, PA: Information Science Publishing. Erişim adresi: https://epdf.pub/data-mining-a-heuristic-approach.html

Abbott, P. ve Sapsford, R. (2006). *Ethics, politics and research (2. bs).* London: SAGE publications. DOI: https://dx.doi.org/10.4135/9781849208802.n1.

Ackoff, R. L. (1989). From data to wisdom. *Journal of Applied Systems Analysis, 16(1989),* 3-9. Erişim adresi: http://www-public.imtbs-tsp.eu/~gibson/Teaching/Teaching-ReadingMaterial/Ackoff89.pdf

Adams, J., Khan, H. T. A., Reaside, R. ve White, D. (2007). *Research methods for graduate business and social science students.* New Delhi: Response Books. Erişim adresi: https://www.semanticscholar.org/paper/Research-Methods-for-Graduate-Business-and-Social-Israel/55d48cd8787d8f072048efb25a1e5800cabaf169

Adiba, M., Castrejon-Castillo, J. C., Oviedo, J. A. E., Vargas-Solar, G. ve Zechinelli-Martini, J. L. (2016). *Big data management challenges, approaches, tools and their limitations.* S. Yu, X. Lin, J. Misic ve X. S. Shen (Eds). Networking for big data (s. 1-22) içinde, Boca Raton, Florida: CRC Press. Erişim adresi: https://hal.archives-ouvertes.fr/hal-01270335/document

Afzal, M. ve Rizwi, F. (2013). Biostatistics and data types. *Journal of Islamabad Medical & Dental College (JIMDC), 2(2),* 103-103. Erişim adresi: https://applications.emro.who.int/imemrf/J_Islamabad_Med_Dent_Coll/J_Islamabad_Med_Dent_Coll_2013_2_2_103.pdf

Agresti, A. (2007). *An introduction to categorical data analysis* (2. bs). New Jersey: John Wiley & Sons, Inc. Erişim adresi: https://mregresion.files.wordpress.com/2012/08/agresti-introduction-to-categorical-data.pdf

Ahmed, S. (1999). *The relationships between data, information and knowledge based on a preliminary study of engineering designers.* Proceedings of the DETC99 ASME Design Theory and Methodology September 12th-15Th, 1999 Las Vegas, Nevada. Erişim adresi: http://citeseerx.ist.psu.edu/viewdoc/summary?doi=10.1.1.468.1687

AICPA, (2013). *An overview of data management.* Durham: American Institute of CPAs. Erişim adresi: https://www.aicpa.org/interestareas/informationtechnology/resources/dataanalytics/downloadabledocuments/overview_data_mgmt.pdf

Ajah, I. A. ve Nweke, H. F. (2019). Big data and business analytics: Trends, platforms, success factors and applications. *Big Data Cognitive Computing 2019, 3(2),* 5-30. DOI:10.3390/bdcc3020032.

Akhtar, A. N., Buchholtz, J., Ryan, M. ve Setty, K. S. (2012). Database backup and recovery best practices. *ISACA Journal, 1(2012),* 1-6. Erişim adresi: https://m.isaca.org/Journal/archives/2012/Volume-1/Documents/12v1-Database-Backup.pdf

Aiken, P. ve Allen, M. D. (2004). *XML for data management.* San Francisco, CA: Morgan Kaufmann Publishers. Erişim adresi: https://epdf.pub/xml-in-data-management.html

Aldossary, S. ve Allen, W. (2016). Data security, privacy, availability and ıntegrity in cloud computing: Issues and current solutions. *(IJACSA) International Journal of Advanced Computer Science and Applications, 7(4),* 485-498. Erişim adresi: https://thesai.org/Downloads/Volume7No4/Paper_64Data_Security_Privacy_Availability_and_Integrity.pdf

Almeida, F. ve Calistru, C. (2013). The main challenges and issues of big data management. *International Journal of Research Studies in Computing, 2(1),* 11-20. DOI: 10.5861/ijrsc.2012.209.

Al-Sharo, Y. M., Shakah, G., Alkhaswneh, M. S., Alju-Naeidi, B. J. A. ve Alazzam, M. B. (2018). Classification of big data: Machine learning problems and challenges in network intrusion prediction. *International Journal of Engineering & Technology, 7(4),* 3865-3869. DOI: 10.14419/ijet. v7i4.19669.

Allen, G. D. (2017). Hierarchy of knowledge-from data to wisdom. *International Journal of Current Research in Multidisciplinary (IJCRM), 2(1),* 15-23. Erişim adresi: http://www.ijcrm.com/publish_article/edition_8/IJCRM_2123.pdf

Alshboul, Y., Wang, Y. ve Nepali, R. K. (2015). *Big data lifecycle: Threats and security model.* Proceedings of the 21st Americas Conference on Information Systems (AMCIS 2015), 13-15 August 2015, Fajardo, Puerto Rico. Erişim adresi: https://core.ac.uk/download/pdf/301365925.pdf

Amin, W., Kang, H. P. ve Becich, M. J. (2010). *Data management, databases, and warehousing.* M. F. Ochs, J. T. Casagrande ve R. V. Davuluri (Eds). Biomedical informatics for cancer research (s. 39-72) içinde. New York: Springer Science+Business Media, LLC. DOI 10.1007/978-1-4419-5714-6.

Ardıç, M .(2018). *Bilgi yönetiminin önemi ve süreçleri.* S. Nart ve Y. T. Yıldırım (Eds.). Current debates in management & Organization (s. 27-40) içinde. London: IJOPEC Publication. doi: http://dx.doi.org/10.5281/zenodo.1291882.

Armoni, A. (2002). Data security management in distributed computer systems. *Informing Science, 5(1),* 19-27. Erişim adresi: http://inform.nu/Articles/Vol5/v5n1p019-027.pdf

Arun, K. ve Jabasheela, L. (2014). Big data: Review, classification and analysis survey. *International Journal of Innovative Research in Information Security (IJIRIS), 1(3),* 17-23. Erişim adresi: http://www.ijiris.com/volumes/volume1/issue3/ ISSP10084(04).pdf

Asunçao, M. D., Calheiros, R. N., Bianchi, S., Netto, M. A. S. ve Buyya, R. (2014). Big data computing and clouds: Trends and future directions. *Journal of Parallel and Distributed Computing, 79(80),* 3-15. DOI: http://dx.doi.org/10.1016/ j.jpdc.2014.08.003.

Atkinson, J. (2016). A Library love triangle?: An analysis of the relationship between data, information and knowledge in Library and Information Studies or, Pullman's Dust : A new model for data, information and knowledge (Yayımlanmamış yüksek lisans tezi). City University, London. Erişim adresi: https://hcommons.org/ deposits/item/hc:11813/

Babcoc, B., Babu, S., Datar, M., Motwani, R. ve Widom, J. (2002*). Models and issues in data stream systems.* Proceedings of the Twenty-first ACM SIGACT-SIGMOD-SIGART Symposium on Principles of Database Systems, June 3-5, Madison, Wisconsin, USA. DOI: 10.1145/543613.543615.

Ball, A. (2012). *Review of data management lifecycle models.* Bath: University of Bath. Erişimadresi:https://purehost.bath.ac.uk/ws/portalfiles/portal/206543/redm1rep12 0110ab10.pdf

Barnes, S., & Lewin, C. (2005). An introduction to inferential statistics: Testing for differences and relationships. *Research methods in the social sciences*, 226-235. https://www.academia.edu/download/8365999/research%20methods%20in%20th e%20social%20sciences.pdf#page=243

Barrett, M. (2006). *ICTs, organizational change and new modes of organizing.* A. J. Salazar ve S. Sawyer (Eds). Handbook of information technology in organizations and electronic markets (s. 39-55) içinde. Singapore: World Scientific Publishing Co. Pte. Ltd. Erişim adresi: https://epdf.pub/handbook-of-information-technology-in-organizations-and-electronic-markets.html

Batini, C., Barone, D., Mastrella, M., Maurino, A. ve Ruffini, C. (2007). *A framework and a methodology for data quality assessment and monitoring.* Erişim adresi: Proceedings of the 12th International Conference on Information Quality, MIT, Cambridge, MA, USA, November 9-11, 2007. Erişim adresi: http://mitiq.mit.edu/iciq/pdf/a%20framework%20and%20a%20methodology%20 for%20data%20quality%20assessment%20and%20monitoring.pdf

Batini, C. ve Scannapieca, M. (2006). *Data quality concepts, methodologies and techniques.* New York: Springer Berlin Heidelberg. Erişim adresi: https://epdf.pub/data-quality-concepts-methodologies-and-techniques.html

Baykara, M. (2015). *Veri tabanı yönetim sistemleri.* Fırat Üniversitesi Teknoloji Fakültesi Yazılım Mühendisliği, Elazığ. Erişim adresi: http://web.firat.edu.tr/mbaykara/vtys.pdf.

Beebwa, I., E., Marwa, J., Chacha, M. ve Dida, M. A. (2019). Stakeholders' attitude on the use of ICT tools for sustainable propagation of ındigenous knowledge in Tanzania: A case of traditional medical knowledge of medicinal plants. *International Journal of Information Technology and Computer Science, 2019(11),* 34-43. DOI: 10.5815/ijitcs.2019.11.04.

Beins, B. C. ve McCarthy, M. A. (2012). *Research methods and statistics.* New Jersey: Pearson Education, Inc. Erişim adresi: https://www.mobt3ath.com/uplode/book/book-32.pdf

Bennett, S., Myatt, M., Jolley, D., ve Radalowicz, A. (2001). *Data management for surveys and trials: A practical primer using EpiData, The EpiData documentation project.* Odense: EpiData Association. Erişim adresi: www.epidata.dk/downloads/dmepidata.pdf

Bernard, H. R. (2006). *Research methods in anthropology: Qualitative and quantitative approaches (4. bs).* Oxford: AltaMira Press. Erişim adresi: http://www.cycledoctoralfactec.com/uploads/7/9/0/7/7907144/%5Bh._russell_bernard%5D_research_methods_in_anthropol_bokos-z1__1_.pdf

Bernstein, J. H. (2009). *The data-information-knowledge-wisdom hierarchy and its antithesis.* In Jacob, E. K. and Kwasnik, B. (Eds.). Proceedings of North American Symposium on Knowledge Organization Vol. 2, Syracuse, NY, pp. 68-75. Erişim adresi:https://academicworks.cuny.edu/cgi/viewcontent.cgi?article=1011&context=kb_pubs

Berson, A. ve Dubov, L. (2006). *Master data management and customer data integration for a global enterprise.* New York: The McGraw-Hill Companies, Inc. DOI: 10.1036/0072263490.

Bethlehem, J. (1999). *Cross-sectional research.* H. J. Ader ve G. J. Mellenbergh (Eds). Research methodology in the life, behavioural and social sciences (s. 110-142) içinde. London: Sage Publications, Inc. DOI: https://dx.doi.org/10.4135/9780857029027.d61.

Bhattacherjee, A. (2012). *Social science research: Principles, methods, and practices (2. bs).* USF: Tampa Bay Open Access Textbooks Collection, Book 3. Erişim adresi: https://scholarcommons.usf.edu/cgi/viewcontent.cgi?article=1002&context=oa_textbooks

Bhojaraju, G. ve Koganurmath, M. M. (2003). *Database management: Concepts and design.* Proceedings of 24th IASLIC–SIG-2003, Vancouver, Canada. Erişim adresi: https://www.researchgate.net/publication/257298522_Database_Management_ Concepts_and_Design

Bijle, M. N. A. (2013). Intellectual property rights. *The Journal of Contemporary Dental Practice, 14(1)*, i. DOI: 10.5005/jcdp-14-1-i

Blank, G. ve Rasmussen, K. B. (2004). The data documentation initiative: The value and significance of a world-wide standard. *Social Science Computer Review, 22 (3),* 307-318. DOI: 10.1177/0894439304263144.

Bloor, M. ve Wood, F. (2006). *Keywords in qualitative methods: A vocabulary of research concepts.* London: SAGE Publications Ltd. Erişim adresi: https://cstn.files.wordpress.com/2009/10/keywords-in-qualitative-methods.pdf

Bohm, G. ve Zech, G. (2010). *Introduction to statistics and data analysis for physicists.* Hamburg: Verlag Deutsches Elektronen-Synchrotron. Erişim adresi: https://epdf.pub/introduction-to-statistics-and-data-analysis-for-physicists.html

Borghi, J., Abrams, S., Lowenberg, D., Simms, S. ve Chodack, J. (2018). Support your data: A research data management guide for researchers. *Research Ideas and Outcomes 4(e2643),* 2-13. DOI: 10.3897/rio.4.e26439.

Brous, P., Janssen, M. ve Vilminko-Heikkinen, R. (2011). *Coordinating decision-making in data management activities: A systematic review of data governance principles.* Proceedings of the International Conference on Electronic Government and the Information Systems Perspective, 28 August - 1 September, Toulouse, France. DOI: 10.1007/978-3-319-44421-5_9.

Boulton, D. ve Hammersley, M. (2006). *Analysis of unstructured data.* R. Sapsford and V. Jupp (Eds), Data collection and Analysis (s. 243-259) içinde. London: SAGE Publications Ltd. Erişim adresi: https://epdf.pub/data-collection-and-analysis.html

Bramer, M. (2007). *Principles of data mining.* London: Springer-Verlag London Limited. Erişim adresi: https://epdf.pub/principles-of-data-mining83297.html

Brankovic, L. ve Giggins, H. (2007). *Statistical database security.* W. Jonker M. Petkovic (Eds). Secure data management (s. 167-182) içinde. New York: Springer Berlin Heidelberg. Erişim adresi: https://epdf.pub/secure-data-management-4-conf-sdm-2007.html

Brewerton, P. ve Millward, L. (2001). *Organizational research methods: A guide for students and researchers.* London: SAGE Publications Ltd. Erişim adresi: https://epdf.pub/organizational-research-methods-a-guide-for-students-and researchers.html

British Ecological Society, (2014). *A guide to data management in ecology and evolution.* London: British Ecological Society. Erişim adresi: https://www.britishecologicalsociety.org/wp-content/uploads/Publ_Data-Management-Booklet.pdf

Broeck, J. V. D., Cunningham, S. A., Eeckels, R. ve Herbst, K. (2005). Data cleaning: Detecting, diagnosing, and editing data abnormalities. *PLoS Medicine 2(10),* 966-969. Erişimadresi:https://pdfs.semanticscholar.org/62f6/ae67f59bbd557d07445d4

fb2565a7ec8a05d.pdf?_ga=2.206207443.1119136913.1592730141-2051103492.1580407246

Brooke, T. (2014). Descriptive metadata in the music industry:Why it is broken and how to fix it:Part 1. *Journal of Digital Media Management, 2(3),* 263-321. Erişim adresi: https://www.researchgate.net/publication/263809777_Descriptive_Metadata_in_the_Music_Industry_Why_It_Is_Broken_And_How_to_Fix_It_Part_1

Bruce, P. ve Bruce, A. (2017). *Practical statistics for data scientists: 50 essential concepts.* California: O'Reilly Media, Inc. Erişim adresi: https://math2510.coltongrainger.com/books/2017-bruce-and-bruce-pratical-statistics-for-data-scientists.pdf

Bryman, A. (2012). *Social research methods (4. bs).* Oxford: Oxford University Press. Erişim adresi:https://www.academia.edu/30520568/Social_Research_Methods_4th_Edition_by_Alan_Bryman.pdf

Buffington, J. (2010). *Data protection for virtual data centers.* Indianapolis, Indiana: Wiley Publishing, Inc. Erişim adresi: https://epdf.pub/data-protection-for-virtual-data-centers66194.html

Burford, S. J., Park, S. ve Dawda, P. (2019). Small data and its visualization for diabetes self-management: Qualitative study. *JMIR Diabetes, 4(3),* 1-9. DOI: 10.2196/10324.

Burgin, M. (2004). Data, information, and knowledge. *Information, 7(1),* 47-57. DOI: 10.1007/978-0-387-35611-2_3.

Burley, T. E. ve Peine, J. D. (2009). NBII-SAIN data management toolkit. Reston, Virginia: U.S. Department of the Interior, U.S. Geological Survey. Erişim adresi: https://pubs.usgs.gov/of/2009/1170/

Büyüköztürk, Ş., Çokluk, Ö. ve Köklü, N. (2013). *Sosyal bilimler için istatistik (13. bs).* Ankara: Pegem Akademi.

Byrne, G. (2007). A statistical primer: Understanding descriptive and inferential statistics. *Evidence based library and information practice*, *2*(1), 32-47. https://journals.library.ualberta.ca/eblip/index.php/EBLIP/article/download/168/239

Byrne, D. (2002). *Interpreting quantitative data.* London: SAGE Publications Ltd. Erişim adresi: https://epdf.pub/interpreting-quantitative-data.html

Canals, L. (2017). *Instruments for gathering data.* E. Moore ve M. Dooly (Eds). Qualitative approaches to research on plurilingual education (s. 390-401) içinde. Research. DOI: https://doi.org/10.14705/rpnet.2017.emmd2016.637.

Caplan, P. (2003). *Metadata: Fundamentals for librarians.* Chicago: the American Library Association. Erişim adresi: https://epdf.pub/metadata-fundamentals-for-all-librarians.html

Capurro, R. ve Hjrarland, B. (2005). The concept of information. *Annual Review of Information Science and Technology, 37(1),* 343-411. DOI: 10.1002/aris.1440370109.

Carr, A. S., Kaynak, H. ve Muthusamy, S. (2008). The cross-functional coordination between operations, marketing, purchasing and engineering and the impact on performance. *International Journal of Manufacturing Technology and Management, 13(1),* 55-77. DOI: 10.1504/IJMTM.2008.01597.

CGIAR Internal Audit Unit, (2017). *Research data management: Good practice note.* Motnpellier: CGIAR. Erişim adresi: https://docplayer.net/57051864-Research-data-management-good-practice-note.html

Chaffey, D. ve Wood, S. (2005). *Business information management: Improving performance using information systems.* Harlow: Pearson Education Limited. Erişim adresi: http://www.dut.edu.ua/uploads/l_1611_64307190.pdf

Chakraborty, S. ve Chaki, N. (2011). A survey on the semi-structured data models. *Communications in Computer and Information Science, 245,* 257-266. DOI: 10.1007/978-3-642-27245-5_31.

Chapman, A. D. (2015). *Principles and methods of data cleaning-Primary species and species occurrence data.* Copenhagen: Global Biodiversity Information Facility. Erişim adresi:https://assets.ctfassets.net/uo17ejk9rkwj/46SfGRfOesU0IagMMAOIkk/1c03ea3e21fcd9025cc800d786890e72/Principles_20and_20Methods_20of_20Data_20Cleaning_20-_20ENGLISH.pdf

Charlton, M. (2009). *A handbook of information technology.* Delhi: Global Media. Erişim adresi: https://epdf.pub/a-handbook-of-information-technology-5ea7f9dd95c6f.html

Chen, J., Chen, Y., Du, X., Li, C., Lu, J., Zhao, S. ve Zhou, X. (2013). Big data challenge: A data management perspective. *Frontiers of Computer Science, 7(2),* 157-164. DOI 10.1007/s11704-013-3903-7.

Cheng, J. ve Yu, J. X. (2012). *A survey of relational approaches for graph pattern matching over large graphs.* S. Sakr ve E. Pardede (Eds.). Graph data management: Techniques and applications (s. 112-141) içinde. Hershey, PA: Information Science Reference (an imprint of IGI Global). Erişim adresi: https://epdf.pub/graph-data-management-techniques-and-applications.html

Chigwada, J., Chiparausha, B. ve Kasiroori, J. (2017). Research data management in research institutions in Zimbabwe. *Data Science Journal, 16(31),* 1-9. DOI: https://doi.org/10.5334/dsj-2017-031.

Chluski, A. ve Ziora, L. (2015). The role of big data solutions in the management of organizations: Review of selected practical examples. *Procedia Computer Science, 65(2015),* 1006-1012. DOI: 10.1016/j.procs.2015.09.059.

Christodoulou, M., Szczygieł, E., Kłapa, L. ve Kolarz, W. (2018). *Algorithmic and programming: Training materials for teachers.* Krosno: P.T.E.A. Wszechnica Sp.

z o.o. Publishing House. Erişim adresi: https://www.codeit-project.eu/wp-content/uploads/CodeIT_O1_EN.pdf

Christensen, L. B., Johnson, R. B. ve Turner, L. A. (2015). *Research methods, design, and analysis (12. bs).* Essex: Pearson Education Limited. Erişim adresi: https://files.pearsoned.de/inf/toc/9781292068466

Chu, X., İlyas, I., Krishnan, S. ve Wang, J. (2019). *Data cleaning: Overview and emerging challenges.* Proceedings of SIGMOD'16, June 26-July 01, 2016, San Francisco, CA, USA. DOI: http://dx.doi.org/10.1145/2882903.2912574

Churcher, C. (2007). *Beginning database design: From novice to professional designing databases for the desktop and beyond.* Berkeley, CA: Apress. Erişim adresi: https://epdf.pub/beginning-database designf9c2eadb2a0c63b8f689da0162ca963b63710.html

Cohen, L., Manion, L. ve Morrison, K. (2018). *Research methods in education (8.bs).* Abingdon: Routledge. Erişim adresi: https://kwaracails.edu.ng/library/resources/[Louis_Cohen,_Lawrence_Manion,_Keith_Morrison]_Res(z-lib.org).pdf

Cohen, L., Manion, L. ve Morrison, K. (2007). *Research methods in education (6. bs).* Abingdon: Routledge/Taylor and Francis Group. Erişim adresi: https://gtu.ge/Agro-Lib/RESEARCH%20METHOD%20COHEN%20ok.pdf

Cole, D., Nelson, J. ve McDaniel, B. A. (2015). *Benefits and risks of big data.* Proceedings of the Southern Association for Information Systems Conference, Hilton Head Island, SC, USA March 20st–21nd, 2015. Erişim adresi: https://core.ac.uk/download/pdf/301367945.pdf

Coolican, H. (2013). *Research methods and statistics in psychology (5. bs).* Abingdon, Oxon: Routledge. Erişim adresi: https://www.pdfdrive.com/research-methods-and-statistics-in-psychology-e157755361.html

Corbetta, P. (2003). *Social research: Theory, methods and techniques.* Oxford: The Alden Press. Erişim adresi: https://www.academia.edu/41425230/Piergiorgio_Corbetta-_Social_Research_Theory_Methods_and_Techniques

Cox, A. M. (2018). A critical analysis of lifecycle models of the research process and research data management. *Aslib Journal of Information Management, 00 (2018),* 1-20. DOI: https://doi.org/10.1108/AJIM-11-2017-0251.

Craig, T. ve Ludloff, M. E. (2011). *Privacy and big data.* Sebastopol, CA: O'Reilly Media, Inc. Erişim adresi: https://epdf.pub/privacy-and-big-data74638.html

Crano, W. D., Brewer, M. B. ve Lac, A. (2015). *Principles and methods of social research (3. bs).* New York: Routledge. Erişim adresi: http://englishlangkan.com/produk/E%20Book%20Principles%20and%20Methods%20of%20Social%20Research%20Willian%20D%20Crano%202015.pdf

Creswell, J. W. ve Creswell, J. D. (2018). *Research design: Qualitative, quantitative, and mixed methods approaches (5. bs).* Thousand Oaks, California: SAGE Publications, Inc. Erişim adresi: http://lib.jci.edu.cn/uploads

Creswell, J. W. (2014). *Research design: Qualitative, quantitative and mixed methods approaches (4. bs).* California: SAGE Publications, Inc. Erişim adresi: http://englishlangkan.com/produk/E%20Book%20Research%20Design%20Cress weell%202014.pdf

Curry, E. (2016). *The big data value chain: Definitions, concepts, and theoretical approaches.* J. M. Cavanillas, E. Curry ve W. Wahlster (Eds.). New horizons for a data-driven economy: A roadmap for usage and exploitation of big data in Europe (s. 29-37) içinde. Switzerland: Springer International Publishing AG. DOI: 10.1007/978-3-319-21569-3.

Çakın, C. (2006). *Veri ambarı projelerinde başarı faktörlerinin değerlendirilmesi.* (Yayımlanmamış yüksek lisans tezi). İstanbul Teknik Üniversitesi, İstanbul. Erişim adresi:https://tez.yok.gov.tr/UlusalTezMerkezi/tezDetay.jsp?id=hTYxzOJcNyadz ojyPDBppQ&no=1YC-2b5gbm42lw5z4cRH3A

Çokluk, Ö. ve Kayrı, M. (2011). Kayıp değerlere yaklaşık değer atama yöntemlerinin ölçme araçlarının geçerlik ve güvenirliği üzerindeki etkisi. *Kuram ve Uygulamada Eğitim Bilimleri, 11(1),* 289-309. Erişim adresi: https://docplayer.biz.tr/217014-Kayip-degerlere-yaklasik-deger-atama-yontemlerinin-olcme-araclarinin-gecerlik-ve-guvenirligi-uzerindeki-etkisi.html

Dale, N. B. ve Walker, H. M. (1990). A classification of data types. *Computer Science Education, 3(3)*, 223-232. DOI: 10.1080/0899340920030303.

Damodaran, L., & Olphert, W. (2000). Barriers and facilitators to the use of knowledge management systems. *Behaviour & Information Technology*, *19*(6), 405-413. Erişim adresi: https://doi.org/10.1080/014492900750052660

Darwen, H. (2010). *An introduction to relational database theory.* Peterlee: Hugh Darwen ve Ventus Publishing. Erişim adresi: https://epdf.pub/an-introduction-to-relational-database-theory.html

Das, S. R. (2016). *Data science: Theories, algorithms and analytics. Knetucky*: S. R. Das. Erişim adresi: https://srdas.github.io/Papers/DSA_Book.pdf

Dashrath, V. B. (2014). Role of metadata in digital resource management. *International Journal of Digital Library Services, 4(3),* 209-217. Erişim adresi: http://www.ijodls.in/uploads/3/6/0/3/3603729/19434.pdf

Davis, K. ve Patterson, D. (2012). *Ethics of big data: Balancing risk and innovation.* Sebastopol, CA: O'Reilly Media, Inc. Erişim adresi: https://epdf.pub/ethics-of-big-data-balancing-risk-and-innovation46195.html

Davenport, T. H. ve Patil, D. J. (2012). Data scientist. *Harvard business review, 90*(5), 70-76. Erişim adresi: http://blogs.sun.ac.za/open-day/files/2022/03/Data-Scientist-Harvard-review.pdf

Dawson, C. (2009). *Introduction to research methods: A practical guide for anyone undertaking a research project (4. bs).* Oxford: How To Books by Deer Park Productions. Erişim adresi: http://www.modares.ac.ir/uploads/Agr.Oth.Lib.21.pdf

Dean, J. (2014). *Big data, data mining, and machine learning: Value creation for business leaders and practitioners.* New Jersey: John Wiley & Sons, Inc. Erişim adresi: https://doc.lagout.org/Others/Data%20Mining/Big%20Data%2C%20Data%20Mining%2C%20and%20Machine%20Learning_%20Value%20Creation%20for%20Business%20Leaders%20and%20Practitioners%20%5BDean%202014-05-27%5D.pdf

Deb, S. (2005). *Video data manegement and information retrieval.* Hershey: IRM Press. Erişim adresi: https://epdf.pub/video-data-management-and-information-retrieval56422.html

Demirtaş, B. ve Argan, M. (2015). Büyük veri ve pazarlamadaki dönüşüm: Kuramsal bir yaklaşım. *Pazarlama ve Pazarlama Araştırmaları Dergisi, (15)Ocak 2015,* 1-21. Erişim adresi: http://www.pazarlama.org.tr/dergi/yonetim/icerik/makaleler/85-published.pdf

Derclaye, E. (2005). What is a database? *The Journal of World Intellectual Property, 5(6),* 981-1011. DOI: 10.1111/j.1747-1796.2002.tb00189.x.

Dictionary of Information & Library Management, (2006). Dictionary of Information & Library Management. A & C Black Publishers Ltd. Erişim adresi: https://epdf.tips/queue/dictionary-of-information-and-library-managementa000098b0fe86e3850650574e6e6677417385.html

DiPersio, D., Cieri, C. ve Jaquette, D. (2016). *Data management plans and data centers.* Proceedings of the LREC 2016, Tenth International Conference on Language Resources and Evaluation, May 23-28, 2016, Portorož, Slovenia. Erişim adresi: https://www.aclweb.org/anthology/L16-1396.pdf

Dmitriy, K. (2020). Use of DIKW methodology for educational proposals in the framework of innovative learning implementation. *Science And Education,* (4), 53. Erişim adresi: https://scienceandeducation.pdpu.edu.ua/doc/2020/4_2020/7.pdf

Dorji, S. ve Kirikova, M. (2016). *Data, information, and knowledge modeling in worksystem networks.* Joint Proceedings of the BIR 2016 Workshops and Doctoral Consortium co-located with 15th International Conference on Perspectives in Business Informatics Research (BIR 2016) Prague, Czech Republic, September 14 - 16, 2016. Erişim adresi: http://ceur-ws.org/Vol-1684/paper22.pdf

Drisko, J. (1998). Using qualitative data analysis software. *Computers in Human Services 15(1),* 1-19. DOI: 10.1300/J407v15n01_01.

Dua, S. ve Du, X. (2011). *Data mining and machine learning in cybersecurity.* Boca Raton, FL: Auerbach Publications, Taylor & Francis Group. Erişim adresi: https://epdf.pub/data-mining-and-machine-learning-in-cybersecuritydfb5797f5764b8345af148afa69b024626685.html

Duan, Y., Sun, X., Che, H., Cao, C., Li, Z ve Yang, X. (2019). Modeling Data, Information and Knowledge for Security Protection of Hybrid IoT and Edge Resources. *IEEE Access, 7(1-1), 99161*-99176. DOI: 10.1109/ACCESS.2019.2931365.

Eberendu, A. C. (2016). Unstructured data: An overview of the data of big data. *International Journal of Emerging Trends & Technology in Computer Science, 38(1),* 46-50. DOI: 10.14445/22312803/IJCTT-V38P109.

El Arass, M. ve Souissi, N. (2018). *Data lifecycle: From big data to smart data.* Proceedings of 2018 IEEE 5th International Congress on Information Science and Technology (CiSt), Marrakech, Morroco. DOI: 10.1109/CIST.2018.8596547.

Elkhodr, M., Shahrestani, S. ve Cheung, H. (2016). *Internet of things applications: Current and future development.* Q. F. Hassan (Edt). Innovative research and applications in next-generation high performance computing (s. 397-427) içinde. Hershey, PA: Information Science Reference (an imprint of IGI Global). DOI: 10.4018/978-1-5225-0287-6.ch016.

Elmasri, R. ve Navathe, S. B. (2000). *Fundamentals of database systems (3. bs).* Reading: Addison-Wesley. Erişim adresi: https://epdf.pub/fundamentals-of-database-systemsb6817b58d7a94139af86b701d158cc1541723.html

Elmasri, R. ve Navathe, S. B. (2011). *Fundamentals of database systems (6. bs).* Boston: AddisonWesley.Erişimadresi:http://www.cvauni.edu.vn/imgupload_dinhkem/file/CSDL/Fundamentals_of_Database_Systems,_6th_Edition.pdf

Elnaggar, A. A. (2015). *Semantic web.* Alexandria: Department of Information Technology, Institute of Graduate Studies and Research, University of Alexandria, Egypt. DOI: 10.13140/RG.2.1.3622.0888.

Emani, C. K., Cullot, N. ve Nicolle, C. (2015). Understandable big data: Survey. *Computer Science Review, 17(August 2015),* 70-81. Erişim adresi: http://iranarze.ir/wp-content/uploads/2016/12/E3213.pdf

Enders, T. (2018).). *Exploring the value of data-A research agenda.* Karlruhe: Karlsruhe Service Research Institute. Erişim adresi: https://link.springer.com/chapter/10.1007/978-3-030-00713-3_21#citeas

Enofe, M. O. (2017). *Data management in an operational context a study at Volvo Group trucks operations* (Yayımlanmamış yüksek lisans tezi). Lund University, Lund. Erişim adresi: https://core.ac.uk/download/pdf/289955103.pdf

Epstein, L. ve Martin, A. (2005). Coding variables. *Encyclopedia of Social Measurement, 1(2005),* 321-327. Erişim adresi: http://epstein.wustl.edu/research/codingvariables.pdf

Erhan, L., Ndubuaku, M., Ferrara, E., Richardson, M., Sheffield, D., Ferguson, F. J., Brindley, P. ve Liotta, A. (2019). Analysing objective and subjective data in social sciences: Implications for smart cities. *IEEE Access, (99)1,* 1-18. DOI: 10.1109/ACCESS.2019.2897217.

European Commission, (2016). *H2020 Programme guidelines on FAIR data management in Horizon 2020.* Brussel: European Commission. Erişim adresi: https://ec.europa.eu/research/participants/data/ref/h2020/grants_manual/hi/oa_pilot/h2020-hi-oa-data-mgt_en.pdf

Evans, M. J. ve Rosenthall, S. R. (2010). *Probability and statistics: The science of uncertainty (2. bs).* New York: W. H. Freeman and Company. Erişim adresi: https://epdf.pub/probability-and-statistics-the-science-of-uncertainty.html

Feldman, B., Martin, E. M. ve Skotnes, T. (2012). *Big data in healthcare: Hype and hope.* Erişimadresi:https://pdfs.semanticscholar.org/241e/3e0657ff97d5e2beafaf5eb870 85eef40cf8.pdf?_ga=2.249124167.1119136913.1592730141-2051103492.1580407246

Felici, M., Koulouris, T. ve Pearson, S. (2013). *Accountability for data governance in cloud ecosystems.* Proceedings of the 2013 IEEE 5th International Conference on Cloud Computing Technology and Science, December 2-5, 2013, Bristol, United Kingdom. DOI: 10.1109/CloudCom.2013.157.

Ferrari, E. (2010). Access control in data management systems. M. T. Özsu (Edt.). Synthesis lectures on data management. Williston, VT: Morgan & Claypool Publishers. DOI: 10.2200/S00281ED1V01Y201005DTM004.

Field, A. (2009). *Discovering statistics using SPSS* (3. bs). London: Sage Publications Ltd. Erişim adresi: https://faculty.psau.edu.sa/filedownload/doc-6-pdf-a46e10627f49a5333cdcd0b700790f8b-original.pdf

Forcheh, N. (2003). Designing and coding survey instruments for statistical analysis. *Pula: Botswana Journal of African Studies, 17(1),* 67-84. Erişim adresi: https://pdfs.semanticscholar.org/be34/98edd13536feba44800944df6e556569cdb8.pdf?_ga=2.184630633.1119136913.1592730141-2051103492.1580407246

Foresti, S. (2011). *Preserving privacy in data outsourcing.* New York: Springer Science+Business Media, LLC. Erişim adresi: https://epdf.pub/preserving-privacy-in-data-outsourcing-advances-in-information-security-51.html

Frankel, J. R., Wallen, N. E. ve Hyun, H. H. (2012). *How to design and evaluate research in education (8. bs).* New York: The McGraw-Hill Companies, Inc. Erişim adresi: https://saochhengpheng.files.wordpress.com/2017/03/jack_fraenkel_norman_wallen_helen_hyun-how_to_design_and_evaluate_research_in_education_8th_edition_-mcgraw-hill_humanities_social_sciences_languages2011.pdf

Frost, N. (2011). *Qualitative research methods in psychology: Combining core approaches.* Berkshire: Open University Press, McGraw-Hill Education. Erişim adresi: https://epdf.pub/qualitative-research-methods-in-psychology-from-core-to-combined-approaches.html

Garcia-Molina, H., Ullman, J. D. ve Widom, J. (2009). *Database systems: The complete book (2. bs).* Upper Saddle River, New Jersey: Pearson Education Inc. Erişim adresi: https://people.inf.elte.hu/miiqaai/elektroModulatorDva.pdf

Garcia-Molina, H., Ullman, J. D. ve Widom, J. (2002). *Database systems: The complete book.* Upper Saddle River, New Jersey: Prentice Hall. Erişim adresi: http://index-of.es/Databases/Molina,Ullman%20%20Database%20Systems%20The%20Complete%20Book.pdf

Geiger, R. S., Varoquaux, N., Mazel-Cabasse, C. ve Holdgraf, C. (2018). The types, roles, and practices of documentation in data analytics open source software libraries. *Computer Supported Cooperative Work (CSCW) 27,* 3-6. DOI: 10.1007/s10606-018-9333-1.

Geraci, D., Homprey, C. ve Jacobs, J. (2012). *Data basics: An introductory text.* Michigan: Inter-university Consortium for Political and Social Research. Erişim adresi: https://era.library.ualberta.ca/items/b75c853c-5e4a-4bfc-976c-a4b34de7314a

Gilliland, A. J. (2008). Setting the Stage. M. Baca (Edt). *Introduction to metadata (2. bs).* Los Angeles, CA: Getty Publications. Erişim adresi: https://epdf.pub/introduction-to-metadata-second-edition.html

Given, L. M. (2008). *The SAGE Encyclopedia of qualitative research methods.* California: SAGE Publications, Inc. Erişim adresi: https://epdf.pub/the-sage-encyclopedia-of-qualitative-research-methods.html

Gogtay, N. J. ve Thatte, U. M. (2017). An introduction to meta-analysis. *Journal of the Association of Physicians of India, 65(October 2017),* 78-85. Erişim adresi: https://www.kem.edu/wp-content/uploads/2012/06/14-An-introduction_to_meta_analysis-1.pdf

Gordon, K. (2007). *Principles of data management: Facilitating information sharing.* Swindon: The British Computer Society Publishing and Information Products. Erişim adresi: https://www.worldcat.org/title/principles-of-data-management-facilitating-information-sharing/oclc/685058913

Goosen, L. (2018). *Ethical data management and research integrity in the context of e-schools and community engagement.* C. Sibinga (Edt). Ensuring research integrity and the ethical management of data (s. 14-15) içinde. Pensilvanya: IGI Global. DOI: 10.4018/978-1-5225-2730-5.ch002.

Gotseva, D., Gancheva, V. ve Georgiev, I. (2011). *Database backup strategies and recovery models.* T. Tashev, R. Deliyski, B. Lepadatescu (Eds.). Challenges in higher education & research, (s. 147-150) içinde. Sofia: Heron Press. Erişim adresi: https://docplayer.net/61654542-Challenges-in-higher-education-and-research-in-the-21st-century.html

Gourshettiwar, P. M., Shirbhate, D. ve Shete, R. (2016). The survey on: Data mining data warehousing & OLAP. *International Journal on Recent and Innovation Trends in Computing and Communication, 4(4),* 1-4. Erişim adresi: https://ijritcc.org/index.php/ijritcc/article/view/1942

Gratton, C. ve Jones, I. (2010). *Research methods for sports studies.* Abingdon: Routledge. Erişimadresi:https://repository.stkipgetsempena.ac.id/bitstream/575/1/Research_Methods_for_Sports_Studies.pdf

Gray, J. (1996). *Data management: Past, present, and future.* Redmond, VA: Microsoft Research Microsoft Corporation. Erişim adresi: https://arxiv.org/ftp/cs/papers/0701/0701156.pdf

Grembergen, W.V., De Haes, S. ve Guldentops, E. (2004). *Structures, processes and relational mechanisms for IT governance.* W. V. Grembergen (Edt). Strategies for Information Technology Governance (s. vi-1) içinde. Hershey, PA: Idea Group Publishing. Erişlim adresi: https://epdf.pub/strategies-for-information-technology-governance51178.html

Grillenberg, A. ve Romeike, R. (2017). *Key concepts of data management-An empirical approach.* Koli Calling '17: Proceedings of the 17th Koli Calling International Conference on Computing Education Research, Koli Finland, November 2017, 30-39. DOI: 10.1145/3141880.3141886.

Guerrero, H. (2010). *Excel data analysis: Modeling and simulation.* Berlin: Springer-Verlag BerlinHeidelberg.Erişimadresi:https://www.academia.edu/18162448/Excel_Data_Analysis_Modeling_and_Simulation

Gunjal, B ve Koganurmath, M. M. (2003). *Database management: Concepts and design.* Proceedings of 24th IASLIC–SIG-2003, ehradun, Survey of India, 15 - 18 December 2003. Erişim adresi: https://www.bibsonomy.org/bibtex/2d27e23608efaf3c473d99c429860ca97/bhojarajug

Guzman, M. ve Verstappen, B. (2009). *İnsan hakları ve dokümantasyon dizisi cilt 2: Dokümantasyon nedir?* (Çev. Murat Çekiç). Cenevre: Human Rights Information and Documentation Systems, International. Erişim adresi: https://docplayer.biz.tr/18955222-Dokumantasyon-nedir-yazarlar-manuel-guzman-ve-bert-verstappen-bu-yayinin-butun-haklari-huridocs-a-aittir-www-huridocs-org.html

Güçlü, N. ve Sotirofski, K. (2006). Bilgi yönetimi. *Türk Eğitim Bilimleri Dergisi, 4*(4), 351-373. Erişim adresi: https://dergipark.org.tr/en/download/article-file/256354

Gülçe, G. (2010). *Veri ambarı ve veri madenciliği teknikleri kullanılarak öğrenci karar destek sistemi oluşturma* (Yayımlanmamış yüksek lisans tezi). Pamukkale Üniversitesi, Denizli.Erişimadresi:http://acikerisim.pau.edu.tr:8080/xmlui/bitstream/handle/11499/1433/G%c3%bcrler%20G%c3%bcl%c3%a7e.pdf?sequence=1&isAllowed=y

Hahn, J., & Subramani, M. (2000). A framework of knowledge management systems: issues and challenges for theory and practice. Erişim adresi: https://core.ac.uk/download/pdf/301354213.pdf

Hair, J. F., Black, W. C., Babin, B. J. ve Anderson, R. E. (2014). *Multivariate data analysis (7. bs).* London: Pearson Education Limited. Erişim adresi: https://files.pearsoned.de/inf/ext/9781292035116

Hall, D. L. ve Steinberg, A. N. (2001). *Dirty secrets in multisensor data fusion.* D. L. Hall ve J. Llinas (Eds.). Handbook of multisensor data fusion (s. 448-456) içinde. Danvers, MA: CRC Press LLC. Erişim adresi: https://epdf.pub/handbook-of-multisensor-data-fusion.html

Hammer, C. L., Kostroch, D. C. ve Quirós, G. (2017). *Big Data: Potential, challenges, and statistical implications.* Chicago: The Internal Group on Big Data of the Statistics Department.Erişimadresi:https://www.imf.org/~/media/Files/Publications/SDN/2017/sdn1706-bigdata.ashx

Han, J., Kamber, M. ve Pei, J. (2012). *Data mining: Concepts and techniques (3. bs).* Waltham: Morgan Kaufmann Publishers. Erişim adresi: https://epdf.pub/data-mining-concepts-and-techniques-3rd-edition-5ea7fbb5cfeb1.html

Han, J. ve Kamber, M. (2006). *Data mining: Concepts and techniques (2. bs).* San Francisco: Morgan Kaufmann Publishers. Erişim adresi: https://mitmecsept.files.wordpress.com/2017/04/data-mining-concepts-and-techniques-2nd-edition-impressao.pdf

Han, J. ve Kamber, M. (2001). *Data mining: Concepts and techniques.* San Diego, CA: Academic Press. Erişim adresi: https://epdf.pub/data-mining-concepts-and-techniques3932.html

Harrington, P. (2012). *Machine learning in action.* New York: Manning Publications Co. Erişim adresi: https://epdf.pub/machine-learning-in-action.html

Hashem, I. A. T., Yaqoob, I., Anuar, N. B., Mokhtar, S., Gani, A. ve Khan, S. U. (2015). The rise of "big data" on cloud computing: Review and reseacrh issues. *Information Systems, 47(2015),* 98-115. DOI: https://doi.org/10.1016/j.is.2014.07.006.

Hashmi, A., Ranjan, A. ve Anand, A. (2018). Security and compliance management in cloud computing. *International Journal Of Advanced Studies in Computer Science And Engineering (IJASCSE), 7(1),* 47-54. Erişim adresi: https://www.researchgate.net/publication/323081755_Security_and_Compliance_Management_in_Cloud_Computing

Hay, M. C. (2016). Preface: Applying methods that matter. M. C. Hay (Edt.). Methods that matter: Integrating mixed methods for more effective social science research (s. xi-xvi) içinde. Chicago: The University of Chicago Press. DOI: 10.7208/chicago/9780226328836.001.0001.

Hay, D. (2006). Data model patters: A metadada map. San Francisco, CA: Elsevier Inc. Erişim adresi: https://epdf.pub/data-model-patterns-a-metadata-map-the-morgan-kaufmann-series-in-data-management.html

Heiman, G. W. (2011). *Basic statistics for the behavioral sciences (6. bs).* Belmont: Wadsworth, Cengage Learning. Erişim adresi: https://www.academia.edu/285176/Basic_Statistics_for_the_Behavioral_Sciences

Held, G. (2001). *Understanding data communications: From fundamentals to networking (3. bs).* Chichester, West Sussex: John Wiley & Sons, Ltd. Erişim adresi: https://epdf.pub/understanding-data-communications.html

Henderson, D. ve Earley, S. (2017). *Dama-Dmbok: Data management body of knowledge (2. bs).* New Jersey: Technics Publications. Erişim adresi: https://dokumen.pub/qdownload/dama-dmbok-data-management-body-of-knowledge-2nd-edition-9781634622349-1634622340.html

Hobbs, L., Hillson, S., Lawande, S. ve Smith, P. (2005*). Oracle database 10g data warehosing.* Burlington, MA: Elsevier Digital Press. Erişim adresi: https://epdf.pub/oracle-10g-data-warehousing6519ecefec3887890088960329a1c17231692.html

Henry, L. (2015). Information privacy and data security. Cardozo Law Review de Novo, (2015), 107-118. Erişim adresi: https://papers.ssrn.com/sol3/papers.cfm?abstract_id=2600495

Herrmann, L. ve Ultsch, A. (2008). *An artificial life approach for semi-supervised learning.* C. Preisach, H. Burkhardt, L. Schmidt-Thieme ve R. Decker (Eds). Data analysis, machine learning and applications. Heidelberg: Springer-Verlag Berlin Heidelberg (s. 139-146) içinde. Erişim adresi: https://epdf.pub/data-analysis-machine-learning-and-applications.html

Herzog, T. N., Scheuren, F. J. ve Winkler, W. E. (2007). Data quality and record linkage techniques. New York: pringer Science+Business Media, LLC. Erişim adresi: https://epdf.pub/data-quality-and-record-linkage-techniques.html

Heylighen, F. (1997). Objective, subjective and intersubjective selectors of knowledge. *Evolution and Cognition, 3(1),* 63-67. Erişim adresi: http://pespmc1.vub.ac.be/Papers/KnowledgeSelectors.pdf

Hillman, D. I. ve Westbrooks, E. L. (2004). *Metadata in practice.* Chicago: American Library Association. Erişim adresi: https://epdf.pub/metadata-in-practice.html

Ho, A., Nguyen, A., Pafford, J. L., & Slater, R. (2019). A data science approach to defining a data scientist. *SMU Data Science Review, 2*(3), 4. Erişim adresi: https://scholar.smu.edu/cgi/viewcontent.cgi?article=1114&context=datasciencereview

Hobbs, L., Hillson, S., Lawande, S. ve Smith, P. (2005). Oracle database 10g data warehousing. Oxford: Elsevier Digital Press. Erişim adresi: https://epdf.pub/oracle-10g-data-warehousing6519ecefec3887890088960329a1c17231692.html

Hofmann, M. ve Tierney, B. (2009). Development of an enhanced generic data mining life cycle (DMLC). *The ITB Journal, 10(1),* 50-71. DOI:10.21427/D75R0B.

Hon, K. (2014). *An introduction to statistics.* Californiya: CreateSpace Independent PublishingPlatform.Erişimadresi:https://www.fd.cvut.cz/department/k611/PEDAGOG/THO_A/A_soubory/statistics_firstfive.pdf

Hoppe, A., Seising, R., Nurnberger, A. ve Wenzel, C. (2011). *Wisdom-the blurry top of human cognition in the DIKW-model?* Proceedings of the 7th Conference of the European Society for Fuzzy Logic and Technology (EUSFLAT 2011), Aix-les-Bains, France, July 18-22, 2011. Erişim adresi: http://www.atlantispress.com/php/download_paper.php?id=2276

Horton, N. J. ve Kleinman, K. (2011). *Using R for data manegement, statistical analysis and graphics.* Boca Raton, FL: Taylor and Francis Group, LLC. Erişim adresi: https://epdf.pub/using-r-for-data-management-statistical-analysis-and-graphics.html

Howitt, D. ve Cramer, D. (2017). *Research methods in psychology (5. bs).* Harlow: Pearson Education Limited. Erişim adresi: https://docplayer.net/8911629-Research-methods-in-psychology.html

Howitt, D. (2016). *Introduction to qualitative methods in psychology (3. bs).* Edinburgh: Pearson Education Limited. Erişim adresi: http://catalogue.pearsoned.co.uk/assets/hip/gb/hip_gb_pearsonhighered/samplechapter/Howitt%20Web%20Sample.pdf

Hsieh, C. K., Alquaddoomi, F., Okeke, F., Pollak, J. P., Gunasekara, L. ve Estrin, D. (2018). Small data: Applications and architecture. Proceedings of the Fourth International Conference on Big Data, Small Data, Linked Data and Open Data, April 22, 2018 to April 26, 2018, Athens, Greece. Erişim adresi: https://destrin.tech.cornell.edu/

Hurwitz, J. ve Kirsch, D. (2018). *Machine learning for dummies (IBM Limited Edition).* New Jersey: John Wiley & Sons, Inc. Erişim adresi: https://www.ibm.com/downloads/cas/GB8ZMQZ3

IIRSM, (2017). A practical guide to data and cyber security for small businesses. London: International Institute of Risk & Safety Management. Erişim adresi: https://www.bluestoneinsurance.co.uk/wp-content/uploads/2017/04/Practical-Guide-to-Data-and-Cyber.pdf

Ifeanyi, N., Oghenevwoke, E., Uchenna, A., Amarachi, N., Chinedum, I. ve Nwabueze, O. (2014). The role of data warehousing concept for improved organizations performance and decision making. *International Journal of Computer Science and Mobile Computing,* 3 (10), 451-455. Erişim adresi: https://docplayer.net/14746200-The-role-of-data-warehousing-concept-for-improved-organizations-performance-and-decision-making.html

Iliinsky, N. (2010). On Beauty. J. Steele ve N. Iliinsky (Eds.). *Beautiful visualization.* Sebastopol, CA: O'Reilly Media, Inc. Erişim adresi: https://epdf.pub/beautiful-visualization-looking-at-data-through-the-eyes-of-experts78124.html

Ilyas, I. F. ve Chu, X. (2019). *Data cleaning.* New York: Association for Computing Machinery Erişim adresi: https://dl.acm.org/doi/pdf/10.1145/3310205

Inmon, W. H. (2002). *Building the data warehouse (3. bs).* New York: John Wiley & Sons, Inc. Erişim adresi: https://epdf.pub/building-the-data-warehouse30599.html

Inmon, W., Strauss, D. ve Neushloss, G. (2008). *The architecture of the next generation of data warehousing.* Burlington, MA: Morgan Kauffman Publishers. Erişim adresi: https://epdf.pub/queue/data-warehouse-20.html

Inmon, W., O'Neil, B. ve Fryman, L. (2008). *Business metadata: Capturing enterprise knowledge.* Burlington, MA: Morgan Kaufmann Publishers. Erişim adresi: https://epdf.pub/business-metadata-capturing-enterprise-knowledge.html

İşli, D. (2009). *Veri ambarı ve OLAP teknolojilerinden yararlanılarak raporlama aracı gerçekleştirimi* (Yayımlanmamış yüksek lisans tezi). Pamukkale Üniversitesi, Denizli. Erişimadresi:http://acikerisim.pau.edu.tr/xmlui/bitstream/handle/11499/1289/Devrim%20%C4%B0%C5%9Fli.pdf?sequence=1&isAllowed=y

Jackson, S. L. (2009). *Research methods and statistics: A critical thinking approach (3. bs).* Belmont, California: Wadsworth, Cengage Learning. Erişim adresi: https://www.bgs.org.uk/sites/default/files/content/attachment/2017-11-30/Research%20Methods%20and%20Statistics%20by%20Sherri%20L.%20Jackson.pdf

Jashapara, A. (2004). *Knowledge management: An integrated approach.* Harlow: Pearson Education Limited. Erişim adresi: https://epdf.pub/knowledge-management-an-integral-approach.html

Jedinger, A., Watteler, O. ve Förster, A. (2018). Improving the quality of survey data documentation: A total survey error perspective. *Data, 3(4),* 1-9. DOI: 10.3390/data3040045.

Johanson, M., Jalminger, J., Frecon, E., Nelson, B., Olovsson, T. ve Gjertz, M. (2017). Joint subjective and objective data capture and analytics for automotive applications. Proceedings of the 2017 IEEE 86th Vehicular Technology Conference: VTC2017-Fall, 24-27 September 2017, Toronto, Canada. DOI: 10.1109/VTCFall.2017.8288366.

Johnson, D. ve Bullock, M. (2008). *The ethics of data archiving: Issues from four perspectives.* D. M. Mertens ve P. E. Ginsberg (Edt.) The handbook of social research ethics (s. 214-228) içinde. California: Sage Publications, Inc. DOI: https://dx.doi.org/10.4135/9781483348971.n1

Johnson, J. L. (1997). *Database: Models, languages, design.* Oxford: Oxford University Press. Erişim adresi: https://epdf.pub/database-models-languages-design18c1dd0952549215476a791371670f4992297.html

Jonker, W. ve Petkovic, M. (2008). *Preface.* W. Jonker M. Petkovic (Eds.). Secure Data Management (s. v-vı) içinde. New York: Springer Berlin Heidelberg. Erişim adresi: https://epdf.pub/secure-data-management-4-conf-sdm-2007.html

Kain, D. L. (2004). *Owning significance: The critical incident technique in research.* K. deMarrais ve S. D. Lapan (Eds.). Foundations for research: Methods of inquiry in education and the social sciences (s. 69-86) içinde. New Jersey: Lawrence Erlbaum Associates, Inc., Publishers. Erişim adresi: https://thenigerianprofessionalaccountant.files.wordpress.com/2013/04/foundations-for-research-methods-of-inquiry-in-education-and-the-social-sciences.pdf

Kamal, S. H., Elazhary, H. H., ve Hassanein, E. E. (2019). A qualitative comparison of NoSQL data stores. *(IJACSA) International Journal of Advanced Computer Science and Applications, 10(2),* 330-338. Erişim adresi: https://thesai.org/Downloads/Volume10No2/Paper_44-A_Qualitative_Comparison_of_NoSQL_Data.pdf

Karvanen, J .(2003). The statistical basis of laboratory data normalization. *Drug Information Journal, 37(2003),* 101-107. DOI: https://doi.org/10.1177/009286150303700112.

Keim, D., Kohlhammer, J., Ellis, G. ve Mansman, F. (2010). Mastering the information age: Solving problems with visual analytics. Goslar: Eurographics Association. Erişim adresi: https://kops.uni-konstanz.de/bitstream/123456789/12737/2/VisMaster-Book_127373.pdf

Kettley, P. ve Hirsh, W. (2005). *Learning from cross-functional team work.* Brighton: The Institute for Employment Studies. Erişim adresi: https://www.employment-studies.co.uk/system/files/resources/files/356.pdf

Kimball, R. ve Ross, M. (2002). *The data warehouse toolkit: The complete guide to dimensional modeling (2. bs).* New York: John Wiley and Sons, Inc. Erişim adresi: https://epdf.pub/the-data-warehouse-toolkit-the-complete-guide-to-dimensional-modeling-5ea7a438e38f1.html

Kimball, R. ve Caserta, J. (2004). *The data warehouse ETL toolkit: Practical techniques for extracting, cleaning, conforming, and delivering data.* Indianapolis, IN: Wiley Publishing, Inc. Erişim adresi: https://epdf.pub/the-data-warehouse-etl-toolkit-practical-techniques-for-extracting-cleaning-conf.html

Kitchin, R. ve McArdle, G. (2016). What makes big data big data? Exploring the ontological characteristics of 26 datasets. *Big Data & Society January–June (2016),* 1-10. DOI: 10.1177/2053951716631130.

Kitchin, R. (2015). The opportunities, challenges and risks of big data for official statistics. *Statistical Journal of the IAOS, 31(3),* 471-481. DOI: 10.3233/SJI-150906.

Kitchin, R. ve Lauriault, T. P. (2014). Small data in the era of big data. *GeoJournal, (2015) 80,* 463-475. DOI: 10.1007/s10708-014-9601-7.

Knight, K. (2000). *Mathematical statistics.* Boca Raton, Florida: Chapman & Hall/CRC. Erişimadresi:https://epdf.pub/mathematicalstatistics3138da2f89ebbf1d4b5d46437835250859558.html

Kothari, C. R. (2004). *Research methodology: Methods and techniques.* New Delhi: New Age International (P) Ltd. Publishers. Erişim adresi: https://epdf.pub/research-methodology-methods-and-techniquesb1c765a4437a11ed440684638ae825af66059.html

Kowalczyk, S. T. (2017). Modelling the digital research data lifecycle. *International Journal of Digital Curation, (12)2,* 331-361. DOI: 10.2218/ijdc.v12i2.429.

Kozak, M., Hartley, J., Wnuk, A. ve Tartanus, M. (2015). Multiple pie charts: Unreadable, inefficient, and over-used. *Journal of Scholarly Publishing, 46(3),* 282-289. DOI: 10.3138/jsp.46.3.05.

Kubina, M., Varmus, M. ve Kubinova, I. (2015). *Use of big data for competitive advantage of company.* Proceedings of the WC-BEM 2015: 4th World Conference on Business, Economics and Management (BEM-2015), Apr 30, 2015 - May 2, 2015, İzmir-Turkey. DOI: 10.1016/S2212-5671(15)00955-7.

Kudyba, S. (2014). *Information creation through analytics.* S. Kudyba (Edt.). Big data, mining, and analytics: Components of strategic decision making (s. 17-48) içinde. Boca Raton: Taylor & Francis Group, LLC. Erişim adresi: https://pdfs.semanticscholar.org/8827/cb5f928cd56802a2ec6ff6bc191b2483bd89.pdf

Kudyba, S. ve Kwatinetz, M. (2014). *Introduction to the big data era.* S. Kudyba (Edt.). Big data, mining, and analytics: Components of strategic decision making (s. 1-17) içinde. Boca Raton: Taylor & Francis Group, LLC. Erişim adresi: https://pdfs.semanticscholar.org/8827/cb5f928cd56802a2ec6ff6bc191b2483bd89.pdf

Kumar, D. B. S. S., Kamesh, D. B. K. ve Umar, S. (2014). A study on big data and its ımportance. *International Journal of Applied Engineering Research, 9(20),* 7469-7479. Erişim adresi: http://www.ripublication.com/

Kumar, R. (2011). *Research methodology: A step-by-step guide for beginners (3. bs).* London: SAGE Publications Ltd. Erişim adresi: https://www.pdfdrive.com/research-methodology-a-step-by-step-guide-for-beginners-e18463258.html

Kumari, S. (2000). *Adopting information technologies for instructional environments.* Hershey, PA: Idea Group Publishing. DOI: 10.4018/978-1-878289-74-2.ch019.

Kune, R., Konugurthi, P. K., Agarwal, A., Chillarige, R. R. ve Buyya, R. (2016). The anatomy of big data computing. *Software: Practice and experience, 2016(46),* 79-105. DOI: 10.1002/spe.2374.

Kuula, A. (2000). Making qualitative data fit the "data documentation ınitiative" or vice versa? *Forum Qualitative Sozialforschung, 1(3),* 1-9. Erişim adresi: https://www.qualitative-research.net/index.php/fqs/article/view/1036/2242

Jankowski, A. ve Skowron, A. (2007). *A wistech paradigm for intelligent system.* J. F. Peters ve diğerleri, (Eds.). Transactions on rough sets VI, LNCS 4374, (ss. 94-132) içinde, Springer-Verlag Berlin Heidelberg. DOI: 10.1007/978-3-540-71200-8_7.

Ladley, J. (2012). Data *governance: How to design, deploy, and sustain an effective data governance program.* Waltham: Morgan Kaufmann. DOI: http://dx.doi.org/10.1016/B978-0-12-415829-0.00002-2.

Laranjeiro, N., Soydemir, S. N. ve Bernardino, J. (2015). *A survey on data quality: Classifying poor data.* Proceedings of the 21st IEEE Pacific Rim International Symposium on Dependable Computing (PRDC 2015)At: Zhangjiajie, China, November 18-20, 2015. DOI: 10.1109/PRDC.2015.41.

Laudon, K. C. ve Laudon, J. P. (2012). *Management information systems: Managing the digital firm (12. bs).* New Jersey: Pearson Education, Inc. Erişim adresi: https://dinus.ac.id/repository/docs/ajar/Kenneth_C._Laudon,Jane_P_._Laudon_--_Management_Information_System_12th_Edition_.pdf

Lebinac, S. (2020). The DIKW hierarchy: an information exploration framework. *Knjižničarstvo: glasnik Društva knjižničara Slavonije, Baranje i Srijema, 24*(1-2), 136-162. https://hrcak.srce.hr/file/366764

Lee, E. S. ve Forthofer, R. N. (2006). *Analyzing complex survey data (2. bs).* ThousandOaks, California: Sage Publications, Inc. Erişim adresi: https://epdf.pub/analyzing-complex-survey-data.html

Lee, Y. W., Pipino, L. L., Funk, J. D. ve Wang, R. Y. (2006). *Journey to data quality.* Cambridge: The MIT Press. Erişim adresi: https://epdf.pub/journey-to-data-quality.html

Leavy, P. (2017). Research design: Quantitative, qualitative, mixed methods, arts-based, and community-based participatory research approaches. New York: The Guilford Press. DOI: https://doi.org/10.1111/fcsr.12276.

Lenhardt, W.C., Ahalt, S., Blanton, B., Christopherson, L. ve Idaszak, R. (2014). Data management lifecycle and software lifecycle management in the context of conducting science. *Journal of Open Research Software, 2(1),* 1-4, DOI: http://dx.doi.org/10.5334/jors.ax.

Liew, A. (2013). DIKIW: Data, information, knowledge, intelligence, wisdom and their interrelationships. *Business Management Dynamics, 2(10),* 49-62. Erişim adresi: http://bmdynamics.com/issue_pdf/bmd110349-%2049-62.pdf

Liew, A. (2007). Understanding data, information, knowledge and their inter-relationships. *Journal of Knowledge Management Practice, 7(2),* 49-59. Erişim adresi: http://www.tlainc.com/articl134.htm

Limaye, R. S. (2013). The importance of information integrity, security, networking and data protection. *International Journal of Innovations in Engineering and Technology (IJIET), 2(3),* 274-281. Erişim adresi: http://ijiet.com/wp-content/uploads/2013/07/43.pdf

Little, R. J. (2003). *Bayesian methods for unit and item nonresponse.* R. L. Chambers and C. J. Skinner (Eds.), Analysis od survey data. Chichester, West Sussex: John Wiley and Sons Ltd. Erişim adresi: https://epdf.pub/analysis-of-survey-data.html

Lobov, A. (2018, October). Smart manufacturing systems: climbing the DIKW pyramid. In *IECON 2018-44th Annual Conference of the IEEE Industrial Electronics Society* (pp. 4730-4735). IEEE. Erişim adresi: https://ieeexplore.ieee.org/abstract/document/8591221

Lodico, M. G., Spaulding, D. T. ve Voegtle, K. H. (2006). *Methods in educational research: From theory to practice.* San Francisco: John Wiley & Sons, Inc. Erişim adresi: http://stikespanritahusada.ac.id/wpcontent/uploads/2017/04/Marguerite_G._Lodico_Dean_T._Spaulding_KatherinBookFi.pdf

Long, C. (2015). *Data science and big data analytics: Discovering, analyzing, visualizing and presenting data (EMC education services).* Indianapolis: John Wiley & Sons, Inc. Erişim adresi: http://index-of.co.uk/Big-Data-Technologies/Data%20Science%20and%20Big%20Data%20Analytics.pdf

Loshin, D. ve Reifer, A. (2018). *Modern data governance: Strategies for data policies that stick.* Eckerson Group. Erişim adresi: https://s3.amazonaws.com/eckerson/content_assets/assets/000/000/171/original/EckersonGroup_FullDGReport_DLoshin-AReifer_Jan2108.pdf?1520524474

Loukides, M. (2011). *What is data science?.* O'Reilly Media. Erişim adresi: http://www.verigazeteciligi.com/wp-content/uploads/2014/12/What_is_Data_Science.pdf

Lukic, J. (2015). *Leadership challenges for the big data era.* M. R. Markovic, S. Ilieva (Eds.). Challenges to Promoting entrepreneurship, leadership and competitiveness (s. 293-309) içinde. Belgrad: Visoka škola za poslovnu ekonomiju i preduzetništvo. Erişim adresi:https://www.researchgate.net/publication/317174920_Leadership_Challenges_for_the_Big_Data_Era

Lutabingwa, J. ve Auriacombe, C. J. (2007). Data analysis in quantitative research. *Journal of Public Administration, 42(6),* 528-548. Erişim adresi: https://www.researchgate.net/publication/325780634_DATA_ANALYSIS_IN_QUANTITATIVE_RESEARCH

Ma, Z. (2006). *Database modeling for industrial data management: Emerging technologies and applications.* Hershey, PA: Idea Group Publishing. Erişim adresi: https://epdf.pub/database-modeling-for-industrial-data-management-emerging-technologies-and-appli98860.html

Mahesh, B. (2016). Data security and security controls in cloud computing. *International Journal of Advances in Electronics and Computer Science, Special Issue (September-2016),* 11-13. Erişim adresi: http://www.iraj.in/journal/journal_file/journal_pdf/12-295-147547115711-13.pdf

Maheshwari, A. K. (2015). *Business intelligence and data mining.* New York: Business Expert Press, LLC. Erişim adresi: https://doc.lagout.org/Others/Data%20Mining/

Business%20Intelligence%20and%20Data%20Mining%20%5BMaheshwari%20 2014-12-31%5D.pdf

Singh, S. ve Malhotra, S. (2011). Data warehouse and its methods. *Journal of Global Research in Computer Science, (2)5,* 113-115. Erişim adresi: https://www.rroij.com/open-access/data-warehouse-and-its-methods-113-115.php?aid=37495

Malinowski, E. ve Zimanyi, E. (2008). *Advanced data warehouse design: From conventional to spatial and temporal applications.* Berlin: Springer-Verlag Berlin Heidelberg. Erişim adresi: https://epdf.pub/advanced-data-warehouse-design-from-conventional-to-spatial-and-temporal-applica.html

Mamoulis, N. (2012). Spatial data management. M. T. Özsu (Edt.). Synthesis lectures on data management: Spatial data management (s. 1-151) içinde. Williston, VT: Morgan & Claypool Publishers. DOI: 10.2200/S00281ED1V01Y201005DTM004.

Manikandan, S. (2010). Data transformation. *Journal of Pharmacology & Pharmacotherapeutics, 1(2),* 126-127. DOI: 10.4103/0976-500X.72373.

Manyika, J., Chui, M., Brown, B., Bughin, J., Dobbs, R., Roxburgh, C. ve Byers, A. H. (2011). *Big data: The next frontier for innovation, competition, and productivity.* New York: McKinsey & Company. Erişim adresi: https://www.mckinsey.com/~/media/McKinsey/Business%20Functions/McKinsey%20Digital/Our%20Insights/Big%20data%20The%20next%20frontier%20for%20innovation/MGI_big_data_full_report.ashx

Marco, D. ve Jennings, M. (2004). *Universal metadata models.* Indianapolis, Indiana: Wiley Publishing, Inc. Erişim adresi: https://epdf.pub/universal-meta-data-models.html

Maritz, S. G. (2003). Data management: Managing data as an organisational resource. *Acta Commercii, 2003(3),* 75-84. DOI: https://doi.org/10.4102/ac.v3i1.44.

Marr, B. (2015). *Big data using smart big data, analytics and metrics to make better decisions and improve performance.* Cornwall: John Wiley & Sons Ltd. Erişim adresi: https://www.pdfdrive.com/big-data-using-smart-big-data-analytics-and-metrics-to-make-better-decisions-and-improve-performance-e181764605.html

Marshall, G. ve Jonker, L. (2010). An introduction to descriptive statistics: A review and practical guide. *Radiography, 16*(4), 1-7. http://www.dl.edi-info.ir/An%20introduction%20to%20descriptive%20statistics.pdf

Martin, C., Cadiou, C. ve Jannès-Ober, E. (2017). Data management: New tools, new organization, and new skills in a French Research Institute. *Liber Quarterly, 27(1),* 73-88. DOI: 10.18352/lq.10196.

Martin, N., Swennen, M., Depaire, B., Jans, M., Caris, A. ve Vanhoof, K. (2015). *Batch processing: Definition and event log identification.* Proceedings of 5th International Symposium on Data-driven Process Discovery and Analysis, Austria, Vienna. Erişim adresi: http://ceur-ws.org/Vol-1527/paper11.pdf

Martin, W. E. ve Bridgmon, K. D. (2012). *Quantitative and statistical research methods: From hypothesis to results.* San Francisco, CA: John Wiley & Sons, Inc. Erişim adresi: https://www.goodreads.com/book/show/13719871-quantitative-and-statisticalresearchmethods?from_search=true&from_srp=true&qid=I1km4LTzkL &rank=1

Martin, E. ve Ballard, G. (2010). *Data management best practices and standards for biodiversity data applicable to bird monitoring data.* Virginia: U.S. North American Bird Conservation Initiative Monitoring Subcommittee. Erişim adresi: http://www.prbo.org/refs/files/12058_Martin2010.pdf

Mason, J. (2002). *Qualitative researching (2. bs).* London: SAGE Publications Ltd. Erişim adresi: https://epdf.pub/qualitativere-searching541da7737b4989e52a47a54a9ad 8330594541.html

Matei, G. (2010). Column-oriented databases, an alternative for analytical environment. *Database Systems Journal, 1(2),* 3-16. Erişim adresi: https://core.ac.uk/ download/pdf/27139602.pdf

Matney, S., Brewster, P. J., Sward, K. A., Cloyes, K. G., & Staggers, N. (2011). Philosophical approaches to the nursing informatics data-information-knowledge-wisdom framework. *Advances in Nursing Science*, *34*(1), 6-18. Erişim adresi: http://downloads.lww.com/wolterskluwer_vitalstream_com/journal_library/ans_0 1619268_2011_34_1_6.pdf

Maydanchik, A. (2007). *Data quality for practitioners series: Data quality assessment.* Bradley Beach, NJ: Technics Publications Corporate Sales Division. Erişim adresi: https://epdf.pub/data-quality-assessment.html

Mazza, R. (2009). *Introduction to information visualization.* London: Springer-Verlag London Limited. DOI: 10.1007/978-1-84800-219-7.

McCallum, Q. E. (2013). *Bad data handbook.* Sebastopol, CA: O'Reilly Media, Inc. Erişim adresi: https://epdf.pub/bad-data-handbook.html

McCue, C. (2007). *Data mining and predictive analysis: Intelligence gathering and crime analysis.* Burlington, MA: Butterworth-Heinemann. Erişim adresi: https://epdf.pub/data-mining-and-predictive-analysis-intelligence-gathering-and-crime-analysis.html

McDowell, K. (2021). Storytelling wisdom: Story, information, and DIKW. *Journal of the Association for Information Science and Technology*, *72*(10), 1223-1233. Erişim adresi: https://asistdl.onlinelibrary.wiley.com/doi/pdfdirect/10.1002/asi.24466

McQueen, R. A. ve Knussen, C. (2006). *Introduction to research methods and statistics in psychology.* Harlow: Pearson Education Limited. Erişim adresi: https://www.researchgate.net/publication/236608119_Introduction_to_Research_ Methods_and_Statistics_in_Psychology

Melkas, H. ve Harmaakorpi, V. (2008). Data, information and knowledge in regional innovation networks: Quality considerations and brokerage functions. *European*

Journal of Innovation Management, 11(1), 103-124. DOI: 10.1108/14601060810845240.

Michener, W. K. (2015). Ten simple rules for creating a good data management plan. *PLoS Computational Biology, 11(10),* 1-9. DOI:10.1371/journal. pcbi.1004525.

Milliken, G. A. ve Johnson, D. E. (2009). *Analysis of messy data: Volume 1, designed experiments (2. bs).* Boca Raton, FL: Chapman & Hall/CRC, Taylor & Francis Group. Erişim adresi: https://epdf.pub/queue/analysis-of-messy-data.html

Minchin, M. (2016). *Introduction to surveying (2. bs).* West Perth: VET (WA) Ministerial Corporation.Erişimadresi:https://www.dtwd.wa.gov.au/sites/default/files/teaching products/BC016_CCBY.PDF

Mishra, A. K. (2018). A DIKW architecture for cognitive engineering. *Procedia computer science, 123,* 285-289. Erişim adresi: https://www.sciencedirect.com/ science/article/pii/S1877050918300450/pdf?md5=ac19ec8128ef05624583654283 ec2910&pid=1-s2.0-S1877050918300450-main.pdf&_valck=1

Mohammed, M., Khan, M. B. ve Bashier, E. B. M. (2017). *Machine learning: Algorithms and applications.* Boca Raton: Taylor & Francis Group, LLC. DOI: 10.1201/9781315371658.

Moody, D. ve Walsh, P. (1999). *Measuring the value of ınformation: An asset valuation approach.* Proceedings of the Seventh European Conference on Information Systems (ECIS'99), Copenhagen Business School, Frederiksberg, Denmark, 23-25 June, 1999. Erişim adresi: http://si.deis.unical.it/zumpano/2004-2005/PSI/lezione2/ValueOfInformation.pdf

Morling, B. (2018). *Research methods in psychology: Evaluating a world of information (3. bs).* New York: W. W. Norton & Company, Inc.Erişim adresi:http://solr.bccampus.ca:8001/bcc/file/b58ffd04-ca71-4365-95e1-916f2105bd55/1/OTB027-03-research-methods-in-psychology-2nd-canadian-edition.pdf

Muller, R. J. (1999). *Database design for smarties: Using UML for data modeling.* San Francisco: Morgan Kaufman Publishers. Erişim adresi: https://epdf.pub/database-design-for-smarties-using-uml-for-data-modeling.html

Murphy, K. P. (2012). *Machine learning: A probabilistic perspective.* Cambridge, Massachusetts: The MIT Press. Erişim adresi: https://epdf.pub/machine-learning-a-probabilistic-perspective.html

Myatt, G. J. ve Johnson, W. P. (2011). *Making sense of data III: A practical guide to designing interactive data visualizations.* Hoboken, New Jersey: John Wiley & Sons, Inc. Erişim adresi: https://epdf.pub/making-sense-of-data-iii-a-practical-guide-to-designing-interactive-data-visuali.html

Nagabhushana, S. (2006). *Data warehousing: OLAP and data mining.* New Delhi: New Age International (P) Limited Publishers. Erişim adresi: https://epdf.pub/data-warehousing-olap-and-data-mining.html

Najafabadi, M. M., Villanustre, F., Khoshgoftaar, T. M., Seliya, N., Wald, R. ve Muharemagic, E. (2015). Deep learning applications and challenges in big data analytics. *Journal of Big Data (2015), 2(1),* 1-21. DOI: 10.1186/s40537-014-0007-7.

Navas, P. C. J., Parra, Y. C. G. ve Molano, J. I. R. (2016). *Big data tools: Haddop, MongoDB and Weka.* Y. Tan ve Y. Shi (Eds). Data mining and big data. Proceedings of the First International Conference, DMBD 2016, Bali, Indonesia, June 25–30, 2016 (s 449-456) içinde. Switzerland: s Springer International Publishing AG. DOI: 10.1007/978-3-319-40973-3_45.

Nayadkar, P. P. ve Parne, B. L. (2014). A survey on different backup and restore techniques used in mobile devices. (IJCSIT) *International Journal of Computer Science and Information Technologies, 5(6),* 8236-8238. Erişim adresi: http://ijcsit.com/docs/Volume%205/vol5issue06/ijcsit20140506297.pdf

Nemati, H. R. ve Barko, C. D. (2004). *Organizational data mining (ODM): An introduction.* H. R. Nemati ve C. D. Barko (Eds.). Organizational data mining: Leveraging enterprise data resources for optimal performance. London: Idea Group Publishing (an imprint of Idea Group Inc.). Erişim adresi: https://epdf.pub/organizational-data-mining-leveraging-enterprise-data-resources-for-optimal-perf.html

Neuman, W. L. (2014). *Social research methods: Qualitative and quantitative approaches.* Harlow: Pearson Education Limited. Erişim adresi: http://letrunghieutvu.yolasite.com/resources/w-lawrence-neuman-social-research-methods_-qualitative-and-quantitative-approaches-pearson-education-limited-2013.pdf

Niu, J. (2009). *Perceived documentation quality of social science data* (Yayımlanmamış doktora tezi). The University of Michigan, Michigan. Erişim adresi: https://deepblue.lib.umich.edu/bitstream/handle/2027.42/63871/niujf_1.pdf;jsessionid=9D5C0C03DA8BB69C5A87C84976A6AE2A?sequence=1

Novikov, A. M. ve Novikov, D. A. (2013). *Research methodology: From philosophy of science to research design.* Boca Raton, FL: Taylor & Francis Group, LLC. Erişim adresi: https://feb.unhas.ac.id/mkd/wp-content/uploads/2019/08/RKA_Research-methodology_-from-philosophy-of-science-to-research-design.pdf

NPEC, (1999). Best practices for data collectors and data providers: Report of the working group on better coordination of postsecondary education data collection and exchange. Washington: National Center for Education Statistics, Office of Educational Research and Improvement. Erişim adresi: https://nces.ed.gov/pubs99/1999191.pdf

OECD, (2004). *Information and communications technologies: OECD information technology outlook.* Paris: OECD Publishing. Erişiam adresi: https://epdf.pub/oecd-information-technology-outlook-2004-information-and-communications-technolo.html

OECD, (2020). *The impact of big data and artificial ıntelligence (AI) in the insurance sector.* Paris: OECD Publishing. Erişim adresi: https://www.oecd.org/finance/The-Impact-Big-Data-AI-Insurance-Sector.pdf

Ofner, M. H., Straub, K., Otto, B. ve Osterle, H. (2013). Management of the master data lifecycle: A framework for analysis. *Journal of Enterprise Information Management, 26(4),* 472-491. DOI 10.1108/JEIM-05-2013-0026.

Oguntimilehin, A. ve Ademola, E. O. (2014). A review of big data management, benefits and challenges. *Journal of Emerging Trends in Computing and Information Sciences, 5(6),* 433-438. Erişim adresi: https://www.academia.edu/9708014/A_Review_of_Big_Data_Management_Benefits_and_Challenges?auto=download

Ohlhorst, F. (2013). *Big data analytics: Turning big data into big money.* New Jersey: John Wiley & Sons, Inc. Erişim adresi: https://assets.thalia.media/images-adb/05/5f/055f6edd-09a8-49c2-979b-957add888129.pdf

Olson, D. L. ve Delen, D. (2008). *Advanced data mining techniques.* Berlin: Springer-Verlag Berlin Heidelberg. Erişim adresi: https://epdf.pub/advanced-data-mining-techniques32116.html

Olson, J. E. (2003). *Data quality: The accuracy dimension.* San Farncisco, CA: Morgan Kaufmann Publishers. Erişim adresi: https://epdf.pub/data-quality-the-accuracy-dimension-the-morgan-kaufmann-series-in-data-managemen.html

Osborne, J. W. (2002). Notes on the use of data transformations. *Practical Assessment, Research & Evaluation, 8(6),* 1-7. Erişim adresi: https://rogeriofvieira.com/wp-content/uploads/2016/05/transformation.pdf

Oz, E. (2009). Management informatıon systems (6th ed). Cengage Learning. Erişim adresi: https://epdf.tips/queue/management-information-systems-6th-edition.html

Panou, M., Gaitanidou, E. ve Bekiaris, E. (2019). *Needs, wants and behaviour of "Drivers" and automated vehicles users today and into the future.* Lüksemburg: European Union's Horizon 2020. Erişim adresi: http://www.drive2thefuture.eu/wp-content/uploads/2019/11/D9.1_Project-Presentation.pdf

Park, A. (2006). *Surveys and secondary data sources: Using survey data in social science research in developing countries.* E. Perecman ve S. R. Curran (Ed.). A handbook for social science, field research: Essays & bibliographic sources on research design and methods (S. 117-142) içinde. California: Sage Publications, Inc. Erişim adresi: https://epdf.pub/a-handbook-for-social-science-field-research-essays-amp-bibliographic-sources-on.html

Patel, K. K. ve Patel, S. M. (2016). Internet of things-IOT: Definition, characteristics, architecture, enabling technologies, application & future challenges. *International Journal of Engineering Science and Computing, 6(5),* 6122-6131. DOI:10.4010/2016.1482.

Patel, K., Sakaria, Y. ve Bhadane, C. (2015). Real time data processing frameworks. *International Journal of Data Mining & Knowledge Management Process (IJDKP), 5(5),* 49-63. Erişim adresi: https://aircconline.com/ijdkp/V5N5/5515ijdkp04.pdf

Patel, S. (2012). What is data warehouse? *Original Research Articles, (1)4,* 1-4. Erişim adresi: https://www.omicsonline.org/open-access/what-is-data-warehouse-2277-1891.1000117.pdf

Patil, D. J. (201). Building data science teams: The skills, tools, and perspectives behind great data science groups. O'Reilly Media. Erişim adresi: https://epdf.tips/building-data-science-teams-the-skills-tools-and-perspectives-behind-great-data-.html

Patil, M. V. ve Yogi, A. M. N. (2011). Importance of data collection and validation for systematic software development process. *International Journal of Computer Science & Information Technology (IJCSIT), 3(2),* 260-278. DOI: 10.5121/ijcsit.2011.3220.

Paton, N. W. (2007). *Automation everywhere: Autonomics and data management.* R. Cooper ve J. Kennedy (Eds.). Data management: Data, data everywhere (s. 3-12) içinde. New York: Springer Berlin Heidelberg. DOI: 10.1007/978-3-540-73390-4_2.

Patton, M. Q. (2014). *Nitel araştırma ve değerlendirme yöntemleri* (3. bs). (Çeviri Editörleri: Mesut Bütün ve Selçuk Beşir Demir). Ankara: Pegem Akademi.

Pedreschi, D., Bonchi, F., Turini, F., Verykios, V. S., Atzori, M., Malin, B., Moelans, B. ve Saygın, Y. (2008). *Privacy protection: Regulations and technologies, opportunities and threats.* F. Giannotti ve D. Pedreschi (Eds). Mobility, data mining and privacy: Geographic knowledge discovery (s. 101-122) içinde. Heidelberg: Springer-Verlag Berlin Heidelberg. Erişim adresi: https://epdf.pub/mobility-data-mining-and-privacy-geographic-knowledge-discovery4c9c55e211732ce73aeb64963c602c3e21334.html

Petkovic, M. ve Jonker, W. (2007). *Preface.* M. Petkovic ve W. Jonker (Eds.), Security, privacy and trust in modern data management (s. vıı-ıx) içinde. Leipzig: Springer-Verlag Berlin Heidelberg. Erişim adresi: https://epdf.pub/security-privacy-and-trust-in-modern-data-management.html

Pfannkuch, M., & Wild, C. (2004). Towards an understanding of statistical thinking. In *The challenge of developing statistical literacy, reasoning and thinking* (pp. 17-46). Springer, Dordrecht. Erişim adresi: https://link.springer.com/chapter/10.1007/1-4020-2278-6_2

Picciano, A. G. (2012). The evolution of big data and learning analytics in American higher education. *Journal of Asynchronous Learning Networks, 16(3)*, 9-20. Erişim adresi: https://files.eric.ed.gov/fulltext/EJ982669.pdf

Pinolia, P., Ceri, S., Martinenghia, D., Nanni, L. (2018). Metadata management for scientific databases. *Information Systems, 8(1),* 1-24. DOI: 10.1016/j.is.2018.10.002.

Plale, B., ve Kouper, I. (2017). *The centrality of data: Data lifecycle and data pipelines.* In M. A. Chowdhury, A. Apon ve K. Dey (Ed.). Data analytics for intelligent transportation systems (s. 91–111) içinde. Cambridge, MA: Elsevier Inc. Erişim adresi:https://www.academia.edu/34983790/Data_Analytics_for_Intelligent_Transportation_Systems

Plattner, H. ve Zeier, A. (2011). *In-memory data management: An inflection point for enterprise applications.* Heidelberg: Springer-Verlag Berlin Heidelberg. Erişim adresi: https://epdf.pub/in-memory-data-management-an-inflection-point-for-enterprise-applications.html

Ponniah, P. (2001). *Data warehousing fundamentals: A comprehensive guide for IT professionals.* New York: A Wiley-Interscience Publication, John Wiey & Sons, Inc. Erişim adresi: https://epdf.pub/data-warehousing-fundamentals-a-comprehensive-guide-for-it-professionals35056.html

Poole, A. H. (2021). Leading the way: A new model for data science education. *Proceedings of the Association for Information Science and Technology*, *58*(1), 525-531.Erişim adresi: https://doi.org/10.1002/pra2.491

Poolsawad, N., Kambhampati, C. ve Cleland, J.G.F. (2011). Feature selection approaches with missing values handling for data mining-A case study of heart failure dataset. *International Journal of Biomedical and Biological Engineering*, 5(12), 671-680. Erişim adresi: https://zenodo.org/record/1085912/files/15882.pdf

Pouchard, L. (2016). Revisiting the data lifecycle with big data curation. *International Journal of Digital Curation, 10(2),* 176-192. DOI: 10.2218/ijdc.v10i2.342.

Powell, G. (2006). *Beginning database design.* Indianapolis, IN: Wiley Publishing, Inc. Erişim adresi: https://epdf.pub/beginning-database-design67978.html

Prabhu, S. ve Venkatesan, N. (2007). *Data mining and warehousing.* New Delhi: New Age International (P) Ltd. Publishers. Erişim adresi: https://epdf.pub/data-mining-and-warehousing.html

Prahallad, L., Thammishetty, I., Raghavendra, E. V. ve Ambati, V. (2006). *A tool for entering structural metadata in digital libraries.* Proceedings of Second International Conference on Universal Digital Libraries (ICUDL), 17-19 November, 2006, Alexandria, Egypt. DOI: 10.13140/2.1.4292.9605.

Praveen, S. (2017). Influence of structured, semi-structured, unstructured data on various data models. *International Journal of Scientific & Engineering Research, 8(12),* 67-69. Erişim adresi: https://www.ijser.org/researchpaper/Influence-of-Structured--Semi-Structured--Unstructured-data-on-various-data-models.pdf

Provost, F., & Fawcett, T. (2013). Data science and its relationship to big data and data-driven decision making. *Big data, 1*(1), 51-59. Erişim adresi: https://www.liebertpub.com/doi/pdf/10.1089/big.2013.1508

Pujari, A. R. (2008). *Data mining techniques.* Hyderabab: Universities Press (India) Private Limited. Erişim adresi: ftp://117.239.47.98/ Electronic%20&%20Telecommunication%20Engineering/EBooks/Data%20Mining%20Arun%20k%20Pujari.pdf

Putro, B. L. ve Herbert, K. S. (2016). Leadership and culture of data governance for the achievement of higher education goals (Case study: Indonesia University of Education). Proceedings of International Seminar on Mathematics, Science, and Computer Science Education (MSCEIS 2015), October 17, 2015, Bandung, Jawa Barat, Indonesia. DOI: 10.1063/1.4941160.

Pyle, D. (1999). *Data preparation for data mining.* San Francisco, CA: Morgan Kaufmann Publishers, Inc. Erişim adresi: https://epdf.pub/data-preparation-for-data-mining-the-morgan-kaufmann-series-in-data-management-s.html

Qi, C. C. (2020). Big data management in the mining industry. *International Journal of Minerals, Metallurgy and Materials, 27(2),* 131-139. Erişim adresi: https://doi.org/10.1007/s12613-019-1937-z

Rahul, K. ve Banyal, R. K. (2020). Data life cycle management in big data analytics. *Procedia Computer Science, 173(2020),* 364–371. Erişim adresi: https://www.sciencedirect.com/science/article/pii/S1877050920315465

Rainardi, V. (2008). *Building a data warehouse with examples in SQL server.* New York: Springer-Verlag New York, Inc. Erişim adresi: https://epdf.pub/building-a-data-warehouse-with-examples-in-sql-server70326.html

Rao, R. V. ve Selvamani, K. (2015). Data security challenges and its solutions in cloud computing. *Procedia Computer Science 48(2015),* 204-209. Erişim adresi: https://cyberleninka.org/article/n/1069233.pdf

Rasmussen, K. B. ve Blank, G. (2007). The data documentation initiative: A preservation standard for research. *Archival Science, 7(1),* 55-71. DOI: 10.1007/s10502-006-9036-0.

Ratner, B. (2017). Statistical and machine-learning data mining: Techniques for better predictive modeling and analysis of big data (3. bs). Boca Raton: Taylor & Francis Group, LLC. DOI: 10.1201/9781315156316.

Reddy, A. N. M. ve Aswath, L. (2016). Understanding copyright laws: Infringement, protection and exceptions. *International Journal of Research in Library Science, 2(1),* 48-53. Erişim adresi: http://www.ijrls.in/wp-content/uploads/2016/04/ Understanding-Copyright-Laws-Infringement-Protection-and-Exceptions1.pdf

Refaat, M. (2007). *Data preparation for data mining using SAS.* San Francisco: Morgan Kaufmann Publishers. Erişim adresi: https://epdf.pub/data-preparation-for-data-mining-using-sas-the-morgan-kaufmann-series-in-data-ma.html

Riahi, Y. ve Riahi, S. (2018). Big data and big data analytics: Concepts, types and technologies. *International Journal of Research and Engineering, 5(9),* 524-528. DOI: http://dx.doi.org/10.21276/ijre.2018.5.9.5.

Ribeiro-Oliveira, J. P., Santana, D. G., Pereira, V. J. ve Santos, C. M. (2018). Data transformation: An underestimated tool by inappropriate use. *Acta Scientiarum. Agronomy, 40(2018),* 1-11. DOI: 10.4025/actasciagron.v40i1.35300.

Richterich, A. (2018). *The big data agenda: Data ethics and critical data studies.* London: University of Westminster Press. DOI: 10.2307/j.ctv5vddsw.

Riemer, F. J. (2012). *Ethnographic research.* S. D. Lapan, M. T. Quartaroli ve F. J. Riemer (Ed.). Qualitative research: An introduction to methods and designs (s. 163-188) içinde. San Francisco: John Wiley & Sons, Inc. Erişim adresi: https://leseprobe.buch.de/images-adb/bd/1b/bd1b2d9d-01f0-476e-a970-b0e860644779.pdf

Roederer, J. G. (2005). *On the concept of information and its role in nature.* Berlin: Springer-Verlag Berlin Heidelberg. DOI: 10.3390/e5010003.

Ronthal, A., Edjlali, R. ve Greenwald, R. (2019). *Magic quadrant for data management solutions for analytics.* Stanford, Connecticut: Gartner Research. Erişim adresi: https://b2bsalescafe.files.wordpress.com/2019/09/gartner-magic-quadrant-for-data-management-solutions-for-analytics-january-2019.pdf

Rossi, R. ve Hirama, K. (2015). Characterizing big data management. *Issues in Informing Science and Information Technology, 12(2015),* 165-180. Erişim adresi: http://iisit.org/Vol12/IISITv12p165-180Rossi1921.pdf

Rowley, J. (2007). The wisdom hierarchy: Representations of the DIKW hierarchy. *Journal of Information Science, 33(2),* 163–180. Erişim adresi: http://www-public.imtbs-tsp.eu/~gibson/Teaching/Teaching-ReadingMaterial/Rowley06.pdf

Ruane, J. M. (2005). *Essentials of research methods: A guide to social science research.* Oxford: Blackwell Publishing. Erişim adresi: https://epdf.pub/essentials-of-research-methods-a-guide-to-social-science-research-5ea805253c21a.html

Rusu, O., Halcu, I., Grigoriu, O., Neculoiu, G., Sandulescu, V., Marinescu, M.ve Marinescu, V. (2013). *Converting unstructured and semi-structured data into knowledge.* Proceedings of Conference: Roedunet International Conference (RoEduNet), 2013 11th, Sinaia, Romania. DOI: 10.1109/ RoEduNet.2013.6511736.

Ryu, S. (2014). Book review: Big data management, technologies, and applications. *Healthcare Informatics Research, 20(1),* 76-78. DOI: 10.4258/hir.2014.20.1.76.

Sadiku, M. N. O., Shadare, A. E., Musa, S. M. ve Akujuobi, C. M. (2016). Data visualization. *International Journal of Engineering Research and Advanced Technology (IJERAT) 02(12),* 11-16. Erişim adresi: https://www.researchgate.net/publication/311597028_DATA_VISUALIZATION

Sahai, H. ve Khurshid, A. (2001). *Pocket dictionary of statistics.* New York: McGraw-Hill/Irwin. DOI: 10.1036/0072516933.

Sahu, h., Shrma, S. ve Gondhalakar, S. (2011). A brief overview on data mining survey. *International Journal of Computer Technology and Electronics Engineering (IJCTEE), 1(3),* 114-121. Erişim adresi: https://www.semanticscholar.org/paper/A-Brief-Overview-on-Data-Mining-Survey-Sahu-Shrma/f44d2c02e22ae27364e0bcfbfcb5bed74b0aa2e1

Saitta, L., Giordana, A. ve Cornuejols, A. (2011). *Phase transitions in machine learning.* Cambridge: Cambridge University Press. Erişim adresi: https://epdf.pub/phase-transitions-in-machine-learning.html

Sakr, S. ve Pardede, E. (2012). *Graph data management: Techniques and applications.* Hershey, PA: Information Science Reference (an imprint of IGI Global). Erişim adresi: https://epdf.pub/graph-data-management-techniques-and-applications.html

Sammut, C. ve Webb, G. I. (2011). *Encyclopedia of machine learning.* New York: Springer Science+Business Media, LLC. Erişim adresi: https://epdf.pub/encyclopedia-of-machine-learning.html

Samuel, S. M., Grochowski, P. F., Lalwani, L. N. ve Carlson, J. (2015). *Analyzing data management plans: Where librarians can make a difference.* Proceedings of 122nd ASEE Annual Conference & Exposition, June 14-17 2015, Seattle, Washington. Erişim adresi: https://www.asee.org/public/conferences/56/papers/12072/download

Sanders, J. (2016). *Defining terms: Data, information and knowledge.* Proceedings of SAI Computing Conference 2016, July 13-15, 2016, London, UK. DOI: 10.1109/SAI.2016.7555986.

Sarkar, D. (2008). *Lattice: Multivariate data visualization with R.* New York: Springer Science+Business Media, LLC. DOI: 10.1007/978-0-387-75969-2.

Sathianandan, T. V., Safeena, P. K. ve Rahman, M. R. (2017). *Basic statistics.* S.S. Salim ve R. Fernandez (Eds.). Theeranaipunya II-Skill Enhancement and Capacity Development of Fisher Youth (ss. .271-276) içinde. Kerala: ICAR-Central Marine Fisheries Research Institute. Erişim adresi: http://eprints.cmfri.org.in/11434/1/Theeranaipunya%202017%20Training%20Manual.pdf

Satija, M. P. (2015). Information, knowledge, wisdom: A progressive a value added chain. *International Journal of Knowledge Content Development & Technology 5(2),* 65-74. DOI: 10.5865/IJKCT.2015.5.2.065.

Saunders, M., Lewis, P. ve Thornhill, A. (2016). *Research methods for business students (7. bs).* Harlow: Pearson Education Limited. Erişim adresi: https://b-ok.asia/book/2627919/a995cd?regionChanged

Savale, S. K. ve Savale, V. K. (2016). Intellectual property rights (IPR). *World Journal Of Pharmacy And Pharmaceutical Sciences, 5(6),* 2529-2559. DOI: 10.20959/wjpps20166-7102.

Schaffer, D. (2016). The big data revolution: Why it is important for the South. *TWAS Newsletter, 28(2)*, 1-27. Erişim adresi: https://twas.org/sites/default/files/twas_nl2_16_imp_web.pdf

Schroeder, W. J. ve Martin, K. M. (2005). *Overview of visualization.* C. R. Johnson ve C.D. Hansen (Eds). The visualization handbook (s. 3-38) içinde. Burlington, MA: Elsevier Butterworth–Heinemann. Erişim adresi: https://epdf.pub/visualization-handbook.html

Seker, S. E. (2015). Veri ambarı (data warehouse). *YBS Ansiklopedi, 2(4),* 6-13. Erişim adresi: http://ybsansiklopedi.com/wp-content/uploads/2015/09/veri_ambari.pdf

Shadid, M. B., Sheikh, U., Raza, B., Shah, M. A., Kamran, A., Anjum, A. ve Javaid, Q. (2016). Application of data warehouse in real life: State-of the-art survey from user preferences' perspective. *(IJACSA) International Journal of Advanced Computer Science and Applications, (7) 4,* 415-426. DOI: 10.14569/IJACSA.2016.070455.

Shahin, S. (2017). *Analysis of messy data.* J. Matthes, C. S. Davis and R. F. Potter (Eds.). The International Encyclopedia of communication research methods (s. 1-9) içinde. Hoboken, New Jersey: John Wiley & Sons, Inc. DOI: 10.1002/9781118901731.iecrm0152.

Sharma, B. (2018). Processing of data and analysis. *Biostatistics and Epidemiology International Journal, 1(1),* 3-5. DOI: 10.30881/beij.00003.

Sharma, K. ve Singh, K. R. (2012). Online data back-up and disaster recovery techniques in cloud computing: A review. *International Journal of Engineering and Innovative Technology (IJEIT),* 2(5), 249-254. Erişim adresi: http://citeseerx.ist.psu.edu/viewdoc/download?doi=10.1.1.1073.2442&rep=rep1&type=pdf

Sharma, N., Perniu, L., Chong, R. F., Iyer, A., Nandan, C., Mitea, A. C., Nonvinkere, M. ve Danubianu, M. (2010). *Database fundamentals.* Markham: IBM Corporation. Erişim adresi: https://epdf.pub/database-fundamentals-first-editon.html

Shi, P., Cui, Y., Xu, K., Zhang, M. ve Ding, L. (2019). Data consistency theory and case study for scientific big data. *Information, 10(4),* 137-152. DOI: 10.3390/info10040137.

Shoro, A. G. ve Soomro, T. R. (2015). Big data analysis: Ap spark perspective. *Global Journal of Computer Science and Technology: C Software & Data Engineering, 15(1),* 7-14. Erişim adresi: https://globaljournals.org/GJCST_Volume15/2-Big-Data-Analysis.pdf

Shweder, R. A. (2016). *The soft side of hard data in the study of cultural values.* M. C. Hay (Ed.). Methods that matter: Integrating mixed methods for more effective social science research (s. 81-105) içinde. Chicago: The University of Chicago Press. DOI: 10.7208/chicago/9780226328836.001.0001

Skiena, S. S. (2017). *The data science design manual.* Cham: Springer International Publishing AG. Erişim adresi: https://www.webpages.uidaho.edu /~stevel/517/The%20Data%20Science%20Design%20Manual.pdf

Siddiqa, A., Hashem, I. A. T. T. H., Yaqoob, I., Marjani, M., Shamshirband, S., Gani, A. ve Nasaruddin, F. (2016). A survey of big data management: Taxonomy and state-of-the-art. *Journal of Network and Computer Applications, 71 (2016),* 151-166. Erişim adresi: https://doi.org/10.1016/j.jnca.2016.04.008

Silvers, F. (2008). *Building and maintaining a data warehouse.* Boca Raton, FL: Auerbach Publications. Erişim adresi: https://epdf.pub/building-and-maintaining-a-data-warehouse.html

Simsion, G. C. ve Witt, G. C. (2005). *Data modeling essentials (3. bs).* San Farncisco, CA: Morgan Kaufmann Publishers. Erişim adresi: https://epdf.pub/data-modeling-essentials997ceaafa44ea2aadab15bfb110138ee63043.html

Sinaeepourfard, A., Masip-Bruin, X., Garcia, J. ve Marín-Tordera, E. (2016). *A comprehensive scenario agnostic data lifecycle model for an efficient data complexity management.* Proceedings of 2016 IEEE 12th International Conference on eScience, Baltimore. DOI: 10.1109/eScience.2016.7870909.

Sint, R., Schaffert, S., Stroka, S. ve Ferstl, R. (2009). *Combining unstructured, fully structured and semi-structured information in semantic Wikis.* Proceedings of the 4th Semantic Wiki Workshop (SemWiki 2009) at the 6th European Semantic Web Conference (ESWC 2009), Hersonissos, Greece, June 1st, 2009. Erişim adresi: http://citeseerx.ist.psu.edu/viewdoc/download;jsessionid=9B043A72B80E0F9B4 586746D6707FD2F?doi=10.1.1.154.8231&rep=rep1&type=pdf

Slaymaker, M., Power, D., Russell, D. ve Simpson, A. (2008). *On the facilitation of fine-grained access to distributed healthcare data.* W. Jonker M. Petkovic (Eds.). Secure data management (s. 169-184) içinde. New York: Springer Berlin Heidelberg. Erişim adresi: https://epdf.pub/secure-data-management-4-conf-sdm-2007.html

Snee, R. D. (1990). Statistical thinking and its contribution to total quality. *The American Statistician, 44*(2), 116-121. Erişim adresi: https://doi.org/10.2307/2684144

Soberon, M., Sanchez-Chaparro, T., Urquijo, J. ve Preira, D. (2020). Introducing an organizational perspective in SDG implementation in the public sector in Spain: The Case of the former Ministry of Agriculture, Fisheries, Food and Environment. *Sustainibility, 2020(12),* 1-20. DOI:10.3390/su12239959.

Soler, A., Ort, M. ve Steckel, J. (2016). *An introduction to data management.* Erişim adresi:
https://www.gfbio.org/documents/10184/22817/Reader_GFBio_BefMate_20160 222/1ca43f24-2550-44b3-a05e-e180c3e544c0

Stangor, C. (2011). *Research methods for the behavioral sciences (4. bs).* Belmont: Wadsworth, Cengage Learning. Erişim adresi: https://epdf.pub/research-methods-for-the-behavioral-sciences-4th-edition-5ea6c3a19135f.html

Stebbins, R. A. (2008). *Exploratory data analsis.* L. M. Given (Edt.). The Sage Encyclopedia of qualitative research methods (s. 325-326) içinde. Thousand Oaks, CA: Sage Publications. Erişim adresi: https://epdf.pub/the-sage-encyclopedia-of-qualitative-research-methods.html

Stengel, D., Calori, G. M. ve Giannoudis, P. V. (2008). Graphical data presentation. *Injury, International Journal of Care Injured, 2008 (39),* 659-665. DOI: 10.1016/j.injury.2008.01.050.

Stockemer, D. (2019). Quantitative methods for the social sciences: A practical introduction with examples in SPSS and stata. Cham: Springer International Publishing. DOI: 10.1007/978-3-319-99118-4.

Stodder, D. (2016). Improving data preparation for business analytics: Applying technologies and methods for establishing trusted data assets for more productive users. Renton: 1105 Media Inc. Erişim adresi: https://info.talend.com/rs/talend/images/WP_EN_DP_Improving_DataPrep_BusinessAnalytics.pdf

Storey, V. C. ve Song, I. Y. (2017). Big data technologies and Management: What conceptual

modeling can do. *Data and Knowledge Engineering, 108(2017),* 50-67. Erişim adresi: https://www.sciencedirect.com/science/article/pii/S0169023X17300277?via%3Dihub

Strasser, C., Cook, R., Michener, W. ve Budden, A. (2012). *Primer on data management: What you always wanted to know but were afraid to ask.* Santa Barbara: Data Observation Network for Earth. Erişim adresi: https://www.dataone.org/sites/all/documents/DataONE_BP_Primer_020212.pdf

Strohbach, M., Daubert, J. Ravki, H. ve Lischka, M. (2016). *Big data storage.* J. M. Cavanillas, E. Curry ve W. Wahlster (Ed.). New horizons for a data-driven economy: A roadmap for usage and exploitation of big data in Europe (s. 119-141) içinde. Switzerland: Springer International Publishing AG. DOI: 10.1007/978-3-319-21569-3.

Sun, Y., Zhang, J., Xiong, Y. ve Zhu,G. (2014). Data security and privacy in cloud computing. *International Journal of Distributed Sensor Networks, 6(50),* 1-9, DOI: http://dx.doi.org/10.1155/2014/190903.

Sun, C. ve Wang, J. (1997). Study on the data quality management and the data quality control-A case study of the earth system science data sharing Project. *The International Archives of the Photogrammetry, Remote Sensing and Spatial Information Sciences, 38(2),* 208-211.Erişimadresi:https://www.isprs.org/proceedings/XXXVIII/part2/Papers/97_Paper.pdf

Suthaharan, S. (2014). Big data classification: Problems and challenges in network intrusion prediction with machine learning. *Performance Evaluation Review, 41(4),* 70-73. DOI: 10.1145/2627534.2627557.

Tabachnik, B. G. ve Fidell, L. S. (2013). *Using multivariate statistics (6. bs).* New Jersey: Pearson Education, Inc. Erişim adresi: https://www.pdfdrive.com/using-multivariate-statistics-e33565398.html

Takcı, H. ve Baktır, N. (2018). Büyük veri yaklaşımıyla birden çok bilgi erişim merkezinin kollektif kullanımı. *Bilişim Teknolojileri Dergisi, 11(2),* 123-129.Erişim adresi: https://dergipark.org.tr/tr/pub/gazibtd/issue/36840/324869

Tang, Z. H. ve MacLennan, J. (2005). *Data mining with SQL server 2005.* Indianapolis: Wiley Publishing, Inc. Erişim adresi: https://epdf.pub/data-mining-with-sql-server-200532624.html

Tavakoli, A. S., Jackson, K., Moneyham, L., Philips, K. H., Murdaugh, C. ve Meding, G. (2006). Data management plans: Stages, components, and activities. *Applications and Applied Mathematics (AAM), An International Journal, 1(2),* 141-151. Erişim adresi: https://www.pvamu.edu/aam/wp-content/uploads/sites/49/05_tavakoli_r9-052206-vol.-1_issue_2_12-30-2011.pdf

Teh, H. Y., Kempa-Liehr, A. W. ve Wang, K. I. (2007). Sensor data quality: A systematic review. *Journal of Big Data, 7(1),* 1-49. DOI: 10.1186/s40537-020-0285-1.

Terstegge, J. (2007). *Privacy in the law.* M. Petkovic ve W. Jonker (Eds.). Security, privacy,

and trust in modern data management (s. 11-20) içinde. Leipzig: Springer-Verlag Berlin Heidelberg. Erişim adresi: https://epdf.pub/security-privacy-and-trust-in-modern-data-management.html

Thompson, B. (2013). *Overview of traditional/classical statistical approaches.* T. O. Little (Ed.). The Oxford handbook of quantitative methods (s. 7-25) içinde. Oxford: Oxford University Press. Erişim adresi: https://gess.uni-mannheim.de/fileadmin/gess_content/Doctoral_Programs/CDSS/PDFs/The_Oxford_Handbook_of_Quantitative_Methods_II.pdf

Todman, C. (2000). *Designing a data warehouse: Supporting customer relationship management.* Upper Saddle River, NJ: Prentice Hall PTR. Erişim adresi: https://epdf.pub/designing-a-data-warehouse-supporting-customer-relationship-management-pdf-5ecccdc882fa9.html

Tole, A. A. (2015). The importance of data warehouses in the development of computerized decision support solutions: A comparison between data warehouses and data marts. *Database Systems Journal, 6(4),* 18-26. Erişim adresi: https://www.dbjournal.ro/archive/22/22_3.pdf

Tole, A. A. (2013). Big data challenges. *Database Systems Journal, 4(3),* 31-40. Erişim adresi: http://dbjournal.ro/archive/13/13_4.pdf

Tolley, E. E., Ulin, P. R., Mack, N., Robinson, E. T. ve Succop, S. M. (2016). *Qualitative methods in public health: A field guide for applied research (2. bs).* San Francisco: John Wiley & Sons, Inc. Erişim adresi: https://www.worldcat.org/title/qualitative-methods-in-public-health-a-field-guide-for-applied-research/oclc/1020487881

Tonta, Y. (2004). Bilgi yönetiminin kavramsal tanımı ve uygulama alanları. Hacettepe Üniversitesi Açık Erişim Sistemi. Erişim adresi: http://www.openaccess.hacettepe.edu.tr:8080/xmlui/handle/11655/11631

Tracy, S. J. (2013). *Qualitative research methods: Collecting evidence, crafting analysis, communicating impact.* Chichester: John Wiley & Sons, Ltd. Erişim adresi: https://edisciplinas.usp.br/pluginfile.php/4250035/mod_folder/content/0/Textos/Tracy%2C%20Qualitative%20Research%20Methods%20Collecting%20Evidence%2C%20Crafting%20Analysis%2C%20Communicating%20Impact.pdf?forcedownload=1

Treiman, D. J. (2009). *Quantitative data analysis: Doing social research to test ideas.* San Francisco: Jossey-Bass. Erişim adresi: https://epdf.pub/quantitative-data-analysis-doing-social-research-to-test-ideas-research-methods-.html

Trifu, M. R. ve Ivan, M. L. (2014). Big data: Present and future. *Database Systems Journal, 5(1),* 32-41. Erişim adresi: https://pdfs.semanticscholar.org/930a/249978326a0ab83ec446b1f42fbb9e9b6f49.pdf

Trippel, T. ve Zinn, C. (2015). *DMPTY – A wizard for generating data management plans.* Proceedings of CLARIN Annual Conference 2015 in Wroclaw, Poland. Erişim adresi: http://www.ep.liu.se/ecp/123/006/ecp15123006.pdf

Tuomi, I. (1999). Data is more than knowledge: Implications of the reversed knowledge hierarchy for knowledge management and organizational memory. *Journal of Management Information Systems / Fall 1999, 16(3),* 107-121. Erişim adresi: http://www.meaningprocessing.com/personalPages/tuomi/articles/DataIsMore.pdf

Ularu, E. G., Puican, F. C., Apostu, A. ve Velicanu, M. (2012). Perspectives on big data and big data analytics. *Database Systems Journal, 3(4),* 3-13. Erişim adresi: http://dbjournal.ro/archive/10/10_1.pdf

UNESCO, (2010). *The ABC of copyright.* Paris: United Nations Educational, Scientific and Cultural Oranization (UNESCO). Erişim adresi: https://unesdoc.unesco.org/ark:/48223/pf0000187677_eng

Unwin, A. (2015). Graphical data analysis with R. Boca Raton: CRC Press Taylor & Francis Group. Erişim adresi: https://www.routledge.com/downloads/K25332/Chapter_1.pdf

United Nations, (2013). *Big data: Big today, normal tomorrow, ITU-T technology watch report, November 2013.* New York: United Nations Statistics Division. Erişim adresi:

https://unstats.un.org/unsd/trade/events/2014/beijing/documents/other/ITU%20-%20Big%20Data%20today,%20normal%20tomorow.pdf

United Nations, (2006). *Statistical data editing volume no. 3: Impact on data quality.* New York: United Nations. Erişim adresi: https://epdf.pub/statistical-data-editing-impact-on-data-quality.html

Usman, O. P., Owoade, A., Abimbola, B. L. ve Ogunsanwo, G. (2016). *Introduction to computer programming (basic).* A. A. Arigbabu, O. S. Banjo, Prof. O. O. Oworu (Edt.). The cosit text (volume 1) on mathematics, computer & biology (2. bs) (s. 130-137) içinde. Ogun State, Nigeria: College of Science and Information Technology. Erişimadresi:https://www.researchgate.net/publication/317181423_THE_COSIT_TEXT_VOLUME_1_ON_MATHEMATICS_COMPUTER_BIOLOGY

Vaidya, J., Clifton, C. ve Zhu, M. (2006). *Privacy preserving data mining.* New York: Springer Science+Business Media, Inc. erişim adresi: https://epdf.pub/privacy-preserving-data-mining.html

Vanderstoep, S. W. ve Johnston, D. D. (2009). *Research methods for everyday life: Blending qualitative and quantitative approaches.* San Francisco: Jossey-Bass A Wiley Imprint. Erişimadresi:https://is.muni.cz/el/1423/podzim2017/POL181/um/vanderstoep_johnston-research_methods_for_everyday_life.pdf

Varga, M. (2010). *Challenges of data management in always-on enterprise information systems.* Hershey: IGI Global. Erişim adresi: https://www.bib.irb.hr/448559/download/448559.978-1-60566-723-2.ch007.pdf

Vetter, T. R. (2017). Descriptive statistics: Reporting the answers to the 5 basic questions of who, what, why, when, where, and a sixth, so what?. *Anesthesia & Analgesia, 125*(5), 1797-1802. Erişim adresi: https://scholar.archive.org/work/poqur3gfvfduforyvbkjak5jve/access/wayback/http://pdfs.semanticscholar.org/7ec9/1a104a530ce04aef54c8d6f25c4f2fae4a6d.pdf

Vrochidis, S., Doulaverakis, C., Gounaris, A., Nidelkou, E., Makris, L. ve Kompatsiaris, I. (2009). A *hybrid ontology and visual-based retrieval model for cultural heritage multimedia collections.* M. A. Sicilia ve M. D. Lytras (Eds.). Metadata and semantics (s. 1-10) içinde. New York: Springer Science+Business Media, LLC. Erişim adresi: https://epdf.pub/metadata-and semantics9eaf291cb949f5271c4f55c3a95abc0f19714.html

Waal, T. D. (2009). *An overview of statistical data editing.* The Hague: Statistics Netherlands. Erişim adresi: https://www.researchgate.net/publication/274565765_An_overview_of_statistical_data_editing

Wackerly, D. D., Mendenhall, W. ve Scheaffer, R. L. (2008). *Mathematical statistics with applications.* Belmont, CA: Thomson Higher Education. Erişim adresi: https://epdf.pub/mathematical-statistics-with-applications.html

Wagget, M., Carlyle, JS, Denman, J., Giles , J. ve Oliver, A. (2005). *The principles of good data management (2. bs).* London: Office of the Deputy Prime Minister. Erişim adresi: https://assets.publishing.service.gov.uk/government/uploads/system/uploads/attachment_data/file/14867/Good_dataMan.pdf

Waller, M. A., & Fawcett, S. E. (2013). Data science, predictive analytics, and big data: a revolution that will transform supply chain design and management. *Journal of Business Logistics*, *34*(2), 77-84. Erişim adresi: https://onlinelibrary.wiley.com/doi/pdf/10.1111/jbl.12010

Waller, D. L. (2008). *Statistics for business.* Oxford: Butterworth-Heinemann. Erişim adresi: https://epdf.pub/statistics-for-business.html

Walliman, N. (2011). *Research methods: The basics.* Abingdon: Routledge. Erişimadresi: https://epdf.pub/research-methods-the-basics0bfb411546ccfefb5d7e08530142fd7994853.html

Walliman, N. (2006). *Social research methods.* London: SAGE Publications Ltd. Erişim adresi: https://epdf.pub/social-research-methods-sage-course-companions.html

Walpole, R., Myers, R. Myers, S. ve Ye, K. (2007). *Probability & statistics for engineers & scientists (8. bs).* New York: Pearson Education, Inc. Erişim adresi: https://www.semanticscholar.org/paper/Probability-%26-Statistics-for-Engineers-%26-Scientists-Walpole-Myers/5a34ac41d38a9cbb5b86aa875f47d1b57ec328d5

Wang, R. (2016). *Research on data security technology based on cloud storage.* Proceedings of the 13th Global Congress on Manufacturing and Management (GCMM 2016), 28-30 November 2016, Zhengzhou, China. DOI: 10.1016/j.proeng.2017.01.286.

Warden, P. (2011). *Big data glossary.* Sebastopol, CA: O'Reilly Media, Inc. Erişim adresi: https://epdf.pub/big-data-glossary20076.html

Watkins, J. (2016). *An introduction to the science of statistics: From theory to implementation (preliminary edition).* Arizona: University of Arizona. Erişim adresi: https://www.freetechbooks.com/an-introduction-to-the-science-of-statistics-from-theory-to-implementation-preliminary-edition-t1277.html

Wezel, J. W., Jung, C., Stotzka, R., Halstenberg, Z., Rigoll, F., Garcia, A., Heiss, A., Gasthuber, M., Schwarz, K. ve Giesler, A. (2012). Data life cycle labs: A new concept to support data-intensive science. Erişim adresi: https://arxiv.org/abs/1212.5596

Whitlock, M. C., McPeek, M. A., Rausher, M. D., Rieseberg, L. ve Moore, A. J. (2010). Data archiving. *The American Naturalist, 175(2),* 145-146. DOI:10.1086/650340.

Wickham, H. (2014). Tidy data. *Journal of Statistical Software, 59(10),* 1-24. Erişim adresi: https://www.jstatsoft.org/article/view/v059i10/v59i10.pdf

Wild, C., & Pfannkuch, M. (1998, June). What is statistical thinking. In *Proceedings of the fifth international conference on teaching statistics* (Vol. 1, pp. 335-341). http://iase-web.org/documents/papers/icots5/Topic3c.pdf

Williams, G. (2011). *Data mining with Rattle and R: The art of excavating data for knowledge discovery.* New York: Springer Science+Business Media. Erişim adresi: https://epdf.pub/data-mining-with-rattle-and-r-the-art-of-excavating-data-for-knowledge-discovery36045.html

Wissik, T. ve Durco, M. (2015). *Research data workflows: From research data lifecycle models to institutional solutions.* Proceedings of the CLARIN Annual Conference 2015 in Wroclaw, Poland, October 15-17, 2015. Erişim adresi: https://ep.liu.se/ecp/123/008/ecp15123008.pdf

Witten, I. H. ve Frank, E. (2005). *Data mining: Practical machine learning tools and techniques (2. bs). San* Francisco: Morgan Kaufmann Publishers. Erişim adresi: https://epdf.pub/data-mining-practical-machine-learning-tools-and-techniques.html

WIPO, (2016). *Understanding copyright and related rights (2. bs).* Geneva: World Intellectual Property Organization. Erişim adresi: https://www.wipo.int/edocs/pubdocs/en/wipo_pub_909_2016.pdf

Wolfe, J. (2015). Teaching students to focus on the data in data visualization. *Journal of Business and Technical Communication, 29(3),* 2015, 344-359. DOI: https://doi.org/10.1177/1050651915573944.

Wolfert, S. (2017). D1.4 *Data management plan.* Proceedings of IOF 2020. Erişim adresi: https://www.iof2020.eu/deliverables/d1.4-data-management-plan-1.0.pdf

Wootton, C. (2007). *Developing quality metadata building innovative tools and workflow solutions.* Oxford: Focal Press. Erişim adresi: https://epdf.pub/developing-quality-metadata-building-innovative-tools-and-workflow-solutions.html

Wu, C., Buyya, R. ve Ramamohanarao, K. (2016). *Big data science.* R. Buyya, R. N. Calheiros ve A. V. Dastjerdi (Eds.). Big data: Principles and paradigms (s. 3-38) içinde. Cambridge: Elsevier Inc. Erişim adresi: http://dhoto.lecturer.pens.ac.id/lecture_notes/internet_of_things/Big%20Data%20Principles%20and%20Paradigms.pdf

Xiao, Z. ve Xiao, Y. (2013). Security and privacy in cloud computing. *IEEE Communications surveys & Tutorials, 15(2),* 843-859. DOI: 10.1109/SURV.2012.060912.00182.

Xu, X, Jager, J. ve Kriegel, H. P. (1999). *A fast parallel clustering algorithm for large spatial databases.* G. Yuo ve R. Grossman (Eds.). High performance data mining: Scaling algorithms, applications and systems (s. 263-288) içinde. New York: Kluwer Academic Publishers. Erişim adresi: https://epdf.pub/high-performance-data-mining.html

Ye, N. (2002). *Preface.* N. Ye (Edt.). The handbook of data mining. Mahwah, New Jersey: Lawrence Erlbaum Associates, Inc. Erişim adresi: https://epdf.pub/the-handbook-of-data-mining.html

Yılmaz, Ş. (2006). *Büro yönetiminde dosyalama teknikleri ve dokümantasyon.* İstanbul: Hayat Yayıncılık İletişim, Yapım, Eğitim Hizmetleri ve Tic. Ltd. Şti.

Yu, Z. ve Chun, X. (2019). *PIClean: A Probabilistic and interactive data.* Proceedings of SIGMOD '19, June 30-July 5, 2019, Amsterdam, Netherlands. DOI: https://doi.org/10.1145/3299869.3320214.

Zabell, S. L. (2011). *The subjective and the objective.* D. M. Gabbay ve J. Woods (Eds.). Handbook of the philosophy of science: Philosophy of statistics (s. 1149-1174) içinde. San Diego: North Holland. DOI: 10.1016/B978-0-444-51862-0.50036-8.

Zaliwski, A. S. (2011). Information-is it subjective or objective? *TripleC 9(1),* 77-92. Erişim adresi: https://www.triple-c.at/index.php/tripleC/article/view/250/222

Zehua, C., Shunyan, W., Shangyin, L. ve Haitao, Z. (2012). *A data storage and management scheme in cloud storage model.* Proceedings of the 2nd International Conference on Computer Science and Electronics Engineering (ICCSEE 2013), Hangzhou, China. 22-23 March 2013. DOI: 10.2991/iccsee.2013.600.

Zhu, X. ve Davidson, I. (2007). *Knowledge discovery and data mining: Challenges and realities.* Hershey: Information Science Reference. Erişim adresi: https://epdf.pub/knowledge-discovery-and-data-mining-challenges-and-realities.html

Zikopoulos, P. C., Eaton, C., deRoos, D., Deutsch, T. ve Lapis, G. (2012). *Understanding big data analytics for enterprise class hadoop and streaming data.* New York: The McGraw-Hill Companies. Erişim adresi: https://www.immagic.com/eLibrary/ARCHIVES/EBOOKSFwHu37wm1qIQbcu3HNyzyh7IXx9TV3rQQoUEytL1fP2O9Jr5LFSeUE-5jXFmZpZcGQ

Zins, C. (2007). Conceptual approaches for defining data, information, and knowledge. *Journal of the American Society For Information Science And Technology, 58(4),* 479-493. DOI: 10.1002/asi.20508.

Zulkarnain, N. ve Anshari, M. (2016). *Big data: Concept, applications, & challenges.* Proceedings of the 2016 International Conference on Information Management and Technology (ICIMTech). Bandung, Indonesia 16-18 November 2016. DOI: 10.1109/ICIMTech39763.2016.

Web:https://www.google.com/search?q=Data%20management&tbm=isch&hl=tr&tbs=rimg:CSiG4AdpGzvuYRaRMGOYs_1f9&sa=X&ved=0CBwQuIIBahcKEwjQ6rSDrbfvAhUAAAAAHQAAAAAQBw&biw=1519&bih=698#imgrc=fLkgFv2vg2sjaM (Kapak görseli)

DİZİN

A

B

C

Ç

D

E

F

G

H

İ

K

L

M

N

O

Ö

P

R

S

Ş

T

U

Ü

V

W

Y

Z